증권투자권유대행인 합격지름길 이패스가
몽·땅 제공하는 특별혜택

01. 2025 증권투자권유대행인 핵심문제풀이과정 무료수강권

[쿠폰번호: epassstock2025]

- 핵심문제풀이과정이란?
  문제집의 풀이 강의로 약30교시로 구성되며 문제를 풀이하며 핵심이론개념까지 간략히 설명해주는 이패스 인기과정입니다.

- 사용방법: 이패스코리아(www.epasskorea.com)로그인 -> 마이페이지 -> 온라인수강권 등록 -> 쿠폰번호 입력 후 내강의실에서 수강

  *모바일 사이트 접속시 사용방법:
  이패스코리아 모바일사이트 로그인(메인화면 상단 오른쪽 사람이미지) -> 마이페이지 -> 회원정보수정 V 클릭하여 메뉴 중 '온라인수강권 등록'-> 쿠폰번호 입력
  (모바일 수강 시 이패스코리아 수강 어플을 다운로드 후 수강하셔야 합니다.
  Google play store 또는 App store에서 '이패스코리아' 검색 후 설치 가능합니다.

02. 365일 운영상담 및 전임교수님이 친절히 알려주는 **질의응답 서비스**

- 로그인 -> 고객센터 -> 운영관련: 문의등록 / 학습내용관련: 학습질의 게시판을 통해 등록
- 가능한 24시간 이내 답변완료 가능하도록 신속한 운영
- 온라인 강의 수강 중 기술문제 발생에 대해서는 1:1 원격지원서비스

  ※ 위 서비스는 명절 당일에는 이용 불가입니다.

03. 증권투자권유대행인 문제풀이 과정 수강 후 연계과정 신청 시 **할인혜택**

- 증권투자권유대행인 취득 후 함께하면 좋은 자격증 :
  금융, 증권분야 : 투자자산운용사
- 은행, 보험분야 : AFPK, 은행FP(자산관리사)

- 증권투자권유대행인 문제풀이 과정 또는 종합과정 수강 후 국내금융 종합&패키지과정 수강신청 시 할인혜택을 드립니다.

04. 금융 기초용어 특강 **무료제공**

- 금융자격 공부 시 반드시 알아야 할 핵심 개념을 20개 엄선하여 강의로 개발하였습니다.
  무료로 제공되며 편하게 수강하시기 바랍니다.

국제·국내 온라인 금융교육전문 이패스코리아 www.epasskorea.com

내 미래를 여는 길 **이패스코리아**

	금융투자 자격증 [금융투자협회 주관]			은행/FP 자격증
자격명	펀드투자권유대행인 증권투자권유대행인	펀드투자권유자문인력 증권투자권유자문인력 파생상품투자권유자문인력	투자자산운용사 금융투자분석사 재무위험관리사(국내FRM)	[금융연수원 주관] 은행텔러, 은행FP, 외환전문역 I, II 종 [한국FPSB 주관] AFPK, CFP [한국FP협회 주관] 은퇴설계전문가
시험 난이도	★	★★★	★★★★	은행텔러, 은퇴설계전문가 : ★ 은행FP, 외환전문역 I, II 종 : ★★★ AFPK : ★★★ CFP : ★★★★★
자격 특징	응시 자격 제한이 없는 금융입문 자격증	금융권 필수 자격증 (관련 종사자)	응시 자격 제한이 없는 인기 자격증	은퇴설계전문가, AFPK, CFP는 이패스코리아와 같은 주관처 지정교육기관 수료 후 시험응시 가능합니다.

증권투자권유대행인 합격으로 가는 지름길
이패스코리아

국제·국내 온라인 금융교육전문 이패스코리아 www.epasskorea.com

2025년 최신 개정판

이패스
증권투자권유대행인
신(新)유형

3주 CUT 완벽정리

개념정리 + 핵심문제

김종모, 이동건, 이패스코리아 금융연구소 공편저

최종실전 모의고사 **3회차**

문제풀이 **무료 동영상 제공**

증권투자권유대행인 시험에 대해서

증권투자권유대행인 시험은 금융시험 중에서 가장 기초적인 시험입니다. 특정 자격요건 없이 누구나 응시 가능하므로 금융사 취업을 준비하는 분들은 이 시험을 활용할 수도 있고 단기합격도 가능하므로 공부해 볼 것을 권유합니다. 투잡을 원하시는 분들은 프리랜서라는 특성상 가능하니까 이 또한 할만 합니다.

현실적인 시험대비책

증권투자권유대행인 시험교재인 금융투자협회 기본서로 공부하는 것도 나쁠 것은 없습니다. 그러나, 효율성 문제를 생각하지 않을 수 없습니다. 이패스코리아 증권투자권유대행인 문제집은 핵심적인 사항을 요약하여 무엇을 공부해야 되는 지를 일목요연하게 알려줍니다. 특히 기출문제를 분석하여 핵심문제와 출제예상문제를 공부하는 것은 효율성 부분에서 비교가 되지 않을 겁니다.

이패스코리아 문제집의 특징

본 교재는 수험목적에 맞게 최적화하여 구성하였습니다. 우선 반드시 알아야 할 핵심내용과 함께 관련 기출문제를 담았습니다. 또한 출제예상 문제를 통해 출제빈도가 높은 부분을 반복하여 다지고 부족한 부분을 보충할 수 있도록 하였습니다. 마지막으로 모의고사를 통해 자신의 준비상태를 점검해 볼 수 있도록 하였습니다. 특히, 혼자 공부하는 것이 어려운 분들은 온라인 강의를 통해 이패스코리아 강사진의 도움을 받으시기 바랍니다.

누구나 쉽게 자격증을 취득할 수 있다면 그것은 이미 자격증이 아닙니다. 어렵고 힘든 과정을 이겨내고 고생 끝에 얻은 결과야 말로 값진 것입니다. 늦었다고 생각될 때가 시작입니다. 지금 바로 도전해 보시기 바랍니다.

저자 김종모, 이동건, 이패스코리아 금융연구소 공편저

출제경향 분석

1. 증권분석 및 증권시장

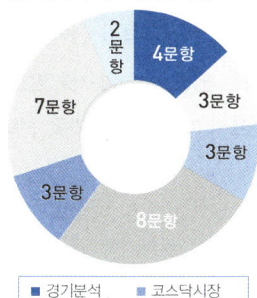

과목명	출제 포인트
증권분석의 이해 (경기, 기본적, 기술적 분석)	증권분석의 세 가지 방법인 경기분석, 기본적 분석, 기술적 분석에 대해 각 특징 위주로 이해해야 합니다.
유가증권시장, 코스닥 시장	주식과 관련한 발행시장과 유통시장을 비교할 수 있어야 하며 그외 거래소에서 운영하는 시장관리제도도 알아야 합니다. 금융투자상품 파트와 마찬가지로 암기할 내용이 많기 때문에 집중 학습해야 합니다.
채권시장	내용이 생소하여 어렵게 느끼는 과목입니다. 하지만 채권용어, 채권의 발행방법, 채권투자전략등 개괄적인 개념을 이해하면 전략과목이 될 수 있습니다.
기타 증권시장	코넥스시장의 특성, K-OTC 시장개론/ 등록/ 매매거래제도등이 중요하며 난이도가 높게 출제되지 않습니다.

2. 금융상품 및 윤리

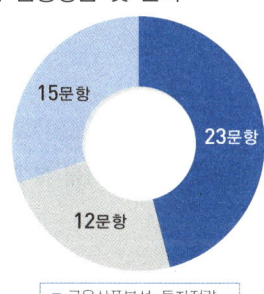

과목명	출제 포인트
금융상품분석·투자전략	금융회사의 종류와 특성을 정확히 이해하고 투자성 상품의 분류를 알아야 합니다. 다른 과목에 비해 암기내용이 많은 과목이므로 유사상품별로 조건을 비교하여 정리하는것도 좋습니다. 투자전략에서는 자산배분과 분산투자의 개념을 정확히 이해해야 하며, 생소한 내용이 많으나 출제유형이 정형화되어 있어 고득점을 목표로 집중 학습하여야 합니다.
투자권유 및 고객관리	투자권유의 기본적인 개념과 과정이 가장 중요하며 고객관리의 필요성을 인식하고 고객관리의 새로운 패러다임인 CRM에 대해 자세히 알아둬야 합니다.
직무윤리 · 투자자분쟁예방	직무윤리의 기초를 이루고 있는 사상 및 국내외 동향을 점검하고 사상적 배경이 되는 주장과 주장한 사람들을 연결하여 이해할 필요가 있습니다. 또한 투자자분쟁예방 관련해서는 분쟁예방을 위한 주요 법규를 숙지해야 합니다.

3. 자본시장 관련 법규

과목명	출제 포인트
자본시장 관련법규	자본시장법의 규제의 방향, 금융투자상품 구분, 금융투자업자의 영업행위 규칙이해 등 증권관련 법규가 넓은 범위에서 출제됩니다. 암기보다는 전체적인 이해위주로 학습하세요.

좀 더 자세한 내용 및 수험정보 등은 당사 홈페이지(www.epasskorea.com) 참조

학습전략

1. 본인에게 맞는 과목을 선정 75~85점 획득 전략

증권투자권유대행인 금융투자상품 및 증권시장, 증권투자, 투자권유 중 전략과목을 선택하여 해당과목은 고득점을 위한 꼼꼼한 학습을 하고, 어렵게 느껴지는 과목은 평균적인 점수를 받을 수 있도록 학습전략을 세우는 것이 중요합니다. 특히 과목당 배점이 다르기 때문에 전략과목 선택시엔 고배점 과목을 고려해야 합니다.

2. 출제 빈도를 고려한 학습

증권투자권유대행인 시험문제는 난이도가 높진 않지만 다루는 과목의 범위가 넓고 다양한 문제를 폭 넓게 다루는 경향이 있습니다. 반복적으로 출제되는 부분을 집중적으로 학습하는 것이 중요합니다.

3. 철저한 문제 분석

이패스코리아는 2003년 창립이래 금융교육에 매진하고 있습니다. 또한 2009년 자본시장법이 발효된 이래 15년 이상의 출제예상문제들이 축적되어 있습니다. 본서는 출제예상문제를 잘 분석하여 합격선에 이르도록 하였습니다.

4. 학습기간은 2~4주 정도

비전공자의 경우 충분하게 4주 정도 생각하고 공부하는 것이 좋습니다. 전공자의 경우는 2주정도 공부를 하고 있으며, 특히 증권투자, 투자권유의 법규 윤리파트는 일상생활에서 접하기 쉽지 않으므로 익숙해지기까지 시간이 걸립니다.

5. 독학보다는 전문 교육기관을 이용하는 것이 바람직

증권투자권유대행인은 금융투자자격증 중 기초 자격증에 속합니다. 따라서 자격증에 도전하는 분들도 금융공부가 익숙하지 않은 분들이 많기 때문에 처음부터 제대로 기초부터 알려줄 수 있는 전문기관의 수업을 들을 것을 추천합니다. 그것이 합격으로 가는 지름길입니다.

이패스 증권투자권유대행인 **교재 특징**

Ⅰ. 한·권·완·성 기초 용어 설명부터 최종 실전모의고사까지 단 한 권으로 완성

금융자격 중 난이도가 낮은 증권투자권유대행인! 하지만 처음 보는 용어와 개념이기 때문에 금융 초보가 공부하기엔 너무 어렵습니다. 이패스 증권투자권유대행인은 기초 용어 설명부터 최종 실전모의고사까지 한 권으로 완벽히 마스터 할 수 있도록 도와드립니다.

Ⅱ. 분·석·예·측 최신 출제경향 분석 및 예측

이패스코리아 교수진은 매 시험 분석하고, 매 시험 예측하였습니다. 증권투자권유대행인 시험 뿐 아니라 금융투자협회 전 시험의 출제경향을 분석하며 트렌드를 파악합니다. 이를 토대로 시험에 출제될 가능성이 높은 문제만을 수록하여 한 권에 모았습니다.

Ⅲ. 학·습·플·랜 출제 빈도에 따른 학습플랜 제공

100점으로 합격 하려는거 아니죠? 증권투자권유대행인은 60점만 넘으면 합격입니다. 적당히 공부할 수 있도록 문항마다 출제빈도를 자세히 표시하였습니다. 출제 빈도에 맞춰 개발한 학습플랜에 맞춰 공부하시면 편안하게 합격할 수 있습니다.

Ⅳ. 최·종·정·리 시험대비 최종 실전모의고사 3회차 수록

단원 별 핵심정리문제, 출제예상문제 뿐 아니라 시험대비 3배수의 모의고사를 수록하였습니다. 시험장 가기 직전 실제 시험처럼 타이머에 맞춰 풀어보시기 바랍니다. 합격후기에서 가장 많이 거론되는 최종실전모의고사! 시험장에서 진가를 확인할 수 있습니다.

Ⅴ. 무·료·강·의 문제풀이 강의 무료 제공

이 교재를 보는 모든 학습자분들이 합격하셨으면 하는 마음으로, 풀이강의를 무료로 제공합니다. 문제를 개발한 교수님들이 직접 강의하는 문제풀이 강의를 통해 핵심 이해 & 출제 경향 파악을 동시에 이루시기 바랍니다.

이패스 증권투자권유대행인 **교재 구성**

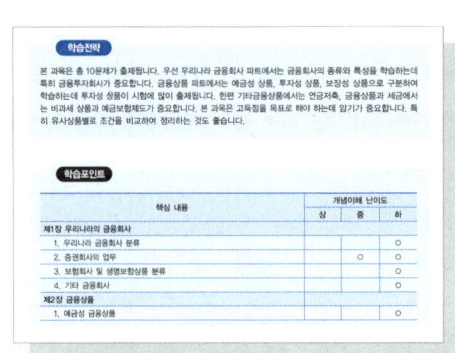

1. 출제 빈도 및 핵심개념 파악
- 총 3개의 과목으로 구성된 증권투자권유대행인의 세부과목을 치밀하게 분석하여 출제빈도 및 개념이해 난이도를 정리하였습니다.
- 난이도에 따라 학습시간 배치 및 전략과목을 설정 후 학습을 시작 하시기 바랍니다.

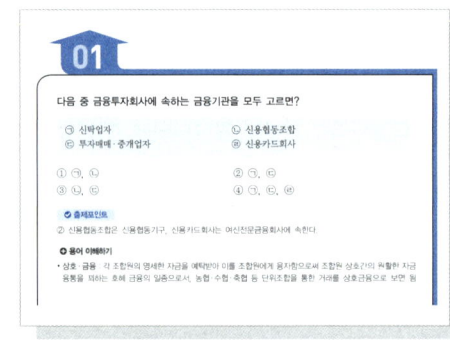

2. 기초를 바탕으로 한 핵심정리 문제
- 문항의 출제 포인트, 오답 & 함정피하기, 개념이해하기 등 문항을 완벽분석할 수 있도록 다양하게 정리하였습니다.
- 한 문제로 개념 전체를 이해해보세요.

3. 개념 탐구
- 문제에서 A에 대한 개념이 나온다면, A와 연관된 B, C의 내용까지 정리함으로서 개념 완벽정복이 가능합니다.
- 중요한 부분은 한번 더 강조하였습니다. 시험직전 주요부분만 쭉 훑어도 개념완벽 이해입니다.

information

4. 출제예상문제

- 핵심정리문제로 개념을 이해했다면 출제예상문제를 통해 실전 풀이 능력을 향상시킬 수 있습니다.
- 각 문항마다 출제빈도를 표기하여 전략적 학습이 가능하도록 구성하였습니다.

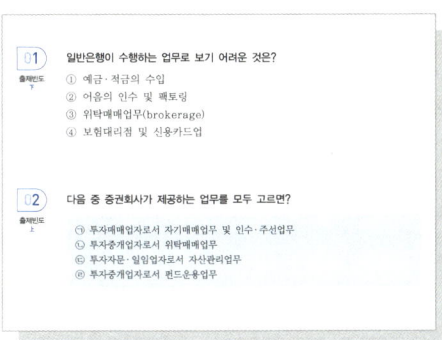

5. 나만의 체크리스트

- 세부과목마다 핵심개념 이해도체크를 통해 한페이지로 개념 전체정리가 가능합니다.
- 핵심정리문제로 개념, 출제예상문제로 실전감각을 숙지 후 개념체크리스트로 마무리 정리하시기 바랍니다.

6. 시험대비 3회차 모의고사 수록

- 넉넉히 풀어보실 수 있도록 3회차 모의고사를 수록하였습니다.
  실제 시험처럼 정해진 시간 내에 풀어보며 마무리 하시기 바랍니다.
- 해설을 자세히 기재하여 나만의 오답노트를 만들 수 있도록 구성하였습니다.

● 증권투자권유대행인(Securities Investment Solicitor)

증권(집합투자증권 및 파생상품등을 제외) 및 영 제7조제3항제4호에 해당하는 방법으로 단기금융집합투자기구의 집합투자증권의 매매를 권유하거나 투자자문계약, 투자일임계약 또는 신탁계약의 체결을 권유하는 자를 말합니다.

※ 증권(집합투자증권 및 파생결합증권 제외)에 대한 매매체결 및 투자자문 업무 종사 불가 (증권투자권유자문인력 시험 합격 필요)

● 증권투자권유대행인 전망

은행, 증권, 보험업 등 금융기관 취업을 희망하시는 분들이 기본적으로 취득해야 하는 자격증입니다. 가장 기초적인 금융자격증으로써 처음으로 금융자격증에 도전하시는 분들이 수강하기에 좋습니다.

● 증권투자권유대행인 업무

- 단기금융집합투자기구의 집합투자증권의 매매를 권유
- 투자자문계약의 체결을 권유
- 투자일임계약의 체결을 권유
- 신탁계약의 체결을 권유

● 증권투자권유대행인 시험안내

▶ 시행처 : 한국금융투자협회 자격시험접수센터(license.kofia.or.kr)
▶ 2025년 증권투자권유대행인 시험일정

회차	시험일자	시험시간	응시지역	응시원서 접수기간	합격자 발표
21회	5.18(일)	10:00~12:00	서울, 부산, 광주, 대구, 제주	4.21~4.25	5.29(목)
22회	11.9(일)		서울, 부산, 광주, 대전	10.13~10.17	11.20(목)

▶ 응시자격 : 제한 없음

이패스 증권투자권유대행인 자격시험안내

● 시험과목 및 배점

시험과목			문항수
제1과목	증권분석 및 증권시장	경기분석	4
		기본적 분석	3
		기술적 분석	3
		유가증권 시장	8
		코스닥시장	3
		채권시장	7
		기타 증권시장	2
	소 계		30
제2과목	금융상품 및 윤리	금융상품분석·투자전략	23
		투자권유 및 고객관리	12
		직무윤리·투자자분쟁예방	15
	소 계		45
제3과목	법규 및 규정	자본시장 관련 법규 (금융소비자 보호에 관한 법률 포함)	20
	소 계		20
합 계			100문항

▶ 합격기준 : 응시과목별 정답비율이 40% 이상인 자 중, 응시 과목의 전체 정답 비율이 60%(60문항) 이상인 자

▶ 시험시간 : 120분

▶ 문제형식 : 객관식 4지선다형 100문항 출제

▶ 원서접수처
한국금융투자협회 자격시험접수센터(http://kofia.or.kr) 에서 온라인 접수만 가능

▶ 응시표 교부 : 접수 시 응시자가 PC에서 직접 출력함

contents

1 과목 증권분석 및 증권시장

제1장 증권분석의 이해　　　　　　　　　　　　　　　　　17

- 핵심정리 문제 / 20
- 출제예상 문제 / 42

제2장 유가증권시장, 코스닥시장　　　　　　　　　　　　　59

- 핵심정리 문제 / 62
- 출제예상 문제 / 82

제3장 채권시장　　　　　　　　　　　　　　　　　　　　　97

- 핵심정리 문제 / 100
- 출제예상 문제 / 113

차례

제4장 기타 증권시장   123

- 핵심정리 문제 / 126
- 출제예상 문제 / 136

2과목 금융상품 및 윤리

제1장 금융상품분석   145

- 핵심정리 문제 / 148
- 출제예상 문제 / 168

제2장 투자전략   185

- 핵심정리 문제 / 188
- 출제예상 문제 / 202

| 제3장 | 투자권유 및 고객관리 | 215 |

- 핵심정리 문제 / 218
- 출제예상 문제 / 242

| 제4장 | 직무윤리 | 257 |

- 핵심정리 문제 / 260
- 출제예상 문제 / 289

| 제5장 | 투자자분쟁예방 | 309 |

- 핵심정리 문제 / 312
- 출제예상 문제 / 317

차례

3과목 법규 및 규정

제1장 증권 관련 법규 ... 325

- 핵심정리 문제 / 328
- 출제예상 문제 / 362
- 출제예상 문제(금융소비자보호법) / 385

Appendix 부록

제1회 실전모의고사 / 396

제2회 실전모의고사 / 412

제3회 실전모의고사 / 432

제1회 정답 및 해설 / 451

제2회 정답 및 해설 / 457

제3회 정답 및 해설 / 464

memo

이패스코리아 증권투자권유대행인

제1과목

증권분석과 증권시장

제1장 증권분석의 이해 (경기분석, 기본적 분석, 기술적 분석)
제2장 유가증권시장 & 코스닥시장
제3장 채권시장
제4장 기타 증권시장

이패스코리아 증권투자권유대행인

제1과목

제1장

증권분석의 이해

증권분석의 이해

학습포인트

본 과목에서는 총 10문제가 출제됩니다. 증권분석의 두 가지 방법인 기본적 분석과 기술적 분석을 다룹니다. 증권분석의 체계에서는 경제분석, 산업분석, 기업분석과 기업의 이익을 예측하는 방법을 학습합니다. 기업분석에서는 기업의 수익성, 안정성, 성장성, 활동성 등을 평가하는 방법을 학습합니다. 주식가치평가에서는 기업의 적정주가를 계산하는 방법을 다루는데 계산문제가 출제될 수 있습니다. 마지막 기술적 분석에서는 기술적 분석의 장점과 한계점, 기술적 분석의 종류를 개괄적으로만 다룹니다. 많은 계산식이 등장하므로 철저한 대비가 필요합니다. 학습 분량이 많지 않아 집중학습을 한다면 얼마든지 고득점이 가능합니다.

학습전략

핵심 내용	개념이해 난이도		
	상	중	하
제1장 증권분석의 체계			
1. 증권분석의 종류			○
2. 경제지표와 주가 : 국내총생산, 이자율, 인플레이션, 환율, 정부 경제정책	○		
3. 경기순환과 주가			○
4. 경기예측방법		○	
5. 산업분석 : 산업의 경쟁구조 분석, 제품수명주기이론		○	
6. 미래 이익 예측	○		
제2장 재무제표와 재무비율 분석			
1. 재무제표 작성원칙			○
2. 재무제표의 종류		○	
3. 재무비율 : 수익성, 안정성, 활동성, 성장성 지표	○		
4. 시장가치비율 : PER, PBR, PCR, PSR, 배당수익률	○		
제3장 주식가치평가			
1. 주식가치 평가방법	○		
2. 상대가치평가모형(주가배수모형)	○		
제4장 기술적 분석			
1. 기술적 분석의 장단점		○	
2. 기술적 분석의 종류		○	
계			

01장 핵심정리 문제

01

증권분석에 대한 설명으로 가장 거리가 먼 것은?

① 증권시장의 비효율성을 가정하고 초과이익을 얻는 투자전략이다.
② 기본적 분석은 증권의 내재가치에 비해 저평가된 주식을 매입하는 투자전략이다.
③ 기술적 분석은 과거 주가의 체계적 패턴을 찾아내어 초과이익을 얻는 투자전략이다.
④ 기업의 내재가치가 1,000원인데 이 기업이 발행한 주식의 시장가격이 800원이라면 시장가격은 고평가된 것으로 본다.

출제 POINT

내재가치가 1,000원인데 시장가격이 800원이라면 시장가격은 저평가된 것으로, 내재가치를 반영하기 위하여 상승할 것이라고 본다. 가격은 눈에 보이는 숫자인 반면 가치는 눈에 보이지 않는다. 주식투자자들은 해당 주식이 가진 가치를 파악하기 위해서 노력한다.

함정 & 오답 피하기
- 기업분석 → 산업분석 → 경제분석의 순으로 분석을 행하는 것을 하향식(top-down) 방식이라 한다.(×)
- 기술적 분석에서는 주가는 시장의 수요와 공급에 의해서 결정되며, 수요와 공급은 기업의 실적에 의해 결정된다고 본다.(×) ⇨ 시장에 참여하는 투자자들의 심리상태에 의하여 결정

핵심탐구 증권분석의 체계

(1) 증권분석의 개요
① 주식가격을 예측하는 방법은 기본적 분석과 기술적 분석으로 구분
② 기본적 분석 : 주가는 기업의 가치에 의하여 결정된다고 봄
③ 기술적 분석 : 주가는 시장의 수요와 공급에 의해서 결정되며, 수요와 공급은 심리상태가 영향을 줌
④ 비교

구 분	기본적 분석	기술적 분석
목 표	증권(저평가 종목) 선택	매매시점 포착
분석대상	내재가치(Value)	가격(Price)

(2) 기본적 분석 접근방법
① 하향식(top-down) 방식 : 경제분석 ⇨ 산업분석 ⇨ 기업분석 *cf.* 일반적 방법
② 상향식(bottom-up) 방식 : 기업분석 ⇨ 산업분석 ⇨ 경제분석

정답 ④

02

국내총생산(GDP)과 주가상승률의 관계를 바르게 표현한 것은?

① 주가상승률 = 실질 GDP 성장률 + 물가상승률
② 주가상승률 = 명목 GDP 성장률 + 물가상승률
③ 주가상승률 = 실질 GDP 성장률 − 물가상승률
④ 주가상승률 = 명목 GDP 성장률 − 물가상승률

출제 POINT

주가상승률 = 명목 GDP 성장률 = 실질 GDP 성장률 + 물가상승률
명목은 물가변동을 반영하지 않은 값이고, 실질은 물가변동의 영향을 반영하여 구한 값이다. 명목의 크기가 증가했어도 물가가 더 많이 증가했다면 실질의 크기는 오히려 감소한 것이다.

함정 & 오답 피하기
- 장기간에 걸친 연평균 주가상승률은 이론적으로 보면 실질 GDP 성장률에 접근할 것으로 기대한다.(×)
- 실질 GDP 성장률과 주식시장은 반비례 관계이다.(×)

핵심탐구 GDP와 주가

(1) 국내총생산(GDP, Gross Domestic Product)
 ① 한 나라의 경제활동에 의해서 창출된 최종 재화와 서비스의 시장가치로서 그 나라의 경제력, 경제성장률, 국민소득 평가의 기초가 됨
 ② 국민경제의 흐름을 일관성 있게 체계적으로 나타내므로 경제동향을 분석하는 대표적인 도구로 활용
(2) GDP와 주가의 관계
 ① 장기간에 걸친 연평균 주가상승률은 이론적으로 명목 GDP 성장률에 접근할 것으로 기대
  ⇨ 주가상승률 = 명목 GDP 성장률 = 실질 GDP 성장률 + 물가상승률
 ② 주식시장 동향을 예측하는데 실질 GDP 성장률과 인플레이션율의 추정이 필수적임을 보여줌

정답 ①

03

이자율 변동과 그 영향으로 사실과 다른 것은?

① 기대 인플레이션이 증가하면 이자율은 하락한다.
② 이자율이 낮을수록 투자기업의 자금수요는 증가한다.
③ 국내총생산이 증가할 것으로 예상되면 이자율은 상승한다.
④ 이자율이 높을수록 소비자는 현재 소비를 줄이고 저축을 늘린다.

출제 POINT

기대 인플레이션이 증가하면 물가에 대한 보상요구 때문에 금리는 상승한다.

함정 & 오답 피하기

- 이자율이 상승하면 주가도 상승한다.(×)
- 채권가치의 하락은 곧 시중금리의 하락을 의미한다.(×)

핵심탐구 │ 이자율과 주가

(1) 이자율과 주가는 역의 관계
  ① 이자율이 높아지면 대체투자수단의 수익률이 높아져 주식의 투자매력도가 떨어짐 ⇨ 이자율이 상승하면 요구수익률(할인율)이 상승하여 주식가격이 하락
  ② 또한 이자율이 상승하면 기업의 금융비용에 부담을 주므로 기업의 미래이익도 감소하게 되어 주가에 부정적인 영향을 줌

(2) 이자율변동과 영향

구분	내용
소비	• 이자율이 높을수록 미래소비의 선호도가 높아져 현재 소비를 줄이고 저축을 늘림
자본의 한계효율	• **자본의 한계효율이란** 자본을 새로 한 단위 추가함으로써 얻어지는 예상수익률임 • 이자율이 높을수록 기업의 투자수익성(한계효율)이 낮아지므로 자금수요가 감소
국내총생산	• 국내총생산이 증가할 것으로 예상되면 자금수요가 증가하여 이자율이 상승
기대 인플레이션	• 기대 인플레이션이 증가하면 이자율이 상승 ⇨ 물가상승이 예상되면 화폐의 구매력이 감소하여 채권같이 고정적인 현금흐름을 발생시키는 자산의 가치는 떨어지게 되는데, 채권가치의 하락은 곧 시중금리의 상승을 의미함

정답 ①

04

인플레이션에 대한 설명으로 적절하지 않은 것은?

① 인플레이션은 지속적으로 물가가 상승하거나 화폐가치가 하락하는 현상이다.
② 인플레이션은 시중이자율을 상승시켜 증권가격을 하락시킬 수 있다.
③ 피셔효과에 따르면 실질이자율은 명목이자율과 기대 인플레이션의 차로 계산된다.
④ 실제 인플레이션이 기대 인플레이션보다 낮다면 채권자는 손실, 채무자는 이득을 보게 된다.

출제 POINT

실제 인플레이션이 기대치보다 낮아지면 순화폐성자산(= 화폐성자산 − 화폐성부채)의 가치가 증가한다. 순화폐성자산의 가치가 증가하면 채권자는 이득이고 채무자는 손실이다.

함정 & 오답 피하기

- 투자수익률은 명목수익이 중요하다.(×) ⇨ 명목수익률에서 기대 인플레이션을 뺀 실질수익률이 중요
- 투자수익이 화폐성자산으로 고정되어 있는 투자자는 실제 인플레이션이 기대 인플레이션보다 더 높은 경우 이득을 보게 된다.(×)

용어 이해하기

- 화폐성자산·부채 : 일정액의 화폐가치로 고정되어 있는 자산 및 부채를 말한다.
- 피셔효과(Fisher effect) : 인플레이션이 명목상의 금리에 미치는 효과를 말하는데, 명목금리는 실질금리에 기대 인플레이션을 더한 것이다. 피셔는 인플레이션이 1% 상승하면 명목상 금리도 1% 상승해야 한다고 주장했다.

핵심탐구 인플레이션(Inflation)

(1) 피셔효과(Fisher effect)
  ① 명목이자율은 실질이자율과 기대 인플레이션의 합으로 이루어진다는 것
    ⇨ 즉, 명목이자율 = 실질이자율 + 기대 인플레이션
  ② 화폐성자산의 가치는 실제 인플레이션과 기대 인플레이션을 차이에 영향을 받음
    ㉠ 실제 인플레이션이 기대 인플레이션보다 더 높은 경우 : 순화폐성자산(= 화폐성자산 − 화폐성부채)의 가치는 감소 ⇨ 채권자는 손실, 채무자는 이득
    ㉡ 실제 인플레이션이 기대 인플레이션보다 낮으면 반대상황이 됨
(2) 인플레이션 발생하면 실질 주식투자수익률이 하락
  ① 이익이 과대계상되어 법인세의 추가부담 때문에 주주의 부가 유출
  ② 투자자의 요구수익률이 상승하여 주가하락을 초래
  ③ 인플레이션은 또 다른 형태의 세금이 되므로 실질수익률이 하락

정답 ④

05

환율상승(달러강세/원화약세)의 영향으로 적절하지 않은 것은?

① 수입은 감소하고 수출은 증가한다.
② 수입제품의 원가가 상승하여 물가가 상승한다.
③ 달러화 표시 부채가 많은 기업은 환손실이 발생한다.
④ 국내 주식을 보유한 외국투자자들은 환이익이 발생한다.

출제 POINT

국내 주식에 투자한 외국투자자는 원화를 보유하고 있는 상황이므로 원화약세로 인해 환손실을 보게 된다.

함정 & 오답 피하기

- 원-달러 환율의 상승은 원화의 평가절상, 달러화의 평가절하를 의미한다.(×)
- 원화가 평가절하되면 우리나라 소비자들이 외국 수입품에 대해서 지불하는 대가는 늘고, 외국 소비자들은 우리나라 제품을 구매할 때 지불하는 대가는 줄게 된다.(○)
- 계속적인 무역적자는 무역결제에 있어서 자국 통화에 대한 수요보다 외국 통화에 대한 수요가 많아져 자국 통화의 가치를 하락시키게 된다.(○)

핵심탐구 환율

(1) 환율과 주가
  ① 환율은 자국 통화와 외국 통화의 교환비율을 말함 ⇨ 원-달러 환율의 상승은 원화의 평가절하, 달러화의 평가절상을 의미
  ② 환율과 주가는 일반적으로 부(-)의 상관관계를 가짐(ⓒ 측면이 강함)
    ㉠ 환율상승 → 수출 증가, 수입 감소 → 주가상승
    ㉡ 환율상승 → 외화수요증가 → 외국인 증시자금 유출 → 주가하락

(2) 환율의 영향

구 분	환율 상승(원화약세/외화강세)	환율하락(원화강세/외화약세)
수출·수입	수출 증가, 수입 감소	수출 감소, 수입 증가
물가	수입품가격 상승으로 물가상승	수입품가격 하락으로 물가하락
국내 외국인 자금	환손실 예상으로 유출	환이익 예상으로 유입
외채상환부담	증가	감소

정답 ④

06

정부의 경제정책에 대한 설명으로 적절하지 않은 것은?

① 재정정책은 정부지출 및 세제 변화와 관련된 정책이다.
② 정부가 수요를 진작시키려면 적자예산을 편성해야 한다.
③ 통화공급이 증가하면 시중이자율이 하락하여 투자와 소비수요가 증가할 수 있다.
④ 정부가 적자예산을 편성하면 시중이자율이 하락하여 민간부문의 차입기회가 증가할 수도 있다.

출제 POINT

정부가 적자예산을 편성하면 국채발행이 늘고 시중이자율이 상승하여 민간부문의 차입기회가 감소하는 구축효과가 나타날 수 있다.

함정 & 오답 피하기

- 확장 금융정책은 이자율이 상승하여 구축효과가 발생하고, 확장 재정정책은 통화량이 증가하여 물가상승을 유발하는 문제가 있다.(×) ⇨ 반대
- 재정정책의 수단으로는 국채의 매각과 매입, 시중은행의 지불준비금의 변경, 정책금리의 변경 등이 이용된다.(×) ⇨ 금융정책

용어 이해하기

구축효과((crowd out) : 정부 지출을 증가시키면 이자율이 상승하여 민간투자가 감소되는 현상을 말한다. 완전한 구축효과가 발생하면 재정정책을 통한 경기부양은 효과가 없다.

핵심탐구 정부 경제정책

재정정책	• 정부지출과 세제변화를 통해 경제의 수요측면에 영향을 주는 정책 • 정부가 적자예산(세출증가, 세율인하)을 편성하면 수요가 살아남 • 반면 정부차입을 증가시키는 재정적자는 이자율이 상승하여 민간부문의 차입기회를 감소(crowd out)시킴으로써 경기부양 효과가 줄어들 수 있음
금융정책	• 시중통화량 조절을 통해 이자율에 영향을 줌으로써 수요를 변화시키는 정책 ⇨ 국채매매, 시중은행의 지불준비금의 변경, 정책금리의 변경 등을 수단으로 사용 • 통화공급이 증가하면 시중이자율이 하락하여 투자와 소비수요는 증가 • 반면 통화공급의 증가는 물가상승을 유발하여 장기적으로 그 효과가 상쇄됨

정답 ❹

07

경기순환과 주가에 대한 설명으로 가장 거리가 먼 것은?

① 경기는 회복, 활황, 후퇴, 침체의 4개 국면을 반복한다.
② 단기순환은 기업의 재고증감과 관련이 있다.
③ 장기순환은 설비투자의 변동과 관련이 있다.
④ 주가는 경기변동이 있기 수개월 전부터 이를 반영하여 움직인다.

출제 POINT

설비투자의 변동은 중기순환에 영향을 주고, 획기적인 기술혁신은 장기순환에 영향에 준다.

함정 & 오답 피하기

- 경기는 회복 → 활황 → 침체 → 후퇴의 순으로 순환한다.(×)
- 경기후퇴에 뒤이어 증시의 약세시장이 나타나고 또 경기회복에 뒤이어 강세시장이 나타난다.(×)
  ⇨ 증시의 약세시장에 뒤이어 경기후퇴가 일어나고, 강세시장에 뒤이어 경기회복이 일어난다.

핵심탐구 경기순환과 주가

(1) 경기순환(business cycle)
   ① **경기순환**이란 한 나라 국민경제 전체의 활동 수준이 반복적으로 변동하는 현상
   ② 경기순환의 국면 : 확장과 수축의 2국면 또는 회복 → 활황 → 후퇴 → 침체의 4국면으로 구분
   ③ 경기순환의 유형
      ㉠ 단기순환 : 기업의 재고증감과 관련이 있음
      ㉡ 중기순환 : 기업의 설비투자 변동와 관련이 있음
      ㉢ 장기순환 : 획기적인 기술혁신과 관련이 있음
(2) 경기순환과 주가
   ① 주가는 경기보다 선행
   ② 경기후퇴가 예측되면 수개월 앞서서 증권시장은 약세로 전환되고, 반대로 경기회복이 예측되면 이에 앞서서 증권시장은 강세로 전환됨

정답 ❸

08

경기예측의 한 방법으로 200개 기업을 대상으로 설문조사를 한 결과, 120개 기업은 향후 경기가 상승할 것이라고 응답하였고 80개 기업은 하락할 것이라고 응답하였다. 기업실사지수(BSI)는 얼마인가?

① 60 ② 80
③ 120 ④ 140

출제 POINT

$$BSI = \frac{120 - 80}{200} \times 100 + 100 = 120$$

함정 & 오답 피하기

- 경기종합지수는 실제 경기상황보다도 과소 또는 과대 예측된다는 한계점이 있다.(×) ⇨ BSI
- BSI는 경기변동의 속도나 진폭까지도 예측할 수 있는 지표이다.(×) ⇨ 경기종합지수

용어 이해하기

- **기업경기실사지수(BSI, business survey index)**: 기업가에게 경기에 대한 판단이나 전망에 대하여 설문조사를 하여 경기변동의 방향을 예측하는 것이다.
- **경기종합지수(CI, composite index)**: 경제의 부문을 고용, 생산, 투자, 소비, 수출입, 재고, 통화부문으로 나누고 각 부문의 수준을 나타내는 개별 지표를 선정한 다음, 경기와의 시차 정도에 따라서 선행지표, 동행지표, 후행지표로 분류하여 전월 대비 증감률을 계산하고 가중치에 따라 가중평균하여 산출한다.

핵심탐구 경기예측방법

기업경기실사지수(BSI)	경기종합지수(CI)
• 경기변동의 방향을 파악할 뿐 속도나 진폭은 판단 불가 • 실제 경기상황보다 과소 또는 과대 예측됨	• 선행 + 동행 + 후행지표로 분류하여 산출 • 증감률의 크기에 따라 속도나 진폭까지도 예측
• 0 ≤ BSI ≤ 200(%) 　BSI > 100 : 확장국면 　BSI < 100 : 수축국면 　BSI = 100 : 전환점(정점 또는 저점) 　cf. $BSI = \frac{긍정적 - 부정적}{전체} \times 100 + 100$	• 전월대비 증감률 　(+) : 확장국면 　(−) : 수축국면

정답 ❸

09

특정 산업의 경쟁강도를 결정하는 구조적 경쟁요인이 아닌 것은?

① 제품의 대체가능성
② 경영진의 경영능력
③ 구매자와 공급자의 교섭력
④ 새로운 기업의 진출가능성을 나타내는 진입장벽

출제 POINT

경영진의 경영능력은 기업분석에서 다루는 내용이다. 5가지 경쟁요인을 암기하자.

함정 & 오답 피하기

- 진입장벽이 높으면 이미 진출해 있는 기업들에게는 불리하다.(×)
- 대체품이 많거나 대체품의 품질이 우수할수록 산업의 이익 잠재력은 상승한다.(×)
- 공급자의 제품이 규격화된 경우에는 공급자의 교섭력이 강력해진다.(×)

용어 이해하기

- 규모의 경제 : 생산규모를 늘릴수록 비용은 줄어들고 이익이 늘어나는 현상을 말한다. 대규모 기업이 소규모 기업보다 유리한 것은 규모의 확대(대량생산)에 의해 경제성이 높아지기 때문이다.

핵심탐구 산업의 경쟁구조 분석

(1) 의미
 ① 산업의 이윤잠재력이 5가지 경쟁요인에 의해 결정된다고 보고 경쟁요인들의 상태를 분석하는 것
 ② 마이클 포터(Michael E. Porter)가 제시한 방법
(2) 5가지 구조적 경쟁요인

진입장벽	• 진입장벽이 높으면 이미 진출해 있는 기업들에게 유리 • 규모의 경제 산업이나 제품차별화가 잘된 산업일수록 진입장벽이 높음
기존업체간 경쟁강도	• 경쟁기업 수가 많거나 산업성장이 완만할수록 기존업체간의 경쟁강도가 높아짐
대체 가능성	• 대체품은 기업이 가격을 결정하는데 일정한 상한선을 제시 • 대체품이 많거나 품질이 우수할수록 산업의 이익 잠재력은 하락
구매자의 교섭력	• 구매자의 집중도가 공급자에 비해 높거나 공급자의 제품이 규격화된 경우에는 구매자의 교섭력이 강력해짐
공급자의 교섭력	• 공급능력이 소수 기업에 집중되어 있거나 공급자의 제품이 차별화된 경우에는 공급자의 교섭력이 강력해짐

정답 ❷

10

제품수명주기이론에 대한 설명으로 적절하지 않은 것은?

① 도입기는 사업위험이 높고 수익성은 낮은 시기이다.
② 성장기는 성장률이 높아지면서 사업위험이 감소하고 수익성이 높아진다.
③ 성숙기는 가격경쟁은 낮은 시기이나 제품마진 및 수익성 모두 감소한다.
④ 쇠퇴기는 철수기업이 늘어나고 낮은 가격과 낮은 마진이 발생한다.

출제 POINT

성숙기는 가격경쟁이 치열한 시기이다.

함정 & 오답 피하기

- 성장기는 매출액과 이익의 크기가 최대인 시기이다.(×) ⇨ 성숙기
- 성숙기는 매출액증가율과 이익증가율이 최대인 시기이다.(×) ⇨ 성장기

핵심탐구 · 제품수명주기 이론에 의한 산업분석

(1) 제품수명주기 이론
① 신제품이 나오면 생명체의 수명과 같이 생성, 성장, 쇠퇴, 소멸해간다는 이론
② 분석대상 기업의 산업이 어느 단계에 있는지를 확인하여 산업의 유망성을 평가

(2) 단계별 특징

도입기	• 제품의 표준화가 안 됨 • 경쟁업체는 적지만 사업위험이 높음 • 높은 가격과 높은 마진이 발생하지만, 초기투자비용으로 인해 수익성은 낮음
성장기	• 제품이 기술 및 기능상 차별화되기 시작함 • 경쟁업체가 증가하지만 성장률이 높아지면서 사업위험은 감소 • 가격은 도입기보다 낮아지나 수익성은 높아짐 ⇨ 매출액증가율과 이익증가율 최대
성숙기	• 제품의 차별화가 적어지고 표준화됨 • 경쟁업체가 가장 많아지면서 가격경쟁이 치열해지고 업계 재편성이 시작됨 • 가격 하락으로 인해 마진과 수익성이 모두 감소 ⇨ 단, 매출액과 이익의 크기는 최대
쇠퇴기	• 품질이 저하됨 • 철수기업이 늘어나 경쟁이 크게 줄어듦 • 낮은 가격과 낮은 마진 발생

정답 ❸

11

기업의 미래 이익을 예측할 때 고려사항으로 적절하지 않은 것은?

① 회계처리방법의 다양성 문제를 염두에 두어야 한다.
② 회계적 이익이 아니라 경제적 이익이 예측 대상이다.
③ 과거자료에만 의존하지 말고 여러 가지 질적 요인을 충분히 감안하여야 한다.
④ 이익 예측의 신뢰성을 높이기 위하여 정상적 주당이익에 근거하여 추정할 필요가 있다.

출제 POINT

시장가치기준으로 실질적인 부의 변동을 측정한 경제적 이익이 더 적절한 면이 있으나, 경제적 이익은 측정상의 어려움이 있고 회계적 이익과 상관관계가 높아서 회계적 이익을 기준으로 예측한다.

함정 & 오답 피하기

- 경제적 이익은 측정이 쉽고 회계적 이익과 상관관계가 낮다.(×)
- 기업의 미래 수익력 증가와 밀접한 관계가 있는 것은 강제적 비용항목이다.(×)

핵심탐구 미래 이익 예측

의의	• 기업의 미래 이익이 증권의 내재가치를 결정하는 가장 결정적 요소임
고려사항	• 경제적 이익(시장가치기준)이 아니라 회계적 이익(회계기준)을 고려 • 회계처리방법의 다양성 문제를 염두에 둠 • 과거자료에만 의존하지 말고 여러 가지 질적 요인도 고려 • 정상적 주당이익에 근거하여 추정 ⇨ 정상적인 상황에서의 영업활동으로부터 기대되는 이익

정상적 주당이익	• 미래에 반복될 경상적 항목(생산, 판매, 구매와 관련된 수익과 비용)을 근간으로 예측
	• 보수적 회계처리방법을 근간으로 예측
	• 기업의 장기수익과 밀접한 관계가 있는 임의적 비용의 크기와 시기에 주의하여 분석
	• 임의적 비용과 강제적 비용
	  ㉠ 임의적 비용 : 감가상각비, 연구개발비 등 집행할 수도 연기할 수도 있는 비용
	  ㉡ 강제적 비용 : 재료비, 인건비처럼 늘 지출해야만 하는 비용

예측방법	• 매출액 백분율법 : 매출액을 예측한 후 매출액 대비 백분율(영업이익률, 순이익률 등)을 계산 • 예산비용법 : 매출액과 상관관계가 없는 비용항목(감가상각비, 광고비 등)들은 경영계획이나 목표치를 고려하여 추정 • 주당이익 = 주당순자산 × ROE(자기자본이익률)

정답 ❷

12

재무제표 작성 시 모든 자산과 부채는 거래가 발생한 시점에서의 현금 또는 현금등가액으로 평가해야 한다. 이와 관련된 작성원칙은?

① 역사적 원가주의
② 수익인식의 원칙
③ 대응의 원칙
④ 수익실현의 원칙

출제 POINT

역사적 원가주의를 설명한 것이다.

핵심탐구 재무제표 작성원칙

(1) 재무제표의 의의
　① 기업의 재무상태나 경영성과 등을 보여주는 문서
　② 내부적인 목적으로 사용되기도 하나, 상장기업은 매년 결산기에 일반대중에게 공개해야 함
(2) 재무제표의 작성원칙

역사적 원가주의	• 모든 자산과 부채는 거래가 발생한 시점에서의 현금 또는 현금등가액으로 평가하는 것 • 취득원가주의라고도 함
수익인식의 원칙	• 수익획득 과정이 실질적으로 완료되는 교환거래가 나타났을 때 기록하는 것 • 수익실현의 원칙이라고도 함
대응의 원칙	• 일정기간에 실현된 수익과 이 수익을 획득하기 위하여 지불한 비용을 서로 대응시켜 당기순이익을 산출하여야 한다는 것

정답 ①

13

재무제표에 대한 설명으로 적절하지 않은 것은?

① 재무상태표는 일정 시점에서 현재 기업이 보유한 재산 상태를 나타낸다.
② 손익계산서는 일정 기간 동안에 기업이 실현한 이익을 나타낸다.
③ 이익잉여금 처분계산서는 당기순이익의 사용용도로 나타낸다.
④ 자본변동표는 일정 기간 동안 기업이 영업활동에 필요한 자금을 어떻게 조달했으며, 조달한 자금을 어디에 사용하였는지를 명확하게 보여준다.

출제 POINT

자본변동표는 자본의 크기와 그 변동에 관한 정보를 제공한다. ④는 현금흐름표이다.

함정 & 오답 피하기

- 자본 = 자산 + 부채 (×)
- 매출총이익 − 판매비와 일반관리비 = 당기순이익 (×)
- 재무상태표는 일정 기간의 재무상태를 나타내고, 손익계산서는 일정 시점의 경영성과를 나타낸다.(×)

핵심탐구 ▶ 재무제표의 종류

구분	내용
재무상태표	• 일정 시점에서 현재 기업이 보유한 재산 상태를 나타냄 • 자산, 부채, 자본의 세 가지 항목으로 구성 • 자산은 왼쪽(차변)에, 부채와 자본은 오른쪽(대변)에 기록 • 자산은 부채(타인자본)와 자본(자기자본)의 합계와 일치해야 함
손익계산서	• 일정 기간 동안 기업이 경영활동을 얼마나 잘 하였는지를 나타냄 • 매출액 − 매출원가 = 매출총이익 • 매출총이익 − 판매비와 일반관리비 = 영업이익 • 영업이익 + 영업외이익 − 영업외손실 = 법인세차감전순이익 • 법인세차감전순이익 × (1 − 법인세율) = 당기순이익
이익잉여금(결손금) 처분계산서	• 당기순이익의 사용용도를 나타냄 • 사내유보율과 배당성향을 확인할 수 있음
현금흐름표	• 일정 기간 동안 기업이 영업활동에 필요한 자금을 어떻게 조달했으며, 조달한 자금을 어디에 사용하였는지를 명확하게 보여주기 위해 작성
자본변동표	• 자본을 구성하고 있는 자본금, 자본잉여금, 자본조정, 기타포괄손익누계액, 이익잉여금의 변동에 대한 포괄적인 정보를 제공

정답 ④

14

A기업의 총자본이익률(ROI)이 40%, 매출액순이익률이 10%일 경우 A기업의 총자본회전율은 얼마인가?

① 0.24회
② 0.5회
③ 2회
④ 4회

출제 POINT

총자본이익률(40%) = 매출액순이익률(10%) × 총자본회전율, 따라서 총자본회전율은 4회다.

함정 & 오답 피하기

- ROE = 매출액순이익률 × 총자본회전율 (×)
- ROI = 매출액순이익률 × 총자본회전율 × 부채레버리지 (×)

용어 이해하기

재무비율분석 : 재무제표를 구성하는 각종 항목들 간의 관계를 이용하여 해당 기업이 우량기업인지 부실기업인지를 판단하는 것이다. 수익성, 안정성, 활동성, 성장성의 정도를 파악할 수 있다.

핵심탐구 수익성 지표

총자본이익률 (ROI)	$\dfrac{당기순이익}{총자본} \times 100(\%)$ $\dfrac{당기순이익}{매출액} \times \dfrac{매출액}{총자본}$ = 매출액순이익률 × 총자본회전율
자기자본이익률 (ROE)	$\dfrac{당기순이익}{자기자본} \times 100(\%)$ $\dfrac{당기순이익}{매출액} \times \dfrac{매출액}{총자본} \times \dfrac{총자본}{자기자본}$ = 매출액순이익률 × 총자본회전율 × 부채레버리지
매출액순이익률	$\dfrac{당기순이익}{매출액} \times 100(\%)$
매출액영업이익률	$\dfrac{영업이익}{매출액} \times 100(\%)$

정답 ❹

15

A기업은 적정부채 수준을 결정하는데 이자보상비율을 이용한다. 이 회사는 균형비율을 7로 생각하고 내년도 영업이익을 1억 4천만원으로 기대하고 있으며, 부채규모는 1억원, 부채비용은 10%이다. 앞으로도 동일 이자율에 차입이 가능할 것으로 추정한다면, 내년에 추가적으로 이용할 수 있는 부채규모는?

① 1억원
② 1억 5천만원
③ 2억원
④ 2억 5천만원

출제 POINT

이자보상 균형비율이 7이므로 영업이익 1억 4천만 원에 대해 감당할 수 있는 이자비용은 2천만원이다. 따라서 총부채규모를 2억원(부채비용 10% 적용)까지 늘릴 수 있게 된다. 현재 부채규모가 1억원이므로 추가로 1억원을 차입할 수 있다.

함정 & 오답 피하기

- 유동비율은 기업의 장기채무능력을 알아보고자 측정한다.(×)
- 이자보상비율은 당기순이익을 이자비용으로 나눈 값이다.(×)
- 타인자본과 자기자본이 동일하면 부채비율은 50%가 된다.(×)

핵심탐구 › 안정성 지표

유동비율	• $\dfrac{유동자산}{유동부채} \times 100(\%)$ • 기업의 단기채무능력을 평가
부채비율	• $\dfrac{타인자본}{자기자본} \times 100(\%)$ • 100%이면 타인자본과 자기자본이 동일하다는 의미
고정비율	• $\dfrac{비유동자산}{자기자본} \times 100(\%)$ • 비유동자산은 자기자본으로 조달해야 적절(100% 이하)
이자보상비율	• $\dfrac{영업이익}{이자비용} \times 100(\%)$ • 100% 미만이면 영업이익으로 지급해야 할 이자를 충당하지 못함

정답 ①

16

이 비율이 높으면 생산한 제품을 남겨두는 기간이 짧아서 빨리 판매가 된다는 것을 의미하고 더 많은 제품을 생산할 필요가 있다는 신호이다. 이 비율은?

① 유동비율
② 총자산회전율
③ 재고자산회전율
④ 고정산자회전율

출제 POINT

재고자산회전율로 파악한다.

함정 & 오답 피하기

- 총자산의 규모가 1억이고 매출액이 2억이라면 총자산회전율은 0.5회이다.(×) ⇨ 2회
- 고정자산회전율이 높으면 고정자산에 과대투자가 이루어졌다는 것을 나타낸다.(×) ⇨ 과소투자
- 생산한 제품이 빨리 판매될수록 고정자산회전율이 높아진다.(×) ⇨ 재고자산회전율

핵심탐구 활동성 지표

총자산회전율	• $\frac{매출액}{총자산}$ (회) • 이 비율이 높을수록 좋은 영업활동을 한 것임
고정자산회전율	• $\frac{매출액}{고정자산}$ (회) • 매출액에 비해 고정자산이 작으면 이 비율이 높아짐 → 고정자산을 더 늘려야 한다는 신호
재고자산회전율	• $\frac{매출액}{재고자산}$ (회) • 제품이 빨리 판매되면 이 비율이 높아짐 → 제품을 더 많이 생산해야 한다는 신호

정답 ❸

17

기업의 재무비율에 대한 설명으로 옳은 것은?

① 성장성은 전년도와 금년도 실적을 비교해보는 것이다.
② 총자본이익률은 안정성을 평가하기 위한 비율이다.
③ 유동비율은 장기채무능력을 평가하기 위한 비율이다.
④ 타인자본의 사용을 늘릴수록 재무레버리지효과로 인해 기업의 안정성이 향상된다.

출제 POINT

② 총자본이익률(ROI)은 수익성 지표이다.
③ 유동비율은 단기채무능력을 평가한다.
④ 타인자본의 사용은 재무레버리지효과는 있으나 부채비율 증가로 안정성은 감소한다.

함정 & 오답 피하기

재무비율의 종류 암기요령 : 수익성 지표는 ~이익률, 안정성 지표는 ~비율, 활동성 지표는 ~회전률, 성장성 지표는 ~증가율로 끝난다.

핵심탐구 성장성 지표

매출액증가율	$\dfrac{당기매출액 - 전기매출액}{전기매출액} \times 100(\%)$
총자산증가율	$\dfrac{당기총자산 - 전기총자산}{전기총자산} \times 100(\%)$
영업이익증가율	$\dfrac{당기영업이익 - 전기영업이익}{전기영업이익} \times 100(\%)$

정답 ①

18

시장가치비율분석에 대한 설명으로 적절하지 않은 것은?

① PSR은 음(-)이 나오는 경우가 거의 없다.
② PCR이 높으면 주가가 고평가되어 있다고 볼 수 있다.
③ PER은 주당순이익의 몇 배가 주가로 나타나는가를 표시한다.
④ 배당수익률은 주식의 액면가치에 대한 배당금액의 비율이다.

출제 POINT

배당수익률은 주식의 시장가치에 대한 배당금액의 비율이고, 배당률이 액면가치에 대한 배당금액의 비율이다.

용어 이해하기

시장가치비율 : 기업의 수익가치, 자산가치, 매출액가치, 현금흐름가치 등과 비교하여 현재 주가의 고평가 또는 저평가 여부를 판단하는 재무비율분석의 일종이다.

핵심탐구 : 시장가치비율

(1) 주가수익비율(PER : Price Earning Ratio)
  ① PER = $\dfrac{\text{주가}}{\text{주당순이익(EPS)}}$(배)
  ② PER이 낮으면 주가는 저평가

(2) 주가순자산비율(PBR : Price Book-value Ratio)
  ① PBR = $\dfrac{\text{주가}}{\text{주당순자산(BPS)}}$(배) ⇨ 시장가치 대 장부가치 비율
  ② PBR < 1 또는 PBR이 낮으면 주가는 저평가

(3) 주가현금흐름비율(PCR : Price Cash Ratio)
  ① PCR = $\dfrac{\text{주가}}{\text{주당현금흐름}}$(배)
  ② PER이 높아도 PCR이 낮으면 현 주가는 저평가 ⇨ PCR이 우선

(4) 주가매출액비율(PSR : Price Sales Ratio)
  ① PSR = $\dfrac{\text{주가}}{\text{주당매출액}}$(배)
  ② PER의 약점 보완 ⇨ PER은 음(-)이 나오나, PSR은 음(-)이 나오는 경우가 거의 없음

(5) 배당수익률과 배당률
  ① 배당수익률 = $\dfrac{\text{주당배당금}}{\text{주가}} \times 100(\%)$ ⇨ 시장가치에 대한 배당금액의 비율
  ② 배당률 = $\dfrac{\text{주당배당금}}{\text{액면가}} \times 100(\%)$ ⇨ 액면가치에 대한 배당금액의 비율
  ③ 성장기업은 재투자를 위해 사내유보를 많이 하므로 배당수익률이 낮아짐

정답 ④

19

주식가치평가방법 중 상대가치평가모형(주가배수모형)이 아닌 것은?

① FCF모형 ② PER모형
③ PBR모형 ④ PCR모형

출제 POINT

FCF모형은 잉여현금흐름을 이용한 할인모형이다.

용어 이해하기

- EV(Enterprise Value) : 시가총액과 순차입금을 합한 값
- EBITDA(Earning Before Interest, Tax, Depreciation & Amortization) : 영업이익(EBIT)과 감가상각비(DA)를 합한 값

핵심탐구 주식가치 평가방법

(1) 현금흐름할인모형
　① 기업의 미래현금흐름을 이용하여 주식의 내재가치를 추정
　② 종류
　　㉠ 배당평가모형 : 미래에 지급하는 배당을 근거로 평가
　　㉡ 잉여현금흐름(FCF)모형 : 기업의 배당정책이나 재무구조의 차이에 영향을 덜 받는 것이 장점
　　　➡ 잉여현금흐름(free cash flow)은 본업활동이 창출해 낸 현금유입액에서 당해연도 중 새로운 사업에 투자하고 남은 것 → 투하자본에 기여한 자금조달자들이 당해연도말에 자신의 몫으로 분배받을 수 있는 총자금

(2) 상대가치평가모형(주가배수모형)
　① 미래현금흐름을 예측하기가 어려우므로 비교가능한 유사기업의 주가배수를 바탕으로 추정
　② 종류
　　㉠ PER 평가모형 : 주가 = PER × 주당순이익
　　㉡ PBR 평가모형 : 주가 = PBR × 주당순자산
　　㉢ PSR 평가모형 : 주가 = PSR × 주당매출액
　　㉣ PCR 평가모형 : 주가 = PCR × 주당현금흐름
　　㉤ EV/EBITDA 모형 : EV를 EBITDA로 나눈 것

정답 ①

20

주가배수모형에 대한 설명으로 적절하지 않은 것은?

① PCR이 낮으면 주가는 저평가된 것이다.
② PER는 상대적 주가수준을 평가하는 방법이다.
③ PEG비율은 기대성장률을 PER로 나눈 값이다.
④ PSR은 마진(매출액순이익률)에 큰 영향을 받는데, 마진이 낮고 PSR이 높으면 주가는 고평가된 것이다.

출제 POINT

PEG비율 또는 PEGR(주가수익성장비율)은 PER을 성장률로 나눈 값이다. PER이 그 기업의 성장성에 비해 높은지 낮은지를 판단한다.

함정 & 오답 피하기

- 주당순이익은 감가상각비 등 현금흐름이 없거나 영업활동과 무관한 수익과 비용을 제거한 수치이고, 주당현금흐름은 이를 포함한 수치이다.(×) ⇨ 반대
- 현금흐름 유입이 없는 외상매출이 과다하거나 유가증권평가이익 등이 과다한 경우 PER이 높아지고 PCR은 낮아진다.(×) ⇨ 이익이 커지므로 PER은 낮아지고, 현금흐름이 작아지므로 PCR은 높아진다.

핵심탐구 상대가치평가모형(주가배수모형)

(1) PER 이용
   ① PER은 경기에 매우 민감한 문제가 있음
   ② PEGR = $\frac{PER}{g}$(배) ⇨ PEGR이 낮으면 주가상승 가능성이 높다고 해석
(2) PBR 이용
   ① 시장가치 대 장부가치 비율
   ② PBR은 PER에 기업의 마진, 활동성, 부채비율이 추가로 반영된 지표
(3) PSR 이용
   ① 초기에 이익을 내기 어려운 신생기업이나 벤처기업 평가에 사용
   ② PSR은 마진(매출액이익률)에 크게 영향을 받음
(4) PCR 이용
   ① IMF위기 때처럼 기업 도산가능성이 주가에 큰 영향을 미칠 때 유용
   ② PER이 낮으나 PCR이 높은 기업은 현금흐름 유입이 없는 외상매출이 과다하거나 유가증권평가이익 등이 과다한 경우임 ⇨ 이익이 커져 PER은 낮아지고, 현금흐름이 작아져 PCR은 높아짐
(5) EV/EBITDA(enterprise value/earning before interest, tax, depreciation & amortization)
   ① EV(기업가치) = 주주가치 + 채권자가치 = 주식시가총액 + 순차입금
   ② 공모기업의 가치 추정에 사용

정답 ③

21

기술적 분석의 특징으로 적절하지 않은 것은?

① 주가와 거래량에 모든 정보가 반영된다는 가정에 바탕을 둔다.
② 추세의 변화는 기업의 실적 기대치 변동에 의해 발생한다.
③ 차트를 통하여 누구나 쉽고 짧은 시간에 이해할 수 있다.
④ 내재가치를 무시하고 시장의 변동에만 집착하여 시장의 변화요인을 정확히 분석할 수 없다.

출제 POINT

기술적 분석에서는 추세의 변화가 수요와 공급의 변동에 의해 일어난다고 본다. 따라서 수급이 아닌 다른 요인으로 주가변동이 발생하면 이를 설명하기 어렵다.

용어 이해하기

기술적 분석 : 주식의 내재가치와는 관계없이 주가흐름 또는 거래량 등을 도표화하여 과거의 일정한 패턴이나 추세를 알아내고, 이 패턴을 이용하여 주가변동을 예측하고 매매 시기를 판단하는 기법

핵심탐구 기술적 분석의 장단점

장점	• 주가와 거래량을 분석하므로 분식결산 등에 따른 문제가 없음 • 주가변동의 패턴을 관찰하여 그 변동을 미리 예측 • 차트를 통해 누구나 쉽고 짧은 시간에 이해 • 한꺼번에 여러 주식의 가격변동 상황을 분석·예측
한계점	• 과거 주가변동의 패턴이 미래에 그대로 반복되지 않는 경우가 많음 • 차트 해석이 분석자에 따라 달라질 수 있음 • 주가변동이 수급이 아닌 다른 요인으로 발생하면 설명이 어려움 • 내재가치를 무시하고 시장의 변동에만 집착해 시장변화요인은 분석 불가

정답 ❷

22

기술적 분석의 종류에 대한 설명으로 적절하지 않은 것은?

① 심리분석에서는 매매타이밍을 결정하는 것은 투자 심리라고 본다.
② 패턴분석은 시세의 천정권이나 바닥권에 일어나는 유형을 분석한다.
③ 추세순응전략은 장기적으로, 역추세순응전략은 단기적으로 사용한다.
④ 목표치 분석은 투자자가 허용할 수 있는 손실 범위와 기대수익을 설정할 수 있게 해준다.

출제 POINT

추세순응전략은 단기적(1년 이내)으로, 역추세순응전략은 장기적(3년 이상)으로 사용한다.

핵심탐구 기술적 분석의 종류

추세분석	• 주가는 상당기간 동일한 방향성을 지속하려는 경향이 있다는 특성을 이용 • 추세순응전략 : 상승추세이면 매수, 하락추세이면 매도하는 전략 • 역추세순응전략 : 추세반전을 미리 예상하고 최고점에서 매도, 최저점에서 매수하는 전략 • 추세순응전략은 단기적으로, 역추세순응전략은 장기적으로 사용
패턴분석	• 주가변동의 패턴을 미리 정형화한 후 실제 주가 움직임을 맞춰봄으로써 주가 추이를 예측 • 천정권이나 바닥권에 일어나는 전형적인 유형을 분석하여 주가흐름의 전환시점을 포착 • 반전형 패턴과 지속형 패턴으로 구분
지표분석	• 과거 추세성향이 앞으로도 반복할 가능성이 있음을 통계적으로 수치화하여 주가를 예측 • 스토캐스틱 등
심리분석	• 주식투자의 기본은 매매타이밍이고 타이밍을 결정하는 것은 투자심리라고 봄
목표치분석	• 주가가 어느 수준까지 상승 또는 하락할 것인지를 예측 • 투자자가 허용할 수 있는 손실 범위와 기대수익을 설정할 수 있게 해줌

정답 ❸

01장 출제예상 문제

01 기본적 분석에서 주로 사용하는 증권분석의 과정이 바르게 나열된 것은?

출제빈도 下

> ㉠ 어떤 기업의 주식이 동종 산업 내에서 투자가치가 높은가를 판단한다.
> ㉡ 어떤 산업의 주식이 유망하고, 과소·과대평가되어 있는지를 판단한다.
> ㉢ GDP 성장률, 이자율 동향 등을 분석하여 채권, 주식, 부동산 등의 여러 자산 중 주식에 대한 투자 비중을 결정한다.

① ㉡ ⇨ ㉢ ⇨ ㉠
② ㉢ ⇨ ㉠ ⇨ ㉡
③ ㉠ ⇨ ㉡ ⇨ ㉢
④ ㉢ ⇨ ㉡ ⇨ ㉠

02 명목이자율이 8%, 실질이자율이 3%일 때, 피셔효과에 따른 기대인플레이션은?

출제빈도 下

① −3%
② 3%
③ 5%
④ 11%

03 자국통화가 평가절하되면 나타나는 영향으로 적절하지 않은 것은?

출제빈도 中

① 외화표시 부채가 큰 기업은 상당한 환차손을 입게 된다.
② 수출비중이 높은 기업은 대외경쟁력 및 채산성이 약화되는 단점이 있다.
③ 수입제품의 원가가 상승하므로 국내 제품가격이 상승하여 인플레이션으로 이어진다.
④ 자국 소비자들이 외국 수입품에 대해서 지불하는 대가는 늘게 되지만, 타국 소비자들은 동일한 구매에 대해서 작은 대가를 지불하게 된다.

04 경기종합지수(CI)에 대한 설명으로 적절하지 않은 것은?

출제빈도 中

① 선행지표, 동행지표, 후행지표로 구분한다.
② 동행종합지수 값이 50이면, 경기전환점이다.
③ 주가는 경기순환에 선행성을 갖는 것이 특징이다.
④ 전월대비증감률에 따라 경기변동의 진폭까지도 예측할 수 있다.

05 다음 중 주가상승요인으로 옳지 않은 것은?

출제빈도 上

① 세율 인상
② 통화량 증가
③ 수출 증가
④ 정부지출 증가

06 M. Porter의 산업 경쟁구조 분석에 대한 설명으로 적절하지 않은 것은?

출제빈도 上

① 공급자의 교섭력이 강할수록 해당 산업의 수익성은 증가한다.
② 고정비가 높은 비중을 차지하는 경우 기존업체 간의 경쟁강도는 치열해진다.
③ 대체품이 우수할수록 기업이 속한 산업의 이윤잠재력을 상승시켜 가격상한선이 높게 결정된다.
④ 높은 진입장벽은 해당 산업에 이미 진출하고 있는 기업들의 수익성과 영업위험 측면에서 유리하다.

07 기업실사지수(BSI)에 대한 설명중 적절하지 않은 것은?

출제빈도 中

① 기업가에게 설문조사를 하여 경기변동의 방향을 예측한 지표이다.
② 경기변동의 방향 뿐만 아니라 속도나 진폭까지도 예측이 가능하다.
③ BSI가 100보다 크면 경기상승국면을 의미한다.
④ 실제 경기상황보다 과소 또는 과대 예측되기도 한다.

정답 및 해설

01 ④ 기본적 분석에서는 경제-산업-기업분석의 체계에 따라 증권분석을 행하고 있다. ㉠ 기업분석, ㉡ 산업분석, ㉢ 경제분석의 내용이다.
02 ③ 명목이자율 = 실질이자율 + 기대인플레이션인 관계를 피셔효과라고 한다. 문제에서 기대인플레이션은 5%
03 ② 자국통화가 평가 절하되면 수입은 감소하고 수출은 증가한다. 따라서 수출비중이 높은 기업은 대외경쟁력 및 채산성이 강화된다.
04 ② CI는 수치로 해석하지 않는다. 즉, 전월대비증감률이 (+)이면 경기상승, (-)이면 경기하강을 의미한다.
05 ① 세율 인상은 경기억제정책 수단이므로 주가하락요인이다.
06 ③ 대체품이 우수할수록 기업이 속한 산업의 이윤잠재력을 제한하므로 가격상한선이 낮게 결정된다.
07 ② BSI는 경기변동의 방향을 파악할 뿐 속도나 진폭은 판단이 불가하다.

08 다음 경기종합지수 중 경기선행지수에 해당하는 않는 것은?

① 건설수주액
② 코스피지수
③ 재고순환지표
④ 생산자제품재고지수

09 향후 경기전망에 대하여 전체 응답업체 수 200개 중에서 상승할 것으로 기대한다고 응답한 업체가 120개이고 하락할 것으로 예상이 된다고 응답한 업체가 80개라고 할 때 기업실사지수(BSI)는 얼마인가?

① 20
② 60
③ 120
④ 160

10 제품 수명주기 이론에서 성숙기의 특징에 해당하는 것은?

① 사업위험이 높고 수익성은 낮은 시기이다.
② 성장률이 높아지면서 사업위험이 감소하고 수익성이 높아진다.
③ 가격경쟁이 치열하여 제품마진 및 수익성 모두 감소한다.
④ 철수기업이 늘어나고 낮은 가격과 낮은 마진이 발생한다.

11 다음 중 기업분석의 내용으로 옳지 않은 것은?

① 재무적 건전도 평가
② 대체가능성 분석
③ 제품구성과 성장잠재력 분석
④ 업계에서의 경쟁적 지위분석

12 산업의 경쟁구조분석에서 기존 기업이 불리한 경우에 대한 설명으로 적절하지 않는 것은?

① 진입장벽이 낮은 경우
② 대체가능성이 낮은 경우
③ 경쟁업체간의 경쟁강도가 높은 경우
④ 공급자의 교섭력이 약해지는 경우

13 산업의 경쟁구조분석에서 신규로 진입하는데 어렵게 만드는 장벽이 아닌 것은?

출제빈도 上

① 규모의 경제가 잘 나타나는 경우
② 제품 차별화가 잘 이루어지는 경우
③ 진출에 소요자본이 작은 경우
④ 기존 판매망이 견고한 경우

14 다음 중 금융정책의 수단이 아닌 것은?

출제빈도 下

① 세율 조정
② 정책금리의 변경
③ 국채의 매각과 매입
④ 시중은행의 지불준비금의 변경

15 기업의 이익예측방법과 관련이 없는 것은?

출제빈도 下

① 매출액백분율법
② 잉여현금흐름 추정법
③ 예산비용법
④ ROE구성요소 추정법

정답 및 해설

08 ④ 생산자제품재고지수는 경기후행지표에 해당한다.
09 ③ 120이다. BSI = (상승 응답업체 수 - 하락 응답업체 수) / 전체 응답업체 수 × 100 + 100
10 ③ ① 도입기 ② 성장기 ③ 성숙기 ④ 쇠퇴기의 특징이다.
11 ② 대체가능성은 산업의 경쟁구조 분석에 다루는 내용이다. 기업분석은 업계에서의 경쟁적 지위분석, 제품구성과 성장잠재력 분석, 핵심역량평가, 재무적 건전도 평가 등을 다룬다.
12 ② 대체가능성이 높을수록 기존 기업이 불리해진다.
13 ③ 진출에 소요자본이 막대한 경우에 신규로 진입하는 진입장벽이 높게 나타난다.
14 ① 세율 조정은 재정정책의 수단이다.
15 ② 잉여현금흐름(FCF) 추정은 기업가치(주가)를 평가하는 방법이다.

16 매출액백분율법으로 기업의 순이익을 추정하는 방법은?

① 매출액 × 추정매출액순이익률(= 순이익/매출액)
② 매출액 × 추정영업이익률(= 영업이익/매출액)
③ 추정매출액 × 매출액순이익률(= 순이익/매출액)
④ 추정매출액 × 매출액영업이익률(= 영업이익/매출액)

17 다음 기업의 주당순이익(EPS)을 추정하시오.

- 매출액순이익률 : 20%
- 주당순자산(BPS) : 5,000원
- 자기자본이익률(ROE) : 10%

① 500원
② 1,000원
③ 2,500원
④ 5,000원

18 산업의 경쟁구조 분석에서 구매자의 교섭력이 강력해지는 경우가 아닌 것은?

① 제품 차별화가 거의 되어 있지 않을 경우
② 구매자의 전방적 계열화 가능성이 높을 경우
③ 해당 산업의 제품이 규격화 되어 있는 경우
④ 구매자의 집중도가 공급자 집중도에 비해 높은 경우

19 재무비율분석에서 기업의 활동성을 파악하는 비율로 가장 올바른 것은?

① 총자본이익률
② 유동비율
③ 재고자산회전율
④ 매출액증가율

20 다음은 기업의 재무비율을 구하는 산식이다. 사실과 다른 것은?

① 이자보상비율 $= \dfrac{\text{당기순이익}}{\text{이자비용}} \times 100(\%)$

② 자기자본이익률 $= \dfrac{\text{당기순이익}}{\text{자기자본}} \times 100(\%)$

③ 총자산회전율 $= \dfrac{\text{매출액}}{\text{총자산}}$

④ 부채비율 $= \dfrac{\text{타인자본}}{\text{자기자본}} \times 100(\%)$

21 다음 중 재무비율을 잘못 계산하는 것은?

- 총자산 : 100억
- 이자비용 : 5억
- 영업이익 : 20억
- 부채비율 : 100%
- 매출액 : 200억
- 당기순이익 : 10억

① ROE = (10억/100억)×100 = 10%
② 매출액순이익률 = (10억/200억) × 100 = 5%
③ 총자본회전율 = 200억/100억 = 2회
④ 이자보상비율 = 20억/5억 × 100 = 400%

정답 및 해설

16 ③ • 추정순이익 = 추정매출액 × 매출액순이익률(= 순이익/매출액)
　　　• 추정영업이익 = 추정매출액 × 매출액영업이익률(= 영업이익/매출액)
17 ① EPS = BPS × ROE = 5,000원 × 10% = 500원
18 ② 구매자의 후방적 계열화 가능성이 높을 경우 구매자의 교섭력이 강해진다. 반면에 전방적 계열화 가능성이 높으면 공급자의 교섭력이 강해진다.
19 ③ 재고자산회전율이 활동성지표다. [참고] ① 수익성지표 ② 안정성지표 ④ 성장성지표
20 ① 이자보상비율은 영업이익을 이자비용을 나누어 구한다.
21 ① ROE = (당기순이익/자기자본) × 100 = (10억/50억) × 100 = 20%
　　　[참고] 부채비율이 100%이므로 자기자본과 타인자본의 크기는 동일하다.

22 활동성과 성장성 지표에 대한 설명으로 적절하지 않은 것은?
① 총자산회전율이 높으면 좋은 영업활동을 했다고 본다.
② 매출액에 비해 고정자산이 너무 작으면 고정자산회전율은 낮아진다.
③ 재고자산회전율이 높으면 더 많은 제품을 생산할 필요가 있다는 신호이다.
④ 성장성은 기업 자체의 전년도와 금년도 수치를 비교해 보는 것인데, 산업 평균과 비교하여 자사의 위치를 파악하는 것도 중요하다.

23 총자본이익률이 20%, 매출액순이익률이 40%, 총자본이 100억원일 때, 매출액은?
① 10억원
② 50억원
③ 100억원
④ 200억원

24 다음은 A기업의 재무자료이다. A기업의 자기자본순이익률(ROE)은 얼마인가?

- 매출액순이익률 : 20%
- 총자산회전율 : 1.5
- 타인자본/자기자본 : 2

① 10%
② 40%
③ 80%
④ 90%

25 '이 비율이 100% 미만이면, 영업활동을 통한 수익으로는 이자를 충당하지 못했다는 의미이다.' 이 비율이란?
① 이자보상비율
② 부채비율
③ 유동비율
④ 고정비율

26 재무비율에 대한 설명으로 적절하지 않은 것은?
① 유동비율은 장기채무지급능력을 측정하는 비율이다.
② 고정(비유동)비율은 기업의 안정성을 나타내는 비율이다.
③ 총자산회전율은 매출액을 총자산으로 나누어 계산한다.
④ 부채비율이 100%이면 자기자본과 타인자본이 동일하다는 의미이다.

27 시장가치비율분석에 대한 설명으로 적절하지 않은 것은?

① 배당수익률은 주식의 액면가치에 대한 배당금액의 비율을 나타낸다.
② 배당수익률이 낮은 기업은 성장가능성이 높은 것으로 보기도 한다.
③ 주가수익비율(PER)이 높은 경우에도 주가현금흐름비율(PCR)이 낮으면 주가의 과소평가 가능성이 높다.
④ 주가수익비율(PER)이 높다면 주당순이익은 평균수준인데 주가가 높아서인 경우와 주가는 평균수준인데 주당순이익이 너무 낮은 경우 두 가지로 볼 수 있다.

28 다음 자료를 이용하여 계산한 어느 기업의 주가순자산비율(PBR)은?

- 주가 : 10,000원
- 매출액 : 10,000,000,000원
- 순자산 : 5,000,000,000원
- 발행주식수 : 1,000,000주
- 당기순이익 : 1,000,000,000원

① 1(배) ② 2(배)
③ 10(배) ④ 20(배)

정답 및 해설

22 ② 매출액에 비해 고정자산이 너무 작으면 고정자산회전율은 높아진다. 이는 고정자산을 과소투자한 결과라고 볼 수 있어 고정자산을 더 늘려야 한다.

23 ② • 총자본이익률(20%) = 매출액순이익률(40%) × 총자본회전율, 따라서 총자본회전율은 0.5회
 • 총자본회전율(0.5회) = 매출액/총자본(100억), 따라서 매출액은 50억

24 ④ ROE = 매출액순이익률 × 총자산회전율 × (1 + 타인자본/자기자본) = 20% × 1.5 × 3 = 90%

25 ① 이자보상비율로 판단한다.

26 ① 유동비율은 기업의 단기채무지급능력을 판단하는 지표다.

27 ① 배당수익률은 주식의 시장가치 대비 배당금액의 비율이고, 배당률은 주식의 액면가치 대비 배당금액의 비율이다.

28 ② PBR = 주가/BPS = 10,000/(5,000,000,000/1,000,000) = 2배
 [참고] PER = 주가/EPS = 10,000/(1,000,000,000/1,000,000) = 10배

29 재무비율분석의 장·단점에 대한 설명으로 적절하지 않은 것은?

① 기업마다 회계처리 방식이 다를 수 있다.
② 비율분석에 사용되는 재무제표는 과거의 회계정보라는 한계가 있다.
③ 심도있는 분석을 하기 이전에 전반적이고 대략적인 문제점을 발견할 수 있다.
④ 일정시점의 재무제표인 손익계산서와 일정기간의 재무제표인 재무상태표를 동시에 사용하는 한계가 있다.

30 다음 중 기업이 작성하는 재무제표의 종류가 아닌 것은?

① 재무상태표　　　　　　　　② 손익계산서
③ 배당지급내역서　　　　　　④ 현금흐름표

31 재무상태표에서 자본을 구성하는 항목이 아닌 것은?

① 자본금　　　　　　　　　　② 고정자산
③ 이익잉여금　　　　　　　　④ 자본잉여금

32 손익계산서 항목 중 매출총이익 – 판매비와 일반관리비 = (A)에서 A에 해당하는 것은?

① 법인세차감전이익　　　　　② 당기순이익
③ 경상이익　　　　　　　　　④ 영업이익

33 당기순이익은 재투자를 위해 사내 유보하는 경우와 주주에게 배당하는 두 가지 용도로 사용한다. 이처럼 당기순이익의 사용용도를 나타내는 재무제표는?

① 현금흐름표
② 결손금 처분계산서
③ 손익계산서
④ 이익잉여금 처분계산서

34 출제빈도 上

기본적 분석의 한계점으로 사실과 다른 것은?

① 투자가치를 무시하고 시장의 변동에만 집착한다.
② 일반적으로 기업의 진정한 가치를 파악하는 데 소요되는 분석시간이 매우 길다.
③ 투자자마다 견해가 다를 수 있어서 주식의 내재가치가 다양하게 산출될 수 있다.
④ 기업마다 회계처리기준을 다르게 설정할 수도 있어서 산업 내 기업 간 비교가 어려울 수 있다.

35 출제빈도 中

PER 이용시 유의점으로 사실과 다른 것은?

① 상대적으로 경기에 민감하지 않아 기업 간 비교에 유용하다.
② 분자의 주가자료는 분석시점의 현재주가를 사용하는 방법이 적절하다.
③ 발행주식수에는 전환증권의 발행 등으로 희석되는 주식수를 포함시킬 수도 있다.
④ 분모인 EPS는 회계이익으로서 기업마다 회계처리방법이 상이할 경우 직접비교에 무리가 따른다.

정답 및 해설

29 ④ 손익계산서는 일정기간, 재무상태표는 일정시점이 기준이다.
30 ③ 재무제표는 재무상태표, 손익계산서, 현금흐름표, 이익잉여금(또는 결손금) 처분계산서로 구성된다.
31 ② 자본은 자본금, 자본잉여금, 이익잉여금, 자본조정으로 구분한다. 고정자산은 자산을 구성하는 항목이다.
32 ④ • 매출액 − 매출원가 = 매출총이익
   • 매출총이익 − 판매비와 일반관리비 = 영업이익
   • 영업이익 + 영업외이익 − 영업외손실 = 법인세차감전순이익
   • 법인세차감전순이익 × (1 − 법인세율) = 당기순이익
33 ④ 당기순이익의 사용용도를 나타내는 재무제표는 이익잉여금 처분계산서이다.
   [참고] 결손금 처분계산서는 기업이 손실이 발생할 때 이러한 손실을 어떻게 처리하는지를 파악하는 재무제표이다.
34 ① 투자가치를 무시하고 시장의 변동에만 집착하는 것은 기술적 분석이다.
35 ① PER는 경기에 매우 민감하게 반응하는 문제점이 있다.

36 주가순자산비율(PBR)이 1이 아닌 이유와 거리가 먼 것은?

① 시간성의 차이
② 자산과 부채 인식기준의 차이
③ 집합성의 차이
④ 장부가치와 시장가치의 일치

37 다음이 의미하는 시장가치비율 지표는?

마진 × 활동성 × 부채비율 × PER

① PCR   ② PBR
③ PEGR ④ PSR

38 PSR(주가매출액비율)에 대한 설명으로 가장 거리가 먼 것은?

① 주가를 주당매출액으로 나눈 것이다.
② 기업의 도산 가능성이 클수록 더 중요하다.
③ PER만큼 변동성이 심하지 않아 신뢰성이 높다.
④ 매출액이익률이 높으면 PSR도 높아지는 것이 일반적이다.

39 현금흐름의 유입이 없는 외상매출이 과다하거나, 유가증권 평가이익이 과다한 기업은 PER이 낮아도 이 비율은 높아진다. 이 비율은?

① PCR   ② PBR
③ PEGR ④ PSR

40 A기업의 PER이 10배수이고 기대성장률이 5%, B기업의 PER이 15배수이고 기대성장률이 10%인 경우 PEGR을 이용한 올바른 판단은?

① A기업이 과소평가   ② B기업이 과소평가
③ 균형 상태이다   ④ 알 수 없다

41. 잉여현금흐름(FCF) 모형에 대한 설명으로 적절하지 않은 것은?

① 잉여현금흐름으로 기업가치를 평가하는 접근법이다.
② 잉여현금흐름을 측정할 때는 편의상 예측 가능한 기간의 현금흐름만을 고려한다.
③ 잉여현금흐름은 투하자본에 기여한 자금조달자들이 당해연도말에 자신의 몫으로 분배받을 수 있는 총자금과도 같다.
④ 잉여현금흐름은 본업 활동이 창출해 낸 현금유입액에서 당해연도 중 새로운 사업에 투자하고 남은 것, 즉 총현금흐름유입액과 투하자본증가액의 차이를 말한다.

42. 다음 중 잉여현금흐름(FCF)을 증가시키는 항목이 아닌 것은?

① 감가상각비
② 미지급금 증가액
③ 지급어음 증가액
④ 매출채권 증가액

43. EV/EBITDA 비율에 대한 설명으로 적절하지 않은 것은?

① EV는 주주가치에서 채권자가치를 차감한 금액이다.
② EBITDA는 영업이익에 감가상각비를 더한 금액이다.
③ 특히 공모기업의 가치를 추정할 때 이용한다.
④ 기업 자본구조를 감안한 평가방식이라는 점에 유용성이 있다.

정답 및 해설

36 ④ PBR이 1이 아닌 이유는 장부가치와 시장가치의 불일치에서 기인한다.
37 ② PBR이다. PBR은 PER에 기업의 마진, 활동성, 부채비율이 모두 반영된 지표다.
38 ② IMF위기 때처럼 기업의 도산 가능성이 클수록 중요한 지표는 PCR(주가현금흐름비율)이다.
PSR(주가매출액비율)은 수익성 평가가 어려운 신생기업이나 벤처기업 평가에 사용한다.
39 ① 주가를 주당 현금흐름으로 나눈 비율인 PCR이다. 즉 현금흐름유입이 없는 외상매출이 과다하거나, 유가증권 평가이익이 과다한 기업은 PER이 낮아도 PCR은 높아진다.
40 ② PEGR(= PER/g)이 낮으면 주가상승으로 이어질 가능성은 높다고 해석한다. A기업의 PEGR = 10/5 = 2, B기업의 PEGR = 15/10 = 1.5, 따라서 B기업 주가가 과소평가된 것이다.
41 ② 잉여현금흐름은 예측 가능한 기간의 현금흐름뿐 아니라 그 이후의 잔여가치도 합산하여 측정해야 한다.
42 ④ • 잉여현금흐름 증가 항목 : 영업이익, 감가상각비, 미지급금증가액, 지급어음증가액
• 잉여현금흐름 감소 항목 : 매출채권증가액, 재고자산증가액, 시설자금증가액, 법인세
43 ① EV(기업가치)는 주주가치와 채권자가치를 합한 금액이다.

44 다음 중 기술적 분석의 종류가 아닌 것은?
① 추세분석
② 패턴분석
③ 핵심역량분석
④ 목표치분석

45 기술적 분석의 특징으로 옳지 않은 것은?
① 이론이 복잡하고 시간과 노력이 많이 든다.
② 주가변동의 패턴을 관찰하여 그 변동을 미리 예측할 수 있다.
③ 주가와 거래량에 모든 정보가 반영된다는 가정에 바탕을 둔다.
④ 한꺼번에 여러 주식의 가격변동 상황을 분석, 예측할 수 있다.

46 추세분석에 대한 설명으로 적절하지 않은 것은?
① 추세순응전략과 역추세 순응전략이 있다.
② 추세순응전략은 단기적으로, 역추세 순응전략은 장기적으로 사용한다.
③ 추세순응전략은 정보력이나 분석력이 약한 투자자들에게는 위험이 높다.
④ 주가는 상당기간 동일한 방향성을 지속하려는 경향이 있다는 특성을 이용한다.

47 주식투자에 있어 일반투자자들의 심리상태를 설명한 것으로 가장 거리가 먼 것은?
① 시세상승 초기에는 이전의 주가하락 학습효과 때문에 매수할 수 없게 된다.
② 시세상승 말기에는 확신을 갖고 높은 주가에 추격매수하게 된다.
③ 시세하락 중기에는 주가는 짧은 반등 후 큰 폭으로 떨어지게 된다.
④ 시세하락 말기에는 주가가 안정될 것으로 예상하여 주식을 더 이상 매각하지 않고 보유한다.

48	다음 중 반전형 패턴이 아닌 것은?
출제빈도 下	① 원형 ② 페넌트형 ③ 이중바닥형 ④ 헤드앤숄더형

정답 및 해설

44 ③ 기술적 분석의 종류에는 추세분석, 패턴분석, 지표분석, 심리분석, 목표치분석 등이 있다.

45 ① 기본적 분석은 이론이 복잡하고 시간과 노력이 많이 드는 데 비해, 기술적 분석은 차트를 통하여 누구나 쉽고 짧은 시간에 이해할 수 있다.

46 ③ 추세순응전략은 추세를 확인하고 매매에 임하는 안정적인 기법이다. 반면 역추세순응전략은 정보력이나 분석력이 약한 투자자들에게는 위험이 높다.

47 ④ 시세하락 말기에는 기다림이 지치고 한없이 떨어질 것 같은 공포심에 빠져 시세의 바닥 수준에서 보유 주식을 전부 매각하는 투매가 발생한다.
    [참고] • 시세상승 중기 : 자신감 회복으로 매수를 늘려가고 단타매매
            • 시세하락 초기 : 일시조정이라는 명분하에 주식을 계속 보유

48 ② • 반전형 : 헤드앤숄더형, 이중·삼중 천정(바닥)형, 원형, V자형 등
      • 지속형 : 삼각형, 깃발형, 페넌트형, 쐐기형, 직사각형 등

핵심개념 이해도 체크

| 적절한 개념에 체크 ☑하세요.!|

01 (☐ 기본적 / ☐ 기술적) 분석은 내재가치를 산출하는 데, (☐ 기본적 / ☐ 기술적) 분석은 주가의 수요와 공급을 분석하는데 주안점을 둔다.

02 장기간에 걸친 주가상승률은 이론적으로 (☐ 명목 / ☐ 실질) GDP 성장률에 접근한다.

03 이자율이 상승하면 요구수익률 즉, 할인율이 (☐ 상승 / ☐ 하락)하게 되므로 주식가격이 (☐ 상승 / ☐ 하락)한다.

04 실제 인플레이션이 기대 인플레이션을 초과하게 되면 순화폐성자산가치(= 화폐성자산 − 화폐성부채)가 (☐ 증가 / ☐ 감소)하여 채권자는 (☐ 이득 / ☐ 손실)을 보게 된다.

05 원화가 달러에 비해 평가 절상되면, 우리나라 구매자의 입장에서 볼 때 외국상품의 가치가 (☐ 상승 / ☐ 하락)한다.

06 정부가 적자예산을 편성하면 시중이자율이 (☐ 상승 / ☐ 하락)하여 민간부문의 차입기회가 (☐ 증가 / ☐ 감소) 할 수도 있다.

07 통화공급의 확대는 단기적으로 금리를 (☐ 상승 / ☐ 하락)시키고, 이로 인해 주가는 (☐ 상승 / ☐ 하락)한다.

08 기업경기실사지수가 (☐ 50 / ☐ 100)을 초과하면 경기는 상승국면으로 해석한다.

09 경기종합지수의 (☐ 전년 / ☐ 전월)대비 증감률이 (−)이면 경기는 하강국면으로 해석한다.

10 공급자에게 (☐ 전방 / ☐ 후방) 계열화 가능성이 높을 경우 공급자의 교섭력이 강해진다.

11 산업의 수명주기에서 가장 경쟁이 치열한 시기는 (☐ 성장기 / ☐ 성숙기)이다.

12 이익 예측의 신뢰성을 높이려면 기업의 장기수익과 밀접한 관계가 있는 (☐ 강제적 / ☐ 임의적) 비용지출의 크기와 시기에 주의하여 분석한다.

01 기본적, 기술적 / 02 명목 / 03 상승, 하락 / 04 감소, 손실 / 05 하락 / 06 상승, 감소 / 07 하락, 상승
08 100 / 09 전월 / 10 전방 / 11 성숙기 / 12 임의적

13 재무상태표는 일정 (□ 시점 / □ 기간)의 재무제표이고 손익계산서는 일정 (□ 시점 / □ 기간)의 재무제표이다.

14 재무상태표에서 자본은 자본금, 자본잉여금, 이익잉여금, 자본조정으로 구분한다. (O / X)

15 자산, 부채 및 자본은 (□ 총액 / □ 차액)에 의하여 기재함을 원칙으로 한다.

16 재무제표 항목들 간의 관계를 이용하여 해당 기업이 우량기업인지 아니면 부실기업인지를 판단해 보는 것을 (□ 재무비율 / □ 시장가치비율) 분석이라 한다.

17 총자본이익률(ROI)은 (□ 매출액영업이익률 / □ 매출액순이익률) × 총자본회전률이다.

18 이자보상비율 = (당기순이익 / 이자비용) × 100 (O / X)

19 배당수익률은 주식의 (□ 시장가치 / □ 액면가치)에 대한 배당금액 비율을, 배당률은 주식의 (□ 시장가치 / □ 액면가치)에 대한 배당금액 비율을 나타낸다.

20 (□ PER / □ PBR)은 주당 시장가치와 장부가치의 비율을 의미한다.

21 잉여현금흐름(free cash flow)은 (□ 본업 / □ 투자)활동이 창출해 낸 현금유입액에서 당해 연도 중 새로운 사업에 투자하고 남은 것이다.

22 기술적 분석을 이용하면 시장의 (□ 변화요인 / □ 변화방향)을 파악할 수 있다.

23 (□ 패턴분석 / □ 지표분석)은 과거의 추세성향이 앞으로도 반복할 가능성이 있음을 통계적으로 수치화하여 주가를 예측하는 방법이다.

24 주가는 경기변동 수개월 (□ 전 / □ 후)부터 이를 반영하여 움직이는 경기(□ 선행 / □ 후행)지표이다.

25 기업가치 분석의 3단계 분석에서는 일반적으로 (□ 하향식(top-down) / □ 상향식(bottom-up))방식을 따른다.

---

13 시점, 기간 / 14 O 자산은 유동자산과 비유동(고정)자산, 부채는 유동부채와 비유동(고정)부채, 자본은 자본금, 자본잉여금, 이익잉여금, 자본조정으로 구분한다. / 15 총액 / 16 재무비율 / 17 매출액순이익률
18 X 이자보상비율 = (영업이익/이자비용) × 100 / 19 시장가치, 액면가치 / 20 PBR / 21 본업 / 22 변화방향
23 지표분석 / 24 전, 선행 / 25 하향식(top-down)

이패스코리아 증권투자권유대행인

제1과목

제2장

유가증권시장, 코스닥시장

유가증권시장, 코스닥시장 02

학습포인트

본 과목에서는 총 11문제가 출제됩니다. 주로 주식과 관련한 발행시장과 유통시장에 대해 학습합니다. 발행시장에서는 증권의 발행형태, 기업공개, 증자방법 등이 중요합니다. 유통시장에서는 상장제도, 공시제도, 매매거래제도 등이 중요합니다. 또한 안정적인 주식거래를 위해 거래소가 운영하는 시장관리제도에 대해서도 학습해야 합니다. 마지막으로 청산결제제도와 시장감시제도는 투자자와 직접적인 관련이 없어 출제비중이 낮은 편입니다. 학습할 내용이 어렵지 않은 대신 암기할 것들이 많아 부담이 될 수 있습니다. 따라서 출제빈도가 높은 파트를 확인한 후 집중 대비할 필요가 있습니다.

학습전략

핵심 내용	개념이해 난이도		
	상	중	하
제1장 발행시장			
1. 발행시장과 유통시장의 기능			○
2. 증권의 발행형태 : 공모와 사모, 직접발행과 간접발행		○	
3. 간접발행의 종류 : 모집주선, 잔액인수, 총액인수			○
4. 주식발행 사유			○
5. 주식의 분류			○
6. 기업공개 절차 : 상장 준비단계, 상장 추진단계		○	
7. 초과배정옵션제도			○
8. 유상증자		○	
제2장 유통시장			
1. 한국거래소(KRX)			○
2. 상장의 효과			○
3. 상장기업의 혜택		○	
4. 상장 원칙과 상장의 종류			○
5. 신규상장요건	○		
6. 상장폐지	○		
7. 공시제도		○	
8. 위탁증거금과 위탁수수료			○
9. 시장의 매매제도		○	
10. 시장 관리제도 : 서킷브레이커/사이드카, 공매도, 배당락/권리락		○	

02장 핵심정리 문제

01

발행시장의 기능이 아닌 것은?

① 투자자들에게 투자대상을 제공하여 소득분배를 촉진시킨다.
② 기업의 장기 자금조달을 도와 기업자본의 대규모화를 실현시킨다.
③ 통화정책당국에 의한 국공채발행과 공개시장조작의 시행을 가능하게 한다.
④ 다수의 투자자가 참여하는 자유경쟁시장으로 공정하고 적정한 가격이 형성된다.

출제 POINT

발생시장과 유통시장의 기능을 구분할 수 있어야 한다. ④는 유통시장의 기능이다.

용어 이해하기

- 직접금융방식 : 자금 수급이 공급자로부터 수요자에게 직접 연결되는 방식
- 간접금융방식 : 자금 수급이 공급자로부터 금융중개기관을 거쳐 수요자에게 연결되는 방식

핵심탐구 증권시장

(1) 증권시장 개요
① 증권시장은 자본시장의 전형적인 형태로서, 직접금융방식으로 자금을 거래
② 증권시장은 발행시장과 유통시장으로 구분 ➯ 두 시장은 상호의존적이고 보완적인 관계
③ 발행시장은 증권이 발행되어 최초로 투자자에게 매각되는 시장 ➯ 1차 시장, 추상적 시장
④ 유통시장은 이미 발행된 증권이 투자자들 사이에서 매매되는 시장 ➯ 2차 시장, 구체적 시장

(2) 발행시장과 유통시장의 기능

발행시장	유통시장
• 경제의 양적·질적 고도화 • 금융정책 및 경기조절 • 자원을 효율적으로 배분 • 소득분배를 촉진	• 증권의 시장성·유동성 제고 • 증권의 담보력 제고 • 공정한 가격형성 • 발행될 증권의 가격제공

정답 ④

02

증권의 발행형태에 대한 설명으로 적절하지 않은 것은?

① 공모여부를 판단하는 50인 산출대상에서 전문가와 연고자는 제외한다.
② 사모는 불특정의 수요자를 대상으로 증권을 발행하여 자금을 조달하는 방법이다.
③ 발행에 따른 위험부담과 사무절차를 누가 담당하느냐에 따라 직접발행과 간접발행으로 구분된다.
④ 모집과 매출의 차이는 공모대상인 증권이 신규로 발행되는 것인지, 아니면 이미 발행된 것인지에 있다.

출제 POINT

공모는 불특정 투자자(일반 대중)가 대상이고 사모는 특정 투자자(발기인, 전문가, 연고자)가 대상이 된다. 증권의 발행형태는 매번 출제되는 중요한 내용이다.

함정 & 오답 피하기

- 공모대상인 증권이 신규로 발행된 것이면 '매출'에 해당한다.(×) ⇨ '모집'에 해당
- 총 60인의 투자자(일반투자자 40인, 전문가 10인, 연고자 10인)에게 증권의 청약을 권유하였다면 이는 '공모'에 해당한다.(×) ⇨ 일반투자자 수가 50인 미만이므로 '사모'에 해당

용어 이해하기

- **발행주체** : 증권을 발행하여 자금을 조달하는 자 ⇨ 주식회사, 국가 및 지방공공단체, 특수법인 등
- **발행기관** : 발행자와 투자자 사이에 개입하여 증권발행에 따른 사무처리 및 위험을 부담하는 기관
  ⇨ 그 역할에 따라 주관회사, 인수기관, 청약기관으로 구분

핵심탐구 증권의 발행형태

(1) 공모와 사모

공모	• 모집과 매출로 구분
	  ㉠ 모집 : 신규로 발행된 증권이 공모대상
	  ㉡ 매출 : 이미 발행된 증권이 공모대상
	• 불특정 투자자(일반 대중)를 대상으로 발행
	• 일반투자자 수가 50인 이상이어야 함(단, 50인 산출대상에서 전문가와 연고자는 제외)

사모	• 특정 수요자(발기인, 투자전문가, 연고자)를 대상으로 발행 • 일반투자자 수가 49인 이하

(2) 직접발행과 간접발행

직접발행	• 발행사무 및 위험을 발행주체가 직접 부담하는데, 발행규모가 적을 때 활용
간접발행	• 발행주체가 수수료를 부담하면서 중개인인 발행기관을 거쳐 발행

정답 ❷

03

증권의 간접발행에 대한 설명으로 적절하지 않은 것은?

① 잔액인수는 수수료가 가장 저렴한 방식이다.
② 간접발행의 대부분은 총액인수방식을 사용한다.
③ 총액인수는 인수단이 발행총액을 인수하고 이에 대한 발행위험을 모두 부담한다.
④ 모집주선은 발행인이 스스로 발행위험을 부담하지만 모집업무와 같은 발행사무는 발행기관에 위탁하게 된다.

출제 POINT

모집주선이 수수료가 가장 저렴하다. 반면 잔액인수, 총액인수로 갈수록 인수기관의 부담이 큰 만큼 인수수수료율도 높아진다.

용어 이해하기

발행위험 : 발행증권의 응모총액이 발행총액에 미달하게 될 위험을 말한다. 발행위험으로 인해 실권주(인수되지 않은 주식)가 발생한다.

핵심탐구 — 간접발행의 발행위험 부담

구분	내용
모집주선 (위탁모집)	• 발행주체가 발행위험을 부담 • 수수료가 가장 저렴
잔액인수	• 인수기관이 모집부족이 발생했을 경우 그 잔량 위험만 부담
총액인수	• 인수기관이 발행위험을 모두 부담 • 간접발행의 대부분은 총액인수방식을 사용 • 인수수수료율도 가장 높음

정답 ①

04

기업이 주식을 발행하는 사유에 해당하지 않는 것은?

① 유상증자를 실시
② 교환사채에 대한 교환권 행사
③ 전환사채에 대한 전환권 행사
④ 신주인수권부사채에 대한 신주인수권 행사

출제 POINT

교환사채란 사채의 발행회사가 보유하고 있는 타 회사의 주식으로 교환할 수 있는 권리가 부여된 채권이다. 따라서 교환사채의 교환권이 행사돼도 발행회사는 주식을 발행할 필요가 없다. 교환사채는 주식발행 사유와 무관함을 미리 알고 대비하자.

함정 & 오답 피하기

- 무상증자는 주금(주식대금)의 납입이 수반되지 않아 회사자산의 실질적인 증가가 없기 때문에 자본금 증가로 이어지지 않는다.(×) ⇨ 신주를 발행한 만큼 자본금은 증가
- 현금배당은 주식발행 사유에 해당한다.(×)

핵심탐구 주식발행 사유

주식회사 설립	• 발기설립 : 소수의 발기인만으로 회사를 설립 • 모집설립 : 발기인 이외의 주주도 참여하여 회사를 설립
증자	• 유상증자(실질적 증자) : 주금납입과 함께 신주를 발행하므로 회사자산이 증가 • 무상증자(형식적 증자) : 주금납입 없이 잉여금을 자본으로 전입함으로써 신주를 발행하므로 회사자산의 증가는 없음 ⇨ 잉여금의 감소와 자본금의 증가
기타	• 주식배당(현금대신 배당) • 전환사채의 전환권 행사 • 신주인수권부사채의 신주인수권 행사 • 기업합병 • 주식의 병합 또는 분할

정답 ❷

05

다음 괄호 안에 들어갈 주식의 종류를 순서대로 나열한 것은?

회사가 주주로부터 주식을 매입하여 소각한다는 측면에서 동일하지만 (　　)의 경우 회사가 그 대가로 금전 또는 자산을 지급하는 반면, (　　)의 경우 회사가 다른 종류의 주식을 지급한다는 점에서 차이가 있다.

① 우선주, 전환주
② 혼합주, 무의결권주
③ 상환주, 전환주
④ 상환주, 무기명주

출제 POINT

상환주와 전환주를 구분할 수 있어야 한다. 상환주는 회사가 매입한 대가로 금전 또는 자산을 지급한다. 전환주는 회사가 다른 종류의 주식을 지급한다.

함정 & 오답 피하기

- 전환주는 회사가 매입한 대가로 금전 또는 자산을 지급한다.(×) ⇨ 상환주
- 혼합주는 보통주에 비해 잔여재산분배에서는 우선하고 배당에서는 열등한 주식이다.(×)

용어 이해하기

주식(stock) : 자본의 구성단위로서, 주식회사의 자본은 주식으로 분할하여야 하되 균등한 단위로 하여야 한다. 균등하게 나누는 방법은 금액으로 표시하는 방법(액면주식)과 전체 자본금에 대한 비율로 표시하는 방법(무액면주식)이 있다.

핵심탐구 주식의 분류

분류기준	종류
배당·잔여재산분배	보통주, 우선주, 후배주, 혼합주 ※ 혼합주 : 보통주보다 배당은 우선, 잔여재산분배는 열등한 주식
의결권 유무	의결권주, 무의결권주
액면가액 기재여부	액면주, 무액면주
주주성명 표시여부	기명주, 무기명주
기타	• 상환주 : 회사가 매입하면서 금전 또는 자산을 지급 • 전환주 : 회사가 매입하면서 다른 종류의 주식을 지급

정답 ❸

06

기업공개 절차와 실무에 대한 설명으로 적절하지 않은 것은?

① 유가증권시장에 상장하려는 법인은 최근 3사업연도의 재무제표에 대해 증권선물위원회가 지정한 외부감사인으로부터 감사를 받아야 한다.
② 정관에 구주주의 신주인수권을 배제하는 조항이 없어야 한다.
③ 유가증권시장에 상장하고자 하는 법인은 사전에 우리사주조합을 결성해야 한다.
④ 금융투자회사와 대표주관계약을 체결하고 이를 금융투자협회에 신고하여야 한다.

출제 POINT

신주인수권은 신주가 발행될 때 주주가 소유주식수에 비례하여 우선적으로 배정받을 수 있는 권리를 말한다. 상장기업은 주주가 아닌 일반인을 대상으로 신주를 발행해야 하므로 정관에 구주주의 신주인수권을 배제하는 조항이 있어야 한다.

함정 & 오답 피하기

- 유가증권 상장법인은 최근 1사업연도의 재무제표에 대해 외부감사인으로부터 감사를 받아야 한다.(×)
- 상장하려는 법인의 우리사주조합원은 공모주식 총수의 10%까지 우선적으로 배정받을 권리가 있다.(×)

용어 이해하기

기업공개 : 개인이나 소수의 주주로 구성되어 있는 기업이 거래소에 상장하기 위하여 주식의 분산 등 일정 요건을 충족시킬 목적으로 행하는 공모행위를 말한다.

핵심탐구 기업공개 절차 : 상장 준비단계

외부감사인 지정	• 상장신청 법인과 유착관계가 형성되지 않도록 증권선물위원회가 지정 • 유가증권 상장법인은 최근 3사업연도, 코스닥 상장법인은 최근 1사업연도의 재무제표에 대해 감사를 받아야 함
대표주관계약 체결	• 금융투자회사와 대표주관계약을 체결하고 금융투자협회에 신고
정관 정비	• 주식수, 액면가 등을 정함 • 정관에 구주주의 신주인수권을 배제하는 조항이 있어야 함 • 구주와 신주 간의 배당기산일을 통일해야 함
명의개서 대행계약 체결	• 명의개서 대행회사를 선정하고 명의개서 대행계약을 체결
우리사주조합 결성	• 우리사주조합원은 공모주식의 20%를 우선 배정받을 권리가 있음 • 유가증권시장은 우리사주조합의 결성이 의무사항이나, 코스닥시장은 선택사항
상장예비심사 신청계획 통보	• 대표주관회사는 상장희망기업의 상장예비심사신청 계획을 거래소에 통보 • 금감원은 신청기업에 대해 회계감리를 실시 ⇨ 위반행위 확인 시 신청을 기각

정답 ②

07

기업공개 시 대표주관회사와 발행회사는 (   )의 결과를 감안하여 최종적인 공모 가격을 결정하게 된다. 괄호 안에 들어갈 말은?

① 기업설명회
② 수요예측
③ 초과배정옵션
④ 증권발행실적

출제 POINT

대표주관회사와 발행회사는 수요예측 결과를 감안하여 최종적인 공모 가격을 결정하게 된다.

함정 & 오답 피하기

- 상장예비심사신청서는 금융위에 제출하고, 증권신고서 및 투자설명서는 거래소에 제출한다.(×) ⇨ 반대
- 공모주식의 최종 공모가격은 발행회사가 정한다.(×) ⇨ 대표주관회사와 협의하여 결정

용어 이해하기

- **수요예측(book building)** : 대표주관회사가 발행주식의 공모희망가격에 대한 수요상황(가격 및 수량)을 파악하는 것
- **청약증거금** : 공모에 참여한 투자자들이 해당기업 주식을 사기위해 계약금 형식으로 내는 돈

핵심탐구 | 기업공개 절차 : 상장 추진단계

단계	내용
상장예비심사신청서 제출	• 거래소에 제출하여 상장 적격여부 심사를 받음
증권신고서 및 투자설명서 제출	• 증권신고서는 금융위가 이를 수리한 날로부터 법률이 정하는 기간이 경과하면 그 효력이 발생 • 투자설명서의 내용은 증권신고서에 기재된 내용과 반드시 일치해야 함
공모 희망가격 산정	• 대표주관회사가 회사의 가치를 평가하여 희망가격의 일정 범위를 정하여 제시
기업설명회(IR)	• 주주, 투자자, 애널리스트 등을 대상으로 회사의 사업내용 등 정보를 제공
수요예측	• 공모 희망가격에 대한 수요를 파악하여 대표주관회사와 발행회사는 최종 공모가격을 결정(단, 공모예정액이 50억 미만이면 생략가능)
청약과 납입	• 대표주관회사는 증권신고서 효력발생 후 투자자로부터 청약을 접수하고 청약 결과를 집계하여 배정한 후 청약자의 청약증거금에서 납입금액을 대체하고 잔액은 환불 • 초과배정옵션제도를 이용하여 시장상황에 따라 공모규모를 조절할 수 있음
증권발행실적 보고	• 금융위 및 거래소에 보고서를 제출
주권발행 및 교부	• 명의개서 대행회사와 진행

정답 ❷

초과배정옵션제도에 대한 설명으로 적절하지 않은 것은?

① 초과배정 주식수량은 공모주식 수량의 15% 이내로 한다.
② 초과배정옵션의 행사일은 공모주식의 매매개시일로부터 30일 이내로 정한다.
③ 대표주관회사는 공모 완료 후 주가가 공모가 이하로 하락하면 옵션을 행사하여 발행회사로부터 신주를 공모가격으로 취득하여 초과배정자에게 이전한다.
④ 시장에서 주식을 매수할 때는 시장조성차원에서 공모가격의 90% 이상으로 매수해야 한다.

출제 POINT

대표주관회사가 초과배정된 주식을 취득하는 두 가지 방법을 알아야 한다. 먼저 주가가 공모가 이상으로 상승하면 옵션을 행사하여 공모가격으로 취득하는 것이 유리하다. 반면 주가가 공모가 이하로 하락하면 옵션 행사를 포기하고 시장에서 취득하는 것이 유리하다. 시장에서 취득하는 때에는 시장조성(주가하락방어)을 위해 공모가격의 90% 이상의 가격으로 매수해야 한다.

핵심탐구 초과배정옵션제도

개요	• 대표주관회사가 공모주식 수량을 초과하여 주식을 배정할 수 있도록 옵션을 부여한 제도
제도내용	• 초과배정수량 : 공모주식의 15% 이내 • 옵션행사일 : 매매개시일로부터 30일 이내 • 옵션행사에 따른 신주의 발행가격 : 공모 가격
초과배정주식 취득방법	• 주가가 공모가 이상으로 상승 : 옵션을 행사하여 발행회사로부터 공모가격에 취득 • 주가가 공모가 이하로 하락 : 시장에서 매수(단, 공모가격의 90% 이상으로 매수)

정답 ❸

09

주주우선공모방식과 주주배정방식을 비교한 것으로 바르지 않은 것은?

① 실권위험은 주주배정방식이 높다.
② 인수 및 모집사무는 두 방식 모두 대표주관회사가 부담한다.
③ 소요기간 및 일정에서는 주주우선공모방식이 긴 경향이 있다.
④ 실권주는 주주배정방식의 경우 이사회 결의에 의해, 주주우선공모방식의 경우 일반투자자 공모로 처리된다.

출제 POINT

주주우선공모방식과 주주배정방식의 차이점을 알아야 한다. 인수 및 모집의 사무를 주주배정방식은 발행회사가, 주주우선공모방식은 대표주관회사가 부담한다. 유상증자는 출제빈도가 매우 높은 파트이다.

함정 & 오답 피하기

- 주주우선공모방식에서는 이사회 결의로 실권주를 처리한다.(×)
- 주주배정방식은 정관에 특별히 정하거나 주주총회의 특별결의를 거치도록 엄격 규제한다.(×)
- 일반공모방식에서는 유상증자 발행가액을 기준주가의 90% 이상으로 제한한다.(×)

핵심탐구 유상증자

(1) 유상증자의 방법
  ① 주주배정방식 : 기존주주에게만 배정하는 가장 일반적인 방법
  ② 제3자(연고자)배정방식 : 신기술 도입, 재무구조 개선 등의 목적을 달성하기 위하여 특정한 자에게 배정 ⇨ 기존주주의 이해관계 및 회사의 경영권 변동에 중대한 영향을 미치므로 정관에 특별히 정하거나 주주총회의 특별결의를 거치도록 엄격 규제
  ③ 주주우선공모방식 : 기존주주에게 우선 청약기회를 주고, 실권주가 생기면 이를 일반에게 공모
  ④ 일반공모방식 : 기존주주를 배제하고 불특정다수를 상대로 배정 ⇨ 발행사무 가장 복잡

(2) 주주배정방식과 주주우선공모방식

구 분	주주배정방식	주주우선공모방식
실권주처리	이사회 결의에 의한 처리	일반투자자에 공모
인수 및 모집사무	직접모집(발행회사 부담)	간접모집(인수단 부담)

(3) 유상증자 발행가액 결정
  ① 주주배정 및 주주우선공모 : 구주주의 피해가능성이 적어 자유롭게 결정
  ② 일반공모 : 기준주가(가중산술평균주가)의 70% 이상으로 제한
  ③ 제3자배정 : 기준주가(가중산술평균주가)의 90% 이상으로 엄격 제한

정답 ❷

10

한국거래소에 대한 설명으로 적절하지 않은 것은?

① 자본시장법은 한국거래소 외의 거래소 설립을 제한한다.
② 회원 등 시장참가자에 대한 자율규제기관 기능을 수행한다.
③ 유가증권시장, 코스닥시장, 코넥스시장, 파생상품시장을 두고 있다.
④ 거래소 회원이 아닌 자는 거래소가 개설한 시장에서 매매거래를 하지 못한다.

출제 POINT

거래소는 허가주의를 채택하고 있어 다수의 거래소가 설립될 수 있다. 다만 현재까지는 다른 거래소가 설립되지 않아 한국거래소가 유일하다.

함정 & 오답 피하기

- 일반투자자는 한국거래소 시장에서 직접 매매거래를 할 수 있다.(×)
- 코스닥시장은 유가증권시장의 보조적 시장이다.(×)

핵심탐구 ▶ 한국거래소(KRX, Korea Exchange)

(1) 법적 성격
  ① 국내 유일 거래소 : 자본시장법은 거래소 설립을 허가주의로 전환하여 다수의 거래소가 설립될 수 있지만 현재는 한국거래소가 유일
  ② 회원조직 : 거래소 회원(결제회원 또는 매매전문회원)이 아닌 자는 거래소가 개설한 시장에서 매매거래를 하지 못함 ⇨ 일반투자자는 회원의 중개를 통해서 거래
  ③ 자율규제기관 : 회원 등 시장참가자에 대한 자율규제기능을 수행

(2) 개설시장

유가증권시장	• 규모가 큰 기업들이 주로 상장 • 주식 이외 다른 증권도 거래되는 종합증권시장
코스닥시장	• 벤처기업 등 성장기업 중심의 시장 • 유가증권시장과 독립된 경쟁시장 • 상장기준이 완화되어 우량종목 발굴에 대한 금융투자업자의 역할과 책임 중요 • 고위험·고수익을 제공하는 시장으로 투자자의 자기책임원칙을 강조
코넥스시장	• 중소기업전용시장
파생상품시장	• 선물과 옵션을 거래

정답 ①

11

상장의 효과를 설명한 것으로 바르지 않은 것은?

① 기업의 홍보효과와 공신력이 높아진다.
② 직접자금조달의 기회와 능력이 증대된다.
③ 대주주가 지분을 강화하여 경영권을 보호하는 효과가 있다.
④ 주식분산으로 소유와 경영을 분리하는 효과를 기대할 수 있다.

출제 POINT

상장기업은 대주주의 지분강화를 통해서가 아니라 종업원에게 자사주식을 분배함으로써 종업원이 우호적인 주주집단이 되어 경영권을 안정시킬 수 있는 효과를 얻는 것이다.

용어 이해하기

상장(listing) : 상장이란 단어의 의미는 시장에 명패를 내건다는 뜻이며, 영어 listing에는 '시세판에 이름을 올린다.'라는 뜻이 있다.

핵심탐구 상장의 효과

(1) 상장(Listing)은 주권이 증권시장에서 거래될 수 있도록 자격을 부여하는 것
(2) 상장효과
　　① 직접자금 조달기회 및 능력의 증대
　　② 기업의 홍보효과와 공신력 제고
　　③ 종업원의 사기진작과 경영권 안정 효과 : 종업원에게 자사주식을 분배
　　④ 투자자본의 회수효과
　　⑤ 소유와 경영의 분리 가속화 : 상장기업은 주식분산요건을 충족해야 함
　　⑥ 구조조정의 추진이 용이

정답 ❸

12

상장기업에게 주어지는 혜택으로 내용이 바르지 않은 것은?

① 우리사주조합원은 공모주식의 20%까지 우선배정을 받을 권리가 있다.
② 법원의 인가와 주주총회 보통결의만으로 주식의 액면미달 발행이 가능하다.
③ 3월, 6월, 9월 말일에 이사회 결의로써 금전으로 이익배당(분기배당)이 가능하다.
④ 시가가 액면가 이상인 경우 이익배당총액에 상당하는 금액까지 주식배당을 할 수 있다.

출제 POINT

상장기업은 법원의 인가없이 주주총회 특별결의만으로 주식의 액면미달 발행이 가능하다. 매번 출제될 정도로 중요하다.

용어 이해하기

- **주식매수청구권** : 합병에 반대하는 주주가 회사에게 자기소유의 주식을 매수하라고 청구할 수 있는 권리
- **조건부자본증권** : 상장법인이 발행하는 사채(채권)로서 미리 정한 사유가 발생하면 주식으로 전환되는 증권을 말한다. 은행 입장에서 자본확충이 용이해지고 채권자도 은행의 회생비용을 분담하는 효과가 생긴다.

핵심탐구 상장기업의 혜택

(1) 기업에 대한 혜택
① 공모를 통한 유상증자가 용이 : 주주의 신주인수권을 배제하고 일반공모방식으로 자금조달이 가능
② 우리사주조합원에 우선배정 : 공모주식의 20%까지 우선배정 가능
③ 주식의 액면미달발행 용이 : 법원의 인가 없이도 주주총회 특별결의만으로 가능
④ 조건부자본증권 발행이 가능 : 이사회 결의로 '전환형'과 '상각형' 조건부자본증권을 발행
⑤ 분기배당이 가능 : 3월, 6월, 9월 말일에 이사회 결의로 금전으로 이익배당이 가능(상법은 연 1회)
⑥ 주식배당의 특례 : 이익배당총액에 상당하는 금액까지 주식배당 가능(상법은 1/2 이내)
⑦ 의결권 없는 주식의 발행한도 특례 : 발행주식총수의 1/2까지 가능(상법은 1/4 한도)
⑧ 주주총회 소집절차의 간소화 : 서면에 의한 소집통지 대신 2개 이상의 일간신문에 공고

(2) 투자자에 대한 혜택
① 주식 양도소득세 비과세 : 대주주 및 특수관계자 이외의 자만 해당
② 대용증권으로 사용 가능
③ 증권거래세에 대해 탄력세율(낮은 세율)을 적용
④ 소액주주의 주식매수청구권 강화
⑤ 상속 및 증여재산의 시가평가

정답 ②

13

유가증권시장의 재상장 신청대상인으로 모두 묶인 것은?

㉠ 상장폐지된 후 5년이 경과하지 아니한 주권의 발행인
㉡ 주권상장법인의 분할이나 분할합병에 따라 설립된 법인
㉢ 주권상장법인 간의 합병에 의해 설립된 법인
㉣ 주권상장법인과 주권비상장법인 간 합병으로 설립된 법인

① ㉣
② ㉡, ㉢
③ ㉠, ㉡, ㉢
④ ㉠, ㉡, ㉢, ㉣

출제 POINT

㉠은 일반 재상장, ㉡은 분할 재상장, ㉢은 합병 재상장, ㉣은 우회상장에 해당한다. 유가증권시장은 ㉠, ㉡, ㉢ 모두 가능하다. 반면 코스닥 시장은 ㉡, ㉢만 가능하다. 출제 가능성이 높은 편이다.

함정 & 오답 피하기

- 기업의 상장신청 없이도 거래소 직권으로 상장할 수 있다.(×)
- 합병 재상장은 비상장법인과 상장법인이 합병하여 비상장법인의 주권을 상장하는 것이다.(×)
- 추가상장은 상호, 액면금액, 수량 등 주권의 기재내용 변경하여 상장하는 것이다.(×)

핵심탐구 상장 원칙과 상장의 종류

(1) 상장의 원칙
① 신청에 의한 상장 : 발행인이 신청해야만 가능
② 주권의 전부 상장 : 주권의 일부만 상장할 수 없음 ⇨ 종류주식은 종목별(보통주, 우선주 등)로 상장 가능

(2) 상장의 종류

종류	세부내용
신규상장	• 기업이 발행한 주권을 증권시장에 최초로 상장하는 것 • 공모를 통한 상장이 일반적
추가상장	• 새로 주권을 발행하여 상장하는 것 • 사유 : 증자, 합병, 전환권행사, 주식배당, 예탁증권발행 등
변경상장	• 주권을 교체 발행하여 상장하는 것 • 사유 : 상호, 액면금액, 수량 등 주권의 기재내용 변경
재상장	• 일반 재상장 : 상장폐지된 후 5년 이내에 다시 상장하는 것 ⇨ 코스닥시장에는 없음 • 분할 재상장 : 주식분할 후 다시 상장하는 것 • 합병 재상장 : 상장법인 간의 합병 후 다시 상장하는 것
우회상장	• 비상장법인과 상장법인의 합병으로 비상장법인의 주권을 상장하는 것

정답 ❸

14

이패스코리아 증권투자권유대행인

다음 중 코스닥시장의 신규 상장심사요건에 해당하지 않는 것은?

① 영업활동기간 요건
② 주식분산 요건
③ 경영성과 요건
④ 주식양도제한 요건

출제 POINT

영업활동기간 요건은 유가증권시장에만 적용하고 코스닥시장에는 적용하지 않는다.

용어 이해하기

감사의견 : 회계감사를 실시한 결과에 대해 감사인이 의견을 제시하는 것으로서 4가지가 있다.
① 적정 : 장부내용에 문제가 없음
② 한정 : 일부가 잘못되었지만 나머지는 큰 문제없음
③ 부적정 : 회계기준에 위배되어 장부내용을 믿을 수 없음
④ 의견거절 : 장부내용확인이 어려워 감사를 진행할 수 없음

핵심탐구 신규 상장심사요건

(1) 형식적 심사요건

요건	유가증권시장	코스닥시장
영업활동기간	3년 이상	면제
기업규모 및 상장예정주식수	자기자본 300억 이상, 100만주 이상	일반/벤처/기술성장 기업이 서로 다름
경영성과	매출액, 수익성, 기준시가총액 등을 확인	
주식분산	일반주주 지분 25% 이상, 일반주주 수 500명 이상	소액주주 지분 25% 이상, 소액주주 수 500명 이상
감사의견	최근 사업연도 : 적정 직전 2개 사업연도 : 적정 or 한정	최근 사업연도 : 적정
주식양도제한	주식의 자유로운 유통이 보장되어야 하므로 주식양도의 제한이 없어야 함	

(2) 질적 심사요건
① 형식적 심사요건을 충족한다는 전제하에 심사
② 기업의 계속성, 경영 투명성 및 안정성, 투자자 보호 등의 관점에서 심사

정답 ①

15

상장폐지제도에 대한 설명으로 적절하지 않은 것은?

① 상장폐지는 거래소의 직권에 의해서만 가능하다.
② 거래소는 상장적격성 실질심사를 통해 상장폐지여부를 결정한다.
③ 상장폐지가 결정되면 투자자는 7일 동안 최종 정리매매기회를 갖게 된다.
④ 거래소는 상장폐지 전에 해당 법인을 관리종목으로 지정하여 상장폐지 우려가 있음을 사전에 예고할 수 있다.

출제 POINT

거래소의 직권에 의한 상장폐지가 일반적이지만 상장법인의 신청에 의한 상장폐지도 가능하다. 상장폐지절차의 순서도 기억하자.

함정 & 오답 피하기

- 유가증권 및 코스닥 시장에서 상장폐지가 결정되면 투자자는 10일 동안 최종 정리매매기회를 갖게 된다.(×)
- 거래소의 직권으로 상장 및 상장폐지가 모두 가능하다.(×) ⇨ 상장은 법인의 신청에 의해서만 가능

핵심탐구 ▶ 상장폐지

의의	• 거래소가 당해 법인의 주식을 거래대상에서 제외시키는 것
구분	• 직권폐지 : 거래소 직권으로 상장폐지하는 것 ⇨ 일반적인 방법 • 신청폐지 : 주권상장법인의 신청에 의해 상장폐지하는 것
절차	• 상장폐지기준에 해당 → 관리종목으로 지정 → 상장공시위원회 심의 → 상장폐지 결정 → 일정기간 정리매매(7일 동안) → 상장폐지
이의신청	• 주권상장법인이 상장폐지 결정에 대하여 이의가 있는 경우에는 그 통지를 받은 날부터 유가증권시장은 15영업일, 코스닥시장은 7영업일 이내에 거래소에 이의를 신청할 수 있음

정답 ①

16

기업내용 공시제도에 대한 설명으로 적절하지 않은 것은?

① 공시의무위반은 상장폐지의 사유가 될 수도 있다.
② 자율공시사항의 변경도 불성실공시의 사유에 해당할 수 있다.
③ 거래소가 조회공시를 요구한 경우 최대 2일 이내에 공시하여야 한다.
④ 상장법인이 제출하는 모든 신고사항은 전자문서에 의한 방법으로 제출할 수 있다.

출제 POINT

조회공시를 요구 시점이 오전이면 오후까지, 오후이면 다음날 오전까지 공시해야 한다. 공시제도는 매번 출제될 정도로 중요하다.

함정 & 오답 피하기

- 상장기업이 기업정보를 공개하는 것은 선택사항이다.(×) ⇨ 의무사항
- 자율공시한 내용은 변경 또는 번복하더라도 불성실공시법인으로 지정되지 않는다.(×)
- 공정공시 대상정보 중 전망·예측정보를 변경 또는 번복하면 불성실공시법인으로 지정한다.(×) ⇨ 전망·예측정보에 대해서는 면책조항을 적용하여 불성실공시법인으로 지정하지 않는다.

핵심탐구 공시제도

(1) 공시체계

발행시장 공시	• 증권신고서, 투자설명서, 증권발행실적보고서 등
유통시장 공시	• 정기공시 : 사업보고서, 반기보고서, 분기보고서 등 • 수시공시 : 주요 경영사항 공시, 자율공시, 조회공시로 구분 • 공정공시 : 특정인에게 정보를 제공하기 전에 모든 시장참가자들에게 미리 공시

(2) 주요 공시내용

자율공시	• 의무사항은 아니나 투자자에게 알릴 필요가 있는 주요 경영사항을 공시 • 자율공시한 내용을 변경 또는 번복할 경우 불성실공시법인으로 지정
조회공시	• 풍문·보도나 주가·거래량의 변동이 있는 기업에 대해 거래소가 요구하는 공시 • 요구 시점이 오전이면 오후까지, 오후면 익일 오전까지 공시
공정공시	• 투자자 간 공평성 확보 및 미공개정보를 이용한 불공정거래 예방이 목적 • 주로 장래 사업계획 또는 매출액 등 실적 전망치가 대상

(3) 불성실공시

① 불성실공시 유형 : 공시불이행, 공시번복, 공시변경
　▶ • 공시불이행 : 기한 내에 신고하지 않는 경우 또는 공시내용이 허위인 경우
　• 공시번복 : 이미 공시한 내용을 전면 취소하는 경우
　• 공시변경 : 기공시한 내용의 중요 사항을 변경하여 공시하는 경우
② 불성실공시법인에 대한 제재 : 1일간 거래정지, 벌점 부과, 공시위반 제재금 부과 등

정답 ③

17

위탁증거금과 위탁수수료에 관한 설명으로 옳은 것은?

① 위탁증거금은 항상 현금으로 납부해야 한다.
② 위탁수수료는 매매가 체결되는 때 징수한다.
③ 위탁증거금은 결제의 이행보증을 위한 증거금으로 거래소가 정한다.
④ 거래소는 천재지변 및 경제사정의 급격한 변동 등의 사유가 발생하면 일시적으로 위탁증거금의 최저 징수율을 정할 수 있다.

출제 POINT

① 위탁증거금은 대용증권으로도 납부가능하다.
② 위탁수수료는 결제시점에 징수한다.
③ 위탁증거금은 회원이 영업 및 리스크 관리정책에 따라 자율로 정한다. 출제 가능성이 높은 편이다.

용어 이해하기

- **미수동결계좌** : 결제일까지 결제자금을 납부하지 않아 위탁증거금을 100% 징수하는 계좌
- **사정비율** : 대용증권의 가격을 결정하기 위해 기준시세에 곱하는 비율. 만약 증권의 기준시세가 10,000원이고 사정비율이 90%이라면 대용증권의 가격을 9,000원으로 산정

핵심탐구 위탁증거금과 위탁수수료

(1) 위탁증거금
  ① 회원(금융투자회사)이 투자자의 결제이행을 담보하기 위해 징수
  ② 현금 또는 증권으로 납부
  ➡ 대용증권
  • 현금에 갈음하여 사용할 수 있도록 거래소가 지정한 상장증권
  • 단, 상장증권이라도 관리종목, 정리매매종목, 투자경고 · 위험종목은 사용불가
  • 대용증권가격은 기준시세 및 최대 사정비율 이내에서 회원이 자율로 산정하여 적용
  ③ 회원이 자율로 결정
  ➡ 다음의 경우는 위탁증거금을 100% 징수하도록 의무화
  • 주식수가 5만주 미만인 종목의 매도주문
  • 투자경고 · 위험종목의 매수주문
  • 미수동결계좌(결제자금을 납부하지 아니한 계좌)의 매수 · 매도주문

(2) 위탁수수료
  ① 회원이 매매체결 서비스를 제공한 대가로 결제시점(체결시점 아님)에 투자자로부터 징수
  ② 회원이 자율로 결정

정답 ④

18

증권시장의 매매체결원칙과 관련이 없는 것은?

① 가격우선의 원칙
② 시간우선의 원칙
③ 수량우선의 원칙
④ 자기매매우선의 원칙

출제 POINT

자기매매우선의 원칙은 없다. 회원은 자기매매보다 위탁자의 주문을 먼저 처리해야 하는데 이를 위탁자우선의 원칙이라고 한다. 시장의 매매제도는 내용이 많더라도 암기해 두는 것이 좋다.

용어 이해하기

동시호가제도 : 시가가 상·하한가로 결정되는 경우 단일가매매에 참여한 상한가매수호가 또는 하한가매도호가 간에는 동시에 접수된 호가로 간주하여 시간우선순위를 배제하는 제도

핵심탐구 | 시장의 매매제도

구분	내용
매매거래시간	• 정규시장 : 09 : 00 ~ 15 : 30 cf. 호가접수는 08 : 30 ~ 15 : 30 • 시간외거래 : 장 개시 전(08 : 00 ~ 09 : 00), 장 종료 후(15 : 40 ~ 18 : 00)
매매단위	1주 단위(단, ELW는 10주)
호가단위	가격대에 따라 달리 정함(1원, 5원, 10원, 50원, 100원, 500원, 1,000원 등 7단계)
일일가격제한폭	기준가격의 상하 30%
결제일	주식은 보통거래(T+2일 결제) cf. 채권은 당일결제거래
호가	• 호가종류 : 지정가, 시장가, 조건부지정가, 최유리지정가, 최우선지정가 등 • 호가효력 : 정규시장에 접수된 호가는 시장외시장에서는 효력이 없음
체결방법	• 단일가격 경쟁매매(단일가매매) : 시가, 종가, 거래중단 후 최초가격, 정리매매종목 및 단기과열종목의 가격을 산출할 때 적용 • 복수가격 경쟁매매(접속매매) : 정규거래시간에 적용
체결원칙	• 가격우선과 시간우선의 원칙을 적용 • 단, 시간우선원칙을 적용하지 않는 동시호가 때에는 위탁자우선, 수량우선, 접수순에 따라 체결
특례	• 신규상장종목의 최초가격 : 평가가격의 일정범위(60 ~ 400%)내 호가를 접수하여 결정된 최초가격을 당일의 기준가격으로 함 • 정리매매종목 : 30분 단위로 단일가매매, 가격제한폭 미적용
시간외매매	• 정규시장에서 매매기회를 갖지 못한 투자자에게 추가매매기회 부여 • 시간외종가매매, 시간외단일가매매, 시간외대량·바스켓매매

정답 ④

19

유가증권시장의 매매거래중단(circuit breakers)에 대한 설명으로 가장 거리가 먼 것은?

① 코스피지수가 전일종가 대비 8%, 15% 이상 하락하여 1분간 지속되면 20분간 중단한다.
② 코스피지수가 전일종가 대비 20% 이상 하락하여 1분 지속되면 30분간 중단한다.
③ 재개 시 최초가격은 10분간 호가를 접수하여 단일가매매로 결정한다.
④ 동일조건으로는 1일 1회에 한하여 발동하며, 장 종료 40분 전 이후에는 발동하지 않는다.

출제 POINT
20% 이상 하락하면 남은 시간과 상관없이 당일 장을 종료한다. 서킷브레이커 발동요건은 출제가능성이 높다.

함정 & 오답 피하기
서킷브레이커는 모든 주식의 매매가 중단되는데, 사이드카는 프로그램매매의 효력만 정지한다.

용어 이해하기
프로그램매매 : 주식을 대량으로 거래하는 기관투자자들이 미리 입력한 컴퓨터 프로그램에 따라 수십 종목씩 주식을 묶어서(바스켓) 거래하는 것

핵심탐구 시장 관리제도(1)

(1) 주식시장의 매매거래중단 제도(Circuit breakers)

발동요건	• 코스피 또는 코스닥 지수가 전일종가 대비 8%, 15%, 20% 이상 하락하여 1분간 지속 시 • 단, 동일조건으로는 1일 1회만 발동, 장 종료 40분전(14 : 50) 이후 발동 안함
발동효과	• 8% 및 15% 하락은 20분간 중단 • 20% 하락은 당일 장을 종료
발동해제	• 20분간 중단 후 10분간 단일가매매를 통해 거래재개

(2) 프로그램매매호가 일시정지 제도(Sidecar)

개요	• 선물가격과 연계된 프로그램매매가 주식시장에 미치는 영향을 완화하기 위해 도입
발동요건	• 코스피200선물이 기준가격 대비 5% 이상 변동하여 1분간 지속 시 • 코스닥150선물이 6% 이상 & 코스닥150지수가 3% 이상 변동하여 1분간 지속 시 • 매수·매도 구분없이 1일 1회만 발동, 장 종료 40분전(14 : 50) 이후 발동 안함
발동효과	• 주식시장의 프로그램매매호가의 효력을 5분간 정지 후 바로 재개

(3) 시장경보제도
① 주가가 단기간에 비정상적으로 급등하는 종목에 지정
② 3단계 지정 : 투자주의종목 → 투자경고종목 → 투자위험종목
③ 제한조치 : 투자경고·위험종목은 신용거래 제한, 위탁증거금 100% 징수, 대용증권으로 사용불가

정답 ❷

20

배당락 및 권리락 제도에 대한 설명으로 옳은 것은?

① 현금배당과 주식배당 모두 배당락 조치를 하는 경우 기준가격이 조정된다.
② 배당락 조치일에 주식을 매수한 투자자도 배당을 받을 권리가 있다.
③ 결산기말이 9월 말(수요일 가정)인 기업의 배당락 조치일은 9월 30일이다.
④ 권리락일 기준가격은 권리락 전·후의 1주당 가치변화를 주가에 반영하기 위해 이론가격으로 조정한다.

출제 POINT

① 주식배당의 경우에만 기준가격이 조정된다.
② 배당락 조치일에는 권리가 소멸된다.
③ 배당락 조치일은 기준일(9월 30일)의 직전 매매거래일인 9월 29일이 된다.

용어 이해하기

- **대주거래** : 개인투자자가 증권사에서 신용으로 주식을 차입하는 거래
- **대차거래** : 기관투자자 간에 주식을 빌리고 빌려주는 거래
- **업틱룰(Uptick rule)** : 주가하락을 방지할 목적으로 현재가보다 높은 호가로만 매도할 수 있는 규정이다. 만약 현재 주가가 10,000원이라면 이보다 한 틱(tick) 높은 가격, 즉 10,000원보다 높은 가격으로 매도해야 한다.

핵심탐구 시장 관리제도(2)

공매도	• 소유하지 않은 증권을 매도하는 것 ⇨ 고평가된 증권을 매도하여 차익을 얻기 위해 활용 • 결제불이행 및 주가하락 가능성 등 시장의 위험요인으로 작용 • 관리방안 　㉠ 대주(대차)거래를 통해 차입한 증권만 공매도 허용 　㉡ 공매도호가를 직전가격 이하로 제출할 수 없음 ⇨ Uptick rule
자사주매매	• 법인이 자기가 발행한 주식을 취득하여 보유하는 것 • 과도한 자기주식의 취득은 자본충실을 저해할 수 있어서 취득재원 및 취득방법을 제한 • 취득재원 : 이익배당한도 내 • 취득방법 : 증권시장에서 취득하거나 장외에서 공개매수로 취득
배당락	• 배당을 받을 권리가 소멸하는 것 • 배당락 조치일 : 기준일 전일 ⇨ 따라서 기준일 2일 전까지 주식을 매입해야 권리 생김 • 기준가격 조정 : 주식배당(현금배당 아님)의 경우 배당락 조치일의 기준가격을 새로 정함
권리락	• 주주배정증자에서 해당 증자에 따른 신주를 배정받을 권리가 소멸하는 것 • 권리락 조치일 : 신주배정기준일 전일 ⇨ 따라서 기준일 2일 전까지 주식을 매입해야 권리 생김 • 기준가격 조정 : 유·무상증자 모두 권리락 조치일의 기준가격을 새로 정함

정답 ④

출제예상 문제

01 주식의 액면에 대해 설명으로 적절하지 않은 것은?

① 주식은 자본의 구성단위이다.
② 액면주식의 경우 1주의 금액은 100원 이상이어야 한다.
③ 주식회사는 액면주와 무액면주 양자를 동시에 발행할 수 있다.
④ 무액면주식은 주권에 액면 대신 자본금에 대한 비율이 표시된다.

02 금융시장의 분류에 대한 설명 중 적절하지 않은 것은?

① 만기 1년 미만의 단기자금조달수단이 되는 시장을 단기금융시장이라고 한다.
② 주식과 채권이 거래되는 시장은 자본시장이다.
③ 자금조달방식에 따라 직접금융과 간접금융으로 구분한다.
④ 증권시장은 자본시장의 전형적인 형태로서 간접금융방식으로 자금을 거래한다.

03 주식의 종류와 그 내용이 바르게 연결된 것은?

A. 혼합주   가. 이익배당은 보통주에 우선하고, 잔여재산분배는 열등한 지위에 있다.
B. 기명주   나. 주주로서의 권리행사자를 명확히 알 수 있어 편리하나 신속한 유통이 어렵다.
C. 상환주   다. 회사가 금전 또는 자산을 지급하고 매입하여 소각할 수 있다.
D. 전환주   라. 회사가 발행한 다른 종류의 주식을 지급하고 매입하여 소각할 수 있다.

① A-가, B-나, C-다, D-라
② A-나, B-라, C-다, D-가
③ A-라, B-가, C-나, D-다
④ A-가, B-라, C-나, D-다

04 발행시장의 조직에 대한 설명으로 적절하지 않은 것은?

① 발행시장은 발행주체, 발행기관, 투자자로 구성된다.
② 발행기관은 그 역할에 따라 주관회사, 인수단, 청약기관으로 구분한다.
③ 인수단은 자기책임과 계산 하에 증권을 발행주체로부터 직접 매입한다.
④ 청약기관은 자기책임과 계산으로 인수단에 직접 청약하는 역할을 수행한다.

05 기업공개 절차와 실무에 대한 설명으로 옳은 것은?

① 대표주관회사가 지정한 외부감사인의 회계감사를 받아야 한다.
② 금융위에 상장예비심사신청서를 제출하여 상장적격성 심사를 받아야 한다.
③ 증권신고서가 수리된 때부터는 청약을 권유할 때 투자설명서를 사용하여야 한다.
④ 초과배정옵션제도를 이용하면 시장상황에 따라 공모규모를 조절할 수 있다.

06 수요예측과 공모가격결정에 관한 설명으로 적절하지 않은 것은?

① 최종 공모가격은 발행회사가 직접 결정한다.
② 수요예측은 공모희망가격에 대한 수요상황을 파악하는 것이다.
③ 수요예측은 기관투자자 및 증권회사를 대상으로 실시한다.
④ 공모예정금액이 50억 미만인 경우는 수요예측 없이 공모가격을 정할 수 있다.

07 상장 주권의 액면가액으로 적절하지 않은 것은?

① 100원
② 500원
③ 2,000원
④ 10,000원

정답 및 해설

01 ③ 주식회사는 액면주식과 무액면주식 중 하나를 정관에 정하여 발행하여야 하며 양자를 동시에 발행할 수는 없다.
02 ④ 증권시장은 직접금융방식으로 자금을 거래한다.
03 ① A-가, B-나, C-다, D-라
04 ④ 청약기관은 자기책임과 계산으로는 매입하지 않고 투자자를 대신해 인수단에 직접 청약하는 역할만 한다.
05 ④ ① 대표주관회사 → 증권선물위원회
② 금융위 → 거래소
③ 증권신고서가 수리된 후 그 효력이 발생되기 전에는 예비투자설명서, 효력발생 이후에는 투자설명서를 사용한다.
06 ① 최종 공모가격은 수요예측 결과를 감안하여 대표주관회사와 발행회사가 협의로 결정한다.
07 ③ 액면금액이 5,000원 미만인 경우는 100원, 200원, 500원, 1,000원, 2,500원, 5,000원 중 하나이어야 하고, 액면금액이 5,000원을 초과하는 경우는 10,000원의 정수배로 하여야 한다. 기본은 5,000원이다.

08 무상증자를 실시한 후 회사의 재무구조 변화로 바르지 않은 것은?

① 잉여금 감소
② 자본금 불변
③ 이익준비금 감소
④ 실질자산 불변

09 유상증자방법 중 제3자 배정방식은 기존 주주의 이해관계 및 회사의 경영권 변동에 중대한 영향을 미치므로, 정관에 특별히 정하거나 (가)을(를) 거치도록 하는 등 엄격한 규제를 가하고 있다. (가)에 들어갈 말은?

① 금융위 인가
② 주주총회 특별결의
③ 이사회 결의
④ 주주총회 보통결의

10 유상증자 발행가격 결정에 대한 설명 중 적절하지 않은 것은?

① 주주우선공모방식은 기준주가의 50%이상으로 제한하고 있다.
② 주주배정방식은 발행주체가 자유롭게 발행가액을 결정할 수 있다.
③ 일반공모방식은 기준주가의 70%이상에서 발행가액을 정하여야 한다.
④ 제3자배정방식은 기준주가의 90%이상에서 발행가액을 정하여야 한다.

11 다음 (가) 들어갈 적당한 말은?

일반공모방식과 제3자배정방식의 발행가격은 청약일 전 제3거래일로부터 제5거래일까지의 (가)를 기준주가로 하여 산정한다.

① 최고 주가
② 최저 주가
③ 가중산술평균주가
④ 최종 주가

12 주주배정방식 유상증자의 장·단점으로 바르지 않은 것은?

출제빈도 上

① 주주의 지위 변동을 막을 수 있다.
② 발행가격이 시가와 차이가 나면 주주의 재산상 피해가 클 수 있다.
③ 일반공모에 비해 발행비용이 적게 들고 절차가 비교적 간단하다.
④ 발행규모가 대규모인 경우 기존주주만으로 그 규모를 소화 못할 수도 있다.

13 코스닥시장의 특징으로 옳은 것은?

출제빈도 中

① 유가증권시장의 보조적 시장으로 자리를 잡고 있다.
② 대기업 또는 중견기업이 주로 이용하는 성장형 시장이다.
③ 고위험·고수익의 투자수단을 제공하므로 투자자의 자기책임 원칙이 중요하다.
④ 유가증권시장보다 상장요건이 강화되어 금융투자업자의 역할이 중요하다.

14 거래소의 상장원칙으로 적절하지 않은 것은?

출제빈도 中

① 증권의 발행인으로부터 상장신청이 있어야만 가능하다.
② 이미 발행한 주권 중 그 일부만을 상장할 수 있다.
③ 주권의 종류별로 배당기산일이 동일하지 않으면 거래소가 상장을 유예할 수 있다.
④ 재무내용에 관한 사항은 외부감사인의 감사보고서상 재무제표를 기준으로 심사한다.

정답 및 해설

08 ② 무상증자는 주금(주식대금)의 납입이 수반되지 않는 재무상태표상 항목 간의 자금이동에 불과하여 회사자산의 실질적인 증가는 없고 잉여금이나 이익준비금의 감소와 자본금의 증가로 나타난다.
09 ② 제3자 배정방식은 주주총회의 특별결의 사항이다.
10 ① 주주우선공모방식은 기존 주주의 피해가능성이 적어서 자유롭게 발행가격을 결정할 수 있다.
11 ③ 가중산술평균주가를 기준주가로 정한다.
12 ② 주주에게 신주를 우선 배정하므로 신주발행가격이 시가와 차이가 나더라도 주주의 피해가능성이 적다.
13 ③ ① 유가증권시장과 독립된 경쟁시장이다. ② 벤처기업이나 유망중소기업이 많다. ④ 유가증권시장보다 상장기준이 완화되어 있어 우량종목 발굴에 대한 금융투자업자의 역할과 책임이 중요하다.
14 ② 주권의 전부 상장원칙에 따라 이미 발행한 주권 중 그 일부만을 상장할 수는 없다. 단, 종류주식의 경우에는 종목별 상장신청이 가능하다.

15. 공모상장의 절차를 바르게 나열한 것은?

㉠ 상장승인 ㉡ 공모(증권신고서 제출)
㉢ 상장예비심사결과 통지 ㉣ 신규상장신청서 제출
㉤ 상장예비심사신청서 제출

① ㉡ ⇨ ㉤ ⇨ ㉢ ⇨ ㉣ ⇨ ㉠
② ㉤ ⇨ ㉡ ⇨ ㉢ ⇨ ㉣ ⇨ ㉠
③ ㉤ ⇨ ㉢ ⇨ ㉣ ⇨ ㉡ ⇨ ㉠
④ ㉤ ⇨ ㉢ ⇨ ㉡ ⇨ ㉣ ⇨ ㉠

16. 상장기업에게 주어지는 혜택으로 적절하지 않은 것은?

① 분기배당도 가능하다.
② 이익배당총액의 50%까지만 주식배당을 할 수 있다.
③ 주주총회 특별결의만으로 액면미달 발행이 가능하다.
④ 정관에서 정하면 이사회 결의만으로 일반공모방식의 증자가 가능하다.

17. 다음 중 추가상장의 사유로 보기 어려운 것은?

① 기업합병 ② 주권의 수량변경
③ 유상 또는 무상증자 ④ 전환사채권의 권리행사

18. 다음에 대한 설명으로 가장 적절한 것은?

유가증권시장에서 상장이 폐지된 보통주권의 발행인이 상장폐지일로부터 5년이내에 해당 보통주권을 다시 상장하는 것

① 추가상장 ② 변경상장
③ 재상장 ④ 우회상장

19 유가증권시장의 주권 신규상장심사시 형식적 요건에 대한 설명 중 적절하지 않은 것은?

① 영업활동기간은 3년 이상이고 계속 영업중이여야 한다.
② 기업규모는 자기자본 300억원 이상이여야 한다.
③ 주식양도제한이 있어야 한다.
④ 상장 주식수는 100만주 이상이여야 한다.

20 상장주권의 의무보유와 관련한 다음 설명 중 가장 적절하지 않은 것은?

① 내부자의 불공정한 차익거래로부터 소수의 소액투자자들을 보호하기 위해 일정한 요건에 해당하는 주주들의 주식매도를 일시적으로 제한하는 것이다.
② 신규상장기업 핵심 주주들의 책임경영 원칙을 확립하기 위한 제도라 할 수 있다.
③ 유가증권시장의 최대주주와 특수관계인은 상장 후 최소 6개월간 의무보유해야 한다.
④ 코스닥시장의 기술성장기업 주권의 의무보유기간은 1년이다.

21 우회상장에 대한 설명으로 적절하지 않은 것은?

① 거래소는 우회상장법인에 대해 신규상장에 준하여 심사한다.
② 우회상장은 비상장기업이 경영권 변동을 통해 상장되는 효과가 발생한다.
③ 거래소는 부실기업의 우회상장을 차단하기 위해 우회상장 관리제도를 운영한다.
④ 합병, 영업·자산양수, 포괄적 주식교환, 현물출자 등으로 상장기업의 최대주주가 지배권을 취득하는 경우 우회상장 관리대상이 된다.

정답 및 해설

15 ④ 주권상장예비심사신청서 제출 → 주권상장예비심사결과 통지 → 공모(증권신고서 제출) → 주권신규상장신청서 제출 → 상장승인 [참고] 상장예비심사와 신규상장심사 사이에 공모를 한다는 것이 핵심이다.
16 ② 주권상장법인은 시가가 액면가 이상인 경우 이익배당총액에 상당하는 금액(100%)까지 주식배당을 할 수 있다.
17 ② 주권의 수량변경(자본감소, 병합 등으로 주식수 감소)은 변경상장의 사유이다.
18 ③ 일반재상장에 대한 설명이다.
19 ③ 주식양도제한이 없어야 한다.
20 ① 소수의 소액투자자들을 보호하기 위한 것이 아니라 다수의 소액투자자들을 보호하기 위한 것이다.
21 ④ 우회상장을 통해 부실한 비상장기업의 최대주주가 지배권을 취득하는 경우가 관리대상이다.

22 다음 중 주권의 질적 심사요건이 아닌 것은?

① 기업의 계속성 ② 경영의 투명성 및 안정성
③ 주식양도의 제한 ④ 투자자 보호 및 공익실현

23 코스닥시장에 신규로 상장할 경우 주식분산 요건으로 옳은 것은?

① 일반주주 지분 25%이상이고 일반주주 수 500명 이상
② 소액주주 지분 25%이상이고 소액주주 수 500명 이상
③ 일반주주 지분 25%이상이고 소액주주 수 500명 이상
④ 소액주주 지분 25%이상이고 일반주주 수 500명 이상

24 다음의 호가 상황에서 최유리지정가 매수주문 300주를 제출한 경우 체결 결과는?

매도수량	가 격	매수수량
100	10,150	
200	10,100	
	10,050	
	10,000	200
	9,950	100

① 체결량 없이 300주 모두 10,000원에 호가대기
② 10,100원에 200주 체결, 잔량 100주는 자동취소
③ 10,100원에 200주 체결, 10,150원에 100주 체결
④ 10,100원에 200주 체결, 잔량 100주는 10,100원에 호가대기

25 다음 중 호가(주문)에 대한 설명으로 적절하지 않은 것은?

① 시장가주문은 종목을 지정하되 수량과 가격을 지정하지 않은 주문이다.
② 지정가주문은 투자자가 지정한 가격 또는 그보다 유리한 가격으로 매매거래를 하고자 하는 주문이다.
③ 조건부지정가주문은 정규시간 중에는 지정가주문으로 매매거래에 참여하지만 종가 결정을 위한 단일가 매매거래 시 자동으로 시장가주문으로 전환된다.
④ 최유리지정 매수 주문은 가장 낮은 매도주문가격으로 참여하는 주문이다.

26 공시 내용은 투자자 간에 정보의 비대칭성이 발생하지 않도록 하여야 한다. 이와 관련이 있은 공시 요건은?

① 정보의 정확성 및 완전성
② 공시내용 전달의 공평성
③ 공시의 신속성 및 적시성
④ 공시내용 이해 및 접근의 용이성

27 다음 중 발행시장을 통해 공시하는 자료로 보기 어려운 것은?

① 증권신고서
② 사업보고서
③ 투자설명서
④ 증권발행실적보고서

28 주권상장법인이 공시되지 않은 중요정보를 특정인에게 선별 제공하고자 하는 경우, 그 특정인에게 제공하기 전에 모든 시장참가자들이 이를 알 수 있도록 공시하는 것은?

① 조회공시
② 자율공시
③ 공정공시
④ 주요 경영사항 공시

정답 및 해설

22 ③ 주식양도의 제한요건은 형식적 심사요건에 해당한다. 나머지는 질적 심사요건이다.(핵심탐구 14번 참조)
23 ② 코스닥시장에 신규로 상장할 경우 주식분산 요건은 소액주주 지분 25%이상과 소액주주 수 500명이상이다.
24 ④ ①은 최우선지정가주문 ③은 시장가주문 ④는 최유리지정가주문의 체결결과이다.
 • 최유리지정가 주문 : 주문접수시점에 상대방 최우선호가 가격으로 자동 지정
 • 최우선지정가 주문 : 주문접수시점에 자기방향의 최우선호가 가격으로 자동 지정
25 ① 시장가주문은 종목과 수량을 지정하되 가격을 지정하지 않은 주문유형이다.
26 ② 투자자 간에 정보의 비대칭성이 발생하지 않도록 공시하는 것은 전달의 공평성과 관련 있다.
27 ② • 발행시장 공시자료 : 증권신고서, 투자설명서, 증권발행실적보고서
 • 유통시장 정기공시자료 : 사업보고서, 반기보고서, 분기보고서
28 ③ 공정공시를 설명한 것이다. 공정공시는 공시의 공평성을 확보하기 위해 도입한 제도이다.

29 공시제도에 대한 설명으로 적절하지 않은 것은?

① 유·무상증자는 수시공시 사항이므로 이를 투자자에게 알려야 한다.
② 거래소는 상장법인과 관련한 풍문이나 보도 등이 있을 경우 당해 기업에 사실여부를 확인할 수 있다.
③ 사업보고서, 반기보고서, 분기보고서는 공시 분류상 정기공시에 해당되므로 법정기한 내에 반드시 제출하여야 한다.
④ 공시는 상장기업의 자율적인 의사에 따르는 것이므로 반드시 의무를 지는 것은 아니다.

30 기업이 공시한 내용이 허위인 경우 어떤 불공정공시 유형에 속하는가?

① 공시번복 ② 공시불이행
③ 공시취소 ④ 공시변경

31 불성실공시에 대한 설명으로 옳은 것은?

① 주권상장법인은 공시책임자를 지정하지 않아도 된다.
② 불성실공시법인으로 지정되면 1일간 매매거래가 정지될 수 있다.
③ 자율공시사항의 변경이나 번복은 불성실공시의 사유에 해당하지 않는다.
④ 상장법인이 예측정보를 공정공시한 경우 사후에 실제치가 공시내용과 다르면 불성실공시법인으로 지정될 수 있다.

32 증권시장의 수탁제도와 관련한 설명으로 적절하지 않은 것은?

① 수탁제도란 거래소와 투자자 간 매매거래의 수탁에 관한 사항을 정한 것이다.
② 금융투자업자는 불공정거래와 관련된 주문수탁은 거절하여야 한다.
③ 증권시장에서 매매하려면 금융투자업자를 통해 매매거래계좌를 개설하여야 한다.
④ 위탁증거금이란 투자자의 결제이행을 보증하기 위한 제도로 그 징수율은 금융투자업자가 자율로 결정한다.

33
거래소가 위탁증거금을 100% 징수하도록 의무화한 경우로 사실과 다른 것은?

① 상장주식수가 5만주 미만인 종목의 매수주문
② 투자경고종목으로 지정한 종목의 매수주문
③ 투자위험종목으로 지정한 종목의 매수주문
④ 결제일에 매수대금 또는 매도증권을 납부하지 않은 미수동결계좌의 주문

34
유가증권시장의 매매제도를 설명한 것으로 사실과 다른 것은?

① 주식은 보통거래로 매매를 체결한다.
② 주식은 매매계약을 체결한 날로부터 2일째 되는 날 결제한다.
③ 가격제한폭은 기준가격에 0.3을 곱하여 산출한다.
④ 정규시장 개시시점의 최초가격은 단일가격에 의한 개별경쟁매매가 적용된다.

35
다음 중 단일가매매로 가격이 결정되는 경우가 아닌 것은?

① 시가 및 종가
② 신규상장종목의 최초가격
③ 사이드카 발동 후 재개할 때 최초가격
④ 매매거래중단 후 재개할 때 최초가격

정답 및 해설

29 ④ 공시는 상장기업의 의무사항으로 이를 위반할 경우 관리종목 및 상장폐지 사유에 해당한다.
30 ② 기업이 공시한 내용이 허위인 경우는 공시불이행에 해당한다.(핵심탐구 16번 참조)
31 ② ① 주권상장법인은 공시책임자 1인과 공시담당자를 지정하여야 한다.
③ 자율공시의 위반도 불성실공시에 해당한다.
④ 공정공시정보 중 전망, 예측정보에 대해서는 면책조항을 적용하여 불성실공시로 지정하지 않는다.
32 ① 수탁제도는 고객과 금융투자업자(회원) 간의 매매거래의 수탁에 관한 사항을 정한 것이다.
33 ① 주식수가 5만주 미만인 종목은 주식확보에 어려움이 있으므로 매도주문에 한해 100% 위탁증거금을 부과한다.
[참고] 미수동결계좌에서 매수대금미납은 30일간, 매도증권미납은 90일간 100% 징수한다.
34 ② 주식은 매매계약을 체결한 날부터 3일째 되는 날 결제한다.
35 ③ 사이드카(프로그램매매호가의 효력정지) 발동 후 매매를 재개할 때에는 단일가매매 없이 바로 접속매매로 이어진다.

36. 다음 중 동시호가에 적용되는 매매체결원칙이 아닌 것은?

① 접수순
② 수량우선의 원칙
③ 시간우선의 원칙
④ 위탁자우선의 원칙

37. 거래소의 매매제도에 대한 설명으로 적절하지 않은 것은?

① 기준가격이 10,000원인 주식의 일일가격변동 범위는 8,000~12,000원이다.
② 호가가격단위는 가격대에 따라 7단계로 다르게 정하고 있다.
③ 상장주권이라도 관리종목이나 정리매매종목은 대용증권으로 사용할 수 없다.
④ 유가증권시장에서 주식을 양도하는 경우는 농어촌특별세를 부담해야 한다.

38. 호가에 대한 설명으로 적절하지 않은 것은?

① 매도호가의 경우 낮은 가격이 높은 가격에 우선한다.
② 정규시장에서 접수된 호가는 시간외시장에서도 그 효력이 인정된다.
③ 신규상장종목의 최초가격 결정 시 호가범위는 평가가격의 60~400% 범위로 한다.
④ 상한가매수호가와 시장가매수호가 또는 하한가매도호가와 시장가매도호가는 동일한 호가로 본다.

39. 신규상장종목의 평가가격이 10,000원으로 정해진 경우 신규상장일 시초가 결정 시 참여할 수 있는 호가범위는?

① 9,000 ~ 20,000원
② 6,000 ~ 20,000원
③ 9,000 ~ 40,000원
④ 6,000 ~ 40,000원

40. 주식시장의 매매거래중단(Circuit breakers) 제도에 대한 설명 중 적절하지 않은 것은?

① 시장 전체의 매매거래를 일시적으로 중단하는 제도이다.
② 코스피지수가 전일 종가대비 8% 및 15% 하락은 20분간 거래가 중단된다.
③ 코스피지수가 전일 종가대비 20%가 하락하면 당일 장을 종료한다.
④ 주가가 급락하거나 급등할 때 발동된다.

41 유가증권시장의 사이드카 제도에 대한 다음 설명 중 가장 적절하지 않은 것은?

① 주식시장에서 주식 가격이 급등락할 경우 프로그램매매가 주식시장에 미치는 충격을 완화하기 위해 주식시장 프로그램매매호가의 효력을 일시적으로 정지시키는 제도이다.
② 유가증권시장의 경우 코스피200지수선물 가격이 기준가 대비 5% 이상 변동하여 1분간 지속되는 경우에 발동한다.
③ 코스닥시장의 경우 코스닥150지수선물 가격이 6% 이상 변동하고 코스닥150지수가 3% 이상 변동하여 1분간 지속되는 경우에 발동한다.
④ 매도매수 구분없이 1일 1회에 한해 발동되며, 장 개시 후 5분이 경과한 시점부터 발동기준을 계산한다.

42 시장경보제도에 대한 설명 중 적절하지 않은 것은?

① 거래소는 불공정거래의 개연성이 있는 종목이 단기간에 비정상적으로 급등하는 경우에 시장경보제도를 운용한다.
② 투자주의종목의 경우에는 신용거래가 제한된다.
③ 투자주의종목 → 투자경고종목 → 투자위험종목의 3단계로 지정한다.
④ 투자경고종목의 경우에는 위탁증거금 100%를 징수한다.

정답 및 해설

36 ③ 매매체결은 가격우선과 시간우선의 원칙으로 이루어진다. 다만 동시호가가 적용되는 경우에는 시간우선의 원칙을 적용할 수 없다. 따라서 동시호가는 ① 위탁자우선 ② 수량우선 ③ 접수순에 따라 체결된다.
37 ① 일일가격제한폭은 상하 30%이므로 10,000원인 종목의 일일가격 변동범위는 7,000 ~ 13,000원이다.
38 ② 정규시장호가는 시간외시장에서 인정하지 않으므로 별도로 호가를 제출하여야 한다.
39 ④ 신규상장종목의 호가범위는 평가가격의 60 ~ 400% 범위로 한다. 따라서 평가가격이 10,000원인 경우 호가범위는 6,000 ~ 40,000원으로 제한된다.
40 ④ 주가가 급락시에만 발동한다.
41 ① 사이드카는 파생상품시장에서 선물 가격이 급등락할 경우 프로그램매매가 주식시장에 미치는 충격을 완화하기 위해 주식시장 프로그램매매호가의 효력을 일시적으로 정지시키는 제도이다.
42 ② 투자주의종목은 신용거래가 가능하다.

43 공매도에 대한 설명으로 적절하지 않은 것은?

① 고평가된 증권을 통해 차익을 얻을 목적으로 활용하기도 한다.
② 공매도는 원칙적으로 직전가격 이상의 가격으로 호가할 수 없다.
③ 우리나라는 대차 또는 대주거래 등을 통해 차입된 증권의 공매도만 허용한다.
④ 매수계약 체결 후 결제일 전에 해당 증권을 다시 매도하는 것은 공매도로 보지 않는다.

44 투자자가 배당을 받을 권리를 갖기 위해서는 해당 주식을 언제까지 매수하여야 하는가? (단, 배당기준일 전후 공휴일은 없다고 가정)

① 배당기준일
② 배당기준일 1일 전
③ 배당기준일 2일 전
④ 배당기준일 1일 후

45 변동성 완화장치(VI)에 대한 설명으로 적절하지 않은 것은?

① 동적 VI와 정적 VI로 구분할 수 있다.
② 다른 가격안정화장치와 중복시에는 원칙적으로 중복적용을 한다.
③ 개별 종목의 체결가격이 미리 정해진 가격범위를 벗어나면 발동한다.
④ VI가 발동되면 매매체결방식이 2분간 단일가매매로 전환된다.

46 다음 중 가격제한폭제도가 적용되는 종목은?

① 레버리지ETF
② 정리매매종목
③ 신주인수권증권
④ 주식워런트증권(ELW)

정답 및 해설

43 ② 공매도는 직전가격 이하의 가격으로 호가할 수 없다(uptick rule). 이는 공매도 물량으로 주가가 하락하는 부작용을 차단하기 위함이다.

44 ③ 결제가 매매체결일 이후 2일째 되는 날(T+2)에 이루어지기 때문에 주주명부에 등록되기 위해서는 기준일 2일 전까지는 주식을 매수하여야 한다. 배당기준일이 공휴일인 경우에는 직전 매매거래일을 기준일로 한다.

45 ② 다른 가격안정화장치와 중복시에는 원칙적으로 중복적용을 배제한다. 동적 VI는 단기간의 가격급변을 완화시키기 위한 것이고, 정적 VI는 누적적이고 보다 장기간의 가격변동을 완화시키기 위한 것이다. VI가 발동되면 매매체결방식이 2분간 단일가매매로 전환된다.

46 ① 증권의 특성상 가격변동폭이 큰 정리매매종목, 주식워런트증권(ELW), 신주인수권증권의 경우에는 가격제한폭을 적용하지 않는다. 레버리지ETF는 일반 주식과 달리 그 배율만큼 가격제한폭을 확대하여 적용한다.

핵심개념 이해도 체크

| 적절한 개념에 체크 ☑ 하세요.! |

01 증권시장은 증권을 매개로 하여 자금의 수요자와 공급자를 연결하는 (☐ 직접금융 / ☐ 간접금융)방식의 자본시장이다.

02 거래소에 상장하기 위한 증권 발행은 보통 (☐ 공모 / ☐ 사모)와 (☐ 직접발행 / ☐ 간접발행)의 형태로 이루어진다.

03 간접발행의 대부분은 (☐ 모집주선 / ☐ 잔액인수 / ☐ 총액인수) 방식을 사용한다.

04 (☐ 전환사채권자 / ☐ 교환사채권자)가 권리를 행사하면 신주를 발행하여야 한다.

05 (☐ 상환주 / ☐ 후배주)는 회사가 금전 또는 자산을 지급하고 주주로부터 주식을 매입하여 소각할 수 있다.

06 증권시장에 상장하고자 하는 법인은 재무제표에 대해 외부감사인으로부터 감사를 받아야 한다. 이 경우 감사인과의 유착관계가 형성되지 않도록 (☐ 거래소 / ☐ 증권선물위원회)가 지정한 회계감사인의 회계감사를 받아야 한다.

07 대표주관회사와 발행회사는 수요예측 결과를 감안하여 최종적인 공모 가격을 결정하게 된다. 다만, 공모 예정금액이 (☐ 30억 / ☐ 50억)원 미만인 경우에는 수요예측 방법에 의하지 않고 공모 가격을 결정할 수 있다.

08 대표주관회사가 초과배정옵션제도를 이용할 경우 공모주식 수량의 최대 (☐ 15% / ☐ 25%)까지 주식을 초과로 배정할 수 있다.

09 유상증자의 방법 중 제3자 배정방식은 정관에 특별히 정하거나 (☐ 이사회 / ☐ 주주총회) 특별결의를 거치도록 엄격히 규제한다.

10 (☐ 유가증권시장 / ☐ 코스닥시장)은 주권뿐만 아니라 지분증권, 채무증권, 수익증권, 파생결합증권 등이 상장되어 거래되고 있는 종합증권시장이다.

---

01 직접금융 / 02 공모, 간접발행 / 03 총액인수 / 04 전환사채권자 / 05 상환주 / 06 증권선물위원회
07 50억 / 08 15% / 09 주주총회 / 10 유가증권시장

11 주권상장법인은 (□ 주식분산 / □ 경영성과)요건을 충족해야하기 때문에 소유와 경영이 분리되는 효과가 있다.

12 유가증권시장 상장법인의 우리사주조합원은 공모하는 주식 총수의 (□ 10% / □ 20%) 범위 내에서 우선적으로 배정받을 권리가 있다.

13 유상증자로 인해 늘어난 주권을 상장하는 것은 (□ 추가상장 / □ 변경상장)에 해당하고, 분할합병에 따라 설립된 법인의 주권을 상장하는 것은 (□ 신규상장 / □ 재상장)에 해당한다.

14 유가증권시장에 상장하고자 하는 일반 기업은 상장예비심사 신청일 현재 상장예정 보통주식의 총수가 (□ 100만주 / □ 200만주) 이상이고, 자기자본이 (□ 300억원 / □ 500억원) 이상이어야 한다.

15 유가증권 및 코스닥 시장에서 상장폐지가 결정되면 투자자는 (□ 7일 / □ 10일) 동안 최종 정리매매기회를 갖게 된다.

16 공시의무사항을 기한 내에 신고하지 아니하는 경우나 공시내용이 허위인 것은 불성실공시의 유형 중 (□ 공시불이행 / □ 공시번복)에 해당한다.

17 매수대금을 미납하여 미수동결계좌로 지정되면 지정된 다음 매매거래일부터 (□ 30일간 / □ 90일간) 위탁증거금을 100% 징수한다.

18 시가 및 종가는 (□ 단일가매매 / □ 접속매매)로 결정된다.

19 주가지수가 20% 이상 하락하여 서킷브레이커가 발동된 경우는 (□ 거래중단 / □ 거래종료) 사유에 해당한다.

20 배당기준일이 공휴일인 경우에는 (□ 직전 / □ 다음) 매매거래일을 기준일로 한다.

11 주식분산 / 12 20% / 13 추가상장, 재상장 / 14 100만주, 300억원 / 15 7일 / 16 공시불이행
17 30일간(매도증권 미납은 90일간) / 18 단일가매매 / 19 거래종료 / 20 직전

이패스코리아 증권투자권유대행인

제1과목

제3장

채권시장

채권시장 03

학습포인트

본 과목은 총 7문제가 출제됩니다. 내용이 생소하여 학습자가 어렵게 느끼는 과목입니다. 채권의 기초에서는 채권관련 용어와 이표채/복리채/할인채 현금흐름을 이해해야 합니다. 발행시장과 유통시장에서는 채권의 발행방법과 장내·외에서 채권의 거래방법을 학습합니다. 채권투자분석은 채권투자위험과 채권가격정리를 이해하는 것이 중요합니다. 채권투자전략은 적극적 전략과 소극적 전략을 구분하여 특징을 정리합니다. 마지막으로 신종자본증권, 이중상환청구권부채권, 주식관련사채, 자산유동화증권(ABS) 등도 정리가 필요합니다.

학습전략

핵심 내용	개념이해 난이도		
	상	중	하
제1장 채권의 기초			
1. 채권의 특성			○
2. 채권의 분류방법 : 발행주체, 이자 및 원금지급방법		○	
제2장 발행시장과 유통시장			
1. 채권의 발행방법 : 직접발행, 간접발행	○		
2. 유통시장 : 장내, 장외의 매매조건		○	
3. 우리나라 채권의 특징			○
제3장 채권투자분석			
1. 채권투자의 위험 : 신용위험 ~ 수의상환위험		○	
2. 말킬(Malkiel)의 채권가격정리		○	
제4장 채권투자전략			
1. 적극적 채권투자전략		○	
2. 소극적 채권투자전략		○	
제5장 새로운 형태의 증권			
1. 새로운 형태의 증권 : 신종자본증권, 조건부상환증권, 커버드본드	○		
2. 옵션이 첨부된 채권 : CB, BW, EB		○	
3. 자산유동화증권(ABS)	○		

03장 핵심정리 문제

01

채권은 다음과 같이 규정한다. 밑줄 친 부분에 대한 설명으로 적절하지 않은 것은?

> 채권이란 ①경제주체가 비교적 ②장기의 자금조달을 목적으로 ③차입기간 동안 약속된 방식에 의해 ④확정이자 및 원금의 지급을 약속한 채무증권이다.

① 누구나 발행할 수 있다.
② CD, CP 등과 달리 장기증권이다.
③ 자금조달이 한시적으로 원리금의 상환기간이 정해져 있다.
④ 발행자는 수익의 발생 여부와 관계없이 이자를 지급하여야 한다.

출제 POINT

발행주체의 자격요건 및 발행요건 등이 법으로 제한되어 있어 누구나 발행할 수는 없다.

핵심탐구 채권의 특성

(1) 채권의 기본적 특성

발행자격 제한	• 발행주체(정부, 지방자치단체, 특수법인, 상법상 주식회사) 및 발행요건이 법으로 제한
이자지급증권	• 발행자의 수익 발생여부와 관계없이 이자 지급
기한부증권	• 원리금에 대한 상환기간이 정해짐
장기증권	• 장기자금을 조달을 기본으로 함

(2) 채권 관련 용어

액면가	• 채권의 권면에 표시된 금액, 이자산출의 기본단위
표면이율	• 액면금액에 대해 연단위로 지급하는 이자율
발행일과 매출일	• 발행일은 동일해도 매출일은 서로 다를 수 있음
만기	• 만기 = 경과기간 + 잔존기간 • 경과기간 : 발행일 혹은 매출일로부터 매매일까지의 기간 • 잔존기간 : 매매일로부터 만기까지의 기간
이자지급 단위기간	• 이자가 나뉘어 상환되는 기간 ⇨ 3개월, 6개월 등
만기수익률	• 채권의 만기까지 단위기간별로 발생하는 이자와 액면금액에 의해 이루어지는 현금흐름의 현재가치의 합을 채권가격과 일치시키는 할인율 → 시장에서 계속 변함
단가	• 채권시장에서 형성된 만기수익률에 의해 결정된 채권매매가격(액면 10,000원 기준)

정답 ①

02

만기 2년, 표면이율 10%인 연단위 복리채의 현금흐름으로 옳은 것은?

① 1년 후 0원, 2년 후 10,000원
② 1년 후 0원, 2년 후 12,000원
③ 1년 후 0원, 2년 후 12,100원
④ 1년 후 1,000원, 2년 후 11,000원

출제 POINT

복리채의 만기상환원리금 S = $10,000(1 + 0.1)^2$ = 12,100원
[참고] ① 할인채 ② 단리채 ③ 복리채 ④ 이표채

함정 & 오답 피하기

- 국채, 이표채, 특수채, 지방채 등은 발행주체별로 채권을 분류한 것이다.(×)
- 우리나라의 회사채는 보증사채의 비중이 대부분을 차지한다.(×)
- 복리채의 표면이율이 동일하더라도 재투자 횟수가 커지면 만기상환금액은 증가한다.(○)

용어 이해하기

금리변동부채권(FRN, floating rate note) : 기준금리의 변동에 따라 매 단위기간마다 이자지급액이 달라지는 채권을 말한다. 예를 들어 표면이율이 CD + 0.5%로 정해진 경우 기준금리 결정시점에 CD금리가 6%라면 6.5%로 이자를 지급한다.

핵심탐구 채권의 분류방법

발행주체	국채, 지방채, 특수채, 회사채
보증여부	담보부사채, 보증사채, 무보증사채(대부분)
이자 및 원금지급방법	• 복리채 : 복리로 이자가 재투자되어 만기에 원금과 이자를 한 번에 지급 • 단리채 : 단리방식에 의한 이자금액을 원금과 함께 만기에 한 번에 지급 • 할인채 : 만기까지의 총이자를 발행 시에 미리 공제(선지급)하고 만기에 액면만을 지급 • 이표채 : 정해진 단위기간마다 이자를 주기적으로 지급
만기기간	단기채(1년 이하), 중기채(1년 초과 10년 미만), 장기채(10년 이상)
이자금액변동	금리고정부채권, 금리변동부채권(FRN, floating rate note)

정답 ❸

03

아래와 같이 기관투자자의 응모를 받은 경우 각 낙찰조건으로 바르지 않은 것은? (단, 응찰수익률이 내정수익률보다 작음)

참여기관	응찰수익률	참여기관	응찰수익률
A	5.05%	C	5.01%
B	5.04%	D	4.99%

① Dutch : 모두 5.05%
② 비경쟁입찰 : 경쟁입찰에서 낙찰받은 최고금리를 적용
③ Conventional : A(5.05%), B(5.04%), C(5.01%), D(4.99%)
④ 차등가격(응찰수익률 간격 3bp 가정) : A와 B(5.05%), C(5.01%), D(4.99%)

출제 POINT

차등가격방식에서 3bp(=0.03%) 간격으로 그룹을 만들면 5.05%~5.03%는 5.05%, 5.02%~5.00%는 5.02%, 4.99%~4.97%는 4.99%로 낙찰된다. 따라서 C의 응찰수익률은 5.02%~5.00 그룹에 포함되어 5.02%로 낙찰된다.

함정 & 오답 피하기

- Dutch방식은 낙찰금리 중 최저수익률로 낙찰분이 통일된다.(×)
- 현재 회사채의 대부분은 매출발행 방식으로 발행한다.(×)
- 간접발행은 발행위험을 모두 인수기관이 부담한다.(×) ⇨ 위탁발행에서는 발행자가 부담

핵심탐구 채권의 발행방법

(1) 직접발행

매출발행	• 발행조건은 사전에 지정하고 발행총액은 사후에 결정
공모입찰발행	• 발행조건을 사후에 경매방식으로 결정 • 낙찰방식 ① 복수가격방식(Conventional or American) : 낮은 수익률(높은 가격)부터 순차적으로 결정하되 제시한 수익률을 차등 적용 ⇨ 발행자가 유리 ② 단일가격방식(Dutch) : 가장 높은 수익률(낮은 가격)로 통일 적용 ⇨ 투자자가 유리 ③ 차등가격방식 : 내정수익률 이하에서 최고 낙찰수익률 이하 응찰수익률을 일정간격으로 그룹화하여 각 그룹별 최고 낙찰수익률을 적용 ⇨ 절충방식 ④ 비경쟁입찰 : 경쟁입찰에 참여할 수 없는 투자자들이 딜러를 통해 희망낙찰물량을 제시

(2) 간접발행

위탁발행	• 모집 또는 매출된 채권액이 총액에 미달할 경우 이 부분을 발행자가 부담
잔액인수	• 모집 또는 매출된 채권액이 총액에 미달한 경우 그 잔액을 발행기관이 인수
총액인수	• 발행채권총액을 발행기관이 모두 인수한 후 모집 또는 매출하는 방식 • 대부분의 회사채는 이 방식을 이용

정답 ④

04

우리나라의 채권매매에 대한 설명으로 적절하지 않은 것은?

① 채권거래는 장내거래보다 장외거래의 비중이 높다.
② 채권거래전용시스템(K-Bond)은 장외거래 전용시스템이다.
③ 채권중개전문회사(IDB)는 한국거래소에서 채권딜러간의 중개업무를 수행한다.
④ 국채딜러중심의 국채전문유통시장(IDM)은 거래시간과 조건이 표준화되어 있다.

출제 POINT

채권중개전문회사(IDB)는 장외에서 채권딜러간의 중개업무를 수행한다.

함정 & 오답 피하기

- 국채전문유통시장의 참가자는 거래소회원인 은행과 금융투자회사이고, 연금/보험/기금 등의 기타 금융기관과 일반투자자는 위탁참여가 가능하다.(○)
- 채권 장외거래에 따른 결제는 매매계약을 체결한 날 익일부터 30영업일 이내에서 할 수 있으나 당일 결제가 보편적이다.(×) ⇨ 익일 결제가 보편적
- 첨가소화채권(국민주택채권, 서울도시철도채권 등)과 전환사채는 장외에서 거래한다.(×) ⇨ 장내

용어 이해하기

채권거래 전용시스템(K-Bond) : 장외에서 이루어지는 채권거래를 지원하기 위하여 협회에서 운용하는 시스템을 말한다. 협회가 승인한 시장참여자만이 이용할 수 있다.

핵심탐구 유통시장

(1) 구분
  ① 장내거래 : 국채전문유통시장, 일반채권시장
  ② 장외거래 : 대고객 상대매매, 채권딜러간 장외거래(IDB), 채권거래 전용시스템(K-Bond)

(2) 매매제도

구 분	국채전문유통시장	일반채권시장	대고객 상대매매
장소	한국거래소	한국거래소	금융투자업자 창구
대상채권	국고채, 통안채, 예금보험기금채권	상장채권	상장 및 비상장채권
시장참가자	국채 딜러	제한 없음	제한 없음
호가	가격(지정가)호가	가격(지정가)호가	수익률로 호가
매매수량단위	10억 단위	1,000원 단위	제한 없음
결제	익일결제	당일결제	30일 영업일 이내
가격제한폭	없음(단, 호가입력제한을 둠)		

정답 ❸

05

국채와 관련하여 시행 중인 제도와 관련이 없는 것은?

① 수요예측제도
② 국채전문딜러제도
③ 국채통합발행제도
④ 국고채 원금이자 분리제도

출제 POINT

수요예측제도는 회사채를 발행할 때 시행하고 있다.

용어 이해하기

수요예측 : 채권의 발행금리를 결정하기 위해 주관회사가 기관투자자들을 대상으로 공모 희망금리 밴드를 제시하고, 기관투자자들의 매입 희망금리 및 희망물량을 토대로 투자수요를 파악하는 것

핵심탐구 — 우리나라 채권의 특징

국채	• 국고채권, 재정증권, 외국환평형기금채권(외평채), 국민주택채권 등 • 국채관련 제도 ① 국채전문딜러제도 : 자금력과 전문성을 갖춘 국채전문딜러(금융기관)가 국고채에 대한 시장조성기능을 담당하는 제도 ② 국채통합발행제도 : 일정기간 내에 발행하는 국채의 만기와 표면금리 등 발행조건을 동일하게 하여 유동성을 높이는 제도 ③ 국고채 원금이자 분리제도 : 국고채의 원금과 이자를 분리하여 별도의 무이표채권처럼 따로 거래하는 제도
지방채	• 도시철도채권, 지역개발채권 등 • 발행량이 적고 거래도 활발하지 않음
특수채	• 통화안정증권(통안채) : 한국은행이 통화량을 조절하기 위해 발행 • 금융특수채 : 산업은행, 수출입은행 등 특수은행이 발행 • 비금융특수채 : 한국도로공사 등 비금융공기업이 발행하여 공사채로도 불림
회사채	• 일반회사채, 금융회사채 등 • 무보증 형태로 발행되기 때문에 신용평가회사로부터 신용등급평가를 받아야 함 • 수요예측을 통해 발행금리를 결정

정답 ①

이 위험은 고정금리채권에서 크게 나타난다. 이 위험을 피하기 위해서는 변동금리부채권(FRN)이나 물가연동국고채에 투자하는 것이 유리하다. 이 위험은?

① 채무불이행위험
② 재투자위험
③ 수의상환 위험
④ 인플레이션 위험

출제 POINT

인플레이션 위험이다. 고정금리채권일수록 물가가 상승하면 이자수입의 실질가치가 감소할 위험이 크다.

함정 & 오답 피하기

- 만기수익률이 상승하면 채권가격도 상승한다.(×)
- 수익률변동위험이라 함은 가격변동위험과 유동성위험을 포함하는 개념이다.(×)
- 수의상환위험은 시장금리가 높아질 경우에 노출된다.(×)

핵심탐구 채권투자의 위험

구 분	내 용
채무불이행위험 (신용위험)	• 채권 발행자가 약속된 원리금을 상환하지 않을 위험 • 채무불이행위험이 클수록 채권 발행 시 발행수익률이 높아짐
가격변동위험	• 채권투자 후 만기수익률이 투자 시의 예측과 다르게 나타날 경우 발생 • 만기수익률이 상승하면 채권가격은 하락, 만기수익률이 하락하면 채권가격은 상승
재투자위험	• 중도에 지급받은 이자를 어떠한 수익률로 재투자하느냐에 따라 발생 • 수익률변동위험은 가격변동위험과 재투자위험을 포함하는 개념
유동성위험	• 보유채권을 현금화하는데 어려움을 겪게 될 위험 • 소액투자일수록 상대적으로 큼
인플레이션위험	• 물가상승으로 이자수입의 실질가치가 감소할 위험 • 금리변동부채권(FRN)이나 물가연동국고채에 투자하면 감소
환율변동위험	• 외화표시채권에 투자할 때 발생
수의상환위험	• 수의상환권(call option) 부여된 채권은 발행자가 만기 전이라도 원금상환이 가능하여 발행자에게는 유리, 투자자에게는 불리함 • 발행자는 시장금리가 낮아질 경우 수의상환권을 행사함 • 수의상환권이 행사되면 투자자는 상환된 원금을 낮은 금리에 운용해야 하므로 투자수익의 불확실성이 증가하는데, 이를 수의상환위험이라 함 • 수의상환채권은 투자자에게 불리한 만큼 일반채권보다 표면이율이 높음

정답 ④

07

말킬(Malkiel)의 채권가격정리에 대한 설명으로 적절하지 않은 것은?

① 채권의 잔존기간이 길어짐으로써 발생하는 가격변동률은 체감한다.
② 채권만기가 길수록 동일한 수익률 변동에 대한 가격변동폭이 커진다.
③ 표면이율이 낮을수록 동일한 크기의 수익률 변동에 대한 가격변동률은 작아진다.
④ 수익률 하락시 채권가격 상승폭이 수익률 상승시 채권가격 하락폭보다 크다.

출제 POINT

표면이자율이 낮을수록 가격변동률은 커진다.

함정 & 오답 피하기

채권가격의 움직임 이해하기 : 채권가격은 채권수익률과 반비례 관계를 갖고 있어 수익률 상승 시 채권가격은 하락한다. 그러나 하락 정도는 수익률 변동폭에 비례적으로 발생하는 것이 아니라 체감적이다. 이를 채권의 볼록성이라 하며 이로 인해 동일한 수익률 변동폭에 대해 채권가격 상승폭은 하락폭보다 크게 된다. 이러한 특성이 채권에 투자하는 이유가 되기도 한다.

핵심탐구 말킬(Malkiel)의 채권가격정리

(1) 의미
　① 채권수익률과 채권가격의 관계를 실증분석한 것으로 채권가격정리 또는 말킬의 정리라고 함
　② 채권가격정리는 다섯 가지가 있음
(2) 내용
　① 채권가격은 채권수익률은 역의 관계이다.
　② 채권만기가 길수록 채권수익률 변동에 대한 채권가격 변동폭이 커진다.
　③ 채권수익률 변동으로 인한 채권가격 변동은 만기가 길수록 커지나, 그 증감률은 체감한다.
　④ 만기가 일정할 때 채권수익률 하락으로 인한 가격상승폭은 같은 폭의 채권수익률 상승으로 인한 가격하락폭보다 크다.
　⑤ 표면이자율이 낮은 채권이 높은 채권보다 일정한 수익률 변동에 따른 가격변동률이 크다.

정답 ③

08

채권투자전략 중 적극적 투자전략을 설명한 것으로 가장 거리가 먼 것은?

① 채권교체전략은 만기수익률 간의 스프레드가 일시적으로 확대되거나 축소될 경우 이 시점을 이용하여 교체한다.
② 수익률곡선타기 전략은 수익률곡선 형태가 우상향하되 투자기간 동안 변동없이 유지된다고 예상될 때 사용한다.
③ 수익률예측전략은 중기물 수익률은 상승하고 단기물과 장기물의 수익률은 하락할 것으로 예상하는 경우 사용하는 전략으로 바벨형 포트폴리오라고 한다.
④ 역나비형 투자전략은 중기채만 보유하는 전략으로 불릿형 포트폴리오라고 한다.

출제 POINT

수익률예측전략이 아닌 나비형 투자전략이다.

용어 이해하기

불릿(bullet) : 총탄 또는 탄환이라는 사전적 의미가 있다. 총을 과녁에 쏘듯이 특정 영역의 채권에 집중 투자한다는 의미에서 붙여진 이름이다.

핵심탐구 적극적 채권투자전략

수익률 예측전략	• 수익률 하락 예상 : 만기가 길고 표면이율이 낮은 채권 매입 • 수익률 상승 예상 : 채권을 매각하고 현금을 보유
채권교체전략	• 시장불균형을 이용한 동종 채권 간 교체 : 가격이 낮은 채권으로 교체 • 스프레드를 이용한 이종 채권 간 교체 : 스프레드가 확대되면 수익률이 높아진(가격이 낮아진) 채권을 매입하고 반대로 스프레드가 축소되면 교체
수익률 곡선 타기 전략	• 우상향하는 수익률곡선의 형태가 투자기간동안 변동없이 유지된다고 예상될 때 사용 • 투자기간과 만기가 일치하는 장기채를 매입하여 만기에 상환받는 것이 아니라 매입한 채권을 일정기간 후에 매도한 후 다시 장기채를 매입하는 투자를 반복하여 매매차익으로 수익을 증대시키는데 이를 롤링효과(rolling effect)라고 함
나비형 투자전략	• 단기와 장기금리가 하락하고 중기금리만 상승할 것으로 예상하여 단기와 장기채권만 보유 • 바벨(barbell)형 포트폴리오라고 함
역나비형 투자전략	• 단기와 장기금리는 상승하고 중기금리만 하락할 것으로 예상하여 중기채권만 보유 • 불릿(bullet)형 포트폴리오라고 함

정답 ③

09

채권투자전략 중 소극적 투자전략을 설명한 것으로 가장 거리가 먼 것은?

① 인덱스전략은 채권투자성과가 일정한 채권지수를 따르도록 구성한다.
② 사다리형 만기운용전략은 채권별 비중을 각 잔존기간별로 동일하게 유지한다.
③ 만기보유전략은 투자기간과 채권의 듀레이션을 일치시켜 운용수익률을 목표수익률과 일치시킨다.
④ 현금흐름일치전략은 채권에서 발생하는 현금흐름 수입이 채권투자를 위해 조달된 부채의 상환흐름과 일치하거나 상회하도록 구성한다.

출제 POINT

만기보유전략이 아닌 면역전략이다.

함정 & 오답 피하기

바벨전략은 적극적 전략과 소극적 전략이 모두 존재한다. 이자율 예측 없이 구축하면 소극적 전략, 나비형 투자전략처럼 이자율 예측을 전제로 하면 적극적 전략이 된다.

핵심탐구 ▶ 소극적 채권투자전략

만기보유전략	• 채권을 매입 후 만기까지 보유하는 매우 단순한 전략
채권인덱싱전략	• 투자성과가 일정한 채권지수를 따르도록 채권 포트폴리오를 구성하는 전략
현금흐름 일치전략	• 채권에서 발생하는 현금흐름 수입이 채권투자를 위해 조달된 부채의 상환흐름과 일치하거나 상회하도록 채권포트폴리오를 구성하는 전략
사다리형 만기운용전략	• 각 잔존기간별로 채권보유량을 동일하게 유지하여 이자율 변동위험을 평균화시키는 전략 • 단기채, 중기채, 장기채에 균등배분
바벨형 만기운용전략	• 단기채의 높은 유동성과 장기채의 높은 수익성을 이용하여 중기채를 제외하고 단기채, 장기채로만 구성하는 전략
면역전략	• 수익률변동위험을 제거하고 투자목표를 달성하기 위한 전략 • 투자기간과 채권 포트폴리오의 듀레이션(만기 아님)을 일치시켜야 면역이 가능 • 수익률상승(하락) 시 채권가격 하락(상승)분과 표면이자에 대한 재투자수익 증대(감소)분을 상쇄시켜 채권투자 종료 시 실현수익률을 목표수익률과 일치시킴

정답 ③

10

채무증권이 회계적 자본으로 인정받기 위한 요건으로 사실과 다른 것은?

① 후순위채권보다 더 후순위 성격을 지녀야 한다.
② 이자 유예조건이 있거나 이자를 비누적적으로 지급할 수 있어야 한다.
③ 만기가 30년 이상이며 만기 시 동일한 조건으로 연장이 가능해야 한다.
④ 일정기간 후 금리의 상승조건이 있거나, 발행자의 콜옵션 또는 투자자의 풋옵션이 있어야 한다.

출제 POINT

신종자본증권은 일정기간 후 금리의 상승조건이 없거나, 발행자의 콜옵션 또는 투자자의 풋옵션이 모두 없어야 자본의 성격이 강한 것으로 본다. 신종자본증권으로 인정받기 위해서는 채권보다 주식의 속성(채권보다 후순위, 영구증권, 선택적인 배당지급)을 많이 갖도록 조건을 변경하여 발행해야 한다.

용어 이해하기

- 하이브리드(hybrid) : 특정한 목표를 달성하기 위해서 두 개 이상의 요소가 합쳐진 것을 의미
- 코코본드(CoCo bond) : 발행자의 자본잠식이 심해지는 등 유사시 자본으로 전환될 수 있는 채권

핵심탐구 새로운 형태의 증권

(1) 신종자본증권

의미	• 자본의 성격이 강한 채권으로서 부채와 자본 특성을 모두 지닌 하이브리드(hybrid) 채권 • 일반 기업이나 은행이 자본 확충 목적으로 발행
자본인정요건	• 채무증권이 자본으로 인정받기 위해서는 다음 세 가지 요건 중 일부를 충족해야 함 • 자본인정요건 ㉠ 후순위성 : 후순위채권보다 더 후순위성격을 지녀야 함 ㉡ 만기의 영구성 : 만기가 없거나 영구성이 있어야 함 ㉢ 이자지급의 임의성 : 이자 유예조건이 있거나 비누적적으로 지급할 수 있어야 함

(2) 조건부 자본증권

의미	• 신종자본증권 가운데 ㉠ 은행 또는 금융지주회사가 발행하고 ㉡ 사유발생시 자본으로 전환되거나 상각되는 채권 • 은행이 발행한다는 점에서 신종자본증권보다는 협의이며, 상각요건도 포함한다는 점에서 코코본드와도 다름
유형	• 전환형 : 사유 발생시 주식으로 전환 • 상각형 : 사유 발생시 원금상환 및 이자지급의무가 감면 또는 소멸
장점	• 상환순위가 낮아 금리가 높음
단점	• 은행의 자본력이 약해지면 주식보다 먼저 상각(전액손실)될 수 있어 투자위험이 큼

정답 ❹

11

새로운 형태의 증권에 대한 설명으로 가장 거리가 먼 것은?

① 신종자본증권은 일정한 요건을 충족할 경우 자본으로 인정되는 채무증권이다.
② 신종자본증권은 부채와 자본의 성격을 모두 갖고 있는 점을 강조하여 하이브리드 채권이라고도 한다.
③ 조건부자본증권은 은행이 우량자산을 담보로 제공하면서 높은 신용등급을 받아 낮은 금리로 자금을 조달하기 위해 발행한다.
④ 커버드 본드는 발행기관에 대한 상환청구권과 함께 발행기관이 제공하는 담보에 대하여 제3자에 우선하여 변제받을 수 있는 권리를 갖는 채권이다.

출제 POINT

은행이 우량자산을 담보로 제공하면서 높은 신용등급을 받아 낮은 금리로 자금을 조달하기 위해 발행하는 것은 커버드 본드다. 조건부자본증권은 은행이 BIS비율 산출 시 적용하는 바젤 Ⅲ 기준이 강화됨에 따라 기존 신종자본증권 및 후순위채의 자본인정 한도가 축소되어 대체수단으로 발행하기 시작한 것이다.

핵심탐구 새로운 형태의 증권

(3) 이중상환청구권부채권(covered bond)

의미	• 발행기관에 대한 상환청구권과 함께 발행기관이 제공하는 담보에 대해 제3자에 우선하여 변제받을 권리를 갖는 채권 • 발행기관이 파산해도 담보를 처분하여 우선 변제받을 수 있어 이중의 안전장치를 보장
적격 발행기관	• 법에서 정함 ⇨ 대부분 은행이 발행
장점	• 우수한 신용의 장기 은행채에 대한 투자하는 효과 • 금리상승 시 은행은 조달금리를 낮출 수 있음 : 담보를 제공하는 대신 저리로 발행 • 은행이 커버드본드에 투자할 경우 고유동성자산으로 인정
단점	• 담보 적격자산에서 제외되는 가계신용대출과 중소기업대출 실행이 위축 • 발행기관이 부실화되면 예금자 및 일반채권자가 상대적으로 불리 • 저금리상황에서는 발행이 어려움(금리를 더 낮추기가 곤란하기 때문)

정답 ❸

12

옵션이 첨부된 채권의 특징을 비교한 것이다. 바르지 않은 것은?

구분		CB	BW	EB
①	부여된 권리	전환권	신주인수권	교환권
②	권리행사 후	사채 소멸	사채 소멸	사채 소멸
③	자금소요여부	불필요	별도자금 필요	불필요
④	자본금	증가	증가	불변

출제 POINT

BW는 신주인수권 행사 이후에도 사채가 소멸되지 않고 존속한다.

함정 & 오답 피하기

- 전환사채는 일반 사채보다 높은 금리로 발행된다.(×)
- 신주인수권부사채에서 신주인수권이 행사되면 발행사의 자산과 부채가 동시에 감소한다.(×)

용어 이해하기

- 전환가격 : 전환사채를 주식으로 전환할 때 전환대상 주식 1주당 지불하는 가격
- 전환주수 : 액면금액당 전환되는 주식의 수 ⇨ 액면/전환가격
- 전환가치(패리티가치) : 전환된 주식들의 시장가치 ⇨ 주가 × 전환주수
- 전환프리미엄(괴리) : 전환사채의 시장가격과 전환가치의 차이 ⇨ 음의 값이면 전환하는 것이 유리
- 패리티 : 주가 대비 전환가격을 백분율로 나타낸 것 ⇨ (주가/전환가격) × 100

핵심탐구 옵션이 첨부된 채권

전환사채 (Convertible Bond)	• 발행회사의 주식으로 전환할 수 있는 권리가 부여된 채권 • 투자자는 발행회사의 주가가 상승하면 전환권을 행사하여 주가상승의 효과를 누리고, 반대로 주가가 낮은 상태로 있으면 확정이자 및 만기상환금액에 의해 안정적 수익을 획득 • 발행자는 일반채권에 비해 낮은 이자를 지급함으로써 자금조달비용을 낮출 수 있음
신주인수권부사채 (Bond with Warrant)	• 발행회사의 신주를 인수할 수 있는 권리가 부여된 채권 • 신주인수권의 행사 후에도 사채는 존속 • 신주인수권 행사를 위해서는 별도의 자금이 필요
교환사채 (Exchangeable Bond)	• 발행회사가 보유한 상장증권으로 교환할 권리가 부여된 채권 • 교환 시에는 발행사의 자산(보유 주식)과 부채(교환사채)가 동시에 감소 • 교환권이 행사되더라도 자본금 증대가 일어나지 않음

정답 ❷

13

자산유동화증권(ABS)에 대한 설명으로 적절하지 않은 것은?

① 발행자의 원리금 상환능력을 기초로 발행된다.
② 자산보유자는 자산유동화증권 발행을 위해 기초자산을 유동화회사에 양도한다.
③ 유동화회사는 양도받은 기초자산을 담보로 유동화증권을 발행하여 일반투자자에게 매각하고, 매각자금을 자산보유자에게 자산양도의 대가로 지급한다.
④ 신용보강이 가능하기 때문에 ABS의 신용등급은 자산보유자의 신용등급보다 더 높게 형성되는 경향이 있다.

출제 POINT

일반적인 채권은 발행자의 원리금 상환능력을 기초로 발행되는데, 자산유동화증권은 자산보유자로부터 완전 매각된 유동화자산(기초자산)의 현금흐름을 기초로 발행된다. [참고] CBO, CLO, CDO의 경우 각각 가운데 글자(Bond, Loan, Debt)의 의미를 알면 쉽게 파악할 수 있다.

용어 이해하기

유동화회사(SPV, special purpose vehicle) : 유동화증권을 발행하기 위하여 특별히 설립된 회사를 말하는데, 유동화증권을 발행하는 업무만 영위하는 무인회사(paper company)이다.

핵심탐구 자산유동화증권(ABS, Asset Backed Security)

구분	내용
의미	• 기초자산에서 발생하는 현금흐름으로 원리금의 상환을 표시한 증권 • 발행자의 원리금 상환능력이 아니라 유동화자산(기초자산)의 현금흐름을 기초로 발행
장단점	• 장점 : 비유동성 자산의 처분, 낮은 조달비용 • 단점 : 높은 부대비용, 자금조달 시점의 경직성
참가자	• 자산보유자 : 유동화자산을 보유한 금융기관 • 유동화회사 : ABS를 발행하기 위해 설립된 특수목적회사 • 자산관리자 : SPV를 대신하여 기초자산을 관리 ⇨ 자산보유자가 자산관리자의 역할 수행
종류	• CBO : 회사채가 기초자산 • CLO : 금융기관의 대출채권이 기초자산 • CDO : 회사채와 대출채권이 모두 기초자산으로 CLO와 CBO를 포함한 개념 • MBS : 주택저당채권(mortgage)이 기초자산
신용보강방법	• 내부 신용보강 : 선·후순위 구조화, 현금흐름차액적립, 초과담보설정 등 • 외부 신용보강 : 지급보증, 신용공급 등

정답 ①

03장 출제예상 문제

01 출제빈도 中

발행주체에 따라 채권을 분류한 것으로 적절하지 않은 것은?

① 지방채 – 도시철도채권
② 국채 – 통화안정증권
③ 특수채 – 가스공사채권
④ 회사채 – 전환사채

02 출제빈도 中

채권에 대한 설명으로 옳은 것은?

① 채권의 발행일과 매출일은 동일해야 한다.
② 표면이율에 의하여 결정된 채권의 매매가격을 단가라고 한다.
③ 만기수익률은 발행자가 액면금액에 대해 연단위로 지급하는 이자율이다.
④ 잔존기간이란 채권의 매매일로부터 만기일까지의 기간을 말한다.

03 출제빈도 下

채권의 종류에 대한 설명으로 옳은 것은 몇 개인가?

㉠ 복리채는 만기까지 이자지급 단위기간 수만큼 복리로 이자가 재투자되어 만기에 원금과 이자가 한꺼번에 지급한다.
㉡ 단리채는 단리이자를 원금과 함께 만기에 일시에 지급한다.
㉢ 할인채는 만기까지의 총이자를 미리 공제하는 방식으로 선지급하는 채권이다.
㉣ 이표채는 정해진 단위기간마다 이자를 주기적으로 지급한다.

① 4개
② 3개
③ 2개
④ 1개

― 정답 및 해설 ―

01 ② 통화안정증권(통안채)은 한국은행이 통화량을 조절하기 위해 발행하는 특수채(또는 금융채)이다.
02 ④ ① 발행일과 매출일이 같지 않을 수도 있다.
② 만기수익률에 의하여 결정된 채권의 매매가격을 단가라고 한다.
③ 표면이율은 발행자가 액면금액에 대해 연단위로 지급하는 이자율이다.
03 ① 모두 맞는 설명이다.

04 만기일에 상환 받는 금액이 가장 큰 채권은? (단, 액면금액은 모두 동일하다고 가정)

① 표면이율 6%, 만기 3년인 할인채
② 표면이율 4%, 만기 3년인 연 단위 복리채
③ 표면이율 4%, 만기 3년인 3개월 단위 복리채
④ 표면이율 6%, 만기 5년인 6개월 단위 이자후급 이표채

05 아래 밑줄 친 부분에 해당하는 채권관련 용어는?

> 표면이율이 6%인 채권은 <u>이것</u>이 6개월이면 매 6개월마다 3%씩 이자가 지급되며, <u>이것</u>이 3개월이면 매 3개월마다 1.5%씩 이자가 지급된다.

① 이자지급 단위기간 ② 만기수익률
③ 표면이율 ④ 만기기간

06 다음은 공모입찰발행 중 무엇에 대한 설명인가?

> 최고 낙찰수익률 이하 응찰수익률을 일정 간격으로 그룹화하여 각 그룹별로 최고 낙찰수익률을 적용하는 방식으로 국고채 발행에 도입되었다.

① 차등가격 경매방식 ② 단일가격 경매방식
③ 복수가격 경매방식 ④ 비경쟁입찰

07 채권유통시장에 대한 설명으로 적절하지 않은 것은?

① 만기전에 발행자에게 원금상환을 요구할 수 없다.
② 개인보다는 기관투자자 중심으로 거래가 형성되는 특징이 있다.
③ 장내거래 중심의 시장이다.
④ 장내시장과 장외시장이 존재한다.

08 변동금리부채권(FRN)에 대한 설명으로 적절하지 않은 것은?

① 일반채권에 비해 수익률 변동위험이 크다.
② 발행시점에서 매 단위기간에 받게 되는 이표이자금액을 알 수 없다.
③ 일반적으로 채권발행자의 신용위험이 변하면 FRN의 가격도 변한다.
④ 가산금리는 발행 시 확정되고 기준금리는 시장이자율을 반영하여 변동한다.

09 우리나라 채권의 매매방법으로 가장 거리가 먼 것은?

출제빈도 中

① 비상장채권은 장외시장에서 거래된다.
② 일반채권시장에서는 당일결제가 이루어진다.
③ 주식과 달리 가격제한폭 제도가 없는 대신 호가 입력제한을 두고 있다.
④ 첨가소화채권과 전환사채는 장외에서 거래된다.

10 국채전문유통시장의 거래조건으로 바르지 않은 것은?

출제빈도 中

① 참가자는 거래소회원인 은행과 금융투자회사이고, 일반투자자도 위탁 참여가 가능하다.
② 거래대상채권은 정부가 발행한 국고채권(외평채 포함)으로 한정된다.
③ 지정가호가를 사용하며 매매거래단위는 10억 원이다.
④ 집중결제방식에 의한 익일결제방식을 채택하고 있다.

11 채권발행방법에 대한 설명으로 적절하지 않는 것은?

출제빈도 中

① Dutch방식은 공모입찰방식 중의 하나이다.
② Conventional방식은 복수의 낙찰수익률이 생긴다.
③ 무보증회사채는 매출발행의 비중이 가장 크다.
④ 총액인수방식은 발행위험을 발행기관이 책임지는 간접발행방식이다.

정답 및 해설

04 ③ 3개월단위 복리채가 가장 크고, 할인채가 가장 작다.
05 ① 이자지급 단위기간이라고 한다. 문제에서 표면이율을 보고 이자지급 단위기간에 따른 이자크기도 역으로 계산할 수도 있어야 한다.
06 ① 차등가격 경매방식에 대한 설명이다.
07 ③ 우리나라 채권은 대부분 장외시장에서 거래된다.
08 ① FRN은 시장이자율 변동에 연동되어 이자를 지급하기 때문에 표면이율이 확정되어 있는 일반 채권에 비해 수익률 변동위험에서 벗어날 수 있는 장점이 있다.
09 ④ 첨가소화채권(국민주택채권, 서울도시철도채권 등)과 전환사채는 장내에서 거래하도록 되어 있다.
10 ② 국채전문유통시장에서는 국고채권(외평채 포함)뿐만 아니라 통화안정증권, 예금보험기금채권도 거래된다.
11 ③ 무보증회사채는 간접발행방식 중 하나인 총액인수방식에 의해 발행된다.

12 채권의 장내거래와 장외거래의 차이점으로 사실과 다른 것은?
① 장외거래의 비중이 현저하게 높은 것이 특징이다.
② 장내는 가격 호가, 장외는 수익률 호가가 일반적이다.
③ 장내는 채권을 매도할 때 증권거래세를 부과하고, 장외는 부과하지 않는다.
④ 장내는 증권회사가 정한 수수료를 내야 하나, 장외는 일반적으로 수수료가 없다.

13 채권투자의 위험으로 적절하지 않은 것은?
① 채무불이행위험　　　　② 가격변동위험
③ 수의상환위험　　　　　④ 금융기관위험

14 다음 중 채권의 투자수익 요인으로 보기 어려운 것은?
① 가격 손익　　　　　　② 표면이자수익
③ 재투자수익　　　　　④ 배당수익

15 채권에서 발생하는 현금흐름의 현재가치 합을 채권가격과 일치시키는 할인율은?
① 실효수익률　　　　　② 만기수익률
③ 연평균수익률　　　　④ 세전수익률

16 콜옵션이 부여된 채권 보유 시 시장금리가 하락할 때 발생하는 위험은 무엇인가?
① 신용위험　　　　　　② 수의상환위험
③ 유동성위험　　　　　④ 가격변동위험

17 채권투자의 위험에 대한 설명으로 옳은 것은?
① 유동성위험은 소액투자일수록 노출되는 경향이 있다.
② 채무불이행위험이 클수록 채권발행 시에 발행수익률이 낮아진다.
③ 인플레이션위험은 채권의 만기가 길수록 작아지는 경향이 있다.
④ 이표채의 수익률변동위험은 가격변동위험과 유동성위험을 포함하는 개념이다.

18 복리채가 이표채보다 수익이 커지는 시장상황은? (단, 만기수익률은 서로 동일)

① 시장이자율이 하락하는 경우
② 시장이자율이 상승하는 경우
③ 시장이자율이 불변인 경우
④ 시장이자율과 상관없다

19 채권투자전략 중 적극적 투자전략에 속하지 않는 것은?

① 채권교체전략
② 수익률곡선타기전략
③ 사다리형 만기운용전략
④ Barbell형 Portfolio

20 금리상승이 예상될 때 채권투자방법으로 적절하지 않은 것은?

① 현금 보유비중을 늘린다.
② 채권의 듀레이션을 증가시킨다.
③ 장기채보다 단기채의 보유비중을 늘린다.
④ 표면이율이 높은 채권의 보유비중을 증대시킨다.

정답 및 해설

12 ③ 채권거래는 주식거래와는 달리 증권거래세를 부과하지 않는다.
13 ④ 금융기관위험은 해당하지 않는다.
14 ④ 배당수익은 주식투자에서 발생하므로 채권의 투자수익 요인으로 보기 어렵다.
15 ② 만기수익률이라고 한다.
16 ② 채권발행자가 중도상환을 강제함으로써 원래 기대했던 수익을 얻지 못하는 수익상환위험이다.
17 ① ② 채무불이행위험이 클수록 발행수익률도 높아진다.
　　　③ 인플레이션위험은 채권의 만기가 길수록 커진다.
　　　④ 수익률변동위험은 가격변동위험과 재투자위험을 말한다.
18 ① 시장이자율이 하락하는 경우 재투자 수익이 감소하므로 이표채가 복리채보다 수익이 작아지게 된다.
19 ③ 사다리형 만기운용전략은 소극적 투자전략에 속한다.
20 ② 금리상승은 채권가격하락을 의미하므로 듀레이션을 축소해야 한다.

21 투자기간과 채권포트폴리오의 듀레이션을 일치시켜 수익률 변동위험을 제거하고 처음에 세웠던 투자목표를 그대로 달성하는 채권투자전략은?

① 인덱스전략
② 현금흐름일치전략
③ 면역전략
④ 사다리형 만기운용전략

22 채권의 장단기 수익률이 상승하고 중기 수익률이 하락할 것으로 예상할 때 적합한 채권투자전략은?

① 수익률곡선타기
② 면역전략
③ Bullet형 Portfolio
④ Barbell형 Portfolio

23 자산유동화증권의 신용보강방법 중 외부 신용보강에 해당하는 것은?

① 지급보증
② 선후순위 설정
③ 초과담보 설정
④ 현금흐름 차액적립

24 자산유동화증권(ABS)의 특징으로 바르지 않은 것은?

① CBO는 회사채를 기초자산으로 발행하는 ABS다.
② CLO의 기초자산은 금융기관의 대출채권이다.
③ 비유동성자산을 처분할 수 있고 조달비용을 낮출 수 있다.
④ 부대비용이 작아 소규모 발행이 가능하여 단시간에 자금을 조달할 수 있다.

25 자본의 성격이 강한 채권으로 후순위성, 만기의 영구성, 이자지급의 임의성이 강할수록 자본성격이 강해지는 채권을 무엇이라고 하는가?

① ABS
② 커버드 본드
③ 전환사채
④ 신종자본증권

26 전환사채(CB)에 대한 설명으로 적절하지 않은 것은?

① 전환주수는 액면금액을 전환가격으로 나누어 계산한다.
② 전환가치는 주식의 시장가격에 전환주수를 곱한 것이다.
③ 패리티가 105이면 전환에 의한 수익률이 105%임을 의미한다.
④ 전환프리미엄은 전환사채의 시장가격에서 전환가치를 차감한 것이다.

27 조건부자본증권의 특징으로 바르지 않은 것은?

① 후순위성이 강해 일반채권보다 높은 금리를 취할 수 있다.
② 특정상황에 처할 경우 자본으로 전환되거나 상각되는 채권이다.
③ 바젤Ⅲ상 은행의 자본으로 인정받을 수 있어 BIS개선에 기여한다.
④ 은행의 자본력이 약해져도 주식에 투자한 것보다는 손실이 적다.

28 커버드 본드(covered bond)에 대한 설명으로 적절하지 않은 것은?

① 저금리 상황일수록 발행이 용이하다.
② 이중의 상환청구권이 부여된 채권이다.
③ 은행이 보유한 우량자산을 담보로 제공한다.
④ 담보를 제공하기 때문에 조달금리가 일반채권보다 낮다.

정답 및 해설

21 ③ 면역전략이다. 금리변동에 대한 면역은 투자기간과 듀레이션(만기 아님)을 맞춰야 가능하다.
22 ③ 주어진 상황에서 장·단기채권은 매도하고 중기채권은 매수해야 하는데, 이는 Bullet형 Portfolio다.
23 ① 선·후순위로 구조화, 현금흐름차액적립, 초과담보설정은 내부 신용보강이고 지급보증, 신용공급은 외부 신용보강이다.
24 ④ 높은 부대비용 때문에 대규모 발행만이 가능하며, 자금조달에도 시간이 소요되어 적시성 문제가 있다.
25 ④ 신종자본증권 또는 하이브리드채권이라고 한다.
26 ③ 패리티가 105이면 전환수익률은 5%가 된다.
27 ④ 조건부자본증권은 주식보다 먼저 상각(손해)될 수 있어 주의해야 한다.
28 ① 커버드 본드는 우량자산을 담보로 제공하면서 조달금리를 낮추는 것이 발행의 목적이나, 금리가 낮을 경우에는 조달금리 축소 폭이 크지 않을 수 있어 발행이 어려워진다.

29 채권투자자가 권리행사 시 발행사가 보유한 자산과 부채가 동시에 감소하는 특징을 지닌 사채는?

① 전환사채
② 교환사채
③ 신주인수권부사채
④ 전자단기사채

30 전환사채 투자지표를 계산한 것으로 바르지 않은 것은?

① 액면 10,000원인 전환사채의 전환주수가 2주라면 전환가격은 5,000원이다.
② 액면 10,000원인 전환사채의 전환주수가 2주일 때 주가가 4,500원이라면 전환가치는 9,000원이다.
③ 전환사채의 시장가격이 10,000원이고 전환가치가 9,000원이라면 전환프리미엄은 −1,000원이다.
④ 전환가격이 5,000원인데 주가가 5,300원이면 패리티는 106%이다.

정답 및 해설

29 ② 교환사채(EB)이다. 교환사채는 권리행사 시 추가적인 자금이 소요되지 않으며, 발행회사의 자본금 증대도 일어나지 않는다. 일반적으로 교환사채의 교환대상 주식은 한 종류이지만 두 종류 이상인 경우도 있는데, 이러한 교환사채를 오페라본드(opera bond)라고 부른다.

30 ③ 전환프리미엄(괴리) = 전환사채의 시장가격 − 전환가치 = 10,000 − 9,000 = 1,000

핵심개념 이해도 체크

| 적절한 개념에 체크 ☑ 하세요.! |

01   채권가격은 채권시장에서 형성된 (☐ 만기수익률 / ☐ 표면이율)에 의해 결정된다.

02   표면이율이 10%이고 매 3개월 단위로 이자가 지급되는 3년 만기 회사채의 경우 만기에 지급되는 원리금은 액면 10,000원을 기준으로 (☐ 10,250원 / ☐ 11,000원)이다.

03   공모입찰발행 중 복수가격 경매방식은 (☐ 발행자 / ☐ 투자자) 입장에서 유리한 방식이다.

04   채권거래는 (☐ 장내 / ☐ 장외)거래의 비중이 높은 것이 특징이다.

05   회사채는 대부분 (☐ 보증 / ☐ 무보증) 형태로 발행되며, 공모발행하는 경우 대부분 금융투자회사의 (☐ 잔액인수 / ☐ 총액인수)를 통해 액면 발행된다.

06   수의상환위험은 시장금리가 (☐ 높아질 경우 / ☐ 낮아질 경우)에 발생한다.

07   만기가 일정할 때 채권수익률 하락으로 인한 가격상승폭은 같은 폭의 채권수익률 상승으로 인한 가격하락폭보다 (☐ 크다 / ☐ 작다).

08   수익률 곡선 타기 전략은 (☐ 우상향 / ☐ 우하향)하는 수익률곡선의 형태가 투자기간동안 변동없이 유지된다고 예상될 때 사용한다.

09   투자기간과 채권 포트폴리오의 (☐ 만기 / ☐ 듀레이션)(를 / 을) 일치시켜야 수익률변동위험에 면역이 가능해진다.

10   은행 또는 금융지주회사가 발행하고 사유발생시 자본으로 전환되거나 상각되는 채권을 (☐ 조건부자본증권 / ☐ 신종자본증권)이라고 한다.

---

01 만기수익률 / 02 10,250원(원금 10,000원과 3개월 이자 250원) / 03 발행자 / 04 장외
05 무보증, 총액인수 / 06 낮아질 경우 / 07 크다 / 08 우상향 / 09 듀레이션 / 10 조건부자본증권

11 (☐ 자산유동화증권 / ☐ 이중상환청구권부채권)은 발행기관에 대한 상환청구권과 함께 발행기관이 제공하는 담보에 대해 제3자에 우선하여 변제받을 권리를 갖는 채권이다.

12 전환사채의 경우 전환권이 행사되면 발행회사의 부채는 (☐ 증가 / ☐ 감소)한다.

13 자산유동화증권(ABS)은 (☐ 발행자의 원리금 상환능력 / ☐ 유동화자산의 현금흐름)을 기초로 발행된다.

11 이중상환청구권부채권 또는 커버드 본드 / 12 감소 / 13 유동화자산의 현금흐름

이패스코리아 증권투자권유대행인

제1과목

제4장

기타 증권시장

기타 증권시장 04

학습포인트

본 과목에서는 총 2문제가 출제됩니다. 코넥스시장에서는 코넥스시장만의 특성, 지정자문인제도와 특례상장제도, 완화된 상장요건 및 상장폐지요건, 공시제도, 매매제도 등을 시험에 대비해야 합니다. 특히 유가증권·코스닥시장과 비교하여 새롭게 도입한 제도나 차이점 등을 정리하는 것이 중요합니다. K-OTC시장에서는 등록법인과 지정법인을 구분하는 것이 매우 중요합니다. 등록법인과 지정법인은 진입요건, 공시제도, 불성실공시지정 등에서 차이가 있습니다. 특히 매매제도에서는 유가증권·코스닥시장, 코넥스시장, K-OTC시장의 차이점을 출제할 수 있기 때문에 비교하여 정리해둘 필요가 있습니다. 다른 과목에 비해 출제 문항수가 작기 때문에 많은 시간을 투자할 필요는 없습니다.

학습전략

핵심 내용	개념이해 난이도		
	상	중	하
제1장 코넥스시장			
1. 코넥스시장의 특성		○	
2. 코넥스시장의 상장제도 : 지정자문인제도와 특례상장제도	○		
3. 코넥스시장의 상장요건 및 상장폐지 요건			○
4. 코넥스시장의 공시제도			○
5. 코넥스시장의 매매제도 : 경매매, 투자자 유의사항 고지 등			○
제2장 K-OTC시장			
1. K-OTC시장의 등록·지정제도 : 등록과 지정의 차이		○	
2. K-OTC시장의 등록·지정요건		○	
3. K-OTC시장의 매매제도			○
4. K-OTC시장의 공시제도			○
5. K-OTC시장의 시장관리제도 : 투자유의사항, 등록·지정해제		○	

04장 핵심정리 문제

01

코넥스시장의 특성으로 사실과 다른 것은?

① 초기 중소기업에 특화된 시장
② 공모나 사모 또는 직상장 등 다양한 형태의 상장이 가능
③ 원활한 지분매각을 위하여 경매매제도를 도입
④ 중소기업 보호를 위해 비상장법인 간 합병요건을 강화

출제 POINT

코넥스시장은 활발한 M&A의 지원 및 원활한 지분매각을 위하여 비상장법인 간 합병요건(우회상장 포함)을 완화하고 있다.

함정 & 오답 피하기

- 코넥스시장은 장외시장이다.(×)
- 코넥스시장은 상장방법을 공모 방식으로 일원화하였다.(×)

용어 이해하기

- **직상장** : 일반투자자에게 주식을 공모하는 기업공개 절차를 거치지 않고 거래소에 바로 상장하는 것
- **경매매** : 매도 또는 매수 중 어느 한 쪽이 단수(1인)이고 다른 쪽은 복수인 상태에서 이루어지는 거래

핵심탐구 | 코넥스시장의 특성

(1) 초기 중소·벤처기업에 최적화된 시장
  ① 성장초기 중소·벤처기업이 자본시장을 통해 원활히 자금조달을 할 수 있도록 지원
  ② 유가증권시장 및 코스닥시장과 마찬가지로 거래소가 개설하는 증권시장
(2) 상장대상의 제한 및 진입기준 완화
  ① 중소기업기본법상 중소기업만 상장
  ② 유가증권시장 및 코스닥시장과 달리 공모, 사모, 직상장 등 다양한 형태의 상장이 가능
  ③ 중소기업의 상장을 지원하기 위하여 상장요건을 최소화
(3) 기업성장 및 경쟁력 강화를 위한 M&A 지원
  ① 활발한 M&A지원하기 위하여 비상장법인 간 합병요건(우회상장 포함)을 완화
  ② 원활한 지분매각을 위하여 대량매매제도와 경매매제도 등을 도입

정답 ④

02

코넥스시장의 상장제도에 대한 설명으로 적절하지 않은 것은?

① 특례상장제도와 함께 지정기관투자자 제도를 도입했다.
② 외부감사인을 지정받고 한국채택국제회계기준(K-IFRS)을 도입해야 한다.
③ 일반기업은 지정자문인 선임계약을 체결해야 신규상장신청이 가능하다.
④ 지정자문인이 기업의 상장적격성을 판단하고 거래소의 심사는 최소화하였다.

출제 POINT

유가증권시장 및 코스닥시장에 상장하고자 하는 기업들은 의무적으로 증권선물위원회로부터 외부감사인을 지정받고 한국채택국제회계기준(K-IFRS)을 도입하여야 하나, 코넥스시장에서는 이 의무를 면제하고 있다.

용어 이해하기

- **지정자문인** : 높은 성장성과 우수한 기술력을 보유한 초기 중소·벤처기업을 발굴하여 상장적격성 심사뿐 아니라 상장 후 자문, 지도, 공시, 신고 대리, 기업의 정보 생성 및 시장에서의 유동성 공급 업무를 담당함으로써 기업의 후견인 역할을 수행하는 금융투자업자를 말한다. 코넥스시장이 도입한 핵심 요소이다.
- **크라우드펀딩(crowd funding)** : 인터넷과 같은 플랫폼을 통해 다수의 개인들로부터 자금을 모으는 행위로 온라인 소액공모라고 한다.

핵심탐구 코넥스시장의 상장제도

(1) 지정기관투자자 제도
 ① 지정기관투자자는 중소기업에 대한 가치평가 능력 및 투자실적 등을 고려하여 거래소가 지정함
 ② 지정기관투자자가 일정 주식을 보유하고 있는 중소기업은 특례상장이 가능
(2) 지정자문인의 상장적격성을 판단
 ① 지정자문인이 기업의 상장적격성을 판단하고 거래소 심사는 최소화하여 상장기간을 단축
 ② 상장희망기업은 금융투자업자와 지정자문인 선임계약을 체결해야 상장신청이 가능
  → 단, 특례상장 기업은 지정자문인 선임없이 상장
(3) 특례상장제도
 ① 일반상장과 별도로 창업·초기기업에게 자본시장 조기진입 및 성장기회를 제공하기 위해 마련
 ② 일정요건을 갖춘 기술평가기업 또는 크라우드펀딩기업은 지정자문인 선임 없이 상장할 수 있음
  → 단, 상장일로부터 1년 이내에 지정자문인 선임계약을 체결해야 함(미선임 시 상장폐지)
(4) 회계기준 및 지배구조 준수의무 완화
 ① 한국채택국제회계기준(K-IFRS) 적용의무 및 외부감사인 지정의무 면제
 ② 사외이사 및 상근감사 선임의무 면제
 ③ 보호예수 의무 면제 → 단, 특례상장에 동의한 지정기관투자자에게는 의무 부과
 ④ 상장수수료 및 연부과금 면제

정답 ❷

03

코넥스시장의 상장요건으로 사실과 다른 것은?

① 정관 등에 주권의 양도제한이 없을 것
② 최근 사업연도 감사의견이 적정일 것
③ 최근 사업연도 매출액이 5억 이상일 것
④ 지정자문인 1사와 선임계약 체결할 것(특례상장은 제외)

출제 POINT

코넥스시장은 성장 초기 중소·벤처기업이 원활히 상장할 수 있도록 매출액·순이익 등의 재무요건은 심사하지 않는다.

함정 & 오답 피하기

- 코넥스시장에 상장하고자 하는 기업은 거래소가 요구하는 매출액·순이익 등의 재무요건을 갖추어야 한다.(×)
- 특례상장기업은 지정자문인 1사와 선임계약 체결해야 상장신청이 가능하다.(×)

핵심탐구 ▸ 코넥스시장의 상장요건 및 상장폐지 요건

(1) 코넥스시장의 상장요건
  ① 대상기업 : 중소기업에 해당할 것
  ② 주권의 양도제한 : 정관 등에 주권의 양도제한의 내용이 없을 것(단, 예외 인정)
  ③ 감사의견 : 최근 사업연도 감사의견이 적정일 것
  ④ 지정자문인 : 지정자문인 1사와 선임계약 체결할 것(특례상장은 제외)
  ⑤ 액면가액 : 100, 200, 500, 1,000, 2,500, 5,000원 중 하나일 것
(2) 코넥스시장의 상장폐지 요건
  ① 특례상장기업의 지정자문인 미선임 : 특례상장 후 1년 경과시까지 지정자문인 계약 미체결 시
  ② 감사의견 : 부적정, 의견거절, 감사범위제한으로 인한 한정 등 적정이 아닌 경우
  ③ 분산요건미달 : 최근 사업연도말 일반주주의 지분이 5% 미만
  ④ 공시서류 미제출 : 사업보고서 미제출
  ⑤ 기업설명회 미개최 : 2반기 연속 미개최 또는 3년 내 4회 이상 미개최

정답 ❸

04

코넥스시장의 공시제도에 대한 설명으로 옳은 것은?

① 반기·분기·사업보고서 제출의무를 면제한다.
② 기업설명회 개최 및 지정자문인의 기업현황보고서 제출의무를 면제한다.
③ 공시변경도 불성실공시 지정사유에 해당한다.
④ 전문투자자 중심의 시장으로서 거래량이 많지 않은 점을 감안하여 코스닥시장과 달리 주가 및 거래량 급변에 따른 조회공시는 적용하지 않는다.

출제 POINT

① 사업보고서 제출의무는 있다.
② 반기·분기보고서 제출의무를 면제하는 대신 기업설명회 개최 및 지정자문인의 기업현황보고서 제출을 의무화하였다.
③ 코넥스시장에서는 제도의 간소화를 위해 공시불이행 및 공시번복만 적용한다.

핵심탐구 코넥스시장의 공시제도

(1) 공시관련 부담 완화
 ① 수시공시항목을 대폭 축소하고 공시대리인 제도(지정자문인이 담당)를 도입
 ② 분·반기보고서 제출의무 면제(단, 사업보고서는 제출)
 ③ 조회공시 : 중요한 경영사항과 관련된 풍문 또는 보도가 있을 경우 거래소가 요구(단, 주가 및 거래량 급변에 대해서는 요구하지 않음)
 ④ 자율공시 : 의무공시사항이 축소된 만큼 자율공시 대상을 확대 ⇨ 자율공시사항인 경우에도 일단 공시한 이후에는 허위공시 등 불성실공시에 대한 책임 부과
 ⑤ 기업설명회 개최 의무 : 반기마다 개최하여야 함 ⇨ 2반기 연속 또는 3년 내 4회 이상 미개최 시 상장폐지사유에 해당

(2) 불성실공시
 ① 공시불이행과 공시번복에 한하여 적용(즉, 공시변경은 미적용)
  ㉠ 공시불이행 : 공시의무사항을 신고기한까지 공시하지 않거나 허위로 공시하는 경우
  ㉡ 공시번복 : 기 공시한 내용의 전면취소, 부인 또는 이에 준하는 내용을 공시하는 경우
 ② 불성실공시법인으로 지정되면 벌점이 부과되며 누계벌점에 따라 상장적격성 실질심사사유에 해당

정답 ④

05

코넥스시장의 매매제도에 대한 설명으로 적절하지 않은 것은?

① 1일 가격제한폭은 기준가격 대비 상하 30%로 제한한다.
② 호가종류는 지정가호가 및 시장가호가 2가지만 사용한다.
③ 경매매는 매도측이 단수, 매수측이 복수인 경우로 한정한다.
④ 거래를 처음 시작하는 일반투자자에게는 투자자 유의사항을 고지하여야 한다.

출제 POINT

유가증권시장 및 코스닥시장과 달리 코넥스시장의 1일 가격제한폭은 15%이다.

핵심탐구 ▸ 코넥스시장의 매매제도

(1) 유가증권·코스닥 시장과 다른 점
  ① 호가종류 : 지정가 및 시장가 호가의 2가지로 단순화
  ② 가격제한폭 : 기준가격 대비 상하 15%로 제한
  ③ 프로그램매매제도 없음
(2) 주요 제도

유동성공급자 제도	• 지정자문인이 해당 종목에 대해 매수·매도 호가를 제출하는 유동성공급자(Liquidity Provider, LP) 역할을 하도록 의무화 • 다만, 유가증권·코스닥시장에 비해 LP의 의무를 대폭 완화
경매매제도	• 매도측이 단수(1인), 매수측이 복수인 경우에 한해 도입 → 반대는 허용 안함 • 직상장한 기업이 주식분산의 수단으로 활용 • 최소 매도수량요건 : 상장주식 총수의 0.5% 및 2,500만 원 이상
투자자 유의사항 고지	• 거래를 처음 시작하는 일반투자자가 투자위험성 등을 인식할 수 있도록 증권사는 투자자 유의사항을 개인별로 1회 고지(단, 전문투자자 등은 면제)

정답 ①

K-OTC시장의 등록과 지정에 대한 설명으로 적절하지 않은 것은?

① 기업의 신청으로 진입하는 것을 '등록'이라고 한다.
② 기업의 신청없이 거래소가 직접 자격을 부여하는 것을 '지정'이라고 한다.
③ 협회는 신규등록신청이 있는 경우 신청일 다음날로부터 10영업일 이내 등록여부 결정한다.
④ K-OTC시장은 법령에 의해 조직화되고 표준화된 장외시장이다.

출제 POINT

K-OTC시장은 비상장주식을 투명하고 원활하게 거래할 수 있도록 한국금융투자협회(또는 협회)가 운영하는 장외주식시장(OTC : over the counter)이다. 따라서 거래소가 아니라 협회가 자격을 부여한다.

함정 & 오답 피하기
- 기업의 신청없이 협회가 직접 자격을 부여하는 것을 '등록'이라고 한다.(×)
- K-OTC시장은 비표준화된 장외시장이다.(×)

핵심탐구 K-OTC시장 등록·지정제도

의의	• K-OTC시장은 비상장주권의 거래를 위하여 한국금융투자협회가 운영하는 장외시장 • K-OTC시장에서 거래하려면 해당 주권이 등록 또는 지정되어야 함
등록	• 비상장기업의 신청에 의해 진입하는 것 • 협회는 신청일 다음날로부터 10영업일 이내 등록여부 결정
지정	• 협회가 직접 거래종목으로서 자격을 부여하는 것 • 기업의 신청절차가 필요 없음(비신청지정제도)

정답 ❷

07

K-OTC시장의 신규 등록 및 지정 요건으로 사실과 다른 것은?

① 최근 사업연도 매출액이 5억 원(크라우드펀딩기업은 3억 원) 이상이어야 한다.
② 벤처기업도 외부감사인의 감사의견이 적정이어야 한다.
③ 최근 사업연도 말 현재 부분자본잠식 상태가 아니어야 한다.
④ 예탁결제원이 정하는 통일규격 증권이거나 전자등록된 주식이어야 한다.

출제 POINT

부분자본잠식이 아니라 완전자본잠식 상태가 아니어야 한다.

용어 이해하기

- **자본잠식 또는 부분자본잠식** : 기업의 적자폭이 커져 잉여금이 바닥나고 납입자본금(회사설립 당시 자본금)마저도 잠식되기 시작하는 상태
- **자본전액잠식 또는 완전자본잠식** : 기업의 납입자본금이 잠식되고 자본 총계가 마이너스로 접어드는 상태

핵심탐구 K-OTC시장의 등록·지정요건

(1) 신규등록요건
  ① 최근 사업연도말 현재 자본전액잠식 상태가 아닐 것
  ② 최근 사업연도의 매출액이 5억 원 이상일 것(단, 크라우드펀딩기업은 3억 원 이상)
  ③ 외부감사인의 감사의견 적정일 것
  ④ 통일규격증권 발행이거나 전자등록된 주식일 것
  ⑤ 명의개서대행회사와 체결할 것
  ⑥ 정관 등에 주식양도의 제한이 없을 것

(2) 신규지정요건
  신규등록요건 외에 다음 요건을 추가
  ➡ 추가 요건
   - 최근 사업연도의 사업보고서를 금융위원회에 제출하여 공시하고 있을 것
   - 해당 주권을 모집 또는 매출한 실적 등이 있거나 지정동의서를 제출하였을 것
   - 해당 주권이 증권시장에 상장되어 있지 않을 것

정답 ❸

08

K-OTC시장의 매매제도에 대한 설명으로 적절하지 않은 것은?

① 호가수량 단위는 1주다.
② 가격제한폭은 기준가격에 0.3을 곱하여 산출한 금액으로 한다.
③ 매매시간은 09:00~15:30까지이며 동시호가 및 시간외매매는 없다.
④ 결제이행확보를 위한 위탁증거금은 금융투자회사가 자율적으로 정한다.

출제 POINT

위탁증거금율은 100%이다. 따라서 매수주문의 경우 매수대금 전액을, 매도주문의 경우 매도증권 전부를 위탁증거금으로 금융투자회사에 납부하여야 한다.

함정 & 오답 피하기

- 증권거래세는 주식을 매수 또는 매도할 때 부과하는 세금이다.(×) ⇨ 주식을 매도할 때만 부과
- 주식을 매도하는 경우 양도차익의 일정비율을 증권거래세로 납부해야 한다.(×)
  ⇨ 증권거래세는 이익·손실과 관계없이 납부하는 것이므로 양도차익이 아닌 양도가액에 대해 부과된다.

핵심탐구 K-OTC시장 매매거래제도

(1) 주요 매매제도

매매방식	상대매매(1:1) ⇨ 가격이 일치해야 체결
매매수량단위	1주
호가가격단위	7단계(유가증권시장과 동일)
가격제한폭	기준가격 대비 상하 30%
위탁증거금	100%(현금 또는 주식)
기타	경쟁매매방식, 시간외매매제도, 신용거래는 도입하지 않음

(2) 매매거래 비용

위탁수수료	• 위탁수수료율은 금융투자회사가 자율로 정함
증권거래세	• 주식을 매도하는 경우 양도가액의 일정비율을 납부해야 함 • 매매결제가 되는 때에 예탁결제원이 징수
양도소득세	• 10~30% 차등과세 • 단, 벤처기업 또는 중소·중견기업의 소액주주가 양도하는 경우는 비과세

정답 ④

09

K-OTC시장 등록법인의 공시제도에 대한 설명으로 옳은 것은?

① 정기공시, 수시공시, 조회공시, 공정공시 제도가 있다.
② 불성실공시 유형으로는 공시불이행, 공시번복, 공시변경이 있다.
③ 오전에 조회공시 요구를 받은 경우 당일 오후까지 공시하여야 한다.
④ 사업보고서는 매 결산기 경과 후 90일 이내, 반기보고서는 반기 후 45일 이내에 협회에 제출하여야 한다.

출제 POINT

① K-OTC시장에는 공정공시 제도가 없다.
② 공시변경 대신 허위공시를 두고 있다.
③ 조회공시 시한은 1일 이내로 한다.

함정 & 오답 피하기

K-OTC시장은 등록법인에 대해서만 공시의무를 부과한다. 따라서 지정법인은 공시의무가 없으며 불성실공시법인 지정 대상도 아니다.

핵심탐구 K-OTC시장의 공시제도

(1) 공시제도
  ① 협회는 등록법인(지정법인은 아님)에 대해서만 유통시장 공시의무를 부과
  ② 정기공시 : 사업보고서(90일 이내), 반기보고서(45일 이내)를 제출
  ③ 수시공시 : 등록법인의 경영활동과 관련한 사항
  ④ 조회공시 : 등록법인에 관한 풍문, 보도가 있거나 주가급변 시 협회가 요구 ⇨ 1일 이내 공시
(2) 불성실공시
  ① 협회는 등록법인(지정법인은 아님)에 대해서만 불성실공시법인으로 지정
  ② 불성실공시 유형
    ㉠ 공시불이행 : 공시시한까지 공시사항을 신고하지 않은 경우
    ㉡ 공시번복 : 이미 공시한 내용을 전면 취소, 부인하는 경우
    ㉢ 허위공시 : 사실과 다른 허위내용을 공시하는 경우

정답 ④

10

K-OTC시장의 등록·지정해제 사유로 사실과 다른 것은?

① 최근 사업연도 말 자본잠식 상태인 경우
② 최근 2개 사업연도 연속하여 감사의견이 한정인 경우
③ 최근 2개 사업연도 연속하여 매출액이 5억원 미만인 경우
④ 최근 2년간 불성실공시법인으로 지정된 횟수가 6회 이상인 등록법인

출제 POINT

최근 사업연도 말 자본잠식 상태인 경우는 투자유의사항 공시사유이고, 자본전액잠식 상태인 경우가 등록·지정해제 사유이다.

함정 & 오답 피하기

- K-OTC시장은 해제 사유발생 시 3영업일간 거래정지 후 10영업일 내에서 정리매매 후 해제
- 유가증권시장 및 코스닥시장은 7영업일간 정리매매 후 상장폐지

핵심탐구 K-OTC시장의 시장관리제도

(1) 투자유의사항 공시
   협회는 투자자보호를 위하여 일정한 사유에 해당하는 등록·지정기업을 투자유의사항으로 공시
(2) 등록·지정해제
   ① 거래소의 상장폐지와 유사한 개념
   ② 협회의 직권해제와 등록법인의 신청해제로 구분(단, 지정법인은 직권해제만 있음)
   ③ 해제 사유발생 시 3영업일간 거래정지 후 10영업일 내에서 정리매매 후 해제
(3) 투자유의사항 및 등록·지정해제 사유

사유	투자유의사항	등록·지정해제
자본상태	최근연도 말 자본잠식	자본전액잠식
매출액	최근연도 5억 미만 (크라우드펀딩기업은 3억)	2년 연속 5억 미만 (크라우드펀딩기업은 3억)
감사의견	적정이 아닌 경우	적정이 아닌 경우
회생절차개시	법원에 신청	법원에서 기각
불성실공시 지정횟수 (등록법인만)	최근 2년간 4회 이상	최근 2년간 6회 이상

정답 ①

04장 출제예상 문제

01 코넥스시장의 특성으로 사실과 다른 것은?

출제빈도 上

① M&A 등 구조조정을 지원하는 시장이다.
② 분기와 반기보고서를 제출하지 않아도 된다.
③ 투자위험이 높아 일반투자자의 참여는 허용하지 않고 있다.
④ 중소기업기본법상 중소기업만 상장이 가능하다.

02 코넥스시장의 즉시 상장폐지 요건에 해당하지 않는 것은?

출제빈도 中

① 특례상장기업으로 일정기간내 지정자문인 미선임
② 최근 사업연도말 최대주주 등의 지분을 제외한 주식이 5% 미만
③ 불성실공시 누계벌점이 15점 이상
④ 2반기 연속 기업설명회 미개최

03 코넥스시장의 경매매제도에 대한 설명으로 적절하지 않은 것은?

출제빈도 下

① 매도측 또는 매수측 중 어느 쪽이 단수인지는 중요하지 않다.
② 직상장 방식으로 상장하는 경우 경매매는 상장 초기에 효과적인 지분 분산수단으로 활용가능하다.
③ 정규시장 가격에 영향을 미치지 않고 대량매매를 원활히 처리하기 위한 목적으로 운영되는 제도이다.
④ 거래소에 경매매를 신청할 경우 최소 매도수량은 상장주식 총수의 0.5% 및 2,500만 원 이상이어야 한다.

04 코넥스시장의 지정자문인에 대한 설명으로 적절하지 않은 것은?

① 지정자문인은 기업의 후견인으로서 역할을 담당한다.
② 지정자문인이 상장예정법인의 상장적격성을 심사한다.
③ 지정자문인은 증권에 대한 인수업 인가를 받은 금융투자업자를 말한다.
④ 상장기간 동안 지정자문인 선임계약을 유지하여야 하나, 계약이 해지되는 경우에는 다시 계약을 체결하지 않아도 된다.

05 코넥스시장의 공시제도에 대한 설명으로 적절하지 않은 것은?

① 상장법인의 경영사항과 관련하여 풍문 또는 보도가 있을 경우 또는 주가 및 거래량 급변사태가 발생하는 경우에 거래소는 조회공시를 요구한다.
② 반기마다 기업설명회를 개최하여야 하며, 지정자문인의 기업현황보고서 제출을 의무화하였다.
③ 자율공시사항인 경우도 일단 공시한 이후에는 불성실공시에 대한 책임이 부과된다.
④ 공시인력의 운용부담을 완화하기 위해 공시대리인 제도를 도입하였다.

정답 및 해설

01 ③ 일반투자자의 참여를 허용한다. 단, 기본예탁금을 예탁하거나 소액투자전용계좌를 이용해야 한다.
02 ③ 불성실공시요건은 위원회 심의 후 상장폐지가 결정되는 사유이다.
  • 즉시 상장폐지 : 지정자문인 미선임, 감사의견, 분산요건미달, 자본전액잠식, 사업보고서 미제출, 기업설명회 미개최, 유가증권·코스닥시장으로 이전 상장 등
  • 위원회 심의 후 상장폐지 결정 : 불성실공시(최근 1년 누계벌점 15점 이상), 회생절차개시신청 등
03 ① 코넥스시장에서는 매도측이 단수(1인)이고 매수측이 복수인 경우만 도입하고 있다. 반대의 경우는 공개매수와 구조가 거의 동일하여 자본시장법상 공개매수 규제를 회피하는 수단으로 악용될 우려가 있기 때문이다.
04 ④ 지정자문인 계약을 해지하는 경우 30일 이내에 다른 지정자문인과 신속히 계약을 체결하여야 하며, 미체결 시에는 상장폐지된다.
05 ① 코넥스시장은 거래량이 많지 않은 시장특성을 감안하여 주가 및 거래량 급변에 따른 조회공시는 적용하지 않는다.

06 코넥스 상장기업에게 면제해주는 사항이 아닌 것은?

① 분기·반기보고서 제출의무
② 기업설명회 개최 의무
③ 사외이사 및 상근감사 선임의무
④ 한국채택국제회계기준(K–IFRS) 적용의무

07 코넥스시장의 특례상장 제도에 대한 설명으로 적절하지 않은 것은?

① 일정요건을 충족하는 기술평가기업과 크라우드펀딩기업이 특례상장 대상이다.
② 특례상장제도를 이용하면 지정자문인 선임 없이 상장할 수 있다.
③ 특례상장기업은 상장 후에도 지정자문인을 선임하지 않아도 된다.
④ 지정기관투자자가 일정 수준의 주식을 보유한 중소기업의 경우 특례상장이 가능하다.

08 거래소시장 간 매매제도를 비교한 것으로 사실과 다른 것은?

번호	구분	유가증권시장	코스닥시장	코넥스시장
①	매매수량단위	1주	1주	1주
②	호가종류	다양	다양	다양
③	가격제한폭	30%	30%	15%
④	호가가격단위	7단계	7단계	7단계

09 코넥스시장의 기술특례상장 대상 기업의 외형요건으로 사실과 다른 것은?

지정기관투자자가 ① 6개월 이상 보유하고 있는 주식 등의 비율이 ② 20% 이상이거나 주식 등에 대한 투자금액이 ③ 30억 원 이상인 중소기업은 상장특례 제도를 활용하여 코넥스시장에 상장할 수 있다. 이 경우 해당 지정기관투자자로부터 특례상장에 대한 ④ 동의를 얻어야 한다.

10 코넥스시장의 불성실공시 지정사유에 해당하지 않는 것은?

① 공시의무사항을 기한 내에 신고하지 아니하는 경우
② 주요 사항을 기재하지 않고 공시하는 경우
③ 공시내용을 변경하여 공시하는 경우
④ 이미 공시한 내용을 전면 취소하는 경우

11 K-OTC시장의 등록·지정요건 중 신규지정요건에만 해당되는 것을 연결한 것은?

㉠ 최근 사업연도의 사업보고서를 금융위원회에 제출하여 공시하고 있을 것
㉡ 해당 주권을 모집 또는 매출한 실적 등이 있거나 지정동의서를 제출하였을 것
㉢ 최근 사업연도 말 현재 자본전액잠식 상태가 아닐 것
㉣ 정관 등에 주식양도의 제한이 없을 것

① ㉠, ㉡
② ㉠, ㉢
③ ㉡, ㉢
④ ㉢, ㉣

12 다음 중 K-OTC시장에서 운영 중인 매매거래제도는?

① 경쟁매매
② 시간외매매
③ 위탁증거금
④ 신용거래

정답 및 해설

06 ② 코넥스상장법인은 분·반기보고서 제출의무가 면제되는 대신 반기마다 기업설명회를 개최해야 할 의무가 있다.
07 ③ 특례상장기업이 상장 후 1년 이내 지정자문인을 선임하지 않으면 상장폐지될 수 있다.
08 ② 코넥스시장의 호가종류는 지정가호가 및 시장가호가 2가지로만 운영된다.
09 ② 20% → 10%
10 ③ 코넥스시장은 공시변경을 불성실공시로 지정하지 않는다.(공시불이행 및 공시번복만 지정)
11 ① ㉠과 ㉡만 해당한다. ㉢과 ㉣은 등록 및 지정의 공통요건이다.
12 ③ K-OTC시장에는 경쟁매매방식, 시간외매매제도, 신용거래 등의 제도가 없다.

13 K-OTC시장의 등록과 지정에 대한 설명으로 적절하지 않은 것은?

① 지정기업은 K-OTC시장에 공시의무가 없다.
② 등록·지정법인 모두 기업의 신청에 따라 등록·지정을 해제할 수 있다.
③ 등록은 기업이 신청해야 하나, 지정은 협회가 직접 거래대상종목을 정한다.
④ 신규지정요건은 신규등록요건을 동일하게 모두 충족해야 한다.

14 다음 중 K-OTC시장에서 양도소득세가 비과세되는 경우가 아닌 것은?

① 벤처기업 소액주주의 K-OTC시장 내 양도
② 중소기업 소액주주의 K-OTC시장 내 양도
③ 중소기업 대주주의 K-OTC시장 내 양도
④ 중견기업 소액주주의 K-OTC시장 내 양도

15 두 시장의 매매제도를 비교한 것으로 사실과 다른 것은?

번호	구분	K-OTC시장	유가증권시장
①	매매방식	상대매매	경쟁매매
②	위탁증거금	현금 또는 주식(100%)	금융투자회사 자율
③	가격제한폭	15%	30%
④	수도결제	T+2	T+2

16 K-OTC시장 지정법인의 투자유의사항 공시사유에 해당하지 않는 것은?

① 법원에 회생절차개시를 신청한 경우
② 최근 사업연도의 매출액이 5억원 미만인 경우
③ 최근 사업연도의 감사의견이 부적정, 의견거절 또는 한정인 경우
④ 최근 2년간 불성실공시법인으로 지정된 횟수가 4회 이상인 경우

17 K-OTC시장의 주권 정리매매에 대한 설명 중 옳지 않은 것은?

> K-OTC시장에서 등록·지정해제되는 주권은 해제사유발생 시 ① 해당 사유 확인일과 그 다음 ② 3영업일 간의 매매거래정지 후 ③ 7영업일을 초과하지 아니하는 범위 내에서 해당 주권의 매매가 허용되는데 이를 ④ 정리매매라고 한다.

18 K-OTC시장의 불성실공시 유형이 아닌 것은?

① 공시변경
② 공시번복
③ 공시불이행
④ 허위공시

19 K-OTC시장의 공시제도와 관련이 없는 것은?

① 수시공시
② 공정공시
③ 정기공시
④ 조회공시

20 증권거래세에 대한 설명으로 적절하지 않은 것은?

① 주식을 매도하는 경우 납부해야 한다.
② K-OTC시장의 경우 양도차익의 일정 비율을 납부해야 한다.
③ 매매결제가 되는 때에 예탁결제원에서 징수한다.
④ 유가증권시장은 증권거래세 외에도 농어촌특별세가 부과된다.

정답 및 해설

13 ② 지정법인은 기업의 신청절차 없이 협회가 직접 지정하므로 해제도 직권해제만 있다.
14 ③ 벤처기업 또는 중소·중견기업 소액주주가 K-OTC시장에서 양도 시에만 비과세된다. 이외에는 과세된다.
15 ③ K-OTC시장의 가격제한폭은 유가증권시장과 동일한 기준가격 대비 상하 30%이다.
16 ④ 불성실공시법인 사유는 등록법인에게만 적용된다.
17 ③ 7영업일이 아니라 10영업일이다.
18 ① K-OTC시장의 불성실공시 유형으로는 공시불이행, 공시번복, 허위공시가 있다.
19 ② K-OTC시장은 공정공시제도를 운영하지 않는다.
20 ② 증권거래세는 이익·손실과 관계없이 납부하는 것이므로 양도차익이 아닌 양도가액에 대해 부과된다.

핵심개념 이해도 체크

| 적절한 개념에 체크 ☑ 하세요.! |

01 코넥스시장에서 (☐ 공모상장 / ☐ 직상장)의 경우에는 상장신청 이후 최초 매매거래 개시일까지 소요기간이 약 15영업일에 불과하다.

02 코넥스시장에서는 상장예정기업의 상장적격성을 (☐ 거래소 / ☐ 지정자문인)가(이) 판단한다.

03 코넥스시장에 상장하기 위해서는 (☐ 최근 사업연도 / ☐ 최근 2개 사업연도) 감사의견이 적정이어야 한다.

04 코넥스시장의 상장법인은 (☐ 분기 / ☐ 반기)마다 기업설명회를 개최하여야 하며, 2회 연속하여 개최하지 않을 경우 상장폐지 요건에 해당한다.

05 코넥스시장에서 투자자 유의사항 고지대상은 (☐ 일반투자자 / ☐ 모든 투자자)이다.

06 비상장기업의 신청에 따라 K-OTC시장에 진입하는 것을 (☐ 등록 / ☐ 지정)이라 한다.

07 K-OTC시장에 신규 등록 및 지정이 되려면 최근 사업연도 말 현재 (☐ 자본잠식 / ☐ 자본전액잠식) 상태가 아니어야 한다.

08 K-OTC시장에 주식을 (☐ 매수 / ☐ 매도)하는 경우 양도가액의 일정 비율을 증권거래세로 납부해야 한다.

09 K-OTC시장의 (☐ 등록법인 / ☐ 지정법인 / ☐ 등록·지정법인)은 정기공시, 수시공시 등 주요 기업 내용을 공시하여야 한다.

10 K-OTC시장 등록법인이 최근 (☐ 1년간 / ☐ 2년간) 불성실공시법인으로 지정된 횟수가 (☐ 4회 / ☐ 6회) 이상인 경우에는 투자유의사항 공시대상이다.

---

01 직상장 / 02 지정자문인 / 03 최근 사업연도 / 04 반기 / 05 일반투자자 / 06 등록 / 07 자본전액잠식
08 매도 / 09 등록법인 / 10 2년간, 4회((6회 이상이면 등록해제 대상)

이패스코리아 증권투자권유대행인

제2과목

금융상품 및 윤리

- 제1장　금융상품분석
- 제2장　투자전략
- 제3장　투자권유 및 고객관리
- 제4장　직무윤리
- 제5장　투자자분쟁예방

이패스코리아 증권투자권유대행인

제2과목

제1장

금융상품분석

금융상품분석

학습포인트

본 과목은 총 투자전략을 포함하여 23문제가 출제됩니다. 우리나라 금융회사 파트에서는 금융회사의 종류와 특성을 학습하는데 특히 금융투자회사(증권회사 등)가 중요합니다. 금융상품 파트에서는 예금성 상품, 투자성 상품, 보장성 상품으로 구분하여 학습하는데 투자성 상품(펀드, 파생결합증권 등)이 시험에 많이 출제됩니다. 그 밖에 연금저축, 절세 금융상품과 예금보험제도가 중요합니다. 특히 유사상품별로 조건을 비교하여 정리하는 것도 좋습니다. 본 과목은 고득점을 목표로 해야 하는데 암기가 중요합니다.

학습전략

핵심 내용	개념이해 난이도		
	상	중	하
제1장 우리나라의 금융회사			
1. 우리나라 금융회사			○
2. 증권회사의 업무		○	
3. 투자신탁과 투자회사	○		
4. 기타 금융회사			○
제2장 금융상품			
1. 예금성 금융상품			○
2. 투자성 금융상품	○		
3. 펀드(일반 펀드, 특수한 형태의 펀드)		○	
4. 파생결합증권		○	
5. 주식워런트증권(ELW : equity linked warrant)	○		
6. 주가연계증권(ELS : equity linked securities)	○		
7. 증권회사의 CMA와 랩어카운트		○	
8. 주요 보장성 금융상품			○
9. 개인종합저축계좌(ISA, individual savings account)		○	
10. 신탁상품		○	
11. 실세금리 연동형 확정금리 상품			○
12. 연금저축			○
13. 절세 금융상품		○	
14. 예금보험제도		○	

01장 핵심정리 문제

01

금융투자회사에 속하는 금융기관을 모두 고르면?

㉠ 신탁업자 ㉡ 신용협동조합
㉢ 투자매매·중개업자 ㉣ 신용카드회사

① ㉠, ㉡
② ㉠, ㉢
③ ㉡, ㉢
④ ㉠, ㉢, ㉣

출제 POINT

금융투자회사에는 투자매매·중개업자, 집합투자업자, 투자일임·자문업자, 신탁업자가 있다. ㉡은 신용협동기구에, ㉣은 여신전문금융회사에 속한다.

함정 & 오답 피하기

- 중소기업은행은 일반은행에 속한다.(×)
- 상호저축은행은 은행의 범주에 속한다.(×)
- 농업협동조합중앙회는 신용협동기구에 해당한다.(×)

핵심탐구 우리나라 금융회사

은행	• 일반은행 : 시중은행, 지방은행, 외국은행 국내지점 • 특수은행 : 산업은행, 수출입은행, 중소기업은행, 농·수협중앙회
비은행 예금취급기관	• 은행과 유사한 업무를 취급하지만 보다 제한적인 목적으로 설립 • 상호저축은행, 신용협동기구(신용협동조합·새마을금고·상호금융)
금융투자회사	• 금융투자상품의 거래와 관련된 업무를 취급 • 투자매매·중개업자, 집합투자업자, 투자일임·자문업자, 신탁업자가 있음
보험회사	• 생명보험회사 : 사망, 질병, 노후에 대비하는 보험을 취급 • 손해보험회사 : 화재나 각종 사고에 대비하는 보험을 취급 • 우체국보험 : 생명보험만 취급하며 보험금한도가 1인당 4천만원 이내로 소액 • 공제기관 : 생명공제, 보험공제 등 유사보험을 취급
기타 금융기관	• 금융지주회사, 여신전문금융회사(리스, 신용카드, 할부금융), 벤처캐피탈회사, 증권금융회사, 전자금융업자 등이 있음

정답 ②

02

증권회사가 고객에게 증권거래와 관련하여 금전을 융자하거나 유가증권을 대부하는 업무를 무엇이라고 하는가?

① 인수업무 ② 주선업무
③ 신용공여업무 ④ 자산관리업무

출제 POINT

신용공여업무를 설명한 것이다. 신용공여란 금융거래에서 타인에게 재산을 빌려줘 이용할 수 있도록 해주는 것이다.

함정 & 오답 피하기

- 증권회사는 펀드 운용업무를 수행한다.(×)
- 증권회사는 간접금융시장에서 기업이 발행한 증권을 매개로 투자자의 자금을 기업에게 이전시키는 기능을 수행한다.(×) ⇨ 직접금융시장이 맞는 표현이다. 증권회사는 기업과 투자자를 직접 연결시킨다.

핵심탐구 ▶ 투자매매·중개업자

(1) 증권회사
 ① 직접금융시장에서 기업이 발행한 증권을 매개로 투자자의 자금을 기업에게 이전시키는 기능을 수행
  ⇨ 기업과 투자자를 직접 연결시킨다는 점에서 예금을 받아 대출하는 은행과는 업무 성격이 다름
 ② 주요 업무

위탁매매	• 금융투자상품에 대한 고객의 매매주문을 성사시키고 수수료를 받는 업무
자기매매	• 증권회사가 자기명의와 계산으로 금융투자상품을 매매하는 업무 • 자기매매업무를 통해 시장조성자로서의 역할 수행
인수·주선	• 인수 : 신규 발행된 증권을 매출할 목적으로 취득하는 업무 • 주선 : 제3자의 위탁에 의해 모집·매출을 주선하는 업무
펀드 판매	• 펀드에서 발행하는 수익증권 등을 투자자에게 판매하는 업무
자산관리	• 투자자문 및 일임업자로서 랩어카운트 및 CMA 서비스 등을 제공하는 업무
신용공여	• 증권거래와 관련하여 고객에게 금전을 융자하거나 유가증권을 대부하는 업무 • 예탁된 증권을 담보로 하는 대출업무

(2) 선물회사
 선물거래 및 해외선물거래에 대한 위탁매매 등 장내파생상품에 대한 투자매매·중개업무를 영위

정답 ❸

03

투자신탁에 대한 설명으로 바르지 않은 것은?

① 계약형 집합투자기구이다.
② 수익자인 투자자가 수익증권을 취득한다.
③ 수탁회사에서 신탁재산을 보관한다.
④ 집합투자업자는 수탁회사의 역할을 담당한다.

출제 POINT

투자신탁의 조직은 위탁회사(투자신탁재산 운용), 수탁회사(투자신탁재산 보관), 판매회사로 구성되는데, 집합투자업자는 이 가운데 위탁회사의 역할을 담당한다.

핵심탐구 │ 투자신탁과 투자회사

투자신탁	• 계약형 펀드이며, 집합투자업자와 수탁회사가 신탁계약을 체결한 후 수익증권을 발행
	• 투자신탁의 조직
	  ㉠ 위탁회사 : 투자신탁재산을 운용하는 집합투자업자
	  ㉡ 수탁회사 : 신탁재산을 보관하는 신탁회사
	  ㉢ 판매회사 : 수익증권을 판매하는 은행, 증권회사
	  ㉣ 수익자 : 수익증권을 취득하는 투자자

투자회사	• 상법상 주식회사이나 임직원을 둘 수 없는 서류상 회사 • 자산의 운용, 보관, 모집·판매, 기타 일반사무를 각각 자산운용회사, 자산보관회사, 판매회사, 일반사무관리회사에 위탁

정답 ❹

04

우리나라 금융회사에 대한 설명으로 옳은 것은?

① 금융지주회사는 비금융회사도 지배할 수 있다.
② 우리나라에서는 은행이 일반금융의 일환으로 증권금융을 취급하고 있다.
③ 여신전문금융회사는 주로 채권발행과 금융기관 차입금 등으로 자금을 조달한다.
④ 대부업은 최저자본금 등의 진입요건이 없고 영업지역도 제한이 없으며 대부금리에 관한 규제도 없다.

출제 POINT

① 금융지주회사는 비금융회사를 지배할 수 없다.
② 우리나라는 증권금융만을 취급하는 전담기관(한국증권금융)을 두고 있다.
④ 대부업은 진입요건이나 영업지역에 제한이 없지만, 대부금리는 대통령령이 정하는 이율(20%)을 초과할 수 없다.

핵심탐구 기타 금융회사

금융지주회사	• 주식 또는 지분의 소유를 통해 금융관련 회사를 지배하는 회사 • 공정거래법 외에 금융지주회사법 규율도 받음
여신전문회사	• 수신기능 없이 여신업무만을 취급하는 금융회사 • 신용카드회사, 할부금융회사, 리스회사
벤처캐피탈회사	• 고수익·고위험 사업을 시작하는 기업에 지분 인수를 대가로 투자자금을 공급하거나 기업인수, 합병, 구조조정 등을 통해 수익을 추구하는 금융회사 • 신기술사업금융회사, 중소기업창업투자회사
대부업자	• 신용도가 낮은 소비자에게 소액자금을 대부하거나 금전의 대부를 중개하는 회사 • 진입요건, 영업지역, 자금조달방법에 아무런 제한 없음 • 대부금리는 대통령령이 정하는 이율을 초과할 수 없음
증권금융회사	• 증권회사와 일반투자자에게 자금을 공급하거나 증권을 대여하는 증권금융업무를 전문적으로 취급하는 회사 • 우리나라는 증권금융 전담기관(한국증권금융)을 두고 있음

정답 ③

05

다음 중 요구불예금을 모두 고르면?

㉠ 보통예금 ㉡ 당좌예금
㉢ 정기예금 ㉣ 상호부금

① ㉠
② ㉡, ㉢
③ ㉠, ㉡
④ ㉠, ㉡, ㉣

출제 POINT

요구불예금과 저축성예금을 구분할 수 있어야 한다. ㉠과 ㉡은 요구불예금, ㉢과 ㉣은 저축성예금이다.

핵심탐구 │ 예금성 금융상품

(1) 구분

요구불예금	• 환급청구가 있으면 언제든지 조건 없이 지급하는 예금 • 보통예금, 당좌예금, 가계당좌예금 등
저축성예금	• 일정기간이 경과한 후에 인출할 것을 약정하는 예금으로 거치식과 적립식으로 구분 • 정기예금, 정기적금, 상호부금, MMDA(수시입출금식예금) 등
주택청약관련 예금	• 청약저축, 주택청약예금, 주택청약부금, 주택청약종합저축 등 • 신규가입은 주택청약종합저축만 가능

(2) 주요 상품
① 보통예금 : 가입대상, 예치금액, 예치기간, 입출금 횟수 등에 아무런 제한없이 자유롭게 거래할 수 있는 예금으로 은행은 적은 비용으로 자금조달이 가능
② 정기예금 : 일정한 금액을 약정기간까지 예치하고 그 기한이 만료될 때까지는 원칙적으로 환급해주지 않는 기한부 예금
③ 정기적금 : 일정기간 후에 일정금액을 지급할 것으로 약정하고 매월 특정일에 일정액을 적립하는 예금
④ 상호부금 : 정기적금과 그 성격이 비슷하나 일정한 기간을 정해 부금을 납입한 경우에는 일정 금액을 대출받을 수 있는 권리가 보장되는 예금 ⇨ '계'를 금융상품으로 제도화한 것
⑤ MMDA : 시장실세금리가 적용되고 입출금이 자유로운 단기금융상품으로 목돈을 초단기로 운용할 때 유리하며 각종 공과금 등의 자동이체 결제통장으로도 활용할 수 있는 예금 ⇨ MMF, CMA와 경쟁상품

정답 ③

06

투자성 금융상품에 대한 설명으로 옳은 것을 모두 고르면?

㉠ 증권 : 내국인 또는 외국인이 발행한 금융투자상품으로서 투자자가 취득과 동시에 지급한 금전 외에 어떠한 명목으로든지 추가로 지급의무를 부담하지 않는 것
㉡ 투자계약증권 : 기초자산의 가격, 이자율, 지표, 단위 또는 이를 기초로 하는 지수 등의 변동과 연계하여 미리 정해진 방법에 따라 지급금액 또는 회수금액이 결정되는 권리가 표시된 것
㉢ 파생상품 : 금융투자상품, 통화, 일반상품, 신용위험, 기타 합리적이고 적정한 방법에 의하여 가격, 이자율, 지표, 단위의 산출이나 평가가 가능한 것을 기초자산으로 하는 선물 또는 선도, 옵션, 스왑 계약

① ㉠
② ㉡, ㉢
③ ㉠, ㉡
④ ㉠, ㉢

출제 POINT

㉠, ㉢이 옳은 내용이다. ㉡은 파생결합증권에 대한 설명이다.

핵심탐구 투자성 금융상품

(1) 증권
  ① 원본초과손실가능성(또는 추가지급의무)이 없는 금융투자상품
  ② 증권의 종류

채무증권	국채, 지방채, 특수채 등 지급청구권이 표시된 것
지분증권	주권, 신주인수권 등 출자지분 또는 이를 취득할 권리가 표시된 것
수익증권	신탁의 수익권이 표시된 것 예 펀드
투자계약증권	공동사업의 결과에 따른 손익을 받는 권리가 표시된 것
파생결합증권	기초자산의 변동과 연계하여 미리 정해진 방법에 따라 지급금액 또는 회수금액이 결정되는 권리가 표시된 것 예 ELW, ELS
증권예탁증권	다른 국가에서 발행되는 증권 예 ADR, EDR, GDR 등

(2) 파생상품
  ① 원본초과손실가능성(또는 추가지급의무)이 있는 금융투자상품
  ② 선도, 선물, 옵션, 스왑 등

정답 ④

07

집합투자기구(펀드)에 대한 설명으로 적절하지 않은 것은?

① 부동산펀드는 부동산을 기초로 한 파생상품에도 투자할 수 있다.
② 단기금융펀드(MMF)는 자산총액의 60% 이상을 단기성 자산에 투자한다.
③ 특별자산펀드는 자산총액의 50%를 초과하여 증권 및 부동산을 제외한 자산에 투자한다.
④ 채권혼합형펀드는 주식에 투자할 수 있는 최고 편입한도가 50% 미만이다.

출제 POINT

단기금융펀드(MMF)는 집합투자재산의 전부를 단기금융상품에 투자한다.

함정 & 오답 피하기

- 채권형펀드는 주식에도 투자할 수 있다.(×)
- 특별자산펀드는 사전에 투자대상 자산을 특정하지 않아도 되기 때문에 보다 다양한 투자기회를 찾아 투자할 수 있다.(×) ⇨ 혼합자산펀드

핵심탐구 집합투자기구(펀드)

(1) 투자대상에 따른 분류

증권펀드	• 집합투자재산의 50% 초과하여 증권에 투자
부동산펀드	• 집합투자재산의 50% 초과하여 부동산 및 부동산 관련 자산에 투자
특별자산펀드	• 집합투자재산의 50% 초과하여 특별자산(증권 및 부동산을 제외한 자산)에 투자
혼합자산펀드	• 집합투자재산을 운용함에 있어 규정의 제한을 받지 않고 투자
단기금융펀드 (MMF)	• 집합투자재산의 전부를 단기금융상품(CD, CP, 잔존만기 1년 이하의 채권 등)에 투자 • 환금성이 높고 소액투자 및 단기자금을 운용하는 데 유리

(2) 증권펀드의 유형

주식형펀드	• 펀드재산의 60% 이상 주식 또는 주식관련 파생상품에 투자
채권형펀드	• 펀드재산의 60% 이상 채권 또는 채권관련 파생상품에 투자(주식에는 투자하지 않음)
주식혼합형펀드	• 주식편입비율이 50% 이상
채권혼합형펀드	• 주식편입비율이 50% 미만

정답 ②

08

환매금지형 집합투자기구에 대한 설명으로 적절하지 않은 것은?

① 환매금지형 집합투자기구는 존속기간이 정해져 있다.
② 집합투자증권을 최초로 발행한 날부터 90일 이내에 증권시장에 상장해야 한다.
③ 부동산, 특별자산, 혼합자산 집합투자기구는 환매금지형으로 설정해야 한다.
④ 집합투자기구의 자산 중 10% 이상을 부동산, 특별자산 등 시장성이 없는 자산에 투자하는 경우에는 환매금지형으로 설정해야 한다.

출제 POINT

펀드자산 중 20% 이상을 부동산, 특별자산 등 시장성이 없는 자산에 투자하는 경우 환매금지형으로 설정해야 한다.

함정 & 오답 피하기

- 환매금지형 펀드는 집합투자증권을 최초로 발행한 날부터 30일 이내에 증권시장에 상장해야 한다.(×)
- 전환형 펀드는 보수 또는 수수료 차이에서 발생하는 신규 투자기구 설정을 억제하고 여러 클래스에 투자된 자산을 합쳐 운용함으로써 규모의 경제를 달성할 수 있다.(×)
- 전환형 펀드에서 교체투자를 할 때는 환매수수료를 부과한다.(×)

핵심탐구 특수한 형태의 집합투자기구(1)

환매금지형	• 중도환매가 불가능한 펀드로 존속기간이 정해져 있음 • 집합투자증권을 최초로 발행한 날부터 90일 이내에 증권시장에 상장해야 함 • 펀드자산 중 20% 이상을 시장성이 없는 자산(부동산, 특별자산 등)에 투자하는 경우 환매금지형으로 설정해야 함 • 부동산, 특별자산, 혼합자산 집합투자기구도 환매금지형으로 설정해야 함
종류형	• 동일한 투자기구 내에서 다양한 판매 보수 또는 수수료 구조를 가진 클래스를 만든 펀드 • 보수 또는 수수료 차이에서 발생하는 신규 투자기구 설정을 억제하고 여러 클래스에 투자된 자산을 합쳐 운용함으로써 규모의 경제를 달성
전환형	• 다양한 자산과 투자전략을 가진 투자기구를 묶어 하나의 투자기구 세트를 만들고, 투자자는 그 세트 내에서 교체투자가 가능한 펀드 • 교체투자를 할 때 환매수수료를 부과하지 않음

정답 ④

09

모자형 집합투자기구에 대한 설명으로 적절하지 않은 것은?

① 자펀드의 집합투자증권을 투자자에게 판매한다.
② 모펀드와 자펀드의 운용회사는 달라야 한다.
③ 자펀드 외의 자가 모펀드의 집합투자증권을 취득하는 것이 허용되지 않는다.
④ 자펀드가 모펀드 외 다른 집합투자증권을 취득하는 것이 허용되지 않는다.

출제 POINT

모자형 집합투자기구는 동일한 자산운용사의 집합투자기구를 상하구조로 나누는 것이다. 따라서 모펀드와 자펀드의 운용회사는 반드시 동일해야 한다.

함정 & 오답 피하기
- 모자형 집합투자기구에서 실제 증권에 대한 투자는 하위 투자기구에서 발생된다.(×)
- ETF는 거래소에 상장되어 주식처럼 거래되기 때문에 증권거래세가 부과될 수 있다.(×)

핵심탐구 특수한 형태의 집합투자기구(2)

모자형	• 동일한 자산운용사의 집합투자기구를 상하구조로 나누어 하위 투자기구(子투자기구)의 집합투자증권을 투자자에게 매각하고, 매각된 자금을 거의 대부분 상위 투자기구(母투자기구)에 투자 • 실제 증권에 대한 투자는 상위 투자기구에서 발생 • 충족 요건 　① 자펀드는 모펀드가 발행하는 집합투자증권에만 투자 　② 자펀드 이외의 자는 모펀드 집합투자증권 취득 불가 　③ 모펀드와 자펀드의 집합투자업자는 동일
상장지수펀드 (ETF)	• 안정적인 수익률이 장점인 인덱스 펀드에 개별 주식의 높은 환금성이 더해진 펀드 • 특정 주가지수의 움직임을 따라가도록 운용되는 것으로 거래소에 상장되어 주식처럼 거래 • 증권거래세가 면제되어 거래비용을 낮추는 효과

정답 ②

10

파생결합증권에 대한 설명으로 적절하지 않은 것은?

① 주식워런트증권(ELW)은 파생결합증권이다.
② 주가연계펀드(ELF)는 파생결합증권이다.
③ 다른 금융투자상품을 기초자산으로 하는 파생결합증권을 발행할 수 있다.
④ 탄소배출권과 같은 환경적 위험도 기초자산으로 편입될 수 있다.

출제 POINT

주가연계증권(ELS)이 파생결합증권이다. ELF는 펀드(수익증권)이다.

함정 & 오답 피하기

- 파생결합증권은 장내파생상품이다.(×) ⇨ 법적으로 파생상품이 아니라 증권
- 금융투자업자가 파생결합증권을 취급하기 위해서는 증권 및 장내파생상품 관련 투자매매업 인가를 받아야 한다.(×) ⇨ 장외파생상품
- 파생결합증권의 기초자산은 그 범위가 한정되어 있다.(×) ⇨ 아래 5가지를 암기하지 말고 '제한이 없다'라고 큰 틀에서 기억하면 된다.

핵심탐구 파생결합증권

(1) 특징
  ① 기초자산변동과 연계해 미리정한 방법에 따라 지급금액이나 회수금액이 결정되는 권리가 표시된 것
  ② 증권 및 장외파생상품 취급관련 투자매매업 인가를 받은 금융투자업자가 발행
  ③ 주식워런트증권(ELW), 주가연계증권(ELS)이 파생결합증권에 해당하는 대표 상품
(2) 파생결합증권의 기초자산
  ① 금융투자상품
  ② 통화(외국통화 포함)
  ③ 일반상품(농산물, 축산물, 수산물, 임산물, 광산물, 에너지에 속하는 물품)
  ④ 신용위험(신용등급의 변동, 파산 또는 채무재조정 등으로 인한 신용의 변동)
  ⑤ 그 밖에 자연적, 환경적, 경제적 현상 등에 속하는 위험으로서 합리적이고 적정한 방법에 의하여 가격 산출이나 평가가 가능한 것

정답 ❷

11

주식워런트증권(ELW)의 특징으로 적절하지 않은 것은?

① ELW 매수자의 손실은 기초자산의 가격에 따라 제한이 없다.
② 강세장을 예상하면 콜 ELW를 매입한다.
③ 풋 ELW는 만기평가가격이 권리행사가격보다 낮아야 이익이다.
④ 만기일로부터 2영업일이 되는 날에 현금으로 결제한다.

출제 POINT

ELW 매수자는 기초자산의 만기평가가격을 보고 유리하면 권리를 행사하고 불리하면 권리를 포기할 수 있다. 따라서 이익은 기초자산의 가격에 따라 제한이 없으나(0에서 무한대), 손실은 기초자산의 가격과 무관하게 ELW 매수가격으로 한정된다.

함정 & 오답 피하기

- ELW의 기초자산은 제한이 없다.(×) ⇨ 'equity'에서 알 수 있듯이 주식이나 주가지수만 가능
- 콜 ELW는 기초자산의 만기평가가격이 행사가격보다 낮을 때 권리를 행사하게 된다.(×)
- ELW의 시간가치는 만기일에 근접할수록 증가한다.(×) ⇨ 기대가치가 줄어들어 감소함

핵심탐구 주식워런트증권(ELW : equity linked warrant)

의미	• 주식 및 주가지수 등의 기초자산을 사전에 정한 가격(행사가격)에 사거나 팔 수 있는 권리 • 파생결합증권에 해당
종류	• 콜 ELW(살 권리) : 기초자산의 가격 상승을 예상할 때 매수 • 풋 ELW(팔 권리) : 기초자산의 가격 하락을 예상할 때 매수
권리행사	• 콜 ELW : 기초자산의 만기평가가격이 행사가격보다 높으면 권리행사, 아니면 권리포기 • 풋 ELW : 기초자산의 만기평가가격이 행사가격보다 낮으면 권리행사, 아니면 권리포기 • 최대 이익은 제한이 없으나, 손실은 ELW가격으로 한정
결제방식	• 만기일로부터 2영업일이 되는 날(T + 2일)에 현금으로 결제
ELW가격	• ELW가격 = 행사가치 + 시간가치 • 행사가치 : 권리를 행사함으로써 얻을 수 있는 이익 • 시간가치 : 잔존기간 동안 기초자산의 가격변동에 따라 얻게 될 기대가치(일종의 프리미엄)

정답 ①

12

리버스 컨버터블(reverse convertibles)형 ELS의 수익구조로 옳은 것은?

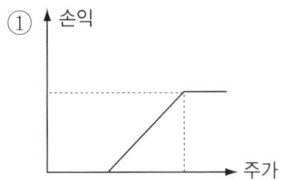
① 손익 / 주가

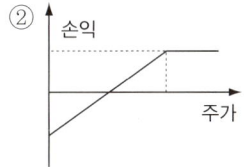
② 손익 / 주가

③ 손익 / 주가

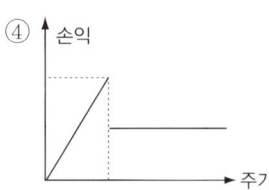
④ 손익 / 주가

출제 POINT

① Bull spread형 ② Reverse convertibles형 ③ Digital형 ④ Knock-out형

핵심탐구 주가연계증권(ELS : equity linked securities)

(1) ELS의 수익구조
  ① 특정 주식이나 주가지수의 성과에 따라 수익률(이자지급액)이 달라짐
  ② 판매사는 원금의 일정부분으로 옵션을 매입
  ③ ELS의 수익변동은 옵션 수익에 의존하게 되는데, 매입하는 옵션에 따라 다양한 수익구조가 가능

(2) 수익구조의 유형

Knock-out형	• 주가가 한번이라도 경계지수 이상으로 상승하면 만기 시 고정수익률(리베이트)로 상환하고, 그 외에는 만기주가에 따라 수익이 결정되는 구조 • 구성 : 채권 + Knock-out call 매수
Bull spread형	• 만기 주가에 비례하여 손익을 얻되 최대 수익 및 손실이 일정 수준으로 제한되는 구조 • 구성 : 채권 + 저 행사가격 call 매수 + 고 행사가격 call 매도
Reverse Convertible형	• 미리 정한 하락폭 이하로 주가가 하락하지 않으면 사전에 약정한 수익률을 지급하며 동 수준 이하로 하락하면 원금손실이 발생하는 구조 • 구성 : 채권 + put 매도
Digital형	• 만기 주가에 따라 사전에 정한 두 가지 수익 중 하나를 지급하는 구조 • 채권 + Digital call(or put) 매수
조기상환형	• 6개월 단위로 조건을 평가하여 충족하면 조기상환하고 아니면 다음번으로 이월되는 형태 • 가장 일반적인 유형

정답 ❷

13

증권사의 CMA에 대한 설명으로 적절하지 않은 것은?

① 모계좌의 상품에 따라 MMF형, RP형, MMW형으로 나뉜다.
② 예금자보호가 되지 않는 실적배당상품이다.
③ 일정기간 동안 입출금이 제한되는 상품이다.
④ 고객은 자신의 투자성향을 파악하여 적합한 유형을 선택하여 가입하면 된다.

출제 POINT

CMA는 입출금이 자유로우면서 상대적으로 고수익을 제시하는 상품이다.

함정 & 오답 피하기

- 증권사 CMA와 랩어카운트는 예금자보호가 된다.(×) ⇨ 모두 비보호 투자상품
- 랩어카운트 투자자는 계좌 내 상품을 교체할 때 증권매매수수료도 부담해야 한다.(×)

핵심탐구 증권회사의 CMA와 랩어카운트

CMA	• 입출금이 자유로우면서 각종 이체서비스 제공은 물론 상대적 고수익을 제시하는 상품 • 모계좌의 상품에 따라 MMF형, RP형, MMW형(투자일임형)으로 구분 • 예금자보호가 되지 않는 실적배당상품

랩어카운트
(wrap account)
	• 금융기관이 투자자와 상담결과에 따라 가장 적합한 포트폴리오로 자산을 운용해 주거나 집합투자회사를 소개해 주는 자산종합관리계좌
	• 랩의 수수료는 투자자산의 일정비율로 결정되며, 별도의 증권매매수수료는 내지 않음
	• 유형
	  ⊙ 일임형 : 자산 포트폴리오 구성에서 운용까지 모두 증권사가 대행
	  ⓒ 자문형 : 증권사가 아닌 외부 자문사가 종목 및 매매타이밍을 결정
	  ⓒ 펀드형 : 고객에게 가장 적합한 최우수 펀드로 포트폴리오를 구성

정답 ❸

14

보험상품에 대한 설명으로 옳은 것은?

① 정기보험과 연금보험은 사망보험이다.
② 장기저축성보험의 비과세 가입기간은 5년 이상이다.
③ 변액보험은 보장금액이 가입당시 미리 정해진다.
④ 양로보험은 생존보험과 사망보험이 혼합된 절충형 보험이다.

출제 POINT

① 연금보험은 생존보험이다.
② 장기저축성보험의 비과세 가입기간은 10년 이상이다.
③ 변액보험은 지급되는 보험금이 투자수익에 따라 변동된다. 보험료 중 일부를 주식이나 채권 등에 운용하여 얻은 이익을 실적배당한다.

핵심탐구 보장성 금융상품

(1) 생명보험상품

사망보험	• 피보험자가 장해 또는 사망 시 보험금을 지급하는 보장성 보험 • 정기보험(보험기간이 정해짐), 종신보험(보험기간이 평생)
생존보험	• 피보험자가 생존 시에만 보험금을 지급하는 저축성 보험 • 연금보험, 교육보험
생사혼합보험	• 사망 시 사망보험금을, 생존 시 생존보험금을 각각 지급 • 양로보험이라고 함

(2) 주요 보장성 금융상품

연금보험	• 노후 생활자금 마련에 적합한 장기 저축성 보험 • 10년 이상 유지 시 보험차익에 대해 비과세
종신보험	• 보장기간이 평생(종신)이며 사망원인에 관계없이 사망보험금을 지급 • 개인의 재무상황 및 필요성에 따라 맞춤형 설계 ⇨ 획일적인 상품이 아님
변액보험	• 보험기능에 투자기능을 추가한 일종의 투자상품 • 보험금(보험료 아님)이 투자수익에 따라 달라짐 • 인플레이션으로 인한 보장자산가치 하락에 대한 보완기능이 있음
CI보험 (critical illness)	• 갑작스런 사고나 질병으로 중병상태가 계속될 때 보험금의 일부를 미리 지급
실손의료보험	• 상해 또는 질병으로 입원, 통원 치료 시에 발생한 의료비를 보장 • 실제 발생한 진료비에서 일정수준의 본인부담금을 차감하고 실비로 보장

정답 ④

15

개인종합저축계좌(ISA)에 대한 설명으로 적절하지 않은 것은?

① 신탁형과 일임형에 동시 가입이 가능하다.
② 의무가입기간은 3년이다.
③ 일반형 ISA의 비과세 한도는 200만 원이다.
④ 중개형 ISA는 국내상장주식도 계좌에 담아서 투자할 수 있다.

출제 POINT

1인 1계좌만 개설할 수 있기 때문에 가입자는 중개형, 신탁형, 일임형 중 하나를 선택해서 가입해야 한다. ISA는 한 계좌에 다양한 금융상품을 담아 운용하고 상품별 이익과 손실을 모두 통산한 후 순이익을 기준으로 세제혜택을 부여하는 상품이다.

함정 & 오답 피하기
- ISA는 소득이나 나이와 무관하게 누구나 가입할 수 있다.(×)
- ISA는 연 2회까지 중도인출이 가능하다.(×)

핵심탐구 개인종합저축계좌(ISA, individual savings account)

가입자격	• 만 19세 이상(근로소득자는 15세 이상)의 거주자 + 직전 3개년 중 1회 이상 금융소득종합과세 대상이 아닌 자
가입요건	• 일반형 : 만 19세 이상(소득불문) 또는 만 15세~19세 미만(근로소득이 있는자)인 거주자 • 서민형 : 총급여 5,000만 원 또는 종합소득 3,800만 원 이하 거주자 • 농어민형 : 종합소득 3,800만 원 이하 농어민
세제혜택	• 비과세 한도 : 일반형은 200만 원, 서민형과 농어민형은 400만 원까지 • 비과세 한도 초과분 : 9.9% 세율로 분리과세
유형	• 중개형 : 투자자가 직접상품을 선택(투자상품별로 수수료 발생) • 신탁형 : 투자자가 직접상품을 선택(신탁보수 발생) • 일임형 : 투자전문가에게 포트폴리오를 일임(일임수수료 발생) ※ 중개형, 신탁형, 일임형 중 하나만 선택(1인 1계좌)
편입상품	• 공통 : 펀드, ETF, 리츠, 상장형 수익증권, 파생결합증권, 사채, ETN, RP 등 • 국내주식을 편입하려면 중개형, 예금을 편입하려면 신탁형, 전문가에게 맡기려면 일임형 선택
납입한도	• 연간 2천만 원씩 최대 1억 원(미불입 납입한도 이월 가능) • 단, 기존 소득공제 장기펀드 및 재형저축 가입금액 차감
의무가입기간	• 3년 • 납입금 한도 내에서 횟수 제한없이 중도인출 가능

정답 ❶

16

특정금전신탁에 대한 설명으로 적절하지 않은 것은?

① 투자자에게서 수탁받은 금전을 고객이 지시하는 자산에 운용한다.
② 투자자별로 상품을 구성하기 때문에 투자자가 직접 투자하는 것과 동일한 효과를 갖는다.
③ 신탁 당시 인수한 재산에 대하여 원금보전 계약을 체결할 수 있다.
④ 계약사항에 대해 별도의 계약서를 발행한다.

출제 POINT

특정금전신탁은 원본보전 계약을 체결할 수 없다. 신탁은 실적배당상품이므로 손실보전 및 이익보전 계약을 체결해서는 안 된다.

함정 & 오답 피하기
- 특정금전신탁은 단독운용 및 합동운용이 모두 가능하다.(×)
- 부동산신탁은 부동산 매매가 수반되므로 양도세 및 등록세를 납부해야 한다.(×)

핵심탐구 ▶ 신탁상품

(1) 금전신탁과 재산신탁

구분	금전신탁	재산신탁
수탁 재산	금전	금전 이외 다른 재산
운용방식	합동운용 및 단독운용 모두 가능 (특정금전신탁은 단독운용)	단독운용만 가능
신탁재산 교부	현금교부원칙	운용현상대로 교부원칙
대표상품	특정금전신탁, 불특정금전신탁	유가증권신탁, 금전채권신탁, 부동산신탁

(2) 주요 신탁상품

특정금전신탁	• 위탁자(투자자)가 금전의 운용방법을 수탁자(금융회사)에게 지시하고, 수탁자는 위탁자의 운용지시에 따라 신탁재산을 운용한 다음 수익자에게 그 실적을 배당해 주는 상품 • 특징(*문제 참조)
부동산 신탁	• 신탁목적에 따라 관리, 처분, 담보(대출), 토지신탁으로 구분 • 양도세 및 등록세 등 제반비용을 절감 • 신탁재산은 독립성이 보장되고 강제집행이 금지되어 재산의 보호가 가능

정답 ❸

17

양도성예금증서(CD)에 대한 설명으로 적절하지 않은 것은?

① 중도해지가 가능하다.
② 정기예금에 양도성을 부여한 것이다.
③ 은행에서 직접 살 수도 있고 종금사나 증권사에서 매입할 수도 있다.
④ 이자지급은 액면금액에서 이자를 미리 차감하는 방식(할인식)으로 이루어진다.

출제 POINT

CD는 중도해지가 불가능하다. 다만 유통시장(증권사, 종금사)을 통해서 매각하여 현금화할 수 있다.

함정 & 오답 피하기

- CD와 표지어음은 중도해지가 가능하다.(×)
- CD와 표지어음은 만기에 원금과 이자를 지급한다.(×)
- 발행어음은 종금사나 증권금융회사가 담보를 제공하고 발행한다.(×)

용어 이해하기

- **실세금리 연동형 확정금리 상품** : 가입 시점의 시장금리로 수익률이 확정되는 상품
- **할인식** : 예치기간 동안의 이자를 액면금액에서 차감하여 발행한 후 만기에 액면금액을 지급하는 이자지급방식을 말한다. 예를 들어 1년 후 1,000만원을 지급하는 연 5% 할인식 상품인 경우 950만원에 매입하여 1년 후에 1,000만원을 받게 된다.

핵심탐구 실세금리 연동형 확정금리 상품

양도성예금증서 (CD)	• 정기예금에 양도성을 부여한 것으로 무기명할인식으로 발행 • 은행(발행기관) 또는 증권사 및 종금사(유통기관)에서 매입 • 예치기간 : 30일 이상 제한 없음(91일이 일반적임) • 이자지급 : 이자를 액면금액에서 차감하여 발행한 후 만기에 증서소지인에게 액면금액을 지급 → 만기 후에도 별도 이자없이 액면금액만을 지급 • 중도해지는 불가능(유통시장에서 매각하여 현금화해야 함)
표지어음	• 금융기관이 기업으로부터 매입(할인)해 보유하고 있는 상업어음이나 외상매출채권을 다시 여러 장으로 쪼개거나 한데 묶어 액면금액과 이자율을 새로이 설정해 발행하는 어음 • 금융기관이 발행인 및 지급인이 되어 안정성이 높은 편 • 중도해지는 불가능(배서에 의한 양도는 가능) • 만기 후 별도 이자없이 액면금액만을 지급(CD와 동일한 할인식)
발행어음	• 종금사나 증권금융회사가 영업자금조달을 위하여 자체신용으로 발행하는 융통어음 • 중도환매가 가능하나 중도해지이율 적용

정답 ①

18

연금저축에 대한 설명으로 적절하지 않은 것은?

① 저축금액에 대해 세액공제 혜택이 주어진다.
② ISA계좌 만기금액을 포함하여 한해 최대 1,800만 원까지 적립할 수 있다.
③ 적립금은 가입 후 5년이 경과하면 55세 이후에 연금으로 수령할 수 있다.
④ 연금수령한도 초과 인출금액에 대해서는 기타소득세가 부과된다.

출제 POINT

연금저축은 연간 1,800만 원까지 적립할 수 있으며, 연간 납입한도와 별도로 ISA 만기자금을 연금저축에 이체할 수 있다.

함정 & 오답 피하기

- 연금저축은 저축금액에 대해 소득공제 혜택이 주어진다.(×)
- 연금저축을 중도해지하는 경우 해지가산세가 부과된다.(×) ⇨ 해지가산세 없음

핵심탐구 연금저축

가입대상	• 제한 없음
납입한도	• 연간 1,800만 원 + ISA계좌 만기금액
세액공제	• 연간 600만 원 + ISA만기 전환금액의 10%(최대 300만 원) • 세액공제 대상금액의 16.5%(종합소득 4,500만 원, 총급여 5,500만 원 이하자) • 세액공제 대상금액의 13.2%(종합소득 4,500만 원, 총급여 5,500만 원 초과자)
연금수령	• 연금수령 요건 : 가입 후 5년 경과, 만 55세 이후 • 연금수령 시 연금소득세 과세 : 3.3~5.5% • 연금외 수령 시 연금수령한도 초과 인출금액에 대해 기타소득세 과세

정답 ②

19

다음 중 비과세 상품이 아닌 것은?

① 연금저축
② 비과세종합저축
③ 장기저축성보험
④ 신용협동기구의 예탁금

출제 POINT

연금저축은 연금소득세를 부과하므로 비과세 상품은 아니다. 절세 유형(비과세/세액공제/소득공제)을 구분하는 것이 중요하다. [참고] 재형저축과 소득공제장기펀드는 2015.12.31까지가 일몰기한으로 현재 신규가입이 불가하다.

용어 이해하기

- **세액공제** : 납부해야 할 최종 세금에서 일정금액을 깎아주는 방식
- **소득공제** : 총 소득에서 일정 금액을 빼 소득규모를 줄인 뒤 이를 토대로 세금을 계산하는 방식

핵심탐구 절세 금융상품

(1) 금융상품의 세금
  ① 이자나 배당 등 금융소득에는 소득세, 주민세, 농어촌특별세 등의 세금을 부과
  ② 적용세율 : 소득세 14%와 주민세 1.4%(소득세의 10%)를 합하여 15.4%

(2) 절세 금융상품

금융상품	절세 유형
ISA	비과세
해외주식투자전용펀드	
재형저축(※신규가입 불가)	
장기저축성보험	
비과세 종합저축	
조합 출자금 및 예탁금	
농어가목돈마련저축	
연금저축	세액공제
퇴직연금(IRP/DC형)	
소득공제 장기펀드(※신규가입 불가)	소득공제
주택청약종합저축	

정답 ①

20

예금보험제도에 대한 설명으로 가장 거리가 먼 것은?

① 보호한도는 상품종류별로 적용된다.
② 5,000만원은 원금과 소정의 이자를 포함한 것이다.
③ 대출이 있는 경우 대출상환 후 남은 금액을 보호받을 수 있다.
④ 정부 및 지방자치단체, 한국은행, 금융감독원, 예금보험공사, 부보금융기관의 예금은 보호대상에서 제외된다.

출제 POINT

보호한도는 상품종류나 지점별이 아닌 금융기관별로 적용된다.

용어 이해하기

소정이자 : 약정이자와 예금보험공사가 별도로 정하는 이자 중에서 적은 금액을 말한다.

핵심탐구 예금보험제도

분류	세부내용
의의	• 금융기관 예금 등을 정부(예금보험공사)가 일정한 범위 내에서 보장해 주는 제도
보호대상 금융기관	• 은행, 투자매매·중개업자, 보험, 종금, 상호저축은행 등 5개 금융권 ※ 비보호되는 금융기관 : 상호금융, 새마을금고, 신용협동조합, 우체국
보호한도	• 1인당 원금과 소정의 이자를 합하여 최고 5,000만원 • 보호한도는 예금의 종류별, 지점별이 아니라 동일한 금융기관 내의 총금액 • 예금자 1인이라 함은 개인뿐만 아니라 법인도 포함
보호상품	• 예금만 해당(투자상품은 아님)

정답 ①

01장 출제예상 문제

01 일반은행의 고유업무가 아닌 것은?
출제빈도 下
① 예금·적금의 수입
② 자금의 대출
③ 채무보증
④ 내국환 업무

02 다음 중 신용협동기구에 해당하는 금융기관을 모두 고르면?
출제빈도 上

㉠ 새마을금고　　　　　　　　㉡ 상호금융
㉢ 신용협동조합　　　　　　　㉣ 상호저축은행

① ㉠, ㉡
② ㉠, ㉢
③ ㉠, ㉡, ㉢
④ ㉠, ㉡, ㉢, ㉣

03 다음에서 설명하는 금융회사의 연결이 바르지 않은 것은?
출제빈도 中

㉠ 주식 또는 지분의 소유를 통하여 금융업과 밀접한 관련이 있는 회사를 지배
㉡ 자금의 대부분을 특정 지역의 서민이나 영세상공인으로부터 저축성예금 형태로 조달해 이들에 대한 대출로 운용
㉢ 주로 채권발행과 금융기관 차입금으로 자금을 조달하여 다른 금융기관이 거의 취급하지 않는 소비자금융, 리스, 벤처금융 등에 운용
㉣ 주로 소액자금을 신용도가 낮은 소비자에게 대부하거나 이러한 금전의 대부를 중개

① ㉠-금융지주회사
② ㉡-상호저축은행과 신용협동기구
③ ㉢-벤처캐피탈회사
④ ㉣-대부업자

04 다음 중 인가대상 금융투자업에 해당하지 않는 것은?

① 투자매매업
② 투자일임업
③ 집합투자업
④ 신탁업

05 다음에서 설명하는 예금성 금융상품의 연결이 바르지 않은 것은?

㉠ 가입대상, 예치금액, 예치기간, 입출금 횟수 등에 아무런 제한없이 자유롭게 거래할 수 있는 예금으로 은행이 적은 비용으로 자금을 조달할 수 있는 예금
㉡ 일정한 금액을 약정기간까지 예치하고 그 기한이 만료될 때까지는 원칙적으로 환급해 주지 않는 기한부 예금
㉢ 일정기간 후에 일정한 금액을 지급할 것으로 약정하고 매월 특정일에 일정한 금액을 적립하는 예금
㉣ 정기적금과 그 성격이 비슷하나 일정한 기간을 정해 부금을 납입한 경우에는 일정 금액을 대출받을 수 있는 권리가 보장되는 예금

① ㉠ - 보통예금
② ㉡ - 정기예금
③ ㉢ - 정기적금
④ ㉣ - MMDA

06 요구불예금에 대한 설명 중 적절하지 않은 것은?

① 예금주의 환급청구가 있으면 언제든지 조건없이 지급해야하는 금융상품이다.
② 가계당좌예금은 전 금융기관을 통해 1인 여러 개의 계좌도 가능하다.
③ 현금과 유사한 유동성을 가져서 통화성예금이라고도 한다.
④ 인출이 자유로운 대신에 저축성 예금에 비해 이자율이 낮은 편이다.

정답 및 해설

01 ③ 채무보증업무는 부수 업무에 속한다.
02 ③ 신용협동기구에는 신용협동조합, 새마을금고, 상호금융(단위조합)이 포함된다. 상호저축은행은 비은행에 해당한다.
03 ③ ㉢은 여신전문금융회사를 설명한 것이다. 벤처캐피탈회사는 고수익, 고위험 사업을 시작하는 기업에 자금을 공급하거나 기업 인수, 합병, 구조조정 등을 통해 수익을 추구한다.
04 ② 투자일임업은 등록대상 금융투자업이다.
05 ④ ㉣은 상호부금이다. MMDA는 시장실세금리가 적용되고 입출금이 자유로운 단기금융상품으로 목돈을 초단기로 운용할 때 유리하며 각종 공과금 등의 자동이체 결제통장으로도 활용할 수 있는 예금으로 MMF, CMA와 경쟁상품이다.
06 ② 요구불예금 중 가계당좌예금은 전 금융기관을 통해 1인 1개의 계좌만 가능하다.

07 주택청약종합저축에 대한 설명으로 적절하지 않은 것은?

① 민영주택 및 국민주택을 공급받기 위해 가입하는 저축상품이다.
② 계약기간은 입주자로 선정될 때까지로 한다.
③ 소득공제 혜택도 받을 수 있다.
④ 만 19세 이상만 가입할 수 있다.

08 회사형 집합투자기구인 투자회사에 대한 설명으로 적절하지 않은 것은?

① 발행증권은 수익증권이다.
② 자산운용수익을 주주에게 배분하는 방식이다.
③ 상법상 주식회사이나 임직원을 둘 수 없는 서류상 회사이다.
④ 자산의 운용, 보관, 모집·판매, 기타 일반사무를 각각 별도의 자산운용회사, 자산보관회사, 판매회사, 일반사무관리회사에 위탁하여야 한다.

09 집합투자기구에 대한 다음 설명으로 옳지 않은 것은?

① 회사형 집합투자기구에는 투자회사와 투자합명회사가 있다.
② 회사형 집합투자기구는 자산운용수익을 주주에게 배분하는 투자회사 방식이다.
③ 투자회사는 상법상 주식회사이나 본점 이외의 영업점을 설치할 수 없다.
④ 투자회사는 일반사무를 일반사무관리회사에 위탁하여야 한다.

10 다음에서 설명하는 회사는?

투자회사의 위탁을 받아 주식명의개서, 주식발행 사무, 증권투자회사의 운용에 관한 사무 등을 담당하는 회사이다.

① 일반사무관리회사　　　　② 자산보관회사
③ 자산운용회사　　　　　　④ 판매회사

11 파생결합증권에 대한 설명으로 옳은 것은?

① 타인이 수행한 공동사업의 결과에 따른 손익을 귀속받는 계상상의 권리가 포함된 것이다.
② 그 증권이 발행된 국가 이외의 국가에서 발행한 것이다.
③ 발행되는 시장에 따라 ADR, EDR, GDR 등으로 구분된다.
④ 기초자산의 변동과 연계하여 미리 정해진 방법에 따라 지급금액 또는 회수금액이 결정되는 권리가 표시된 것이다.

12 다음 설명하는 금융투자상품으로 가장 적절한 것은?

기초자산의 가격·이자율·지표·단위 또는 이를 기초로 하는 지수 등의 변동과 연계하여 미리 정하여진 방법에 따라 지급하거나 회수하는 금전 등이 결정되는 권리가 표시된 것이다.

① 증권
② 파생상품
③ 파생결합증권
④ 집합투자기구

정답 및 해설

07 ④ 주택청약종합저축은 나이와 상관없이 국민 개인(국내 거주하는 재외동포 포함)이나 외국인 거주자가 가입대상이며, 1인 1통장만 가입할 수 있다.
08 ① 투자회사가 발행하는 증권은 주식이다. 투자신탁에서 수익증권을 발행한다.
09 ① 회사형 집합투자기구에는 투자회사, 투자유한회사, 투자합자회사가 있으며 합명회사는 없다.
10 ① 투자회사는 서류상의 회사이므로 운영에 관한 사무를 일반사무관리회사에 위탁해야 한다.
11 ④ ① 투자계약증권에 대한 설명이며 ②와 ③은 증권예탁증권에 대한 설명이다.
12 ③ 파생결합증권에 대한 설명이다.

13 파생결합증권에 대한 다음 설명 중 가장 적절하지 않은 것은?

① 주가연계상품은 예금 또는 채권의 원리금 지급조건이 특정 주식의 가격이나 주가지수의 변동과 연계된다.
② 환율연계상품은 예금 또는 채권의 원리금 지급이 지급 시와 상이한 통화로 이루어지거나 환율의 변동과 연동된다.
③ 역변동금리상품은 특정 고정금리에서 변동금리를 차감하여 지급이자율이 결정되어 금리가 하락하면 지급이자가 증가한다.
④ 이중지표변동금리상품은 장단기 금리차이를 반영하여 지급이자율이 결정되는 상품이다.

14 다음 중 채권혼합형 펀드와 관련이 있는 것은?

① 펀드자산총액 중 주식에 투자할 수 있는 편입한도가 50% 미만
② 펀드자산총액 중 주식에 투자할 수 있는 편입한도가 50% 이상
③ 펀드자산총액의 60% 이상을 채권에 투자
④ 펀드자산총액의 60% 이상을 주식에 투자

15 집합투자기구에 대한 설명 중 적절하지 않은 것은?

① 혼합자산펀드는 펀드재산의 50%를 초과하여 혼합자산에 투자하는 집합투자기구이다.
② 증권펀드는 펀드재산의 50%를 초과하여 증권에 투자하는 집합투자기구이다.
③ 부동산펀드는 펀드재산의 50%를 초과하여 부동산 및 부동산 관련 자산에 투자하는 집합투자기구이다.
④ 특별자산펀드는 펀드재산의 50%를 초과하여 특별자산에 투자하는 집합투자기구이다.

16 단기금융 집합투자기구(MMF)에 대한 설명으로 적절하지 않은 것은?

① 집합투자재산의 전부를 단기금융상품에 투자한다.
② 잔존만기가 2년인 통화안정증권에 투자할 수 있다.
③ 최저 가입금액의 제한이 없으며 환금성이 높은 게 특징이다.
④ 소액투자는 물론 언제 쓸지 모르는 단기자금을 운용하는데 유리하다.

17 다음 중 특수한 형태의 펀드에 해당되지 않는 것은?

① 종류형 펀드
② 특별자산펀드
③ 환매금지형 펀드
④ 상장지수펀드(ETF)

18 다음과 같은 특징을 가진 집합투자기구는 무엇인가?

- 투자대상이 같은데도 보수와 수수료가 다르다.
- 보수 또는 수수료 차이에서 발생하는 신규 투자기구 설정을 억제하고 여러 클래스에 투자된 자산을 합쳐서 운용함으로써 규모의 경제를 달성할 수 있다.

① 종류형 펀드
② 전환형 펀드
③ 모자형 펀드
④ 부동산 펀드

정답 및 해설

13 ① 환율연계상품은 예금 또는 채권의 원리금 지급이 발행 시와 상이한 통화로 이루어지거나 환율의 변동과 연동된다.
14 ① ① 채권혼합형 펀드
② 주식혼합형 펀드
③ 채권형 펀드(주식에는 투자하지 않음)
④ 주식형 펀드
15 ① 혼합자산펀드는 펀드재산을 운용함에 있어 규정의 제한을 받지 않고 투자하는 집합투자기구이다.
16 ② MMF는 집합투자재산의 전부를 양도성예금증서(CD), 기업어음(CP), 잔존만기 1년 이하의 국채 및 통화안정증권 등과 같은 단기금융상품에 투자한다. 따라서 잔존만기 2년인 통화안정증권에는 투자할 수 있다.
17 ② 특수한 형태의 펀드는 환매금지형, 종류형, 전환형, 모자형, 상장지수펀드(ETF)의 5가지를 말한다.
18 ① 종류형 펀드의 특징이다. 종류형 펀드는 동일한 투자기구 내에서 다양한 판매 보수 또는 수수료 구조를 가진 클래스를 만든 펀드이다.

19 특수한 형태의 집합투자기구에 대한 설명으로 옳지 않은 것만 모두 묶은 것은?

㉠ 환매금지형 펀드는 존속기간이 정해져야 한다.
㉡ ETF는 특정한 주가지수의 움직임을 따라가도록 운용되는 것으로 거래소에 상장되어 주식처럼 거래된다.
㉢ 전환형 펀드에서 투자자가 교체투자를 할 때는 환매수수료를 부과한다.
㉣ 모자형 펀드에서 하위 집합투자기구 외의 자가 상위 집합투자기구의 집합투자증권을 취득하는 것이 허용된다.

① ㉡, ㉢
② ㉠, ㉡
③ ㉢, ㉣
④ ㉠, ㉢, ㉣

20 주식워런트증권(ELW)와 주식옵션에 대한 설명 중 가장 적절하지 않은 것은?

번호	구 분	주식워런트증권	주식옵션
①	법적 특성	파생결합증권	파생상품
②	의무이행자	매도 포지션 보유자	발행자
③	계약이행보증	발행자의 자기신용	거래소의 결제이행보증
④	유동성공급	유동성공급자	시장의 수요와 공급

21 상장지수펀드(ETF)에 대한 다음 설명 중 가장 적절하지 않은 것은?

① ETF는 안정적인 수익률이 장점인 인덱스 펀드에 개별 주식의 높은 환급성이 더해진 펀드이다.
② 지수구성 종목이 10종목 이상이고 하나의 종목이 그 지수에서 차지하는 비중이 30%를 초과하지 않아야 한다.
③ 설정일 또는 설립일로부터 30일 이내에 증권시장에 상장되어야 한다.
④ 자산총액의 10%까지 동일종목의 증권에 투자가 가능하고 동일 법인이 발행한 지분증권 총수의 10%까지 투자가 가능하다.

22 콜 ELW의 특징으로 바르지 않은 것은?

① 주로 상승장을 예상할 때 투자한다.
② 매수자의 최대손실은 주식가격과 무관하게 ELW 매수가격으로 한정된다.
③ 주식 및 주가지수 등의 기초자산을 만기일 주식가격으로 살 수 있는 권리이다.
④ 만기일에 행사가격 이상으로 주식가격이 상승할수록 ELW매수자의 이익이 계속 증가한다.

23 주식워런트증권(ELW)의 가격결정요인에 대한 설명 중 적절하지 않은 것은?

① 기초자산가격이 오를수록 콜은 상승, 풋은 하락한다.
② 기초자산의 가격변동성이 클수록 콜과 풋 모두 하락한다.
③ 행사가격이 높을수록 콜은 하락, 풋은 상승한다.
④ 잔존기간이 길수록 콜과 풋 모두 상승한다.

24 다음 주식워런트증권(ELW)의 투자지표에 대한 설명으로 가장 적절하지 않은 것은?

① 델타는 기초자산 가격이 1단위 변화함에 따라 감마가 변화하는 비율이다.
② 베가는 기초자산 가격의 변동성이 1%p 변화할 때 ELW 가격이 변화하는 비율이다.
③ 세타는 잔존만기가 1일 감소할 때 ELW 가격이 변화하는 비율이다.
④ 로는 무위험이자율이 1%p 변화할 때 ELW 가격이 변화하는 비율이다.

정답 및 해설

19 ③   ⓒ, ⓔ이 옳지 않은 내용이다.
　　ⓒ 전환형 펀드는 투자자로 하여금 다양한 투자기구 세트 내에서 교체투자할 수 있도록 전환권을 부여하는 펀드로서 교체투자할 때 환매수수료를 부과하지 않는다.
　　ⓔ 모자형 펀드에서는 하위 집합투자기구 외의 자가 상위 집합투자기구의 집합투자증권을 취득하는 것이 허용되지 않는다.
20 ②   의무이행자와 관련해서 주식워런트증권은 발행자이고 주식옵션은 매도 포지션 보유자이다.
21 ④   자산총액의 30%까지 동일종목의 증권에 투자가 가능하고 동일 법인이 발행한 지분증권 총수의 20%까지 투자가 가능하다.
22 ③   만기일 주식가격이 아니라 사전에 정한 행사가격으로 기초자산을 매수한다.
23 ②   기초자산의 가격 변동성이 클수록 콜과 풋 모두 상승한다.
24 ①   델타는 기초자산 가격이 1단위 변화할 때 ELW 가격이 변화하는 비율을 나타내는 것이며 감마는 기초자산 가격이 1단위 변화함에 따라 델타가 변화하는 비율이다.

25. 다음과 같이 수익을 지급하는 ELS의 유형은?

가. 만기가격이 기준가격보다 낮을 경우 0%(Floor rate)
나. 만기가격이 기준가격의 100%~120%인 경우 기초자산의 상승률×참여율
다. 만기가격이 기준가격의 120% 초과하는 경우 7%(Cap rate)

① Knock-out형
② Digital형
③ Reverse convertible형
④ Bull spread형

26. 주가연계 금융투자상품에 대한 설명 중 적절하지 않은 것은?

① 주가지수의 성과에 따라 수익률이 달라지는 상품이다.
② ELS의 경우 중도상환시에도 원금을 보장한다.
③ ELD, ELS, ELF가 주가연계금융투자상품에 해당한다.
④ 수익실현방식에 따라 녹아웃형, 불스프레드형, 디지털형, 리버스컨버터블형으로 분류된다.

27. 주가연계 금융상품에 대한 다음 비교 설명 중 가장 적절하지 않은 것은?

번호	구 분	ELS	ELD	ELF
①	발행주체	증권사	은행	자산운용사
②	수의상환방법	원금보장형, 원금비보장형	원금보장형, 원금비보장형	원금보존추구형, 원금비보장형
③	상환보장여부	발행사가 지급보장	초과수익은 은행이 지급보장	신탁재산 신용도 및 운용성과에 따라 지급
④	중도해지 등 가능여부	중도상환 가능, 원금손실가능	중도해지 가능, 원금손실 발생가능	중도환매 가능, 원금손실가능

28. 아래에서 설명하는 수익구조를 가진 ELS의 유형은?

미리 정한 하락폭 이하로 주가가 하락하지 않으면 사전에 약정한 수익률을 지급하나, 동 수준 이하로 하락하면 원금손실이 발생한다.

① Reverse convertibles형 ② Knock-out형
③ Bull spread형 ④ Digital형

29. ELS와 ELF를 비교한 것으로 바르지 않은 것은?

번호	구 분	ELS	ELF
①	투자형태	증권매입	펀드매수
②	상환보장여부	발행사가 지급보장 (발행사 신용도 중요)	신탁재산 신용도 및 운용성과에 따라 지급
③	자금운용구조	채권, 주식워런트, 옵션·선물	펀드(금융공학기법 이용)
④	수익상환방법	운용성과에 따른 실적배당 (원금보존추구형, 원금비보장형)	사전에 정해진 조건에 따라 결정(원금보장형/비보장형)

30. 은행의 주가연계예금(ELD)에 대한 설명으로 적절하지 않은 것은?

① 5천만 원까지 예금자보호대상에 포함된다.
② 주가지수 하락 시에도 원금지급이 보장되는 금융상품이다.
③ 만기는 대부분 1년이며 중도해지 시에는 중도해지이율을 적용한다.
④ 주가지수가 크게 상승하면 수익률이 사전에 제시한 최고이율을 초과할 수도 있다.

정답 및 해설

25 ④ Bull spread형 상품의 수익구조를 제시하고 있다.
26 ② 중도해지시에는 원금손실에 대한 가능성이 있다.
27 ② ELD의 경우 수익상환에 대하여 원금 보장형 이상만 가능하다.
28 ① Reverse convertibles형의 수익구조이다.
29 ④ ④의 경우 반대로 기술되었다. ELS는 확정수익, ELF는 실적배당상품이다.
30 ④ ELD는 사전에 정해진 조건에 따라 수익이 결정되는 상품으로, 주가가 크게 상승하더라도 약속한 수익 이상은 지급하지 않는다.

31 증권사 CMA에 대한 설명으로 적절하지 않은 것은?

① 입출금이 자유로우면서 각종이체서비스가 가능하다.
② 예금자보호법에 따른 예금자보호가 가능하다.
③ 모계좌의 상품에 따라 MMF형, RP형, MMW형으로 구분한다.
④ 실적배당상품이다.

32 랩어카운트에 대한 설명으로 적절하지 않은 것은?

① 고객과 금융투자회사 간에 이익상충의 가능성이 적다.
② 일반적으로 일임형, 자문형, 펀드형으로 구분된다.
③ 일임형 랩어카운트는 자산포트폴리오 구성에서 운용까지 증권사가 수행한다.
④ 수수료는 투자자산의 일정비율로 결정되고, 증권매매수수료가 추가로 부과된다.

33 생명보험상품에 대한 설명으로 적절하지 않은 것은?

① 보험금 지급조건에 따라 사망보험, 생존보험, 양로보험으로 구분한다.
② 사망보험은 보장기간에 따라 정기보험과 종신보험으로 나눌 수 있다.
③ 생존보험은 피보험자가 중도 사망하는 경우에도 보험금을 지급한다.
④ 양로보험(생사혼합보험)은 사망보험과 생존보험이 결합된 것이다.

34 보험상품에 대한 설명으로 옳은 것만 모두 묶은 것은?

㉠ 종신보험은 각 개인의 재무상황 및 필요성에 따라 맞춤형 설계가 가능하다.
㉡ 변액보험은 인플레이션이 발생하면 보장자산가치가 하락하는 문제가 있다.
㉢ 실손의료보험은 실제 발생한 진료비에서 일정수준의 본인부담금을 제하고 실비로 보장한다.
㉣ CI보험은 갑작스런 사고나 질병으로 중병상태가 계속되는 경우 보험금의 전부를 미리 지급받을 수 있다.

① ㉡, ㉢　　　　　　　② ㉠, ㉢
③ ㉠, ㉡　　　　　　　④ ㉠, ㉢, ㉣

35 변액보험에 대한 설명으로 가장 적절하지 않은 것은?

① 보험기능에 투자기능을 추가한 일종의 투자상품이다.
② 특약을 통해 다양한 보장을 추가로 받을 수 있다.
③ 보험료가 투자수익에 따라 달라진다.
④ 납입보험료의 일부가 주식 등에 투자된다.

36 다음에서 설명하는 부동산 신탁은 무엇인가?

> 위탁자가 금융기관으로부터 대출을 받기 위하여 설정하는 신탁으로 위탁자가 자기소유 부동산을 신탁회사에 맡기고 발급받은 수익권증서를 담보로 금융기관이 대출을 실행한다.

① 부동산 토지신탁　　② 부동산 담보신탁
③ 부동산 관리신탁　　④ 부동산 처분신탁

정답 및 해설

31 ② 증권사 CMA는 예금자보호법에 따른 예금자보호가 되지 않는 상품이다.
32 ④ 랩어카운트 수수료는 투자자산의 일정비율로 결정되고, 별도의 증권매매수수료는 내지 않는다.
33 ③ 생존보험은 피보험자가 보험기간 만기일까지 생존하는 경우에만 보험금이 지급된다. 중도 사망 시에는 아무런 보장이 없다.
34 ② ㉠, ㉢만 옳은 내용이다.
　　㉡ 변액보험의 가장 큰 특징은 인플레이션으로 인한 보장자산가치 하락에 대한 보완기능이다. 변액보험은 보험료의 일부를 주식이나 채권에 운용하여 투자수익에 따라 지급되는 보험금이 달라진다.
　　㉣ CI보험은 중병상태가 계속될 때 보험금의 일부(50~80%)를 미리 지급 받고, 사망 시에 나머지 잔액을 받게 된다.
35 ③ 변액보험의 경우 보험금과 해약환급금이 투자수익에 따라 달라진다.
36 ② 부동산 담보신탁에 대한 설명이다.

37 주택연금에 대한 설명으로 적절하지 않은 것은?

① 부부 중 연장자가 만 55세 이상이 되어야 신청자격이 있다.
② 공시가격 9억 원 이하인 주택은 신청할 수 있다.
③ 대출금리는 3개월 CD금리 + 1.1% 등 변동금리가 적용된다.
④ 주택연금 계약 종료 시 대출잔액이 주택가격보다 많을 경우 부족한 부분은 상속인에게 청구한다.

38 다음 중 입출금이 자유로운 상품이 아닌 것은?

① MMF
② CMA
③ CD
④ MMDA

39 다음 금융상품에 대한 설명으로 옳지 않은 것만 모두 묶은 것은?

㉠ CD는 만기 전에 중도해지가 불가능하다.
㉡ 표지어음은 만기 후 경과기간에 대해서도 별도의 이자를 지급한다.
㉢ 표지어음은 금융기관이 발행인 및 지급인이 되므로 안정성이 높은 편이다.
㉣ 발행어음은 증권금융회사가 영업자금을 조달하기 위해 담보를 제공하고 발행한다.

① ㉡, ㉢
② ㉠, ㉢
③ ㉡, ㉣
④ ㉠, ㉡, ㉣

40 개인종합저축계좌(ISA)의 특징으로 가장 거리가 먼 것은?

① 직전연도 금융소득종합과세 대상자도 가입이 가능하다.
② 연간 2천만 원씩 최대 1억 원까지 납입할 수 있다.
③ 중개형과 신탁형 ISA는 투자자가 직접 상품을 선택해야 한다.
④ 서민형 ISA의 비과세 한도는 400만 원이며, 비과세 한도를 초과한 수익은 낮은 세율(9.9%)로 분리과세한다.

41 다음 중 중개형 ISA에서만 투자할 수 있는 상품은?

출제빈도 上

① 예금　　　　　　　　　② 리츠
③ 국내 상장주식　　　　　④ ETN

42 개인종합저축계좌(ISA)에 대한 설명으로 가장 적절하지 않은 것은?

출제빈도 下

① 의무가입기간은 3년 이다.
② 일반형 ISA의 비과세 한도는 200만원이다.
③ 비과세 한도 초과분은 16.5%(지방소득세 포함)로 분리과세한다.
④ 중개형 ISA는 국내상장주식도 계좌에 담아서 투자할 수 있다.

43 특정금전신탁에 대한 설명으로 적절하지 않은 것은?

출제빈도 上

① 투자자에게서 수탁 받은 금전을 수탁자가 지시하는 자산에 운용한다.
② 투자자별로 상품을 구성하기 때문에 투자자가 직접 투자하는 것과 동일한 효과를 갖는다.
③ 실적배당상품으로 원금보존이 불가하다.
④ 계약사항에 대해 별도의 계약서를 발행한다.

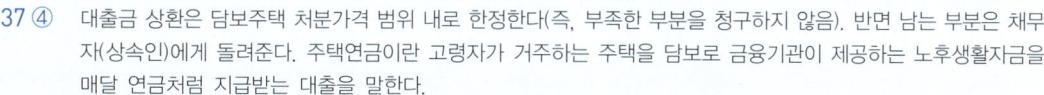

37 ④ 　대출금 상환은 담보주택 처분가격 범위 내로 한정한다(즉, 부족한 부분을 청구하지 않음). 반면 남는 부분은 채무자(상속인)에게 돌려준다. 주택연금이란 고령자가 거주하는 주택을 담보로 금융기관이 제공하는 노후생활자금을 매달 연금처럼 지급받는 대출을 말한다.

38 ③ 　양도성예금증서(CD)는 중도해지가 불가능하므로 입출금이 자유롭지 못하다.

39 ③ 　ⓒ, ⓔ이 옳지 않은 내용이다.
　　　ⓒ 표지어음은 할인매출의 특성상 만기 후 경과기간에 대해서는 별도의 이자없이 액면금액만을 지급한다.
　　　ⓔ 발행어음은 발행자가 담보없이 자기 신용으로 발행한다고 하여 자기발행어음 또는 자발어음이라고도 한다.

40 ① 　ISA는 직전 3개년 중 1회 이상 금융소득종합과세 대상인 자는 가입할 수 없다.

41 ③ 　국내 상장주식은 중개형 ISA에서만 투자할 수 있다.(핵심탐구 15번 참조)

42 ③ 　비과세 한도 초과분은 9.9%(지방소득세 포함)로 분리과세한다.

43 ① 　정답 ① 투자자에게서 수탁 받은 금전을 고객이 지시하는 자산에 운용한다.

44 예금자보호법상 보호대상 금융기관이 아닌 것은?

① 우체국
② 상호저축은행
③ 증권사
④ 외국은행 국내지점

45 연금저축에 대한 설명으로 옳지 않은 것은?

① 세액공제 한도는 최대 연간 600만원이다.
② ISA계좌 만기금액을 포함하여 한해 최대 1,800만원까지 적립할 수 있다.
③ 적립금은 가입 후 5년이 경과하면 55세 이후에 연금으로 수령할 수 있다.
④ 연금수령한도 초과 인출금액에 대해서는 기타소득세가 부과된다.

46 예금보험공사에서 예금보험금을 지급하는 경우가 아닌 것은?

① 금융기관의 경영정상화가 불가능하다고 판단되는 경우
② 금융기관이 감독당국으로부터 인허가를 취소당한 경우
③ 부실금융기관의 자산과 부채를 다른 금융기관으로 이전하는 과정에서 승계된 예금이 보호대상인 경우
④ 두 금융기관이 합병하는 경우에 1년까지는 각각의 금융기관으로 보고, 1년경과 후는 1개 금융기관으로 보아 예금자보호를 적용한다.

정답 및 해설

44 ① 우체국은 정부가 지급을 책임지지만 보호대상 금융기관은 아니다.
45 ② 연금저축은 연간 1,800만원까지 적립할 수 있으며, 연간 납입한도와 별도로 ISA 만기자금을 연금저축에 이체할 수 있다.
46 ③ 계약이전 과정에서 승계된 예금은 문제될 것이 없고, 승계되지 않은 예금이 문제가 된다. 따라서 승계되지 않은 예금이 보호대상이면 예금보험공사가 대신 지급한다.

핵심개념 이해도 체크

| 적절한 개념에 체크 ☑ 하세요.! |

01 신탁업자는 (□ 일반은행 / □ 금융투자회사)에 속한다.

02 증권회사가 투자자에게 랩어카운트 및 CMA 서비스 등을 제공하는 자산관리 업무는 (□ 투자매매·중개업자 / □ 투자자문·일임업자)로서 수행하는 업무이다.

03 정기보험 및 종신보험 등은 전형적인 (□ 보장성 보험 / □ 저축성 보험)이다.

04 금융지주회사는 자회사 지배에 관한 업무만 수행하는 (□ 순수지주회사 / □ 사업지주회사)만 허용된다.

05 가계당좌예금은 (□ 요구불예금 / □ 저축성예금)에 해당한다.

06 증권과 파생상품을 구분하는 기준은 (□ 원본손실가능성 / □ 원본초과손실가능성)이다.

07 집합투자기구 중 투자신탁은 (□ 수익증권 / □ 지분증권)을 발행한다.

08 시장성이 없는 자산에 (□ 10% / □ 20%)를 초과하여 투자하는 집합투자기구는 환매금지형 펀드로 설정해야 한다.

09 모자형 펀드의 경우 투자자에게 판매하는 것은 (□ 모펀드 / □ 자펀드)이고, 실제 증권에 대한 투자는 (□ 모펀드 / □ 자펀드)에서 이루어진다.

10 원금보장형 주가연계상품은 법적으로 파생결합증권에 (□ 제외 / □ 포함)된다.

11 권리행사일에 기초자산의 만기평가가격이 행사가격보다 높으면 콜 ELW 보유자는 (□ 권리행사 / □ 권리포기)하는 것이 유리하다.

---

01 금융투자회사 / 02 투자자문·일임업자 / 03 보장성 보험 / 04 순수지주회사 / 05 요구불예금
06 원본초과손실가능성 / 07 수익증권 / 08 20% / 09 자펀드, 모펀드
10 제외(증권은 원금손실가능성이 있어야 함) / 11 권리행사

12 채권 + put option 매도로 구성된 ELS를 (☐ Bull spread형 / ☐ Reverse convertible형)이라고 한다.

13 증권회사의 CMA와 랩어카운트는 예금자보호법상 (☐ 보호 / ☐ 비보호) 상품이다.

14 장기저축성보험의 경우 (☐ 5년 / ☐ 10년) 이상 가입 시에는 비과세 혜택도 받을 수 있다.

15 (☐ 중개형 / ☐ 신탁형 / ☐ 일임형) ISA는 가입자가 계좌에 국내 상장주식도 담아서 투자할 수 있다.

16 투자자가 신탁재산의 운용방법을 지정하는 경우 (☐ 특정금전신탁 / ☐ 불특정금전신탁)이라 한다.

17 양도성예금증서(CD)의 수익률은 (☐ 실적배당 / ☐ 실세금리 연동형 확정금리)인 특징이 있다.

18 연금저축의 적립금은 가입 후 (☐ 5년 / ☐ 10년)이 경과하면 (☐ 55세 / ☐ 60세) 이후에 연금으로 수령할 수 있다.

19 퇴직연금(IRP/DC형)은 (☐ 비과세 / ☐ 소득공제 / ☐ 세액공제) 혜택이 있다.

20 현행 예금자보호법은 원금과 (☐ 약정이자 / ☐ 소정이자)를 포함하여 최고 5천만원까지 예금을 보장한다.

12 Reverse convertible형 / 13 비보호 / 14 10년 / 15 중개형 / 16 특정금전신탁
17 실세금리 연동형 확정금리 / 18 5년, 55세 / 19 세액공제 / 20 소정이자

이패스코리아 증권투자권유대행인

제2과목

제2장

투자전략

투자전략 02

학습포인트

본 과목은 금융상품분석과 함께 총 23문항이 출제됩니다. 주로 자산배분과 분산투자의 기본적인 내용을 다룹니다. 주요 학습내용으로는 자산배분의 중요성, 자산집단의 정의, 벤치마크, 기대수익률과 위험의 추정방법, 자산배분전략의 수정(리밸런싱, 업그레이딩), 다기간 투자수익률(내부수익률/산술평균수익률/기하평균수익률), 전략적 자산배분과 전술적 자산배분 등이 있습니다. 다소 생소한 내용은 있으나 학습 분량이 적고 출제유형이 정형화되어 있으므로 고득점을 목표로 대비하여야 합니다.

학습전략

핵심 내용	개념이해 난이도		
	상	중	하
제1장 자산배분과 투자관리			
1. 자산배분의 정의와 필요성			○
2. 통합적 투자관리			○
3. 재무목표와 투자목표			○
4. 자산집단		○	
5. 벤치마크			○
6. 투자자산의 기대수익률 측정	○		
7. 투자자산의 위험	○		
제2장 자산배분 설계와 실행			
1. 자산배분 실행과정			○
2. 자산배분 전략 수정방법		○	
3. 다기간 투자수익률 계산방법	○		
제3장 자산배분 전략의 종류			
1. 전략적 자산배분 전략	○		
2. 전략적 자산배분 실행방법		○	
3. 전술적 자산배분 전략	○		
4. 전술적 자산배분 실행도구		○	

02장 핵심정리 문제

01

자산배분의 중요성이 높아지는 이유로 가장 거리가 먼 것은?

① 투자대상 자산군의 증가
② 투자상품의 다양화로 위험관리의 필요성 증대
③ 투자수익률 결정에 자산배분효과가 높은 비중을 차지한다는 투자자의 인식 증가
④ 자산시장의 단기변동성에 적극적으로 대응함으로써 초과수익을 얻을 필요성 증대

> **출제 POINT**
> 단기변동성에 적극적으로 대응할 경우 거래비용이 발생하여 오히려 수익률 마이너스 요인으로 작용한다.

> **함정 & 오답 피하기**
> 투자상품의 다양화로 기대수익률을 높일 필요성 증대(X) ⇨ 자산배분은 투자위험을 낮추기 위한 것이지 기대수익률을 높이기 위한 것이 아니다.

핵심탐구 / 자산배분

정의	• 기대수익률과 위험수준이 다양한 여러 자산집단을 대상으로 투자자금을 배분하여 포트폴리오를 구성하는 일련의 과정
분류	• 이종자산 간 자산배분 : 주식과 채권처럼 각기 다른 자산을 대상으로 배분 • 동일자산 간 자산배분 : 동일한 자산 내에서 국가별, 업종별, 스타일별로 배분
중요성	• 투자대상 자산군의 증가 • 투자위험에 대한 관리 필요성 증대 • 투자수익률에 시장예측이나 증권선택보다 자산배분 효과가 절대적 영향을 미침 ※ 시장예측이나 증권선택의 영향도가 낮은 이유 ① 자산운용자가 자산시장의 높은 변동성을 지속적으로 따라가기 어려움 ② 시장보다 나은 성과를 얻기 위해 시장대응과 종목대응을 할 경우 거래비용이 발생하여 수익률 마이너스 요인으로 작용

정답 ④

02

통합적 투자관리 과정을 순서대로 나열한 것은?

㉠ 투자 전략 관점에서 자산배분 실시
㉡ 투자 전술 관점에서 개별종목 선택
㉢ 포트폴리오 수정과 투자성과의 사후통제
㉣ 투자목표를 설정하고 투자전략수립에 필요한 투자분석 실시

① ㉠ → ㉡ → ㉣ → ㉢
② ㉣ → ㉠ → ㉡ → ㉢
③ ㉡ → ㉢ → ㉠ → ㉣
④ ㉢ → ㉣ → ㉡ → ㉠

출제 POINT

투자분석 → 자산배분 → 종목선정 → 사후통제

함정 & 오답 피하기
- 통합적 투자의 핵심은 종목선정을 먼저하고 다음에 자산배분을 해야 투자성과를 높인다는 것이다. (×)
- 투자관리를 할 때 직면하는 3가지 과제에는 투자금액, 종목선택, 시점선택이 있다. (×)

핵심탐구 | 통합적 투자관리

투자관리	기대수익을 증가시키고 투자위험을 줄이기 위하여 합리적 투자대상을 선택하여 효율적으로 관리 및 운용하는 것
투자관리 3가지 과제	분산투자(자산배분)방법, 종목선택, 시점선택
통합적 투자관리	• 체계적이고 과학적인 투자관리 방법을 지칭 • 자산배분 이후 종목선정을 하는 하향식(top-down) 방법이 투자성과 우수 • 과정 : 투자목표의 설정 및 투자환경 분석 ⇨ 자산배분 ⇨ 종목선정 ⇨ 사후통제

정답 ②

03

투자목표를 설정할 때 고려할 사항이 아닌 것은?

① 투자시계
② 세금관계
③ 법적규제
④ 자산배분

출제 POINT

자산배분은 투자목표가 설정된 이후 결정된다. 투자목표를 설정할 때 고려할 사항에는 투자기간, 위험수용도, 세금관계, 법적규제(제약), 투자자금의 성격, 고객의 특별한 요구사항 등이 있다.

용어 이해하기

투자시계 : 현재의 결정(판단)은 얼마 동안 지속될 것인가? 투자성과는 언제 거두고자 하는가? 장기투자인가? 단기투자인가? 등 시간과 관련된 사항을 말한다.

핵심탐구 재무목표와 투자목표

재무목표	• 투자목표를 설정하기 전에 투자자의 재무목표가 먼저 설정되어야 함 • 재무목표를 구체화해야 목표금액, 목표달성시기 등이 결정됨 • 재무목표에는 은퇴자금, 자녀의 대학교육자금, 내집마련자금 등이 있음
투자목표	• 재무목표가 설정되면 그 목표에 부합하는 투자목표를 설정함 • 투자목표 설정할 때 고려사항 : 투자시계, 위험수용도, 세금관계, 법적제약, 자금성격, 고객의 특별한 요구사항 등

정답 ④

자산집단에 대한 설명으로 적절하지 않은 것은?

① 채권은 이자소득과 시세차익을 얻는 이자지급형 자산이다.
② 주식은 투자수익이 확정되어 있지 않고 투자성과에 따라 달라지는 자산이다.
③ 자산집단 간에는 상관관계가 높아서 분산투자 시 위험감소효과가 있어야 한다.
④ 하나의 자산집단 내에는 분산투자가 가능하도록 많은 개별증권이 존재해야 한다.

출제 POINT

자산집단 간 상관관계가 낮아야 분산투자 시 위험감소효과가 있다. 이를 독립성이라고 한다.

함정 & 오답 피하기
- 자산집단은 분산가능성과 독립성 중 1가지 조건을 충족해야 한다.(×) ⇨ 모두 충족
- 독립성이란 자산집단 내 분산투자가 가능하도록 많은 개별증권이 존재해야 한다는 것이다.(×)

핵심탐구 자산집단(asset class)

의의	• 자산배분의 의사결정 대상은 개별증권이 아니라 개별증권이 모여진 자산집단임
자산집단의 성격	• 분산가능성 : 자산집단 내 분산투자가 가능하도록 많은 개별증권이 존재해야 함 • 독립성 : 자산집단 간 상관관계가 낮아서 분산투자 시 위험감소효과가 있어야 함
이자지급형 자산	• 이자수익을 주목적으로 하는 자산 • 단기금융상품, 예금, 채권 등
투자자산	• 투자수익이 확정되어 있지 않고 투자성과에 따라 달라지는 자산 • 주식, 부동산, 곡물, 원자재 등

정답 ❸

05

벤치마크(benchmark)에 대한 설명으로 적절하지 않은 것은?

① 단기금융상품은 CD 91일물을 벤치마크로 많이 사용한다.
② 벤치마크는 운용자의 운용계획 표현수단인 동시에 투자자와 커뮤니케이션 수단이 된다.
③ 현재 활용 중인 자산집단별 벤치마크 이외 다른 지수를 별도로 만들어 벤치마크로 사용할 수 없다.
④ 투자성과와 위험도를 측정하기 위해서는 자산집단 각각에 대한 벤치마크가 사전에 설정되어 있어야 한다.

출제 POINT

자산집단의 성과와 위험을 가장 잘 표현할 수 있는 지수를 별도로 만들어 벤치마크로 사용할 수 있다.

용어 이해하기

벤치마크(benchmark) : 투자성과를 평가할 때 기준이 되는 것을 말한다. 성과평가에 대한 명확한 기준이 없다면 주관적으로 판단해야 하므로 객관성이나 공정성이 떨어질 수밖에 없다. 따라서 자산집단별 벤치마크가 사전에 설정되어야 한다.

핵심탐구 벤치마크(benchmark)

벤치마크 의의	• 운용성과와 위험을 측정할 때 기준이 되는 구체적인 포트폴리오를 말함 • 운용자의 운용계획을 표현하는 수단인 동시에 투자자와 커뮤니케이션 수단이 됨 • 자산집단의 투자성과와 위험을 측정하려면 자산집단별 벤치마크가 사전에 설정되어야 함
벤치마크가 충족해야 할 조건	• 구체적인 내용(자산집단과 가중치)이 운용하기 이전에 명확할 것 • 벤치마크의 운용성과를 운용자가 추적하는 것이 가능할 것 • 적용되는 자산의 바람직한 운용상을 표현하고 있을 것
벤치마크의 종류	• 국내 주식 : KOSPI 또는 KOSPI200 • 해외 주식 : MSCI ACWI • 채권 : KRX 채권종합지수 • 예금 : 3년 정기예금 금리 • 단기금융상품 : CD 91일물

정답 ③

06

주당순이익(EPS)이 1,000원이고 주가가 10,000원이라면 PER는 10배이고, 주식의 기대수익률은 10%가 된다. 이와 같이 기대수익률을 추정하는 방법은?

① 추세분석법　　　　　　　　② 펀더멘털 분석법
③ 시나리오 분석법　　　　　　④ 시장 공동예측치 사용법

출제 POINT

PER의 역수, 배당수익률 + EPS증가율 등의 방법으로 기대수익률을 추정하는 것이 시장 공동예측치 사용법이다.

용어 이해하기

- **수익률 곡선(Yield Curve)** : 채권의 만기구조에 따라 수익률이 어떻게 변하는가를 나타내주는 그래프
- **배당할인모형** : 기업이 지급하는 미래 배당을 전제로 주식가치를 계산하는 모형

핵심탐구　투자자산의 기대수익률 측정

의의	• 이자지급형 자산은 기대수익률 측정이 수월하지만, 투자자산은 용이하지 않음
추세분석법	• 과거 장기간 수익률을 분석하여 미래의 수익률로 사용 • 장기자료가 필요해 역사가 짧은 경우에는 사용하기 어려움
시나리오 분석법	• 단순하게 과거수익률을 사용하지 않고 경제변수의 상관관계를 고려하여 시뮬레이션함으로써 수익률을 추정 • 경제의 예상과정을 시나리오로 구성하고 시나리오별 발생 확률을 부여하여 계산
펀더멘털 분석법	• 과거의 자료를 바탕으로 미래 발생상황에 대한 기대치를 추가하여 예측 • 주식의 기대수익률 = 무위험이자율 + 주식시장 위험프리미엄 　㉠ 무위험이자율 : 3년 만기 국고채 수익률을 사용 　㉡ 주식시장 위험프리미엄 : 주식시장의 평균기대수익률과 무위험증권의 평균수익률의 차이
시장 공동예측치 사용법	• 시장참여자들이 공통적으로 가지고 있는 미래 수익률에 대한 추정치를 사용 • 채권의 기대수익률은 수익률곡선에서 추정 • 주식의 기대수익률은 1/PER 또는 배당수익률 + EPS증가율로 추정

정답 ❹

07

A주식이 평균수익률(기대수익률) 10%, 표준편차 15%인 정규분포를 따른다고 할 때, 95.54% 신뢰구간(z = 2)에서 기대할 수 있는 투자수익률의 범위는?

① $-5\% \sim 25\%$
② $-15\% \sim 35\%$
③ $-20\% \sim 40\%$
④ $-35\% \sim 55\%$

출제 POINT

95.54%의 신뢰구간은 (평균) ± 2 × (표준편차)이므로 10% ± 2 × 15%, 즉 $-20\% \sim 40\%$이다.

함정 & 오답 피하기

투자수익률의 범위 측정 : 수익률의 확률분포가 정규분포인 것을 가정하면 표준편차를 이용하여 평균수익률(기대수익률과 같은 의미)의 변동성 범위를 측정할 수 있다. 68%(소수점은 무시해도 됨), 95%, 99% 등 세 가지 신뢰수준에 따라 계산방법이 다름에 주의하자.

용어 이해하기

- **분산** : 발생 가능한 수익률과 평균수익률 간 편차의 제곱들을 평균한 값으로 변동성의 크기를 측정한 것
- **표준편차** : 분산을 제곱근한 것

핵심탐구 위험

정의	미래의 불확실성 때문에 발생한 것으로 예상되는 투자손실의 가능성
위험의 측정	분산 혹은 표준편차를 이용하여 측정하는 데, 이 값이 클수록 위험이 큰 자산
투자수익률의 범위	• 68.27% 신뢰수준 ⇨ (평균) ± 1 × (표준편차) • 95.54% 신뢰수준 ⇨ (평균) ± 2 × (표준편차) • 99.97% 신뢰수준 ⇨ (평균) ± 3 × (표준편차)

정답 ❸

08

자산배분과정에서 최적 자산배분 및 수정 단계에 포함되는 것이 아닌 것은?

① 고객성향 파악
② 투자전략 기준 선택
③ 자산배분 모델 선정
④ 자산배분 전략 수정

출제 POINT

고객성향 파악은 자산배분 이전에 명확히 하여야 한다.

함정 & 오답 피하기

자산배분 모델인 마코위츠 평균-분산 모델과 블랙리터만 모델은 참고만 하면 된다.

핵심탐구 › 자산배분 실행과정

고객 성향 파악	• 고객 특성을 파악하여 투자정책을 수립하는 단계 • 고객성향 파악을 위해서 투자목표, 자산운용의 제약조건, 선호도 등의 정보 필요 • 자산배분 실행 전에 고객과 명확히 하여야 함
자본시장 예측	• 각종 경제상황과 경제변수들을 규명하는 단계 • 자산집단의 미래 수익률을 예측하거나 변수 간의 상관관계를 파악
최적 자산배분 및 수정	• 투자전략 기준 선택 : 소극적 투자와 적극적 투자 • 자산배분 모델 선정 : 마코위츠 평균-분산 모델과 블랙리터만 모델 • 자산배분 전략 수정 : 리밸런싱과 업그레이딩
투자변수에 대한 모니터링	• 고객 성향과 자본시장 예측은 고정된 것이 아니라 시간이 지남에 따라 변함 • 자산배분 전략에 따라 모니터링의 수행여부는 차이가 있음
투자성과 측정 및 Feedback	• 성과평가란 단순한 수익률과 위험의 측정이 아님 ⇨ 투자과정 전체를 진단함으로써 궁극적으로는 투자목적을 달성할 수 있도록 피드백 기능까지 수행 • 수익률 계산방법 : 내부수익률, 산술평균수익률, 기하평균수익률

정답 ❶

09

자산배분 전략의 수정방법에 대한 설명으로 적절하지 않은 것은?

① 리밸런싱과 업그레이딩으로 구분한다.
② 리밸런싱은 자산포트폴리오가 갖는 원래의 특성을 그대로 유지하고자 하는 것이다.
③ 리밸런싱은 기대수익에 비해 상대적으로 낮은 위험을 부담하도록 자산 포트폴리오의 구성을 수정하는 것이다.
④ 업그레이딩 실행 시 많은 경우 높은 성과를 지닌 자산보다 큰 손실을 가져다주는 자산을 식별하여 제거하는 방법을 사용하기도 한다.

출제 POINT

기대수익에 비해 상대적으로 낮은 위험을 부담하도록 자산 포트폴리오의 구성을 수정하는 것은 업그레이딩이다.

함정 & 오답 피하기

리밸런싱은 높은 기대수익과 낮은 위험을 부담하도록 개선한다는 의미고, 업그레이딩 원래대로 돌아간다는 의미다.(×) ⇨ 반대

핵심탐구 › 자산배분 전략 수정방법

리밸런싱 (rebalancing)	• 상황변화가 있을 경우 포트폴리오가 갖는 원래의 특성을 그대로 유지하는 것 • 자산집단의 상대가격 변동에 따른 투자비율의 변화를 원래의 비율대로 환원시키는 방법
업그레이딩 (upgrading)	• 새로운 상황 전개는 기존 자산 포트폴리오의 기대수익과 위험에 영향을 준다고 봄 • 위험에 비해 상대적으로 높은 기대수익을 얻고자 하거나, 기대수익에 비해 상대적으로 낮은 위험을 부담하도록 포트폴리오의 구성을 수정하는 것 • 높은 성과를 지닌 자산보다 큰 손실을 주는 자산을 식별하여 포트폴리오에서 제거하는 방법을 사용하기도 함

정답 ❸

10

다기간 투자수익률에 대한 설명으로 적절하지 않은 것은?

① 내부수익률은 금액가중평균 수익률이라고도 한다.
② 산술평균 수익률은 시간가중평균 수익률이라고도 한다.
③ 기하평균 수익률은 복리로 증식되는 것을 감안하지 않는다.
④ 내부수익률은 현금유출액의 현재가치와 현금유입액의 현재가치를 일치시켜주는 할인율을 말한다.

출제 POINT

중도 현금흐름이 복리로 증식되는 것을 감안하지 않는 계산법은 산술평균이다. 기하평균은 중도현금흐름이 재투자되어 증식되는 것을 감안하여 계산한다.

용어 이해하기

다기간 투자수익률: 자금을 1년이 아니라 여러 해에 걸쳐 운용할 경우에 수익률을 계산하는 것이다. 운용 과정에서 발생하는 자금일부의 회수, 추가적인 투자, 재투자 등을 모두 고려해야 하므로 계산이 복잡하다. 내부수익률, 산술평균, 기하평균을 사용하여 기간별로 서로 다른 수익률의 평균값을 계산해야 한다.

핵심탐구 다기간 투자수익률 계산방법

내부수익률	• 현금유출액의 현재가치와 현금유입액의 현재가치를 일치시켜 주는 할인율을 계산하는 것 • 기간별 투자금액의 크기에 가중치가 주어져 계산되므로 금액가중 수익률이라고도 함 • 투자금액에 대해 재량권이 있을 경우에 적절
산술평균 수익률	• 기간별 단일기간 수익률을 모두 합한 다음 이를 관찰수(기간수)로 나누어 측정 • 기간별 투자금액의 크기를 고려하지 않고 기간에만 가중치가 주어지므로 시간가중 수익률이라고도 함 • 자금운용자가 중도 투자금액에 대해 재량권이 없을 경우에 적절
기하평균 수익률	• 중도 현금흐름이 재투자되어 증식되는 것을 감안하여 측정 ⇨ 복리 개념 • 중도 현금이 재투자되고 최종 시점의 부의 크기가 감안된 계산방법이므로 산술평균 수익률보다 합리적

정답 ❸

11

전략적 자산배분에 대한 설명으로 적절하지 않은 것은?

① 자본시장 상황에 따른 투자자의 위험허용 정도는 변화가 없다고 가정한다.
② 여러 자산에 분산투자 시 구성자산들의 평균위험보다 포트폴리오 위험이 낮아진다는 점을 이용한 전략이다.
③ 장기적인 자산구성비율과 중기적으로 개별자산이 취할 수 있는 투자비율의 한계를 결정하는 의사결정이다.
④ 자산집단의 기대수익률, 위험, 상관관계의 변화를 중기적으로 계속하여 예측하므로 자본시장 예측기능을 강조한다.

출제 POINT

전략적 자산배분전략은 장기적인 자본시장 예측치를 사용하므로 중단기적으로는 자산의 기대수익률, 위험, 상관관계가 일정하다고 가정한다.

용어 이해하기

- **포트폴리오 이론** : 자산을 분산투자하여 포트폴리오를 만들게 되면 위험을 감소시킬 수 있다는 이론이다. 해리 마코위츠(Herry Markowitz)에 의해 제시되었다.
- **효율적 투자기회선** : 정해진 위험 수준 하에서 가장 높은 수익률을 달성하는 포트폴리오를 효율적 포트폴리오라고 부르며, 여러 개의 효율적 포트폴리오를 수익률과 위험의 공간에 연속선으로 연결한 것이다.
- **최적화** : 일정한 위험 하에서 최대 수익률을 달성하거나 또는 일정한 기대수익률 하에서 최소 위험을 부담하도록 포트폴리오를 구성하는 것을 말한다. 추정 오차로 인해 비효율적인 포트폴리오가 구성되기도 한다.

핵심탐구 : 전략적 자산배분 전략

정의	장기적인 자산구성비율과 중기적으로 개별자산이 취할 수 있는 투자비율의 한계를 결정하는 의사결정
운용방법	중도에 자산배분 비율을 조정하지 않는 것이 원칙 ⇨ 정적(소극적 투자)
실행과정	• 장기적인 자본시장 예측치를 사용하므로 중단기적으로는 자산의 기대수익률, 위험, 상관관계가 일정하다고 가정 • 자본시장 상황변화에 따른 투자자의 위험허용 정도의 변화가 없다고 가정
이론적 배경	• 포트폴리오 이론과 관련이 있음 • 효율적 투자기회선과 최적화 방법을 이용하여 자산배분이 이루어짐

정답 ④

12

투자 자산들의 포트폴리오 내 구성 비중을 각 자산이 시장에서 차지하는 시가총액 비율과 동일하게 포트폴리오를 구성하는 전략적 자산배분의 실행방법은?

① 가치평가모형
② 시장가치 접근방법
③ 포뮬러플랜
④ 위험 - 수익 최적화 방법

출제 POINT

시장가치 접근방법이라고 한다.

용어 이해하기

- **자본자산 가격결정 모형(CAPM, Capital Asset Pricing Model)** : 자본시장의 균형 하에서 위험 자산의 균형수익률을 도출하는 모형이다.
- **지배원리** : 동일한 기대수익률을 가진 포트폴리오 중에서는 위험이 가장 적은 포트폴리오를, 동일한 위험을 가진 포트폴리오 중에서는 기대수익률이 가장 높은 포트폴리오를 선택하는 원리이다.

핵심탐구 전략적 자산배분 실행방법

시장가치 접근방법	• 투자 자산들의 구성 비중을 시가총액의 비율과 동일하게 포트폴리오를 구성 • 시장 포트폴리오를 구성하는 것이므로 CAPM이론과 관련됨 • 소규모 자금으로는 포트폴리오를 구성하기 어려움
위험 - 수익 최적화 방법	• 포트폴리오 이론에 근거한 방법으로 지배원리에 의해 최적의 포트폴리오를 구성 • 입력변수의 수준 변화에 지나치게 민감하다는 단점이 있음
투자별 특수상황을 고려하는 방법	특정 법칙으로 정형화하기보다는 투자자의 요구사항을 고려
다른 유사한 기관투자자의 자산배분을 모방	연기금, 생명보험, 투자신탁 등의 기관투자자들이 시장에서 실행하고 있는 자산배분을 모방

정답 ❷

13

전술적 자산배분 전략의 특징이 아닌 것은?

① 저평가된 자산을 매수하고 고평가된 자산을 매도하는 역투자 전략
② 시장의 변화방향을 예상하여 사전적으로 자산구성을 변동시켜 나가는 전략
③ 분산투자를 할 경우 투자위험이 감소한다는 포트폴리오 이론에 근거하는 전략
④ 새로운 정보에 지나치게 낙관적이거나 비관적으로 반응하여 내재가치로부터 상당히 벗어나는 가격 착오현상인 과잉반응을 활용하는 전략

출제 POINT

마코위츠의 포트폴리오 이론에 근거한 것은 전략적 자산배분 전략이다.

함정 & 오답 피하기

전략적 자산배분과 전술적 자산배분의 차이점 : 전략적 자산배분은 기본가정이 변화하지 않는 이상 투자기간 중 자산구성을 변경하지 않는 매우 장기적인 의사결정으로 시장의 평균수익을 목표로 한다. 반면에 전술적 자산배분은 중단기적인 가격 착오를 적극 활용하여 자산구성을 변경함으로써 고수익을 지향하는 운용전략이다.

핵심탐구　전술적 자산배분 전략

정의	• 시장의 변화방향을 예상하여 사전적으로 자산구성을 변동시켜 나가는 전략
운용방법	• 일정기간별로 자산구성을 변경하여 초과성과 달성 ⇨ 동적(적극적 투자)
실행과정	• 자산집단의 기대수익률, 위험, 상관관계의 변화를 중기적으로 계속하여 예측하므로 자본시장 예측기능을 매우 강조 • 투자자의 위험허용치는 포트폴리오의 실현수익률 변화에 영향을 받지 않는다고 가정
이론적 배경	• 역투자전략 : 저평가된 자산을 매수하고 고평가된 자산을 매도함으로써 투자성과를 높이고자 하는 전략 ⇨ 시장과 반대 방향 • 과잉반응 현상 : 새로운 정보에 대한 지나치게 낙관적이거나 비관적인 반응으로 인하여 자산가격이 내재가치로부터 상당히 벗어나는 가격 착오 현상 • 평균반전 현상 : 자산집단의 가격이 단기적으로는 내재가치에서 벗어나지만 장기적으로는 내재가치로 회귀하는 현상

정답 ③

14

다음에서 설명하는 투자전략은 무엇인가?

막연하게 시장과 역으로 투자함으로써 고수익을 지향하는 전략으로서 주가가 하락하면 주식을 매수하고, 주가가 상승하면 주식을 매도한다. 정액법과 정률법이 있다.

① 기본적 분석 ② 요인모형방식
③ 기술적 분석 ④ 포뮬러 플랜

출제 POINT

전술적 자산배분 전략과 유사한 포뮬러 플랜(formula plan)의 특징이다.

함정 & 오답 피하기

자산집단의 균형가격은 가치평가모형만 사용하여 산출해야 한다.(X) ⇨ 어떠한 모형이나 이론으로도 규명되기 어려우므로 주관적인 가격판단을 활용하는 경우도 많다.

용어 이해하기

포뮬러 플랜(Formula Plan) : 미리 정해놓은 공식에 맞추어 주가가 떨어지면 사서 오를 때 파는 행위를 기계적으로 반복함으로써 위험을 제거하는 기법이다.

핵심탐구 전술적 자산배분의 실행도구

의미	• 전술적 자산배분 전략은 자산가격이 단기적으로는 균형가격에서 벗어날 수 있지만 중장기적으로는 균형가격에 복귀한다는 가정에서 출발하기 때문에 가치평가가 제일 중요 • 실행도구란 자산 가치를 평가하는 방법을 의미함
가치평가방법	• 기본적 분석 : 배당할인, 이익할인, 현금흐름 할인모형 등 • 요인모형방식 : CAPM, APT, 다변량 회귀분석 등 • 기술적 분석 : 추세분석, 이격도 등
포뮬러 플랜 (Formula Plan)	• 막연하게 시장과 역으로 투자함으로써 고수익을 지향하는 전략 • 주가가 하락하면 주식을 매수, 주가가 상승하면 주식을 매도하는 역투자전략 ⇨ 전술적 자산배분과 개념이 유사 • 정액법과 정률법이 있음

정답 ④

02장 출제예상 문제

01 다음은 자산배분의 정의이다. 괄호 안에 들어갈 말로 적당한 것은?

> 자산배분이란 (　　)과(와) (　　)이(가) 다양한 여러 자산집단을 대상으로 투자자금을 배분하여 최적의 자산 포트폴리오를 구성하는 일련의 투자과정이다.

① 이종자산, 표준편차
② 개별종목, 투자시점
③ 기대수익률, 위험수준
④ 투자목표, 상품종류

02 자산배분의 중요성이 부각되는 이유로 적절하지 않은 것은?

① 투자위험에 대한 관리의 필요성이 높아졌다.
② 신상품에 대한 규제완화로 투자대상 자산의 종류가 증가하고 있다.
③ 실증연구결과 자산배분정책이 포트폴리오 성과에 가장 중요한 요인이었다.
④ 투자자금의 국가 간 이동이 자유화됨에 따라 국가별 자산에 대한 변동성이 작아졌다.

03 투자관리를 할 때 일차적으로 직면하는 3가지 과제가 아닌 것은?

① 분산투자의 방법
② 투자시점의 선택
③ 개별종목의 선택
④ 투자자금의 성격

04 상향식(bottom-up) 투자관리의 특징을 모두 고르면?

> ㉠ 통합적 투자관리 과정에 따라 관리하는 방식이다.
> ㉡ 종목선정을 먼저하고 자산배분은 나중에 하는 방식이다.
> ㉢ 하향식(top-down)에 비해 투자성과가 상대적으로 저조한 것으로 알려지고 있다.

① ㉠, ㉡
② ㉡, ㉢
③ ㉠, ㉢
④ ㉠, ㉡, ㉢

05 재무목표와 투자목표에 대한 설명으로 적절하지 않은 것은?

① 재무목표를 설정하기 전에 투자목표가 설정되어야 한다.
② 재무목표는 정확하게 표현되지 않기 때문에 반드시 구체화되어야 한다.
③ 은퇴자금, 자녀의 교육자금, 내집마련자금 등은 재무목표에 해당한다.
④ 투자목표는 투자자의 나이, 투자성향, 투자자금의 성격, 세금 등에 의해 결정된다.

06 자산집단(asset class)에 대한 설명으로 적절하지 않은 것은?

① 분산가능성과 독립성 중 1가지 조건을 충족해야 한다.
② 분산가능성을 충족하기 위해서는 자산집단 내 분산투자가 가능하도록 충분하게 많은 개별증권이 존재해야 한다.
③ 독립성을 충족하기 위해서는 하나의 자산집단은 다른 자산집단과 상관관계가 충분히 낮아서 분산투자 시 위험의 감소효과가 발휘되어야 한다.
④ 투자자산은 이자지급형 자산보다 변동성이 커서 높은 수익을 얻을 수 있는 반면 손실도 볼 수 있다.

07 벤치마크가 갖춰야 할 조건을 모두 고르면?

㉠ 자산집단과 가중치가 운용하기 이전에 명확할 것
㉡ 벤치마크의 운용성과를 운용자가 추적하는 것이 가능할 것
㉢ 적용되는 자산의 바람직한 운용상을 표현하고 있을 것

① ㉠, ㉡
② ㉡, ㉢
③ ㉠, ㉢
④ ㉠, ㉡, ㉢

정답 및 해설

01 ③ 자산배분이란 기대수익률과 위험수준이 다양한 여러 자산집단을 대상으로 투자자금을 배분하여 포트폴리오를 구성하는 일련의 과정이다.
02 ④ 투자자금의 국가 간 이동이 자유화됨에 따라 국가별 자산에 대한 변동성은 더 커졌다.
03 ④ 투자관리를 할 때 일차적으로 직면하는 3가지 과제로는 분산투자(자산배분)의 방법, 개별종목의 선택, 투자시점의 선택을 꼽는다.
04 ② 통합적 투자관리는 자산배분을 먼저하고 종목선정을 나중에 하는 하향식(top-down) 방식을 말한다.
05 ① 재무목표가 먼저 결정되어야 그에 부합하는 투자목표를 설정할 수 있다.
06 ① 자산집단은 분산가능성과 독립성, 즉 두 가지 기본적인 성격을 모두 지녀야 한다.
07 ④ 모두 해당된다.

08 벤치마크의 종류에 대한 설명 중 적절하지 않은 것은?
① 국내주식은 KOSPI200을 벤치마크로 많이 사용한다.
② 예금의 벤치마크로 3년 정기예금금리를 많이 이용한다.
③ 대안투자는 MSCI ACWI를 많이 이용한다.
④ 채권은 KRX채권종합지수를 많이 사용한다.

09 자산집단의 투자가치에 대한 설명으로 적절하지 않는 것은?
① 투자가치는 기대수익의 크기에만 영향을 받는다.
② 기대수익률은 예상수익률의 기대치로 측정한다.
③ 위험은 미래수익률의 분산 또는 표준편차로 측정한다.
④ 위험이 동일한 자산집단들 중에서는 기대수익이 큰 자산집단을 선택하는 것이 좋다.

10 이자지급형 자산인 단기금융상품의 기대수익률에 해당하는 것은?
① 가입 시점의 금리
② 주가에 대한 미래 전망치를 추정한 값
③ 가입 시점의 금리에 시장금리 변동을 반영하여 추정한 값
④ 표면이자율에 가격변동에 따른 시세차익을 합한 값

11 기대수익률 측정방법 중 시나리오 분석법에 해당하는 것은?
① 자산집단의 과거 장기간 수익률을 분석하여 미래의 수익률로 사용한다.
② 시장 참여자간에 공통적으로 가지고 있는 미래 수익률에 대한 추정치를 사용한다.
③ 여러 가지 경제변수의 상관관계를 고려하여 시뮬레이션함으로써 수익률을 추정한다.
④ 과거의 자료를 바탕으로 하되 미래의 발생상황에 대한 기대치를 추가하여 수익률을 예측한다.

12 펀더멘털 분석법에서 주식의 기대수익률을 추정하는 방법이다. 괄호 안에 들어갈 말로 알맞은 것은?

- 주식의 기대수익률 = ( ) + 주식시장 위험 프리미엄

① 배당수익률　　　　　　　　　② EPS성장률
③ 무위험이자율　　　　　　　　④ 주가수익비율(PER)

13. 다음 자료를 분석한 설명으로 적절하지 않은 것은?

경기상황	A자산	B자산	확률
호황	40%	80%	0.2
현상유지	30%	30%	0.6
불황	20%	-20%	0.2

① A자산의 기대수익률은 30%이다.
② B자산의 기대수익률은 35%이다.
③ B자산이 더 높은 위험(변동성)을 보인다.
④ A자산이 B자산보다 우월한 투자대상이다.

14. 시장공통예측치 사용법에서 주식의 기대수익률을 추정하는 방법이다. 괄호 안에 들어갈 말로 알맞은 것은?

• 주식의 기대수익률 = ( ) + EPS장기성장률

① 배당수익률
② 총자본이익률
③ 무위험이자율
④ 3년 만기 국고채 수익률

정답 및 해설

08 ③ 대안투자의 벤치마크를 Reuters Jefferies CRB Index와 FTSE EPRA NAREIT Global Index를 사용한다. MSCI ACWI는 해외주식에 대한 벤치마크로 이용된다.

09 ① 투자가치는 미래의 기대수익에 달려 있는데, 그 기대수익이 실현되지 않을 위험을 지니고 있다. 따라서 자산집단의 투자가치는 기대수익과 위험 두 가지 요인으로 평가해야 한다.

10 ① 단기금융상품은 금리변동이 생길 수 있지만 그 폭이 적기 때문에 가입 시점의 금리가 기대수익률이 된다. 예금과 단기금융상품은 가입 시점의 금리, 채권은 표면이자율에 가격변동에 따른 시세차익을 합한 값이 기대수익률이다.

11 ③ ① 추세분석법
② 시장 공통예측치 사용법
④ 펀더멘털 분석법

12 ③ 주식의 기대수익률 = 무위험이자율 + 주식시장 위험 프리미엄으로 측정한다. 무위험이자율은 3년 만기 국고채 수익률을 사용한다.

13 ② • 자산A의 기대수익률 = (40% × 0.2) + (30% × 0.6) + (20% × 0.2) = 30%
• 자산B의 기대수익률 = (80% × 0.2) + (30% × 0.6) + (-20% × 0.2) = 30%
[참고] 기대수익률은 동일한데 B자산이 상대적으로 시나리오별 수익률 편차(-20% ~ 80%)가 큼을 알 수 있다. 따라서 B자산이 더 높은 위험(변동성)을 보이게 된다.

14 ① 주식의 기대수익률 = 배당수익률 + EPS장기성장률

15 기대수익률과 위험에 대한 설명으로 옳은 것으로만 모두 묶인 것은?

㉠ 위험은 미래예상 수익률의 분산 또는 표준편차 등을 이용하여 측정한다.
㉡ 투자손실 가능성은 미래 기대수익률의 분산 정도가 클수록 작아진다.
㉢ 이자지급형 자산보다 주식 등 투자자산의 기대수익률 측정이 더 어렵다.
㉣ 추세분석법은 미국과 영국처럼 자본시장 역사가 긴 경우에 적절한 방법이다.

① ㉠, ㉡, ㉢
② ㉠, ㉡, ㉣
③ ㉠, ㉢, ㉣
④ ㉡, ㉢, ㉣

16 발생 가능한 수익률과 평균수익률의 편차의 제곱들을 평균한 값으로 변동성의 크기를 측정하는 지표는?

① 범위
② 변동계수
③ 분산
④ 표준편차

17 투자자의 위험성향 유형에 대한 다음 설명 중 가장 적절한 것은?

① 기대수익과 위험이 동시에 고려될 때 투자자가 객관적으로 느끼는 만족도인 효용의 크기에 따라 최종선택을 한다.
② 위험회피형의 효용함수는 원점에 대하여 볼록한 형태를 보인다.
③ 위험선호형의 효용함수는 원점에 대하여 오목한 형태를 보인다.
④ 위험중립형의 효용함수는 직선형으로 표시된다.

18 다음과 같은 증권 X, Y, P, Q, R이 있을 경우 효율적 증권의 선택과 관련한 내용으로 적절하지 않은 것은?

구분	X	Y	P	Q	R
기대수익률(%)	10	5	10	4	8
표준편차(%)	14.14	3.54	18	3.54	10

① 증권 X와 증권 P를 비교할 경우 기대수익률이 동일하지만 증권 X가 증권 P보다 위험이 낮으므로 증권 X를 선택한다.
② 증권 Y와 증권 Q를 비교할 경우 위험이 동일하지만 증권 Y가 증권 Q보다 기대수익률이 높음으로 증권 Y를 선택한다.
③ 공격적 투자자는 증권 X를 선택한다.
④ 방어적 투자자는 증권 X를 선택한다.

19 다음 괄호 안에 들어갈 적절한 수치를 계산하시오.

출제빈도 上

> 수익률이 정규분포곡선의 형태를 나타내는 경우 과거 평균수익률이 8%이고 수익률의 표준편차가 14.83%라면 미래수익률이 (가)% ~ (나)% 사이에 위치할 확률은 68.27%이다.

① −36.49, 52.49   ② −21.66, 37.66
③ −14.83, 14.83   ④ −6.83, 22.83

20 기대수익률이 15%이고, 수익률의 표준편차는 19.84%인 주식의 투자수익률의 분포를 68.27% 신뢰수준으로 추정하려고 한다. 다음 설명 중 옳지 않은?

출제빈도 下

① 수익률의 확률분포가 정규분포인 것을 가정한다.
② 투자수익률이 −4.84% ~ 34.84%일 확률이 68.27%임을 뜻한다.
③ 투자수익률이 −4.4% 이하로 얻어질 가능성은 약 16% 정도이다.
④ 100번 중 32번 정도는 투자수익률이 34.4% 이상으로 얻어질 가능성이 있다.

정답 및 해설

15 ③ 투자손실 가능성은 미래 기대수익률의 분산 정도가 클수록 커진다.
16 ③ 위험의 측정지표 중 분산을 설명한 것이다.
17 ④ ① 기대수익과 위험이 동시에 고려될 때 투자자가 주관적으로 느끼는 만족도인 효용의 크기에 따라 최종선택을 한다. ② 위험회피형의 효용함수는 원점에 대하여 오목한 형태를 보인다 ③ 위험선호형의 효용함수는 원점에 대하여 볼록한 형태를 보인다.
18 ④ 방어적 투자자는 증권 Y를 선택한다.
19 ④ 68.27%의 신뢰구간은 (평균) ± 1 × (표준편차)이므로 8% ± 14.83%, 즉 −6.83% ~ 22.83%
20 ④ 34.4% 이상의 투자수익률을 얻을 가능성은 100번 중 16번 정도이다. 68% 신뢰수준으로 −4.4% ~ 34.4% 범위를 얻었으므로 이 범위를 벗어날 확률은 32%이다. 정규분포를 가정하면 좌우대칭이 되므로 −4.4% 이하일 확률과 34.4% 이상일 확률은 16%로 동일하다.

21 자산배분 실행과정 중 고객성향파악에 대한 설명으로 적절하지 않은 것은?

① 고객성향파악은 자산배분 후에 고객과 명확히 하여야 한다.
② 자산배분 실행과정은 고객의 성향을 파악하여 투자정책을 수립하는 과정이다.
③ 투자목표 자산운용의 제약조건, 선호도 등의 정보를 통해 고객의 성향을 파악한다.
④ 고객의 성향을 파악하는 방법으로 고객설문서, 대화방법 등을 이용한다.

22 적극적 투자와 소극적 투자의 차이점으로 사실과 다른 것은?

	구 분	적극적 투자	소극적 투자
①	증권시장	비효율적	효율적
②	투자수익	초과수익 추구	시장수익 추구
③	투자기간	중장기	단기
④	대표전략	전술적 자산배분	전략적 자산배분

23 업그레이딩(upgrading) 수정방법의 특징으로만 묶인 것은?

㉠ 자산 포트폴리오가 갖는 원래의 특성을 그대로 유지하고자 한다.
㉡ 큰 손실을 가져다주는 자산을 포트폴리오에서 제거하기도 한다.
㉢ 자산집단의 상대가격 변동에 따른 투자비율의 변화를 원래대로 환원시킨다.
㉣ 위험에 비해 상대적으로 높은 기대수익을 얻기 위하여 포트폴리오의 구성을 수정한다.

① ㉡, ㉣   ② ㉠, ㉣
③ ㉠, ㉢   ④ ㉡, ㉢, ㉣

24 단일기간 투자수익률에 대한 설명으로 적절하지 않은 것은?

① 총투자수입을 기초의 투자금액으로 나누어 계산한다.
② 주식투자의 경우 배당수입과 시세차익이 총투자수입을 구성한다.
③ 채권투자의 경우 이자수입과 시세차익이 총투자수입을 구성한다.
④ 단일기간 투자수익률은 주로 기하평균 수익률이 사용된다.

25 산술평균 수익률에 대한 설명으로 옳은 것은?

① 중도현금이 재투자되고 최종시점의 부의 크기가 감안된다.
② 기간별 상이한 투자금액의 크기에 가중치를 주어서 수익률을 계산한다.
③ 기간별 단일기간 수익률을 모두 합한 후 이를 기간수로 나누어 측정한다.
④ 자금운용자가 중도 투자금액에 대해 재량권이 있을 경우에 적절한 방법이다.

26 ESG 투자방식에 대한 설명 중 적절하지 않은 것은?

① ESG기준에 부합하지 않는 종목을 배제한다.
② 비재무분석을 배제하고 재무분석을 더욱 강화하고 있다.
③ 국제기구 및 주요 NGO의 기준을 준수하지 않은 기업은 투자대상에서 제외한다.
④ 의결권 행사 등을 통해 주주총회에서 의사결정에 개입해 기업이 ESG 요건을 준수하도록 투자한다.

27 전략적 자산배분전략과 전술적 자산배분전략에 대한 설명으로 가장 거리가 먼 것은?

① 전략적 자산배분은 포트폴리오 이론에 토대를 두고 있다.
② 전략적 자산배분은 투자목적을 달성하기 위해 장기적인 포트폴리오의 자산구성을 정하는 의사결정이다.
③ 전술적 자산배분은 전략적 자산배분에 의해 결정된 포트폴리오를 투자전망에 따라 중단기적으로 변경하는 실행과정이다.
④ 전술적 자산배분의 대표적인 실행방법으로는 최적포트폴리오를 활용한 위험-수익 최적화방법이 있다.

정답 및 해설

21 ① 고객성향파악은 자산배분 전에 고객과 명확히 하여야 한다.
22 ③ 적극적 투자전략은 단기, 소극적 투자전략은 중장기 투자관리기법이다.
23 ① ㉡과 ㉣은 업그레이딩(upgrading), ㉠, ㉢은 리밸런싱(revalancing)의 특징이다.
24 ④ 기하평균 수익률은 다기간 투자수익률을 계산할 때 이용한다.
25 ③ ①은 기하평균 수익률, ②와 ④는 내부수익률(또는 금액가중수익률)의 특징이다.
26 ② 재무분석과 비재무분석을 병행하고 있다.
27 ④ 위험-수익 최적화방법은 전략적 자산배분의 대표적인 실행방법이다.

28 효율적 투자기회선과 최적화 방법에 대한 설명으로 적절하지 않은 것은?

① 효율적 포트폴리오는 정해진 위험 하에서 가장 높은 수익률을 달성하는 포트폴리오이다.
② 효율적 투자기회선은 여러 개의 효율적 포트폴리오를 수익률과 위험의 공간에서 연속선으로 연결한 것이다.
③ 최적화는 일정한 위험 하에서 최대의 기대수익률을 달성하도록, 일정한 기대수익률 하에서는 최소의 위험을 부담하는 포트폴리오를 구성하는 것이다.
④ 효율적 투자기회선을 도출하는 것은 쉬운 편이라 자산배분에서 많이 활용되고 있다.

29 전술적 자산배분 전략에 대한 설명으로 적절하지 않은 것은?

① 중단기적인 가격 착오를 적극적으로 활용하여 고수익을 지향한다.
② 이미 정해진 자산배분을 운용자의 가격 예측 하에 투자비중을 변경한다.
③ 신속한 실행과 거래비용의 절감을 위해 파생상품을 사용하기도 한다.
④ 자산집단의 균형가격을 산출할 때 주관적인 가격판단이 개입되어선 아니 된다.

30 마코위츠의 평균-분산 모델에 대한 다음 설명 중 가장 적절하지 않은 것은?

① 평균-분산 기준에 의하여 효율적 경계선을 도출해 내고 투자자의 수익률 분포에 대한 선호에 따라 최적 포트폴리오를 선택하는 투자의사결정 접근법이다.
② 포트폴리오를 구성하는 이유는 기대수익률을 높이면서 투자위험을 줄일 수 있기 때문이다.
③ 비체계적 위험은 기업 고유위험이라고도 하며 분산투자를 통해 제거할 수 있는 위험을 말한다.
④ 무위험자산도 포트폴리오 구성에 포함되면 위험자산만으로 포트폴리오를 구성할 때보다도 월등한 투자성과를 기대할 수 있다.

31. 블랙리터만의 자산배분 모델에 대한 다음 설명 중 가장 적절하지 않은 것은?

① 마코위츠 평균-분산 모델의 한계를 보완했다.
② 시장 포트폴리오에 내재된 균형 기대수익률을 산출하고 투자자의 시장 전망을 자산배분 모델에 반영하여 자산배분을 시행하는 모델이다.
③ 시장 포트폴리오의 균형점인 자산의 시가총액을 이용하여 균형 기대수익률을 역산함으로써 특정 자산집단의 기대수익률과 위험을 몰라도 자산배분 실행이 가능하다.
④ 투자자의 단기전망을 반영하여 자산배분의 비중을 조절한다.

32. 위험 - 수익 최적화 방법에 대한 설명으로 적절하지 않은 것은?

① 지배원리에 의하여 포트폴리오를 구성하는 방법이다.
② 매우 엄밀한 도출과정을 거치며 다양한 활용이 가능하다.
③ 도출과정에서 입력 변수의 수준 변화에도 민감하지 않은 장점이 있다.
④ 효율적 투자곡선과 투자자 효용함수가 접하는 점이 최적 포트폴리오가 된다.

33. 전술적 자산배분 전략에서 가치평가 시 사용하는 방법이 아닌 것은?

① CAPM 등 요인모형방식
② 추세분석 등 기술적 분석
③ 시장가치 접근방법
④ 주식의 현금흐름할인모형 등 기본적 분석

정답 및 해설

28 ④ 현실적으로 진정한 효율적 투자기회선을 규명하는 것은 어렵다. 기대수익률, 표준편차, 자산 간 상관관계 등의 통계 추정치의 오류와 추정 오차가 발생하여 비효율적인 포트폴리오가 구성되기 때문이다.
29 ④ 자산집단의 균형가격은 모형이나 이론으로도 규명되기 어려우므로 주관적인 가격 판단을 활용하는 경우도 많다.
30 ② 포트폴리오를 구성하는 이유는 기대수익률을 감소시키지 않고 투자위험을 줄일 수 있기 때문이다.
31 ④ 투자자의 단기전망을 반영하는 것이 아니고 장기전망을 반영한다.
32 ③ 위험 - 수익 최적화 방법은 매우 엄밀한 도출과정을 거치며 다양한 활용이 가능하지만, 입력변수의 수준변화에 지나치게 민감하다는 단점이 있다.
33 ③ 시장가치 접근방법은 전략적 자산배분의 실행방법이다.

34 역투자전략에 대한 설명으로 적절하지 않은 것은?

① 전술적 자산배분 전략의 이론적 배경이 된다.
② 내재가치와 시장 가격 간의 비교를 통해서 실행된다.
③ 시장가격이 지나치게 올라서 내재가치 대비 고평가되면 매도한다.
④ 시장 가격은 중장기적인 변화과정을 보일 뿐만 아니라 변동성이 낮아 역투자전략이 용이하다.

정답 및 해설

34 ④ 내재가치는 중장기적인 변화과정을 보일 뿐만 아니라 변동성이 낮은 반면, 시장 가격은 변동성이 높아 역투자전략이 용이한 것이다.

핵심개념 이해도 체크

| 적절한 개념에 체크 ☑ 하세요.! |

01 매니저가 자산시장의 높은 변동성을 지속적으로 따라가기가 어렵고, 시장의 변동성보다 나은 성과를 얻기 위해 시장대응과 종목대응을 할 경우 거래비용이 발생하여 수익률의 마이너스 요인으로 작용하기 때문에 시장예측이나 증권선택이 총수익률에 미치는 영향도는 점점 낮아지고 있다. (O / X)

02 종목 선정이 먼저 이루어지고, 자산배분은 수동적으로 나중에 결정되도록 하는 상향식(bottom-up) 투자관리가 투자성과를 높인다. (O / X)

03 (☐ 재무목표 / ☐ 투자목표)가 설정되면 그 목표에 부합하는 (☐ 재무목표 / ☐ 투자목표)를 설정하여야 한다.

04 자산집단 간 상관관계가 낮아서 분산투자 시 위험감소효과가 있어야 하는 속성을 (☐ 분산가능성 / ☐ 독립성)이라고 한다.

05 벤치마크는 시기적으로 자산운용 (☐ 이전 / ☐ 이후)에 설정되어야 한다.

06 PER의 역수, 배당수익률+EPS성장률 등의 방법으로 기대수익률을 추정하는 것이 (☐ 펀더멘털 분석법 / ☐ 시장 공통예측치 사용법)이다.

07 (☐ 분산 / ☐ 표준편차)은(는) 발생 가능한 수익률과 평균수익률 간 편차의 제곱들을 평균한 값이다.

08 위험에 비해 상대적으로 높은 기대수익을 얻고자 하거나, 기대수익에 비해 상대적으로 낮은 위험을 부담하도록 포트폴리오의 구성을 수정하는 것을 (☐ 리밸런싱 / ☐ 업그레이딩)이라고 한다.

09 (☐ 내부수익률 / ☐ 산술평균수익률)은 기간별 투자금액의 크기에 가중치가 주어져 계산되므로 금액가중 수익률이라고도 한다.

10 (☐ 전략적 / ☐ 전술적) 자산배분 전략은 여러 자산에 분산투자 시 구성자산들의 평균위험보다 포트폴리오 위험이 낮아진다는 포트폴리오 이론에 근거를 두고 있다.

---

01 O 자산배분이 시장예측이나 증권선택보다 훨씬 중요하다.
02 X 자산배분이 이루어지고 그 다음에 종목을 선정하는 하향식(top-down)방식이 투자성과를 높인다.
03 재무목표, 투자목표 / 04 독립성 / 05 이전 / 06 시장 공통예측치 사용법 / 07 분산 / 08 업그레이딩
09 내부수익률 / 10 전략적

11 (☐ 전략적 / ☐ 전술적) 자산배분 전략은 자산집단의 기대수익률, 위험, 상관관계의 변화를 중기적으로 계속하여 예측하므로 자본시장 예측기능을 강조한다.

12 시장가치 접근방법은 (☐ 자산배분 실행방법 / ☐ 기대수익률 측정방법) 중에 하나이다.

13 포뮬러 플랜은 자산운용 측면에서 (☐ 전략적 / ☐ 전술적) 자산배분과 개념이 유사하다.

14 (☐ 통합화 / ☐ 최적화)란 일정한 위험 수준 하에서 최대의 수익률을 달성하도록, 일정한 기대수익률 하에서 최소의 위험을 부담하는 포트폴리오를 구성하는 것을 말한다.

15 (☐ 지배원리 / ☐ 분산투자)란 기대수익이 동일한 투자대상들 중에서는 위험이 가장 낮은 투자대상을 선택하고, 위험이 동일한 투자대상들 중에서는 기대수익이 가장 높은 것을 선택하는 것이다.

11 전술적 / 12 자산배분 실행방법 / 13 전술적 / 14 최적화 / 15 지배원리

이패스코리아 증권투자권유대행인

제2과목

제3장

투자권유 및 고객관리

투자권유 및 고객관리

03

학습포인트

투자권유와 고객관리는 모두 12문제 출제됩니다. 투자권유가 공부하기에 훨씬 까다로운데 다행히 법규 및 직무윤리와 겹치는 부분이 많습니다. 법규에 나오지 않는 자세한 부분이 있는데 그런 부분을 주의해서 보아야 합니다. 특히, 투자자 성향분석이나 고령자에 대한 보호방안 등 처음 나오는 분야에 대해서는 집중하여야 됩니다. 투자자정보를 파악하고 투자자성향을 분석하는 일은 투자권유과정의 핵심이라고 할 수 있으므로 정보파악하는 방법을 구체적으로 숙지하고 장단점도 비교해 두어야 합니다. 고객관리는 기존의 영업실무과목이 바뀐 것입니다. 모두 맞출 수 있을 정도로 쉽습니다

학습전략

핵심 내용	개념이해 난이도		
	상	중	하
제1장 투자권유			
1. 투자권유란	○		
2. 투자자정보파악 및 투자자성향분석	○		
3. 투자권유		○	
제2장 고객관리와 투자권유			
1. 고객관리의 필요성			
2. 관계마케팅(CRM)의 특징	○		
제3장 고객상담			
1. 고객상담(Process)			
2. 고객과 관계형성 스킬	○		
3. 설득 및 해법제시	○		
4. 고객의 동의 확보 및 Closing		○	
5. 고객응대와 기본매너		○	

03장 핵심정리 문제

01

투자권유에 대한 설명으로 바르지 못한 것은?

① 투자권유란 특정 금융소비자를 대상으로 금융상품의 매매 또는 투자자문계약, 투자일임계약, 신탁계약의 체결을 권유하는 것을 말한다.
② 투자권유대행인은 고객이 투자권유를 희망하지 않는 경우 투자를 권유할 수 없다는 사실을 안내하여야 한다.
③ 상품의 매매 또는 계약체결의 권유가 수반되지 않고, 고객의 요청에 따라 객관적인 정보만을 제공하는 경우에는 투자권유로 본다.
④ 고객이 투자권유를 희망하지 않고 투자하는 경우라도 투자권유대행인은 원금손실 가능성 등 투자에 수반되는 주요 유의사항을 알려야 한다.

출제 POINT

상품의 매매 또는 계약체결의 권유가 수반되지 않고, 고객의 요청에 따라 객관적인 정보만을 제공하는 경우에는 투자권유로 보기 어렵다.

핵심탐구 ▶ 투자권유

1. 개요
   ① 특정 금융소비자를 대상으로 금융상품의 매매 또는 투자자문계약, 투자일임계약, 신탁계약의 체결을 권유하는 것
   ② 투자권유대행인의 준수사항
      ㉠ 임직원은 관계법령을 준수하고, 신의성실의 원칙에 따라 공정하게 업무를 수행하여야 한다.
      ㉡ 임직원은 고객이 합리적인 의사결정을 하도록 투자에 따르는 위험 및 거래의 특성과 주요내용을 명확히 설명하여야 한다.
      ㉢ 임직원은 고객이 자신의 판단에 따라 스스로 투자에 관한 의사결정을 하여야 하고, 그에 대한 결과가 본인에게 귀속됨을 알려야 한다.
      ㉣ 임직원은 정당한 사유없이 고객의 이익을 해하면서 자기가 이익을 얻거나 제3자가 이익을 얻도록 해서는 안된다.
2. 투자권유 전 준수절차
(1) 투자권유 희망 여부 확인
      ① 투자권유대행인은 고객이 투자권유를 희망하지 않는 경우 투자를 권유할 수 없다는 사실을 안내하여야 하고 투자권유에 해당하는 행위를 할 수 없다.
      ② 다만 상품의 매매 또는 계약체결의 권유가 수반되지 않고 고객의 요청에 따라 객관적인 정보만을 제공하는 경우에는 투자권유로 보기 어렵다.
      ③ 고객이 투자권유를 희망하지 않아 정보를 제공않는 경우 : 향후에도 투자권유를 받을 수 없다는 사실을 안내하여야 한다.
      ④ 고객이 투자권유를 희망하지 않고 투자하는 경우라도 투자권유대행인은 원금손실 가능성, 투자에 따른 손익은 모두 고객에게 귀속된다는 등 투자에 수반되는 주요 유의사항을 알려야 한다.

정답 ❸

02

전문금융소비자에 대한 설명으로 바르지 못한 것은?

① 금융상품에 관한 전문성 또는 소유자산 규모 등에 비추어 금융상품 계약에 따른 위험감수능력이 있는 금융소비자를 말한다.
② 투자성 상품의 경우 대부업법에 따른 대부업자는 일반금융소비자이다.
③ 대출성 상품의 경우 상시근로자 5인 이상의 법인은 전문금융소비자이다.
④ 투자권유대행인은 전문 금융소비자이다.

출제 POINT

투자성 상품의 경우 대부업법에 따른 대부업자는 전문금융소비자이다.

핵심탐구 투자권유

(2) 전문 금융소비자
　　금융상품에 관한 전문성 또는 소유자산 규모 등에 비추어 금융상품 계약에 따른 위험감수능력이 있는 금융소비자를 말한다. 전문금융소비자는 각 회사별로 정해진 절차에 따라 등록 또는 투자권유 단계 등으로 진행하면 된다.
　① 한국은행, 국가, 대통령령으로 정하는 금융회사, 주권상장법인 등
　② 투자성 상품의 경우 대부업법에 따른 대부업자, 투자권유대행인 등
　③ 대출성 상품의 경우 상시근로자 5인 이상의 법인, 겸영여신업자, 대출상품 금융상품대리 · 중개업자, 특정 자산의 취득 또는 자금 조달 등 특정목적을 위해 설립된 법인 등 금융위가 고시하는 자가 포함된다.
　④ 전문금융소비자 중에서 대통령령으로 정하는 자가 일반금융소비자와 같은 대우를 받겠다는 의사를 금융상품판매업자에게 서면으로 통지하면 해당 금융상품판매업자는 정당한 사유가 있는 경우를 제외하고는 이에 동의하여야 하면 이 경우 해당 전문금융소비자는 일반금융소비자로 본다.
　⑤ 장외파생상품 거래의 경우 주권상장법인은 일반금융소비자로 취급받다가 자신이 전문금융소비자와 같은 대우를 받겠다는 의사를 금융회사에 서면으로 통지하면 전문금융소비자로 본다.

정답 ②

03

투자자 정보파악에 대한 설명으로 바르지 못한 것은?

① 임직원은 고객이 취약투자자를 선택할 수 있음을 안내하여야 한다.
② 금융회사는 금융소비자가 본인의 투자성향 및 투자하고자 하는 상품의 위험도를 온라인상으로 확인할 수 있는 시스템을 구축하여야 한다.
③ 대리인을 통한 투자자 성향분석이 가능하다.
④ 임직원은 미성년자의 법정대리인에게 자녀에 대한 투자자 정보작성 권한이 있는지 여부를 확인하여야 한다.

출제 POINT

임직원은 미성년자의 법정대리인은 자녀에 대한 친권이 있음을 증명하는 서류만 확인이 되면 되고 별도로 자녀에 대한 투자자 정보 작성 권한이 있는지 여부를 확인할 필요는 없다.

핵심탐구 ▶ 투자권유

(4) 투자자 정보 파악
1) 취약투자자 여부 확인
   ① 취약투자자란 고령자, 은퇴자, 미성년자, 주부, 투자경험이 없는 자 등 상대적으로 투자의 위험성에 대한 인지도가 낮다고 판단되는 금융소비자
   ② 임직원은 고객이 취약투자자를 선택할 수 있음을 안내하고, 취약투자자 유의사항을 설명한 후 취약투자자 유의사항 설명 확인서를 수령하여야 한다.
2) 투자자 성향분석
   ① 투자자 정보확인서 작성 및 투자자 성향분석
      ㉠ 투자권유를 희망하는 고객에게는 투자권유를 할 때마다 투자자 정보 확인서(표준투자권유준칙 별표)에 따라 투자자 성향분석을 하고 서명 등의 확인을 받고 지체없이 제공한다.
      ㉡ 여기에는 일반적인 투자성향과 현재 투자자금의 성향을 확인하는 항목이 포함된다.
      ㉢ 이는 정보를 컴퓨터에 입력하고 이를 출력하여 고객에게 확인하여도 된다.
      ㉣ 투자권유대행인은 확인한 투자자 정보의 내용 및 분류된 투자자 성향을 고객에게 지체없이 제공하여야 한다. 투자자 성향 파악을 위한 배점기준이나 분류는 회사가 자율적으로 정할 수 있다.
      ㉤ 금융회사는 금융소비자가 본인의 투자성향 및 투자하고자 하는 상품의 위험도를 온라인상으로 확인할 수 있는 시스템을 구축하여야 한다.
   ② 대리인을 통한 투자자 성향분석 가능
      ㉠ 대리인이 자신과 고객의 실명확인증표 및 위임장 및 대리권을 증빙할 수 있는 서류 등을 지참하여야 한다. 회사는 위임의 범위에 투자자 정보 작성 권한이 포함되어 있는지를 확인하여야 한다.
      ㉡ 미성년자의 법정대리인은 자녀에 대한 친권이 있음을 증명하는 서류만 확인하면 되고 별도로 자녀에 대한 투자자 정보작성 권한이 있는지 여부를 확인할 필요는 없다.
   ③ 투자자 정보파악 간소화 : 위험이 높지 않은 상품(MMF, 국채, 특수채 등) 및 RP를 하는 금융소비자에 대해서는 투자목적, 재산상황, 투자경험의 정보만을 간략하게 파악할 수 있다.
   ④ 장외파생상품 거래 : 투자권유 여부와 관계없이 장외파생상품 투자자 정보 확인서를 이용하여 투자자 정보를 파악하여야 한다. 장외파생상품 투자자정보 확인서는 '법인 및 개인사업자용'과 '개인용' 등 2가지 양식으로 구분한다.

정답 ❷

04

투자자 정보의 유효기간에 대한 설명 중 올바르지 않은 것은?

① 금융소비자가 별도의 변경요청이 없는 한 투자자 정보를 파악한 날로부터 12~24개월 동안 투자자 정보가 변경되지 않은 것으로 간주할 수 있다.
② 이미 투자자 정보를 알고 있는 금융소비자에게 투자권유를 할 때에는 투자자 정보 유효기간 경과 여부를 확인하여야 한다.
③ 투자일임계약이 체결된 경우에는 금융회사는 투자자의 재무상태 및 투자목적 등 변경 여부를 연 1회 이상 확인하여야 한다.
④ 불특정금전신탁계약이 체결된 경우 금융회사는 금융소비자의 재무상태가 변경되는 경우 회신하여 줄 것을 연 1회 이상 통지하여야 한다.

출제 POINT

불특정금전신탁계약이 체결된 경우 금융회사는 금융소비자의 재무상태가 변경되는 경우 회신하여 줄 것을 매 분기 1회 이상 통지하여야 한다.

핵심탐구 투자권유

⑤ 투자자 정보의 유효기간
  ㉠ 금융회사가 투자자 정보 유효기간을 설정하고 고객이 동의하면 투자자 정보를 파악한 날로부터 12~24개월 동안 정보가 변경되지 않은 것으로 할 수 있다
  ㉡ 투자일임계약이나 불특정금전신탁의 경우에는 고객의 재무상태 등의 변경 여부를 연 1회 이상 확인하고, 고객의 재무상태가 변경되는 경우 회신하여 줄 것을 매 분기 1회 이상 통지하여야 한다.
  ㉢ 이미 투자자 정보를 알고 있는 금융소비자에게 투자권유를 할 때에는 투자자 정보 유효기간 경과 여부를 확인하고, 유효기간이 경과한 경우에는 투자자 정보를 다시 파악하여야 한다.

3. 투자권유 주요내용
(1) 개요
  ① 이미 투자자 정보를 알고 있는 고객을 대상으로 투자권유를 하는 경우 : 기존 투자자 성향과 그 의미에 대해 설명하고 고객의 이해를 돕기 위해 '투자자성향별 적합한 금융투자상품권유표'를 활용하는 것이 바람직하다.
  ② 금융소비자가 보유 자산에 대한 위험회피 목적의 투자 또는 적립식 투자 등 해당 투자를 통하여 투자에 수반되는 위험을 낮추거나 회피할 수 있다고 판단되는 경우 : '투자자 성향별 적합한 금융투자상품표'의 상품 위험도 분류기준보다 완화된 기준을 적용하여 투자권유할 수 있다.
(2) 투자성향에 적합하지 않은 상품의 투자권유
  ① 투자권유대행인은 '투자자 성향별 적합한 금융투자상품표'에 따라 고객에게 적합하지 않다고 인정되는 투자권유를 해서는 안되며 이는 고객이 원하는 경우에도 적용된다.
  ② 이를 우회하기 위하여 '투자권유 희망 및 투자자 정보 제공 여부 확인서'를 받거나 '투자성향에 적합하지 않은 투자성 상품 거래확인서'를 받고 판매하는 행위 역시 금지된다.
(3) 계약체결 전 적합성 보고서 제공
  ① 신규 일반금융소비자, 65세 이상의 고령투자자, 80세 이상의 초고령투자자를 대상으로 공모와 사모를 불문하고 ELS, DLS, ELF를 투자권유하려는 경우, 추천사유 및 유의사항을 기재한 '적합성보고서'를 계약체결 이전에 제공하여야 한다.
  ② 적합성보고서의 주요 항목은 투자정보 확인서 조사결과, 고객의 투자성향 및 투자권유 상품, 투자권유 사례 및 핵심 유의사항 등이다.

정답 ④

05

고령투자자에 대한 투자권유에 대한 설명으로 바르지 못한 것은?

① 금융회사는 고령투자자 보호기준을 의무적으로 만들어야 한다.
② 판매과정에서 2영업일 이상의 숙려기간을 부여함으로써 고령투자자에 대한 보호를 강화하여야 한다.
③ 금융회사는 고령투자자를 위한 영업점의 전담창구를 마련하여야 한다.
④ 판매과정을 녹취할 필요는 없다.

출제 POINT

판매과정을 녹취하여야 한다.

핵심탐구 　투자권유

(4) 고령투자자에 대한 투자권유
 ① 금융회사는 고령투자자 보호기준을 의무적으로 만들어야 한다.
 ② 판매임직원 등은 만 65세 이상의 고령투자자에게 금융투자상품을 판매하려는 경우 적합성 판단기준에 더하여 회사별로 설정한 '고령투자자 보호기준'을 준수하여야 한다.
  ㉠ 판매과정을 녹취하고 금융소비자가 요청하는 경우 해당 녹취파일을 제공해야 할 의무가 있다.
  ㉡ 판매과정에서 2영업일 이상의 숙려기간을 부여함으로써 고령투자자에 대한 보호를 강화하여야 한다.
 ③ 금융회사는 영업점의 전담창구 마련, 본사 전담부터 및 전담인력의 지정, 투자권유 유의상품의 지정 및 투자권유 시 사전확인, 상품의 개발 판매 시 고령 투자자 판매 위험 분석, 녹취제도 및 숙려제도 등을 마련하고 운용하여야 한다.
 ④ 또한, 금융회사는 고령 투자자에 대한 판매절차를 내규로 마련하고, 임직원등을 대상으로 교육을 실시해야 하며, 내규 준수 여부 등에 대한 정기점검 실시, 가족 등 조력자의 연락처 확인, 고령투자자 대상 마케팅 활동에 대한 내부통제 강화 등의 조치로 고령투자자 대상 투자권유활동에 대한 내부통제활동을 실시하여야 한다.

(5) 투자권유시 유의사항
 ① 금지행위 : 재권유금지와 불초청권유 금지 등
 ② 금소법상 투자권유대행인의 금지행위
  ㉠ 고객으로부터 투자금, 보험료 등 계약의 이행으로서 급부를 받는 행위
  ㉡ 자신의 업무를 제3자에게 하게 하거나 그러한 행위에 관하여 수수료·보수나 그 밖의 대가를 지급하는 행위 등
  ㉢ 업무를 수행할 때 정해진 수수료 외의 금품, 그 밖의 재산상 이익을 요구하거나 받아서는 안된다.
  ㉣ 임직원등은 투자자 성향 및 상품의 특성을 고려하여 장기투자가 유리하다고 판단되는 경우 장기투자를 권유할 수 있다.
  ㉤ 투자자에게 포트폴리오 투자를 권유하는 경우에는 그 임직원이 협회에 등록된 금융투자전문인력으로서의 업무범위에 해당하는 상품으로 구성된 포프폴리오만을 권유할 수 있다.
 ③ 계열회사 : 투자권유대행인은 일반투자자에게 계열회사 또는 계열회사에 준하는 회사인 집합투자업자가 운용하는 펀드를 투자권유하는 경우에는 집합투자업자가 회사와 계열회사 등에 해당한다는 사실을 고지하여야 하고, 계열회사 등이 아닌 집합투자업자가 운용하는 유사한 펀드를 함께 투자권유하여야 한다.

정답 ④

06

설명의무에 대한 내용으로 바르지 못한 것은?

① 판매직원 등은 해당 금융투자상품의 복잡성 및 위험도 등 상품 측면과 고객의 투자경험 및 인식능력을 고려하여 설명의 정도를 달리 할 수 있다.
② 계속거래가 발생하는 단순한 구조의 상장증권 및 장내파생상품 등을 거래소에서 거래하는 경우에는 최초 계좌개설 또는 투자권유시 설명의무를 이행하는 것도 가능하다.
③ 고객이 주요 손익구조 및 손실위험을 이해하지 못하는 경우에는 더욱 자세히 설명하여야 한다.
④ 외화증권 투자를 권유하는 경우에는 투자대상 국가 또는 지역의 경제·시장상황 등의 특징을 설명하여야 한다.

출제 POINT

고객이 주요 손익구조 및 손실위험을 이해하지 못하는 경우에는 투자권유를 계속해서는 안된다.

핵심탐구 투자권유

4. 설명의무
(1) 개요
   고객에게 제공하는 설명서에는 고객에게 설명한 내용과 실제 설명서의 내용이 같다는 사실에 대해 설명한 사람의 서명이 있어야 하는 것이 원칙이다.
(2) 설명 차등화
   ① 판매직원 등은 해당 금융투자상품의 복잡성 및 위험도 등 상품 측면과 고객의 투자경험 및 인식능력을 고려하여 설명의 정도를 달리 할 수 있다.
   ② 계속거래가 발생하는 단순한 구조의 상장증권 및 장내파생상품 등을 거래소에서 거래하는 경우에는 최초 계좌개설 또는 투자권유시 설명의무를 이행하는 것도 가능하다.
   ③ 고객이 주요 손익구조 및 손실위험을 이해하지 못하는 경우에는 투자권유를 계속해서는 안된다.
(3) 설명서 제공의 예외
   ① 증권신고의 효력이 발생한 증권을 취득하고자 하는 고객이 전화 등으로 설명서의 수령을 거부하는 경우
   ② 고객이 이미 취득한 것과 같은 집합투자증권을 계속하여 추가로 취득하려는 때에 해당 집합투자증권의 투자설명서 내용이 직전에 교부한 투자설명서의 내용과 같은 경우
   ③ 기본계약을 체결하고 동일한 내용으로 갱신하는 경우 또는 기본계약을 체결하고 그 계약 내용에 따라 계속적, 반복적으로 거래를 하는 경우
(4) 외화증권 투자권유시 추가 설명사항

추가 설명사항	① 투자대상 국가 또는 지역의 경제·시장상황 등의 특징 ② 환율변동위험, 해당국가의 거래제도·세제 등 제도 차이 ③ 투자자가 직접 환해지하는 경우 해지비율 미조정시 손실이 발생할 수 있다는 사실

정답 ③

07

금융투자상품의 위험도 분석에 대한 설명으로 바르지 못한 것은?

① 상품의 위험도는 투자자성향 분류단계 및 실제 투자자 성향 분포를 감안하여 분류한다.
② 판매회사는 외부기관이 작성한 위험도 평가기준 등을 고려할 수 있다.
③ 장내파생상품은 장외파생상품을 제외한 다른 금융투자상품보다 높은 위험도로 분류한다.
④ 금융투자상품 위험도 분류표는 위험도에 따라 5가지 색상으로 구분하여 투자자의 직관적인 이해도를 높인다.

출제 POINT

금융투자상품 위험도 분류표는 위험도에 따라 3가지 색상으로 구분하여 투자자의 직관적인 이해도를 높인다.

핵심탐구 ▶ 투자권유

5. 금융투자상품의 위험도 분류
(1) 금융투자상품별 위험도 분류
  ① 판매회사는 투자성상품을 판매하기 전에 금융상품별로 위험등급을 산정할 수 있다.
  ② 판매회사가 정한 위험등급과 제조회사가 정한 위험등급이 다를 경우 판매회사는 제조회사와 위험등급의 적정성에 대해 협의하여야 한다.
  ③ 판매회사는 금융상품 제조회사의 위험등급을 사용하는 경우 판단근거 등을 제조회사에 요구할 수 있고 제조회사는 불가피한 사유가 없는 한 응하여야 한다.
  ④ 위험도 분류표는 위험도에 따라 3가지 색상으로 구분하여 투자자의 직관적인 이해도를 높인다.
(2) 위험도 분류
  ① 상품의 위험도는 투자자성향 분류단계 및 실제 투자자 성향 분포를 감안하여 분류한다.
  ② 시장환경 등의 변화에 따른 금융투자상품의 위험도 변화를 반영하여 주기적으로 조정하는 것이 바람직하고, 외부기관이 작성한 위험도 평가기준 등을 고려할 수 있다.
  ③ 장외파생상품에 대한 위험도 분류는 다른 금융투자상품과 별도로 기준을 정하며, 장내파생상품은 장외파생상품을 제외한 다른 금융투자상품보다 높은 위험도로 분류한다.
  ④ 금융투자회사는 투자자가 해당 금융투자상품의 위험도를 쉽게 이해할 수 있도록 당해 회사의 금융투자상품 위험도 분류표를 상담창구에 비하고 투자권유 시 이를 활용하여 다른 금융투자상품과의 비교 등의 방법을 통해 상대적인 위험수준을 설명하여야 한다.
  ⑤ 금융투자상품 위험도 분류표는 위험도에 따라 3가지 색상으로 구분하여 투자자의 직관적인 이해도를 높인다.

정답 ④

방문판매시 금지사항이 아닌 것은?

① 야간(오후9시~다음날 오전 8시)에 고객방문 판매를 하는 행위
② 경제적 가치가 3만원을 초과하는 물품, 식사, 신유형상품권을 제공하는 행위
③ 10만원을 초과하는 경조사비, 조화 등 제공행위
④ 퇴직연금의 경우 3만원을 초과하여 금전 등의 제공행위

출제 POINT

20만원을 초과하는 경조사비, 조화 등 제공행위는 금지된다. 방문판매시 금지행위는 모두 중요하다.

핵심탐구 투자권유

1. 영업점외의 장소의 개념
   전화연락 + 영업점 외의 장소에서 계약체결을 권유한 후 금융소비자를 영업점으로 내방하게 하는 것+ 온라인매체를 통하여 계약체결을 권유하는 경우를 포함한다.
2. 절차
1) 방문판매시 사전안내
   ① 개인정보 취득경로에 대한 안내는 필수. 그러나 소비자가 먼저 방문을 요청하는 경우에는 제외
   ② 소비자의 요청이 없는 경우 사전안내 불가상품 있음
2) 방문판매 실시
   ① 개시안내에는 연락요구금지권 행사방법 및 절차가 포함
   ② 소비자의 동의를 받은 후에 방문판매과정 녹취
3) 금지행위
   ① 야간(오후9시~다음날 오전 8시)에 고객방문 등. 단, 고객이 요청하면 가능
   ② 경제적 가치가 3만원을 초과하는 물품, 식사, 신유형상품권, 20만원을 초과하는 경조사비, 조화 등 제공 금지.
   ③ 퇴직연금의 경우 3만원을 초과하여 금전 등의 제공

정답 ❸

09

다음 중에서 투자권유대행인의 투자자정보를 열람할 수 있는 요건이 아닌 것은?

① 투자권유대행인 본인의 관리계좌에 대한 정보일 것
② 위탁계약상 위탁업무의 범위를 감안하여 투자권유대행업무 수행에 필요한 최대한의 정보일 것
③ 해당 정보를 투자권유대행업무 외의 목적으로 이용하지 아니할 것이라는 내용의 계약을 체결할 것
④ 정보제공 또는 열람과 관련된 기록을 유지하는 등 투자자정보를 보호하기 위한 적절한 시스템을 구축 운영할 것

출제 POINT

위탁계약상 위탁업무의 범위를 감안하여 투자권유대행업무 수행에 필요한 최소한의 정보일 것

핵심탐구 — 투자권유대행인의 투자권유

1. 투자권유 위탁계약의 체결
2. 투자권유대행인의 업무
   ① 투자권유대행인은 투자로부터 확인받은 정보를 지체없이 회사에 제출하여 회사가 이를 유지 관리할 수 있도록 하여야 한다.
   ② 회사는 투자권유대행인의 적정성을 통제할 수 있는 체계를 갖추어야 한다.
   ③ 투자권유대행인의 투자권유업무 적정성을 임직원에 준하여 통제하여야 한다.
   ④ 투자권유대행인이 투자권유업무를 수행할 때는 신분증과 협회가 발급한 등록증을 함께 소지하여야 하며, 주관부서의 심의를 받은 명함 이외의 명함을 사용할 수 없다.
3. 투자권유대행인의 금지행위–자본시장법 참조
4. 투자자정보 취급
   회사는 다음의 요건을 모두 충족하는 경우에 한하여 투자권유대행인에게 투자자정보를 제공하거나 열람하게 할 수 있다
   ① 투자권유대행인 본인의 관리계좌에 대한 정보일 것
   ② 위탁계약상 위탁업무의 범위를 감안하여 투자권유대행업무 수행에 필요한 최소한의 정보일 것
   ③ 해당 정보를 투자권유대행업무 외의 목적으로 이용하지 아니할 것이라는 내용의 계약을 체결할 것
   ④ 정보제공 또는 열람과 관련된 기록을 유지하는 등 투자자정보를 보호하기 위한 적절한 시스템을 구축 운영할 것

정답 ❷

10

회사는 투자권유대행인이 공동으로 사용할 수 있는 별도의 공간을 제공할 수 있다. 이때 그 준수사항이 아닌 것은?

① 해당 공간은 임직원이 사용하는 공간과 분리될 것
② 지점 영업관리자에 의한 통제가 용이한 장소에 위치할 것
③ 지점내 공간일 경우 투자자가 투자권유대행인이 공동으로 사용하는 공용공간임을 인지할 수 있는 명패를 외부에 부착할 것
④ 개인 컴퓨터 등의 비치를 허용할 것

출제 POINT

개인 컴퓨터 등의 비치를 금지하고, 해당 공간에서는 투자권유대행인 본인계좌 이외에는 금융투자상품의 매매주문이 나갈 수 없도록 하되, 컴퓨터 등을 통하여 투자권유대힝인 본인 계좌의 금융투자상품 매매주문을 내는 경우 해당 내역이 전산으로 관리될 것

핵심탐구 투자권유대행인의 투자권유

5. 별도의 공간 설치시 준수사항
    ① 해당 공간은 임직원이 사용하는 공간과 분리될 것
    ② 지점 영업관리자에 의한 통제가 용이한 장소에 위치할 것
    ③ 지점내 공간일 경우 투자자가 투자권유대행인이 공동으로 사용하는 공용공간임을 인지할 수 있는 명패를 외부에 부착할 것
    ④ 개인 컴퓨터 등의 비치를 금지하고, 해당 공간에서는 투자권유대행인 본인계좌 이외에는 금융투자상품의 매매주문이 나갈 수 없도록 하되, 컴퓨터 등을 통하여 투자권유대힝인 본인 계좌의 금융투자상품 매매주문을 내는 경우 해당 내역이 전산으로 관리될 것

6. 금융투자회사의 투자권유대행인 관리
1) 투자권유대행인은 전문인력관리규정에 따라 협회가 주관하는 소정의 보수교육을 이수하여야 한다.
2) 회사는 투자권유대행인이 수행한 투자권유업무가 적정하게 이행되었는지 여부를 다음 각호마다 투자자로부터 확인받아야 한다.
    ① 지분증권의 경우 계좌개설시
    ② 집합투자증권 및 금적립계좌 등의 경우 신규판매시
    ③ 자문·일임·신탁계약체결시
3) 회사는 필요한 경우 위법·부당행위와 관련된 보수의 차감, 투자권유위탁계약 해지 등의 조치를 취할 수 있으며, 투자권유대행인의 관리부실 등으로 투자자에게 피해를 끼친 경우 투자자의 확인을 거쳐 투자권유대행인 관리계좌 등록을 해지할 수 있다.

정답 ④

11

다음 중 고객관리를 해야 하는 이유는?

① 시장의 고도성장 단계의 진입
② 금융투자상품의 단순화
③ 경쟁의 과열
④ 고객의 안목 단순화

출제 POINT

기본적인 문제이다. ①에서 성장단계가 아니라 성숙단계인 점을 주의하면 나머지는 상식선에서 풀 수 있다.

핵심탐구 고객관리의 필요성

기존고객 관리에 중점을 두자는 의미. 그렇다고 신규고객 발굴을 포기하는 것은 아니다.

시장 성장둔화 및 성숙단계로의 진입	신규고객 확보를 위한 경쟁의 치열 → 비용의 증대와 수익성 악화 초래
고객의 욕구 개별화와 다양화	① 선택할 수 있는 금융투자상품 및 서비스가 많아짐 ② 고객의 안목 증대로 구매의사 과정의 정교화, 고도화 ③ 고객의 욕구 다양화, 개성화로 기존 매스마케팅이나 타깃마케팅은 한계 봉착
경쟁의 과열	① 상품 및 서비스의 차별화가 어려워짐 ② 고유의 업무영역 붕괴(예 방카슈랑스 등) → 상품개발, 판매보다 고객의 욕구충족이 중요

정답 ❸

12

CRM의 영역 중에서 고객의 불만을 예방하고 불만 발생시 효과적으로 대처하는 수동적인 노력과 고객에게 부가적인 혜택을 제공하는 능동적 노력이 효과적으로 실행될 때 좋은 결과를 기대할 수 있는 것은?

① 고객유지
② 고객확보
③ 고객개발
④ 고객가치

출제 POINT

CRM의 3가지 영역을 구별하는 문제이다. 고객의 불만예방 + 고객에게 부가적인 혜택 제공은 고객유지 영역이다.

핵심탐구 금융·투자관리(CRM)

1. CRM(Customer Realationship Management)의 영역

고객유지	고객의 불만예방 + 고객에게 부가적인 혜택 제공
고객확보	잠재적 우량고객 정보확보
고객개발	확보한 고객의 가치증가

2. 성공적인 CRM의 전략
(1) 선행작업 : 새로운 상품개발보다는 다양한 기준으로 고객세분화하는 작업이 선행되어야 함
(2) 고객서비스의 기본원칙

개별 서비스	개성적 인간으로서의 대접. 어떤 서비스를 제공할 것인가와 같은 서비스 종류의 문제가 중요한 것이 아니라 어떻게 서비스를 제공할 것인가와 같은 운용측면이 중요.
정기적인 서비스	호감형성에 도움이 됨
도움을 주는 서비스	보상성원리

3. CRM의 효과

예탁자산의 증대	고객의 금융기관 거래 증가
낮은 마케팅, 관리비용	신규 고객확보를 위한 초기 비용 없음
고객이탈율의 감소, 고객유지율의 증대	기존 고객의 만족스러운 관계형성
구전을 통한 무료광고	우량고객은 지대한 영향을 미친다. 기존 고객의 협조로 다양한 계층모임(예 동창회, 골프모임, 친목회) 접근 가능

정답 ①

13

다음 중 관계마케팅의 특징이 아닌 것은?

① 범위의 경제
② 정보화
③ 판매촉진 중심
④ 사전대비 지향

출제 POINT

CRM은 영업실무에서 제일 중요한 부분이다. 2문제 정도 출제될 수 있으니 정확히 알자. 쉬운 부분이다. 판매촉진이 아니라 고객서비스 중심이 특징이다.

핵심탐구 - 관계마케팅(CRM)의 특징 (전부 중요하다. 하나하나 이해하자)

기존 - 매스마케팅	관계마케팅 - CRM
고객획득(customer-getting)	고객유지(customer-keeping)
단기적 고객유인, 판매중심(transaction) (예) 사은품, 경품행사 등)	장기적 관계형성(relationship)
판매촉진 중심(promotion)	고객서비스 중심(service)
시장 점유율(market share)	고객 점유율(customer share) *고객점유율 : 고객의 총 가용자본 중 해당 금융기관이 보유하는 금액의 비율
제품 차별화(product differentiation)	고객 차별화(customer differentiation)
규모의 경제(economy of scale)	범위의 경제(economy of scope)
자동화(to automate)	정보화(to informate)
사후처리 지향(cure)	사전대비 지향(care)

정답 ③

14

다음 중 고객상담의 프로세스로 맞는 것은?

① 관계형성 ⇨ 설득 및 해법제시 ⇨ 니즈탐구 ⇨ 동의확보
② 관계형성 ⇨ 니즈탐구 ⇨ 설득 및 해법제시 ⇨ 동의확보
③ 동의확보 ⇨ 설득 및 해법제시 ⇨ 니즈탐구 ⇨ 관계형성
④ 관계형성 ⇨ 설득 및 해법제시 ⇨ 동의확보 ⇨ 니즈탐구

출제 POINT

출제빈도가 아주 높다. 4가지 과정을 순서대로 외우자.

핵심탐구 — 고객상담

1. 고객상담
(1) 고객상담의 과정 ← 단골문제이다
   고객과의 관계형성(신뢰구축, 고객의 무관심극복) – Needs 탐구(기대수준 파악) – 설득 및 해법 제시(반감 극복 및 상품 이점 소개) – 동의확보 및 Closing(MGM 및 주문확인 및 구매결정 강화)
(2) 상담활동의 목표 및 요령증대

목표	① 계약성공률을 높이고 상담시간을 효율적으로 활용 ② 고객관리능력 증대(예 문제점 도출 및 해결) ③ 상담표준화를 통해 업무 효율성 증대 ④ 응용과 활용을 통해 무관심과 반감을 극복
상담활동 효율증대의 요령	① 고객의 최적시간을 적극 활용 ② 상담진척표를 고객별로 작성·관리 ③ 표준화된 상담화법 및 필요한 자료 등을 사전에 연습 ④ 자신만의 화법으로 가슴에서 느껴지는 공감대 형성 – 말보다 **바디랭귀지**가 더 설득력 있음

2. 고객과의 관계형성시 상담요령
   ➡ ① 투자상담도 세일즈다. 세일즈의 목표를 정한다.
   ② Eye Contact : 자신감의 표현이며 고객설득의 가장 강력한 무기
   ③ 명함을 건네 자기 소개. 명함을 받은 이후에는 명함의 직책 호칭
   ④ 매직워드 사용(말 : 7%, 음색 : 38%, 바디랭귀지 : 55% 효과)
   ⑤ 기억력이 뛰어나야 한다

정답 ❷

15

고객과의 관계형성을 위한 질문시 유의사항이 아닌 것은?

① 정확한 상품설명을 위해서 세일즈맨이 70%를 말하고, 고객이 30%를 말한다.
② 'No'라고 대답할 수 있는 폐쇄형 질문을 피한다.
③ 고객이 심문받는다는 인상을 갖지 않도록 부드럽고 상황에 맞게 한다.
④ 고객 니즈 파악 후 그 니즈를 풀어줄 수 있는 해결사라는 믿음을 준다.

출제 POINT

①②번만 유의하면 된다. 세일즈맨이 70% 듣는 쪽이어야 한다.

핵심탐구 › 고객의 NEEDS 파악

(1) NEEDS란
　① 고객이 안고 있는 문제
　② 고객이 난처해하고 있는 일
　③ 일종의 GAP(고객이 원하고 있는 것과 바라고 있는 것의 차이)
(2) NEEDS를 찾아가는 방법
　➡ 문의 → 촉진(구체화함) → 확인
(3) NEEDS 문의시 유의사항
　➡ ① 고객이 심문받는다는 인상을 갖지 않도록 부드럽고 상황에 맞게 할 것
　② 고객이 원하는 것을 쉽게 거절하지 않고 대안으로 제시할 수 있는 상품 및 서비스를 찾도록 노력함
　③ 상담 중 중요한 사항은 메모하거나 기억할 것
　④ 고객 니즈 파악 후 그 니즈를 풀어줄 수 있는 해결사라는 믿음을 줄 것
　⑤ 70~30% Rule : **고객이 70%**를 말하게 하고, 세일즈맨이 30%만 말할 것
　⑥ 'No'라고 대답할 수 있는 폐쇄형 질문을 피할 것
　　* 폐쇄형 질문을 하는 타이밍 ← 중요표시
　　㉠ 확대형 및 개방형 질문을 해도 고객의 반응이 없거나 시큰둥할 때
　　㉡ 화제를 바꾸어서 대화의 흐름을 자신이 원하는 방향으로 리드하고 싶을 때
　　㉢ 영업직원 또는 고객의 시간적인 제약으로 빨리 결정을 유도해야 할 때

정답 ❶

16

고객에게 질문을 통해 생각하게 함으로써 고객과 상담원 간에 니즈를 구체화하고 확신을 주는 효과를 주는 질문기법은?

① 폐쇄형 질문 ② 개방형 질문
③ 확대형 질문 ④ 혼합형 질문

출제 POINT

3가지 질문기법의 개념과 장단점을 알아야 한다. 단골문제이다.

핵심탐구 고객 니즈 파악을 위한 질문방법

폐쇄형 질문	① 영업직원이 선택한 특정한 화제로 대화를 유도하기 위해 고객의 대답을 한정하고자 하는 질문으로서 예나 아니요 등 간단한 대답을 유도하는 질문 ② 장점 : 상담원이 상황을 유도하여 신속하게 처리 ③ 단점 : 고객 동의 및 확신을 얻기 힘듦
개방형 질문	① 상담원이 선택한 화제나 고객의 관심사에 대해 고객이 자유로이 이야기하도록 유도하는 질문 ② 장점 : 무엇을, 왜, 어떻게 등의 질문을 통해 고객이 스스로의 상황에 대해서 광범위한 대답 효과 ③ 단점 : 꼬치꼬치 캐묻는 느낌을 줄 수 있다.
확대형 질문	① 고객에게 질문을 통해 생각하게 하는 질문 ② 장점 : 고객과 상담원간에 니즈를 구체화하고 확신을 주는 효과 ③ 단점 : 이 질문에 익숙하지 않은 고객은 심문당한다거나 귀찮은 느낌을 줄 수 있음 * 확대형 질문을 사용하는 타이밍 : 고객이 자기의 니즈에 대해서 잘 이야기하는 경우에는 확대형질문을 통해서 고객이 자신의 이야기를 많이 하도록 유도한다.

정답 ❸

17

고객의 설득 및 해법제시와 관련하여 바르지 못한 설명은?

① 영업직원의 답변과 설득기술이 성공의 핵심이다.
② 고객이 필요로 하는 것에 우선순위를 두어 중점적으로 설명한다.
③ 고객이 만족하지 않을 경우 다른 적합한 상품을 설명하면 반감을 살 수 있으므로 자제한다.
④ 단계별로 고객이 이해하고 있는지를 점검해가면서 설득해나간다.

출제 POINT

평범한 문제이다. 상식선에서 풀 수 있다. 고객이 만족하지 않을 경우 다른 적합한 상품을 단계적으로 설명하여 합의점을 찾는다.

핵심탐구 설득 및 해법제시

해결책 제시	① 이 단계에서의 성공은 고객의 동의 확보를 결정한다. 영업직원의 답변과 설득기술이 성공의 핵심 ② 고객이 필요로 하는 것에 우선순위를 두어 중점적으로 설명 ③ 고객이 만족하지 않을 경우 다른 적합한 상품을 단계적으로 설명(다음 상담일자를 잡는다 ×) ④ 단계별로 고객이 이해하고 있는지를 점검해가면서 설득해 나감
설득과정의 3가지 중요한 목표	① 고객의 관심을 끈다. ② 고객의 흥미를 북돋운다. ③ 프리젠테이션 속으로 고객을 끌어들인다.
고객의 니즈 충족	① 고객은 자신이 경험했거나 관련된 문제점을 니즈로 표현 ② 영업직원은 고객에게 적합한 상품을 이점화하여 고객의 니즈를 충족시킴 ③ 고객이 영업직원으로부터 제공받은 상품의 장점을 수용함으로써 설득의 과정이 완성됨

정답 ③

18

다음 중 고객의 반감처리단계가 적절한 것은?

① 경청 – 확인 – 인정 – 응답
② 경청 – 응답 – 인정 – 확인
③ 경청 – 확인 – 응답 – 인정
④ 경청 – 인정 – 응답 – 확인

출제 POINT

고객의 반감처리단계는 단골문제이다. 정확하게 알자.

핵심탐구 고객의 반감처리

반감의 의의	① 반감은 거절의 표시가 아니라 고객의 관심의 표현이다. 반감은 또하나의 세일즈 찬스이다(판매의 80%는 고객의 반감을 해소한 후에 성사된다). ② 따라서, 사소한 반감이라도 간과해서는 안된다.
반감의 발생원인	① 과거의 나쁜 경험 ② 현재 상황에 대한 불만족 ③ 영업직원의 설득에 동의할 마음의 준비가 안 된 경우
반감처리시 주의사항	① 고객과 절대 논쟁하지 말 것 ② 고객을 공격하지 말고 고객의 생각이 잘못된 것이라고 치부하지 말 것 ③ 반감을 일단 인정한 후 고객의 니즈를 파악할 질문을 할 것
반감처리방법	① 경청 : 고객의 반감이 무엇인지를 파악 ② 인정 : 고객의 우려가 타당하다고 표현을 하고 고객의 반감을 인정 ③ 응답 : 반감이 생겼다고 실망하지 말고 오히려 자신의 상품이 그 반감을 보완할 수 있다는 자신감을 갖고 상품의 특성과 장점을 강조 ④ 확인 : 고객의 반감을 처리했다고 자만하지 말고 고객의 느낌을 확인

정답 ④

19

다음 중에서 고객의 반감처리화법이 아닌 것은?

① Yes, But 화법 ② 부메랑법
③ 보상법 ④ 실행촉진법

출제 POINT

고객의 반감처리화법과 상담종결화법을 구별할 줄 알아야 한다. 생각보다 어려우므로 외워야 한다. 실행촉진법은 상담종결화법의 일종이다.

핵심탐구 반감처리화법

Yes, But 화법	① 고객의 주장을 인정함으로써 고객의 마음을 부드럽게 한 다음(Yes), (But)나의 주장을 함 ② 위험해서 싫어요 → 그렇죠. 근데, 지금은 그 상품이 저평가된 상태죠.
부메랑법	① 고객의 주장을 인정하면서도 고객의 주장을 활용하여 반전 ② 바쁘다 → 그런 것 같습니다. 그럴수록 재테크는 전문가에게 맡기십시오.
보상법	① 사실을 인정하면서 그 대신 다른 이점을 강조 ② 갈아탈 이유가 없을 것 같은데... → 그렇죠. 근데 가입 후 서비스를 비교해 보십시오.
질문법	① 고객의 거절을 질문으로 되물음. ② 불안해서 싫다 → 어떤 부분이 불안하세요?

정답 ④

20

다음은 상담단계에서의 거절의 유형과 처리방법을 설명한 것이다. 바르지 못한 것은?

① 권유상품에 별 관심이 없으면 팸플랫 등을 준비하여 흥미를 유발한다.
② 남들이 안좋다고 하니까 나도 좀 그렇다고 하면 주관이 별로 없는 타입이므로 확실한 정보를 확인시켜 준다.
③ 어느 회사 상품이나 비슷하다고 하면 구매의욕을 부추키려는 시도를 하여야 한다.
④ 사후관리가 좋지 않다고 하면 정면부정법을 쓰면 안되고 일단 사과를 한 후에 어떤 점이 좋지 않았던가를 묻는다.

출제 POINT

상식선에서 풀 수 있는 분야이다. ③,④ 정도만 주의하면 된다. 어느 회사 상품이나 비슷하다고 하는 고객은 상품의 특징을 아무리 강조하여도 구매의욕을 부추기는 곤란한 타입이므로 고객관리의 유리함 쪽을 어필하는 게 낫다.

핵심탐구 상담단계에서의 거절의 유형과 설득포인트

거절의 유형	설득포인트
권유상품에 별 관심없음	팸플랫 등을 준비하여 흥미 유발
잘 알았다, 다음에 보자	지금까지의 설명 중 부족한 점을 되돌아보고 다음 기회가 언제쯤인지 물어봄
지금은 안되겠다.	거절의 구실인지 파악한다.
사후관리가 좋지 않다	정면부정법을 쓰면 안된다. 사과를 먼저한 후에 어떤 점이 좋지 않았던가를 묻는다.
남들이 안좋다고 하네	확실한 정보를 확인시켜 준다.
돈이 없다	정말로 예산문제인지 파악한다.
거래하는 곳이 있다	아는 사이가 오히려 불편한 점이 있다는 것을 넌지시 언급한다.
배우자와 상의해봐야 한다	투자결정권자와 같이 혹은 단독으로 만나는 방법 모색
어느 회사 상품이나 비슷하다	구매의욕을 부추기는 곤란한 타입이므로 고객관리의 유리함 쪽을 어필한다.
수수료가 비싸다	비싼 기준이 무엇인지 물어보는 등 비싸다는 의미를 파악한다.

정답 ❸

21

무반응고객에 대한 처리방법으로 바르지 못한 것은?

① 말의 강약과 고저를 조절하여 고객이 지루하거나 짜증나지 않게 한다.
② 나열식 설명 위주로 한다.
③ 일방통행적인 설득을 하지 않는다.
④ 무매너를 지양한다.

출제 POINT

상식선에서 풀 수 있는 분야이다. 나열식 설명은 고객을 지루하게 하므로 삼가야 한다.

핵심탐구 — 무반응고객의 대응 및 처리방법

무반응의 원인	① 대화의 테크닉 부족 ② 영업직원의 예절 및 진실성의 결여 ③ 효과적인 질문의 결여 및 영업 상담과정의 미숙 ④ 나열식의 설명 및 고객 반응 절차 확인 누락
대처방법	① 기법 : 사전에 다양한 연습으로 상담기법 숙달 ② 설명 : 보조자료 제시하며 알기 쉽게 설명 ③ 경청 ④ 확인 : 중간중간 고객 반응 점검 및 확인

정답 ❷

22

클로징의 필수요건으로 보기 어려운 것은?

① 바잉 시그널을 감지하는 법을 터득할 것
② 고객의 최종 결정을 요청한 후 영업사원은 침묵을 통해 답을 기다리는 마음을 전달할 것
③ 고객성향과 관계없이 통일된 클로징을 사용할 것
④ 클로징을 하기 전에 시험클로징을 할 것

출제 POINT

쉬운 부분에 속한다. ②와 ③을 유의하면 된다. 각각의 고객성향에 따라 클로징을 달리하여야 한다.

핵심탐구 고객의 동의 확보 및 상담의 종결(CLOSING)

CLOSING의 정의	고객의 니즈 파악이 되어서 충분한 설득이 되었는지 확인하는 단계
성공적인 고객동의 확보방법	① 긍정적 태도를 유지하라. ② 고객의 속도에 맞추어라. ③ 공격적이 아닌 모습으로 주장하라. ④ 적합한 상품을 권유하라.
CLOSING 타이밍	① CLOSING을 언제 할지 미리 정해 놓으면 안된다. ② 고객의 시그널(Buying Signal)에 대하여 곧바로 CLOSING을 걸어야 한다.
CLOSING의 필수요건	① 당신의 말하는 것을 고객이 충분히 이해했는지 확인할 것 ② 각각의 고객성향에 따라 클로징을 달리할 것 ③ 당신이 생각하고 말하는 것은 모두 고객입장에서 출발할 것 ④ 바잉 시그널을 감지하는 법을 터득할 것 ⑤ 클로징을 하기 전에 시험클로징을 할 것 ⑥ 고객의 최종 결정을 요청한 후 영업사원은 침묵을 통해 답을 기다리는 마음을 전달할 것 ⑦ 긍정적이고 자신감 있으며 열정적인 태도로 클로징에 임할 것

정답 ❸

23

고객이 자신에게 생길 이득과 손실에 대해서 정리가 되지 않아 결정을 미루고 있을 때 고객의 동의를 이끌 적합한 방법은?

① 직설동의 요구법
② 이점요약법
③ T-방법
④ 결과탐구법

출제 POINT

효과적인 고객동의 확보기술의 방법을 이해하여야 한다. 그리고 상담종결화법의 방법과 헷갈리면 안된다. 양자를 비교해서 물을 수도 있다. 사안은 T-방법이 가장 좋다.

핵심탐구 | 상담종결화법 및 효과적인 고객동의 확보기술

1. 상담종결화법

추정승낙법	괜찮군 등 긍정적인 표현이 나오면 → 감사합니다.
실행촉진법	긍정적인 표현은 하지 않았으나 부정적이지도 않을 때 → 다른 질문 없으면 서류를 준비하겠습니다.
양자택일법	가입의사는 감지되나 결정을 미룰 때 → 채권형으로 하시겠습니까? CMA로 하시겠습니까?
기회이익 상실은 손해 화법	수익률 차이가 있거나 특판상품인 경우, 사은품 혜택이 있는 경우
가입조건 문의법	결정을 미루고 있으면 → 어떻게 하면 가입하겠습니까? 라고 한번 더 물어본다.

* MGM(Members Get Members)의 중요성 : 고객에게 잠재고객을 추천받는 것은 세일즈 성공률을 높인다.

2. 효과적인 고객동의 확보기술

직설동의 요구법	① 직설적으로 고객에게 동의를 요구. ② 단순판매 또는 시간이 없고 결정이 쉬운 고객에게 적합
이점요약법	상품의 이점을 한번 더 요약하여 동의를 구함
T-방법 (대차대조표 방법)	상품 선택시의 이점과 반대 경우의 손해를 대차대조표 방식으로 비교 설명
결과탐구법	고객이 머뭇거리거나 미심쩍어 함 → 이를 되물어서 동의할 수 있도록 설명

정답 ❸

24

고객응대의 기본매너에 대한 설명 중 바르지 못한 것은?

① 가능하면 상대방의 직함을 호칭한다.
② 전화는 벨이 세 번 울리기 전에 받는다.
③ 고객 및 상사와 보행시 항상 우측에서 안내 및 동행한다.
④ 승용차에서 최상위자는 우측 뒷자리에 탑승한다.

출제 POINT

상식선에서 풀 수 있다. 고객 및 상사와 보행시 항상 좌측에서 안내 및 동행한다.

핵심탐구 고객응대시 기본매너

고객응대시 매우 프로페셔널하게 느껴져야 한다.(그러나 전문용어 사용은 자제한다)
① 인사법 : 간단한 인사는 15도, 보통 인사는 30도, 정중한 인사는 45도로 하고 발의 각도는 15도 정도 유지
② 전화응대법
　㉠ 전화는 벨이 세 번 울리기 전에 받는다.
　㉡ 초면 전화법(5단계) : 초면인사 – 자기소개 – 전화 목적 – 일정 약속 – 클로징(마무리)
③ 명함 : 손아랫사람이 먼저 건넨다.
④ 품위있는 대화 : 가능하면 상대방의 직함을 호칭한다.
⑤ 고객 및 상사와 보행시
　㉠ 항상 좌측에서 안내 및 동행한다.
　㉡ 가이드 역할 시 : 우측 1보, 앞으로 1보 위치에서 안내
⑥ 승용차 좌석배치 : 최상위자(우측 뒷자리), 차상위자(좌측 뒷자리), 안내(우측 앞자리) 등

정답 ❸

출제예상 문제

01 투자권유에 대한 설명으로 올바른 것은?

① 투자권유는 계약의 체결까지를 포함하는 개념이다.
② 금융소비자의 요청에 따라 객관적인 정보만을 제공하는 것도 투자권유로 보아야 한다.
③ 금융소비자가 투자권유없이 스스로 특정상품에 대한 투자를 하는 경우 원금손실 가능성 등에 설명하여야 한다.
④ 주권상장법인이 장외파생상품 거래를 하는 경우 원칙적으로 전문금융소비자로 보아야 한다.

02 고객이 투자권유를 희망하지 않는 경우에 대한 내용으로 바르지 못한 것은?

① 고객이 투자권유를 희망하지 않는 경우라서 고객의 정보를 제공하지 않으면 금융회사는 적정성 원칙 대상상품은 가입이 제한된다는 사실을 고지하여야 한다.
② 금융투자업자는 투자권유를 하지 않더라도 적정성 원칙 대상 상품을 판매하려는 경우에는 면담 등을 통하여 고객의 정보를 파악하여야 한다.
③ 고객이 판매직원의 투자권유없이 투자하는 경우에는 적합성의 원칙과 설명의무는 적용되지 않는다.
④ 고객이 판매직원의 투자권유없이 투자하는 경우에 고객이 설명을 요청하더라도 판매직원은 설명의무가 없다.

정답 및 해설

01 ③　① 투자권유는 계약의 체결까지를 포함하지 않는다.
　　　② 금융소비자의 요청에 따라 객관적인 정보만을 제공하는 것은 투자권유로 보지 않는다.
　　　④ 주권상장법인이 장외파생상품 거래를 하는 경우 원칙적으로 일반 금융소비자로 보아야 한다.
02 ④　고객이 판매직원의 투자권유없이 투자하는 경우에도 고객이 설명을 요청하면 판매직원에게 설명의무가 있다.

03 투자자 정보 파악에 대한 설명으로 적절하지 않은 것은?

① 대리인을 통해서는 투자자 정보를 파악할 수 없다.
② 온라인으로 펀드에 투자하는 경우에도 투자성향 및 투자하고자 하는 펀드의 위험도를 확인할 수 있는 절차를 온라인에 구축하여야 한다.
③ 파생상품 등의 경우 적정성 원칙에 따라 투자자 정보를 파악하고 투자자가 적정하지 않은 상품 거래를 원할 경우 경고 등을 하여야 한다.
④ RP 등 위험이 높지 않는 금융투자상품만을 거래하는 투자자의 경우 간략한 투자자 정보 확인서를 사용할 수 있다.

04 다음 설명 중 바르지 못한 것은?

① 금융소비자의 투자자 성향 분석 후 적합하지 않다고 인정되는 투자권유는 금지된다.
② 금융소비자가 보유 자산에 대한 위험회피 목적의 투자를 하는 경우 투자자 성향별 적합한 금융투자상품표의 위험도 분류기준보다 강화된 기준을 적용하여 투자권유할 수 있다.
③ 투자자 성향 및 금융투자상품의 특성을 고려하여 장기투자가 유리하다고 판단되는 경우 장기투자를 권유할 수 있다.
④ 만 65세 이상의 고령투자자를 대상으로 ELS를 투자권유하는 경우 '적합성 보고서'를 제공하여야 한다.

05 전문금융소비자에 대한 설명으로 바르지 못한 것은

① 투자성 상품의 경우 투자권유대행인은 일반금융소비자이다.
② 일정한 전문금융소비자는 일반금융소비자와 같은 대우를 받을 수 있다.
③ 주권상장법인은 전문금융소비자이다.
④ 장외파생상품 거래의 경우 주권상장법인은 전문금융소비자와 같은 대우를 받겠다는 의사를 금융회사에 서면으로 통지하면 전문금융소비자로 될 수 있다.

06 고령투자자에 대한 투자권유의 내용 중에서 바르지 못한 것은?

출제빈도 中

① 금융회사는 고령투자자 보호기준을 자율적으로 만들 수 있다.
② 판매임직원 등은 고령투자자에게 금융투자상품을 판매하려는 경우 고령투자자 보호기준을 준수하여야 한다.
③ 금융회사는 영업점의 전담창구를 마련하여야 한다.
④ 금융회사는 고령투자자 대상 투자권유활동에 대한 내부통제활동을 실시하여야 한다.

07 투자권유시 유의사항으로 바르지 못한 것은?

출제빈도 中

① 지분증권에 대한 매매권유와 채무증권에 대한 매매권유는 같은 종류의 상품을 재권유한 것이다.
② 증권에 대한 투자자문계약과 장내파생상품에 대한 투자자문계약은 다른 종류의 상품을 재권유한 것이다.
③ 장내파생상품에 대한 투자일임계약과 장외파생상품에 대한 투자일임계약은 다른 종류의 상품을 재권유한 것이다.
④ 증권에 대해서는 투자자로부터 투자권유의 요청이 없더라도 실시간 대화의 방법으로 투자권유를 할 수 있다.

정답 및 해설

03 ① 대리인을 통한 투자자 정보를 얻는 경우 위임장 등으로 정당한 대리인 여부를 확인하고 대리인으로부터 투자자 본인의 정보를 파악할 수 있다.
04 ② 투자위험을 낮추거나 회피하는 경우에는 금융투자상품표의 위험도 분류기준보다 완화된 기준을 적용하여 투자권유할 수 있다.
05 ① 투자성 상품의 경우 투자권유대행인은 전문금융소비자이다.
06 ① 금융회사는 고령투자자 보호기준을 의무적으로 만들어야 한다.
07 ① 지분증권에 대한 매매권유와 채무증권에 대한 매매권유는 다른 종류의 상품을 재권유한 것이다.

08 다음 중 투자권유 시 설명의무에 대한 내용으로 바르지 않은 것은?

① 투자권유 시 금융투자상품의 복잡성 및 위험도 등 상품 측면만을 고려하여 설명한다.
② 동일 또는 유사 상품에 대한 투자 경험이 있거나 해당 상품에 대한 지식수준이 높은 투자자는 간단한 설명이 가능하다.
③ 계속적 거래가 발생하는 단순한 구조의 상장증권의 경우에는 최초 계좌 개설시에만 설명의무를 이행한다.
④ 외화증권에 투자권유 시 환위험 해지 여부, 환율 위험 및 대상 국가에 대한 위험 등 추가적인 설명을 하여야 한다.

09 다음 중에서 설명서를 제공하여야 하는 경우는?

① 증권신고의 효력이 발생한 증권을 취득하고자 하는 고객이 전화 등으로 설명서의 수령을 거부하는 경우
② 고객이 이미 취득한 것과 같은 집합투자증권을 계속하여 추가로 취득하려는 때에 해당 집합투자증권의 투자설명서 내용이 직전에 교부한 투자설명서의 내용과 다른 경우
③ 기본계약을 체결하고 동일한 내용으로 갱신하는 경우
④ 기본계약을 체결하고 그 계약 내용에 따라 계속적, 반복적으로 거래를 하는 경우

10 다음 금융소비자보호법 상 금융상품판매업자등의 손해배상책임에 대한 설명 중 바르지 못한 것은?

① 금융상품판매업자등은 고의 또는 과실로 금융소비자보호법을 위반하여 금융소비자에게 손해를 발생시킨 경우 그 손해를 배상할 책임이 있다.
② 금융상품판매업자등이 설명의무를 위반하여 금융소비자에게 손해를 발생시킨 경우에는 어떤 경우라도 손해배상책임을 진다.
③ 금융상품직접판매업자는 금융상품계약체결등의 업무를 대리 중개한 금융상품판매대리 중개업자가 대리 중개 업무를 할 때 금융소비자에게 손해를 발생시킨 경우 그 손해를 배상할 책임이 있다.
④ 금융상품직접판매업자의 손해배상책임은 금융상품판매대리 중개업자등에 대한 금융상품직접판매업자의 구상권 행사를 방해하지 아니한다.

11 다음 중 방문판매에 대한 설명으로 바르지 못한 것은?

① 영업점 외의 장소에는 전화연락도 포함된다.
② 영업점 외의 장소에서 계약체결을 권유한 후 금융소비자를 영업점으로 내방하게 하는 것도 포함된다.
③ 온라인매체를 통하여 계약체결을 권유하는 경우를 포함한다.
④ 개인정보 취득경로에 대한 안내는 임직원 등이 방문판매를 먼저 권유하는 경우에는 반드시 소비자에게 알려야 하는 사항인데, 소비자가 먼저 방문을 요청하는 경우에도 마찬가지이다.

12 방문판매시 기본 금지행위가 아닌 것은?

① 고객을 대리하여 계약을 체결하는 행위
② 청약철회 대상인 상품인 경우에 청약철회에 대한 사항을 알리지 않는 행위
③ 고객이 요청하여 야간에 방문판매하는 행위
④ 고객으로부터 현금을 수취하는 행위

정답 및 해설

08 ① 투자권유 시 상품 측면뿐만 아니라 투자자의 경험 및 인식능력 등을 고려하여 설명하여야 한다.
09 ② 고객이 이미 취득한 것과 같은 집합투자증권을 계속하여 추가로 취득하려는 때에 해당 집합투자증권이 투자설명서 내용이 직전에 교부한 투자설명서의 내용과 같은 경우에 설명서 제공이 면제된다.
10 ② 금융상품판매업자등이 설명의무를 위반하더라도 고의나 과실이 없음을 입증하면 면책된다.
11 ④ 소비자가 먼저 방문을 요청하는 경우에는 소비자의 개인정보에 대한 취득경로를 안내하지 않아도 된다.
12 ③ 고객이 요청하여 야간에 방문판매하는 행위는 허용된다.

13 투자권유대행인의 업무에 대한 설명으로 바르지 못한 것은?

① 투자권유대행인은 투자로부터 확인받은 정보를 지체없이 회사에 제출하여 회사가 이를 유지 관리할 수 있도록 하여야 한다.
② 회사는 투자권유대행인의 적정성을 통제할 수 있는 체계를 갖추어야 한다.
③ 투자권유대행인의 투자권유업무 적정성을 임직원에 준하여 통제하여야 한다.
④ 투자권유대행인이 투자권유업무를 수행할 때는 주관부서의 심의를 받은 명함 이외의 명함을 사용할 수 있다.

14 다음 중 청약철회에 대한 설명 중 올바른 것은?

① 투자성 상품의 경우 계약서류를 제공받은 날 또는 계약체결일로부터 7영업일 이내에 철회 의사를 표시할 수 있다.
② 청약의 철회가 가능한 투자성 상품에는 금전신탁계약이 포함된다.
③ 투자성 상품의 경우 금융소비자가 철회 의사를 서면 등으로 발송한 때 철회의 효력이 발생한다.
④ 금융회사가 청약을 철회한 때 고객을 상대로 손해배상이나 위약금을 등을 청구할 수 있다.

15 다음 중 고객관리를 해야 하는 이유를 잘못 설명한 것은?

① 상품 및 서비스의 차별화 증대
② 고객의 안목 증대로 구매의사 과정의 정교화
③ 고유의 업무영역이 의미 없음
④ 시장성장 둔화

16 CRM의 영역과 전략에 대한 설명으로 바르지 못한 것은?

① 고객유지는 고객의 불만을 예방하는 수동적 노력과 고객에게 부가적인 혜택을 제공하는 능동적 노력이 효과적으로 실행될 때 좋은 결과를 기대할 수 있다.
② 고객확보는 우량고객이 어디에 있는지, 어떤 니즈를 가지고 있는지를 살피는 것이 효과적이다.
③ 고객개발은 확보한 고객의 가치를 높이기 위한 전략이다.
④ 성공적인 CRM을 위해서는 새로운 상품개발이 선행되어야 한다.

17 다음 중 관계마케팅의 특징이 아닌 것은?
출제빈도 上
① 고객유지
② 장기적 관계형성
③ 시장점유율 중심
④ 고객 차별화

18 CRM의 특징이 잘못 설명된 것은?
출제빈도 上
① 기존고객과의 지속적인 관계증진을 통해 고객만족을 극대화한다.
② 고객을 단발성 거래대상 개념으로 접근하는 판매촉진 전략을 구사한다.
③ 고객점유율을 높이기 위해 금융거래를 집중화한다.
④ 기여도와 수익성에 따라 고객을 차별적으로 관리하여 다양한 금융수요를 충족한다.

19 다음 중 관계마케팅의 특징과 거리가 먼 것은?
출제빈도 上
① 범위의 경제
② 정보화
③ 고객서비스중심
④ 사후처리 지향

정답 및 해설

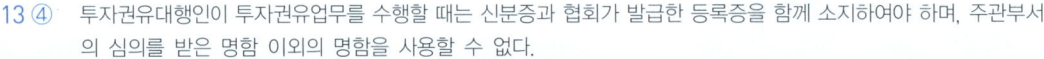

13 ④ 투자권유대행인이 투자권유업무를 수행할 때는 신분증과 협회가 발급한 등록증을 함께 소지하여야 하며, 주관부서의 심의를 받은 명함 이외의 명함을 사용할 수 없다.
14 ③ ① 7영업일이 아니라 7일 이내에 철회 의사를 표시할 수 있다.
② 청약의 철회가 가능한 투자성 상품에 금전신탁계약은 포함되지 않는다. 비금전신탁계약이 포함된다.(다만 고난도 금전신탁계약은 포함)
④ 금융회사가 청약을 철회한 때 고객을 상대로 손해배상이나 위약금을 등을 청구할 수 있다.
15 ① 상품 및 서비스의 차별화가 어려워져서 경쟁이 과열되어 고객관리가 필요하다.
16 ④ 성공적인 CRM을 위해서는 새로운 상품개발보다는 다양한 분류기준으로 고객을 세분화하는 작업이 선행되어야 한다.
17 ③ 고객점유율이 중요하다.
18 ② 단발성거래 대상이 아닌 평생고객가치의 개념으로 접근하는 고객중심의 장기적 경영전략이다.
19 ④ 관계마케팅에서는 사전대비 지향이 중요하다.

20 다음 중 고객서비스의 기본원칙이 아닌 것은?

① 다수의 통합화된 고객으로서 대응을 해야 한다.
② 정기적인 접근이 필요하다.
③ 고객에게 도움을 제공할 수 있어야 한다.
④ 고객에게 부채감정을 일으킬 수 있도록 노력한다.

21 다음 중 고객관리의 혜택이 아닌 것은?

① 고객유지율의 증대
② 높은 마케팅, 관리비용
③ 고객 이탈률 감소
④ 구전을 통한 무료광고

22 다음 중 고객상담활동 효율증대의 요령이 아닌 것은?

① 고객의 최적시간을 적극 활용한다.
② 자신만의 화법 및 테크닉을 발굴하고 개발한다.
③ 자료와 안내문을 준비한다.
④ 감정적인 공감대보다는 냉철한 논리적 공감대를 형성한다.

23 다음 중 고객과의 관계형성에서의 체크포인트가 아닌 것은?

① 최대한 손님에게 편안한 분위기를 만들고 세일즈를 목표로 분명히 정한다.
② 사소한 기억은 부담이 될 수 있으므로, 이름 외에는 가급적 기억하지 않는 것이 좋다.
③ 첫인상의 중요성을 인식하고, 매직워드 등을 적절히 사용한다.
④ 명함을 건네고 자기소개를 분명히 한다.

24 다음 중 고객상담활동에 대한 내용으로 잘못된 것은?

① 계약성공률을 높인다.
② 상담시간을 효율적으로 활용한다.
③ 고객상담은 화법보다는 문서를 통하여 이루어진다.
④ 고객층에 따른 스크립트를 개발하는 데 힘써야 한다.

25. 고객의 니즈에 대한 다음 설명 중 틀린 것은?

① 고객이 안고 있는 문제나 난처해 하고 있는 일도 Needs라 할 수 있다.
② Needs란 일종의 갭이라 칭할 수 있다.
③ Needs란 현 상태의 무엇인가를 증가시키는 것만을 말한다.
④ 현재 1억원이 있고 3년 뒤 주택구입자금은 3억원이 필요할 때 2억원의 필요자금이 Needs라 할 수 있다.

26. 고객의 니즈를 찾아가는 가장 바람직한 단계는?

① 문의 → 촉진 → 확인
② 문의 → 확인 → 촉진
③ 촉진 → 문의 → 확인
④ 촉진 → 확인 → 문의

27. 고객니즈 파악시 확대형 질문을 하여야 하는 타이밍은?

① 고객이 자기의 니즈에 대해서 잘 이야기하는 경우
② 개방형 질문을 해도 고객의 반응이 없거나 시큰둥할 때
③ 대화의 흐름을 자신이 생각하는 방향으로 리드하고 싶을 때
④ 고객의 시간적인 제약으로 빨리 결정을 유도해야 할 때

정답 및 해설

20 ① 다수로부터 분리된 개성화된 고객으로 대응하는 것이 중요하다.
21 ② 낮은 마케팅, 관리비용
22 ④ 머리의 공감보다는 가슴에서 오는 공감대를 형성한다.
23 ② 이름, 직업, 직책 등을 기억할수록 고객은 친근감을 가질 수 있다.
24 ③ 고객상담은 화법이 핵심이다.
25 ③ 현 상태의 무엇인가를 감소시키는 것도 포함된다.
26 ① 문의 → 촉진 → 확인이다.
27 ① 고객이 자기의 니즈에 대해서 잘 이야기하는 경우이다. ②③④는 폐쇄형 질문을 사용하는 타이밍이다.

28 다음 중 고객 니즈를 파악하기 위한 질문 중 폐쇄형 질문을 사용하는 타이밍이 아닌 것은?

① 확대형 및 개방형 질문을 해도 고객의 반응이 없거나 시큰둥할 때
② 새로운 화제나 다른 구체적인 화제도 바꾸어 대화의 흐름을 자신이 생각하는 방향으로 리드하고 싶을 때
③ 판매사원 또는 고객의 시간적인 제약으로 빨리 결정을 유도해야 할 때
④ 고객이 자기의 Needs에 대해 잘 이야기할 때

29 다음 중에서 설득과정의 3가지 중요한 목표가 아닌 것은?

① 고객의 관심을 끈다.
② 고객의 흥미를 북돋운다.
③ 프리젠테이션 속으로 고객을 끌어들인다.
④ 고객이 VIP대우를 받게 만든다.

30 다음 중 고객의 반감처리화법과 관계가 없는 것은?

① 부메랑법   ② 보상법
③ 질문법   ④ 추정승낙법

31 효과적인 고객동의 확보기술과 관련이 없는 것은?

① 직설동의요구법   ② 이점요약법
③ T – 방법   ④ 실행촉진법

32 고객의 반감에 대한 설명으로 가장 부적절한 것은?

① 반감은 또 하나의 고객의 관심의 표현이라고 할 수 있다.
② 반감은 정보에 대한 불신으로 더 이상의 정보제공은 설득에 해롭다.
③ 반감은 또 하나의 세일즈 찬스이다.
④ 반감은 빨리 발견할수록 설득이 쉬워지고 사소한 반감이라도 간과해서는 안 된다.

33 고객의 거절처리가 비교적 뚜렷할 경우 대응이 될 수 있는 것과 거리가 먼 것은?
출제빈도 下
① 왜 그런 생각을 가지게 되었는지 설명해주실 수 있으신지요?
② 그런 생각을 가지게 되신 것을 이해할 수 있습니다.
③ 그런데 이 부분은 오해가 있는 것도 같습니다.
④ 당장 투자하지 않으면, 분명히 후회하실 수도 있습니다.

34 다음 중 무반응 고객의 대응 및 처리방법이 아닌 것은?
출제빈도 中
① 판매사원의 예절문제에서 일어날 수 있다.
② 설득 내용을 알기 쉽게 설명해야 한다.
③ 최종 설명까지 중단 없이 진행한 후에, 최종적으로 고객반응을 점검해야만 한다.
④ 대화의 테크닉에 대해서 다시 한번 고려해야 한다.

35 다음 중 고객 응대 시 유의사항이 아닌 것은?
출제빈도 中
① 매우 편안하고 편리하게 느껴져야 한다.
② 부담스럽지 않게 평범한 투자상담사처럼 접근한다.
③ 하찮은 약속도 무조건 지켜져야 한다.
④ 항시 고객지향적인 사고와 행동을 해야 한다.

정답 및 해설

28 ④ 고객이 자기의 Needs에 대해 잘 이야기할 때는 확대형 질문을 통해 많은 이야기를 고객이 하도록 한다.
29 ④ 이는 설득과정의 3가지 중요한 목표와는 직접적인 관계가 없다.
30 ④ 추정승낙법은 상담종결화법이다.
31 ④ 실행촉진법은 상담종결화법이다.
32 ② 반감은 더 많은 정보에 대한 욕구이기도 하다. 아직 확신이 없어 좀 더 많은 정보와 이해가 필요하다는 뜻이기도 하다.
33 ④ 경청, 공감, 완화, 반전과 관계없는 상황이다.
34 ③ 화제 전환 시 고객반응을 점검해가며, 대응해야 한다.
35 ② 매우 프로페셔널하게 느껴지도록 행동해야 한다.

34 고객응대시 기본 매너로 바르지 못한 것은?

출제빈도 上

① 전화거는 요령은 자신소개 – 인사말 – 전화목적 – 전화클로징의 4단계가 바람직하다.
② 초면에 전화를 걸 때는 초면인사 – 자신소개 – 전화목적 – 일정약속 – 전화클로징의 5단계가 요령이다.
③ 프로임을 보이기 위해서 전문용어를 많이 사용한다.
④ 가능하면 상대방의 직함을 호칭한다.

정답 및 해설

36 ③ 전문용어나 외래어의 과도한 사용을 자제한다.

핵심개념 이해도 체크

| 적절한 개념에 체크 ☑하세요.! |

[투자권유]

01 고객의 요청에 따라 객관적인 정보만을 제공하는 경우에는 (□ 투자권유이다 / □ 투자권유로 보기 어렵다)

02 고객이 투자권유를 희망하지 않고 투자하는 경우라도 투자권유대행인은 원금손실 가능성, 투자에 따른 손익은 모두 고객에게 귀속된다는 등 투자에 수반되는 주요 유의사항을 (□ 알려야 한다 / □ 알릴 필요가 없다).

03 대출성 상품의 경우 상시근로자 (□ 5인 / □ 3인) 이상의 법인은 전문금융소비자이다.

04 장외파생상품 거래의 경우 주권상장법인은 원칙적으로 (□ 일반 / □ 전문)금융소비자로 취급받는다.

05 금융소비자가 보유 자산에 대한 위험회피 목적의 투자 또는 적립식 투자 등 해당 투자를 통하여 투자에 수반되는 위험을 낮추거나 회피할 수 있다고 판단되는 경우에는 '투자자 성향별 적합한 금융투자상품표'의 상품 위험도 분류기준보다 (□ 완화된 / □ 강화된) 기준을 적용하여 투자권유할 수 있다.

06 투자일임계약이나 불특정금전신탁의 경우에는 고객의 재무상태가 변경되는 경우 회신하여 줄 것을 (□ 매 분기 / □ 매년) 1회 이상 통지하여야 한다.

07 대리인을 통한 투자자 성향분석이 (□ 가능하다 / □ 가능하지 않다).

08 고령투자자 판매과정에서 (□ 2영업일 / □ 3영업일) 이상의 숙려기간을 부여함으로써 고령투자자에 대한 보호를 강화하여야 한다.

09 판매직원 등은 해당 금융투자상품의 복잡성 및 위험도 등 상품 측면과 고객의 투자경험 및 인식능력고려하여 설명의 정도를 달리 할 수 (□ 있다 / □ 없다).

10 기본계약을 체결하고 그 계약 내용에 따라 계속적, 반복적으로 거래를 하는 경우에 투자설명서를 (□ 제공하여야 한다 / □ 제공할 필요가 없다)

11 금융투자상품 위험도 분류시 과거 가격 변동성은 (□ 정량적 / □ 정성적)요소이다.

[투자권유] 01 투자권유로 보기 어렵다 / 02 알려야 한다 / 03 5인 / 04 일반 / 05 완화된 / 06 매 분기 / 07 가능하다 / 08 2영업일 / 09 있다. / 10 제공할 필요가 없다. / 11 정량적

[고객관리]

01 니즈를 찾아가는 첫 단계는 (□ 문의 / □ 촉진)이다.

02 상담원이 선택한 화제나 고객의 관심사에 대해 고객이 자유로이 이야기하도록 유도하는 질문방법은 (□ 폐쇄형질문 / □ 개방형질문)이다.

03 70-30 RULE은 (□ 고객 / □ 세일즈맨)이 70% 대화를 하는 것을 말한다.

04 고객의 반감처리 첫 단계는 (□ 경청 / □ 인정)이다.

05 보상법은 (□ 고객의 니즈파악 / □ 반감처리)방법이다.

06 CLOSING을 언제 할지 미리 정해 놓으면 (□ 된다 / □ 안된다).

07 고객의 최종 결정을 요청한 후 영업사원은 (□ 침묵 / □ 독촉)을 통해 답을 기다리는 마음을 전달하여야 한다.

08 고객의 괜찮군 등 긍정적인 표현이 나오면 감사합니다 로 상담을 종결하는 화법은 (□ 추정승낙법 / □ 실행촉진법)이다.

09 상품의 이점을 한번 더 요약하여 고객확신을 유도하는 방법은 (□ 직설동의 요구법 / □ 이점요약법)이다.

10 승용차에서 최상위자의 좌석은 (□ 우측 / □ 좌측)뒷자리이다.

[고객관리] 01 문의 / 02 개방형질문 / 03 고객 / 04 경청 / 05 반감처리 / 06 안된다
07 침묵 / 08 추정승낙법 / 09 이점요약법 / 10 우측

이패스코리아 증권투자권유대행인

제2과목

제4장

직무윤리

직무윤리

학습포인트

직무윤리와 투자자 분쟁예방파트에선 총 15문항이 출제됩니다. 종전에는 직무윤리가 쉬운 과목으로 여겨졌는데 금융소비자보호법의 제정으로 외울 것이 많아져서 공부하기가 이전보다는 까다로와졌습니다. 하이라이트는 상품 판매과정에서의 소비자보호와 상품 판매 후의 소비자보호 관련 제도입니다. 이 부분은 시험의 보고이니 상세히 공부하여야 합니다. 본인에 대한 의무에서는 재산상 제공 부분이 중요하며 회사에 대한 의무에서는 대외활동 시 준수의무가 중요합니다. 내부통제는 준법감시인이 중요하며 위반시 제재도 잘 정리를 하여야 합니다. 전반적으로 부담없이 공부할 수 있는 과목입니다.

학습전략

내 용	개념이해 난이도		
	상	중	하
제1장 직무윤리 일반			
1. 직무윤리에 대한 이해	○		
2. 직무윤리가 강조되는 이유		○	
3. 직무윤리의 사상 및 국내외 동향		○	
제2장 금융소비자보호			
1. 금융상품 판매 시 소비자보호	○		
2. 금융상품 판매 후 소비자보호	○		
제3장 본인, 회사 및 사회에 대한 윤리			
1. 본인에 대한 윤리	○		
2. 회사에 대한 윤리	○		
3. 사회에 대한 윤리			○
제4장 직무윤리의 준수절차 및 위반시의 제재			
1. 내부통제	○		
2. 위반행위에 대한 제재		○	

04장 핵심정리 문제

01

다음은 기업윤리와 직무윤리를 설명한 내용이다. 기술 중 가장 잘못된 것은?
① 직무윤리를 기업의 경영방식에 도입한 것이 윤리경영이다.
② 기업윤리와 직무윤리는 흔히 혼용되어 사용되기도 한다.
③ 기업윤리는 조직 구성원 개개인들이 자신이 맡은 업무를 수행하면서 지켜야 하는 윤리적 행동과 태도를 구체화한 것이다.
④ 직무윤리는 기업윤리의 범주 내에서 구체화된 미시적 개념으로 정의할 수 있다.

출제 POINT

기업윤리와 직무윤리의 차이점은 자주 출제되므로 정확히 알아야 한다. 기업윤리는 조직 모두가 지키는 윤리를 말한다.

함정 & 오답 피하기

- **기업윤리** : 구성원 전체가 대상. 거시적, 포괄적(O)
- **직무윤리** : 구성원 개개인이 대상. 미시적, 구체적(O)

핵심탐구 기업윤리와 직무윤리의 비교

[법과 윤리]

	법	윤리
개념	법=정의. 법이란 정당한 사회관계를 규정하기 위하여 강제력을 갖는 규범들의 종합	사람으로서 마땅히 하여야 할 도리
특색	① 법이 지키고자 하는 정의는 사회적이다 ② 법은 궁극적으로 윤리의 실현을 목적으로 한다. 법은 최소한의 윤리	윤리는 개인의 도덕심을 지키는 데 가장 큰 목적이 있으므로 개인적이다.
강제성	○ 법위반을 감독하는 사람들은 누가 감독하는가의 무한소급의 문제 발생	× 내면화된 준법정신의 필요

↱ 윤리는 최소한의 법 ×

[기업윤리와 직무윤리의 비교]
기업윤리와 직무윤리는 혼용되어 사용되는 경우가 많지만 다음과 같이 구분 가능

	기업윤리	직무윤리
대상	조직의 **모든** 구성원에게 요구	**조직 구성원 개개인들이** 맡은 업무를 수행하면서 지켜야 하는 윤리적 행동
특색	추상적, **거시적, 포괄적**	**구체적, 미시적**
표현 형태	윤리강령	임직원 행동강령

* 윤리경영은 직무윤리를 기업경영 방식에 도입한 것.

정답 ③

02

금융산업에의 윤리경영과 직무윤리의 중요성이 특히 강조되고 있다. 다음 중 그 이유로서 틀린 것은?

① 현대사회에서는 위험비용을 제외한 거래비용의 최소화를 요구하기 때문이다.
② 금융소비자보호법은 금융투자회사의 임직원이 사전정보제공 – 판매 – 사후피해구제에 이르는 금융소비의 전과정에서 금융소비자보호를 포괄하는 체계를 구축하고 있다.
③ 자본시장법에서 금융투자상품을 포괄적으로 정의함으로써 그 적용대상과 범위가 확대됨에 따라 법의 사각지대를 메워주는 직무윤리의 중요성이 강조된다.
④ 자본시장법상 전문투자자가 주된 보호대상에서 빠져 있지만 회사의 윤리적 책임까지 완전히 면제되는 것은 아니다.

출제 POINT

직무윤리가 강조되는 이유에서는 ①지문이 제일 출제가 많이 된다. 나머지는 상식선에서 해결할 수 있다. 제외가 아니라 포함이다.

함정 & 오답 피하기

- 현대사회에서는 위험비용을 제외한 거래비용의 최소화를 요구한다(×).
- 자본시장법은 금융투자상품의 개념이 열거주의로 변경되었기 때문에 직무윤리의 중요성이 증대되었다(×).

핵심탐구 윤리경영의 필요성

(1) 윤리경쟁력의 시대
① 환경의 변화 : 고도의 정보와 복잡한 시스템의 사회
② 위험과 비용 : 위험비용도 거래비용에 포함시켜 비용이 적은 쪽 선택 ← 제외 ×
③ 생산성 제고 : 직무윤리는 공공재로서 생산성 제고를 통한 장기생존을 위한 인프라
④ 신종 자본 : 신용은 새로운 무형자본으로서 기업의 가장 중요한 자산
⑤ 인프라 구축 : 공정하고 자유로운 경쟁의 전제조건
⑥ 사회적 비용의 감소 : 비용의 감소와 평판의 증가

(2) 금융투자업에서의 직무윤리

산업의 고유 속성	이해상충의 발생 가능성이 높다. 그러므로 엄격한 직무윤리는 자본시장의 신뢰성 확보를 위한 필수적인 전제요건.
상품의 특성	투자성(원본손실 가능성) 내포
금융소비자의 질적 변화	상품의 복잡화·전문화로 적극적인 소비자보호 필요
안전장치	업무종사자들을 보호하는 안전장치

* 참고) 자본시장법과 직무윤리
① 법 제정 이전에는 서비스의 영역이었던 것이 상당부분 법적 의무로 제도화됨.
② 증권의 개념이 포괄주의로 변경 : 그 적용대상이 확대되어 법의 사각지대를 메워주는 직무윤리의 중요성 증대 ← 열거주의 ×
③ 전문투자자에 대한 법적 규제는 완화되지만 윤리적 책임은 요구.
④ 금융소비자보호법은 금융투자회사의 임직원이 금융소비의 전과정(사전정보제공 – 판매 – 사후피해구제)에서 금융소비자보호를 포괄하는 체계를 구축하고 있다.

정답 ①

03

다음 중 직무윤리의 환경에 대한 설명으로 옳지 않은 것은?

① OECD의 '국제 공통의 기업윤리강령'은 강제규정이다.
② 김영란법은 공직자 등이 직무관련성이나 대가성이 없더라도 금품수수 시 제재한다.
③ 각 국가별 부패인식지수(CPI)를 발표하는 곳은 국제투명성기구(TI)이다.
④ 최근의 CPI를 보면 우리나라는 윤리수준이 낮게 평가받고 있다.

출제 POINT

OECD의 '국제 공통의 기업윤리강령'은 강제규정은 아니지만 따르지 않는 기업은 불이익을 받는다. 이 부분에서는 ③④이 그나마 중요하다.

함정 & 오답 피하기

- 국가별 CPI를 발표하는 기구는 국제투명성기구이다(O).
- 우리나라는 CPI 지수가 높게 나타난다(×).

핵심탐구 직무윤리의 사상과 국내외적 환경

(1) 사상적 배경
자본주의 출현의 직무윤리 근거에는 칼뱅주의를 토대로 한 베버의 사상이 있다.

칼뱅	1. **금욕적** 생활윤리 강조 : 초기 자본주의 발전의 정신적 토대가 됨. 2. 소명론 : 근검·정직·절제를 통하여 얻는 부는 신앙인의 정당하고 신성한 의무
베버	1. 프로테스탄티즘의 윤리와 자본주의 정신 2. 서구의 문화적 특성은 세속적 금욕생활과 직업윤리에 의하여 형성됨

(2) 윤리경영의 국제적 환경
 1) OECD의 '국제 공통의 기업윤리강령' : 강제규정은 아니다
 2) 각 국가별 부패인식지수(CPI) (기업 ×)
  ① 국제투명성기구(TI)에서 매년 발표 (공무원과 정치인의 부패수준에 대한 인식정도)
  ② 우리나라는 최근에도 낮게 평가됨 ← 높게 ×
(3) 윤리경영의 국내적 환경
  김영란법
  ① 공직자 등이 직무관련성이나 대가성이 없더라도 금품수수 시 제재.
  ② 또한 전국민을 적용대상으로 하고 있어 영향력이 매우 크다.
(4) 윤리경영 평가척도
  산업정책연구원의 KoBEX, 전경련의 FKI-BEX, 서강대의 Sobex 등이 있다
5. 기업의 사회적 책임 강조

정답 ❶

04

직무윤리의 적용대상으로 바르지 못한 설명은?

① 관련 자격증을 갖기 이전에 그 업무에 실질적으로 종사하는 자도 포함된다.
② 회사와 정식으로 고용관계에 있지 않은 자나 무보수로 일하는 자도 직무윤리를 준수하여야 한다.
③ 잠재적 고객은 아직 정식 고객이 아니므로 직무윤리 적용 대상이 아니다.
④ 금융투자업에 관련된 일체의 직무활동은 직무행위에 해당한다.

출제 POINT

상식선에서 해결할 수 있다. 그나마 ③이 상대적으로 중요하다. 잠재적 고객에 대해서도 직무윤리를 준수하여야 한다.

함정 & 오답 피하기

- 회사와 고용계약 및 보수 여부를 불문하고 직무윤리를 준수하여야 한다(O).
- 잠재적 고객은 직무윤리 적용대상이 아니다(×).

핵심탐구 직무윤리 적용대상

직무행위 범위	회사뿐만 아니라 고객, 시장에 대한 직무행위도 포함
준수자의 범위	실질적 업무 종사자는 모두 포함 1. 자격증 취득 전의 업무종사자 2. 회사와 정식 고용관계에 있지 않은 자 3. 무보수로 일하는 자도 포함.
준수대상자	아직 아무런 계약관계를 맺지 않은 잠재적 고객에 대해서도 직무윤리를 준수하여야 한다.

정답 ❸

05

금융투자업 종사자의 신의성실의무에 대한 설명으로 옳지 않은 것은?

① 금융투자업자는 신의성실의 원칙에 따라 공정하게 금융투자업을 영위하여야 한다.
② 이해상충방지 및 금융소비자보호와 관련된 기본원칙이다.
③ 상품 판매 전의 개발단계부터 모든 단계에서 적용된다.
④ 신의성실의무를 위반하더라도 손해배상책임의 문제는 발생하지 않는다.

출제 POINT

신의성실의 원칙은 윤리적 의무에 불과한 것이 아니라 법적 의무이므로 위반시 불법행위에 대한 손해배상의 문제가 발생한다.

함정 & 오답 피하기
- 신의성실의 원칙은 윤리적 의무에 불과하다(×).

핵심탐구 ▶ 신의성실의 원칙

1. 신임의무와 직무윤리의 기본원칙
   (1) 직무윤리의 핵심 2대원칙 ← 선관주의의무에서 발생
       금융소비자와 금융투자업 종사자는 이익충돌 상황이 발생할 수 있다.
       ① 고객우선의 원칙
       ② 신의성실의 원칙
   (2) 핵심 2대원칙의 법제화·구체화
       ① 이해상충방지의무 ② 금융소비자보호의무
2. 신의성실의 원칙
   ① 금융투자업자는 신의성실의 원칙에 따라 공정하게 금융투자업을 영위하여야 한다(자본시장법 37조).
   ② 회사와 임직원은 정직과 신뢰를 가장 중요한 가치관으로 삼고, 신의성실의 원칙에 입각하여 맡은 업무를 충실히 수행하여야 한다(표준윤리준칙 4조).
   ③ 상품개발단계부터 판매 및 판매 이후 단계까지 **모든 단계**에 걸쳐 적용
   ④ 윤리적 원칙이자 동시에 **법적 의무**
       법적 의무는 **신의칙상 부수의무로서 고객을 보호하여야 할 주의의무 발생. 이를 위반하면 불법행위 책임 발생**

정답 ④

06

일반투자자에게 투자권유 할 때 과당매매 판단기준이 아닌 것은?

① 투자자의 이익이나 손실 규모
② 일반투자자가 부담하는 수수료의 총액
③ 일반투자자의 재산상태 및 투자목적에 적합한지 여부
④ 개별 매매거래시 투자권유의 타당성 여부

출제 POINT

단골문제. 결과적인 수익발생 여부는 판단대상이 아니다. 또한 투자자의 이익이나 손실 규모는 판단기준이 아니며, 위험에 대한 인식여부가 중요하다.

함정 & 오답 피하기

• 투자자에게 결과적으로 손해가 발생하였다면 과당매매일 가능성이 크다(×).

핵심탐구 이해상충 방지의무

(1) 개요
 ① 금융소비자의 이익을 최우선으로 하여 업무수행
 ② 결과뿐 아니라 과정에서도 최선의 결과 도출 노력

(2) 이해상충의 발생원인

① 금융투자업자 내부의 문제	공적(사적 ×) 업무영역(예-자산관리 등 공개된 정보를 이용하여 거래하는 부서)에서 사적(공적 ×) 업무영역(예 합병 등 미공개중요정보를 취득할 수 있는 부서) 정보를 이용하는 경우
② 금융투자업자와 고객 간의 문제	정보의 비대칭-금융투자업자가 금융소비자의 이익을 희생하여 자신이나 제3자의 이익을 추구할 가능성이 높다
③ 법률적 문제	금융투자업 겸영업무의 범위 확대

(3) 이해상충의 대표적인 사례
 ① 과당매매
 ② 과당매매 판단기준 ← 결과적으로 손해발생 ×
  ㉠ 수수료의 총액
  ㉡ 투자자의 재산상태 및 투자목적에 적합한지 여부
  ㉢ 개별 매매거래시 권유내용의 타당성 여부
  ㉣ 투자자가 거래에 수반되는 위험을 잘 이해하고 있는지 여부

정답 ①

07

자본시장법상 이해상충방지 체계에 대한 설명으로 올바른 것은?

① 금융투자업자는 어떠한 경우에도 금융소비자와 거래당사자가 되면 안된다.
② 금융투자업자는 이해상충을 방지하기 위해 내부통제기준이 정하는 방법 및 절차에 따라 이를 적절히 관리하여야 한다.
③ 금융투자업자는 이해상충이 발생할 가능성이 있는 경우에 그 사실을 알렸다면 별도의 조치없이 매매 등의 거래를 할 수 있다.
④ 금융투자업자는 이해상충방지체계를 자율적으로 마련하여야 한다.

출제 POINT

이해상충관리 부분에서는 ③ 및 (지문에는 없지만) 저감 후 거래의무가 중요하다.
① 고객의 동의 등 예외가 있다.
③ 별도의 조치가 필요하다.
④ 금융투자업자의 이해상충방지체계 마련은 법적 의무이다.

함정 & 오답 피하기

- 이해상충이 발생할 가능성이 있으면 그 사실을 나중에 투자자에게 알린다(×).
- 이해상충이 발생할 가능성을 낮추는 것이 곤란하면 준법감시인의 승인을 받은 후에 거래를 하여야 한다. (×)

용어 이해하기

자기거래 : 금융투자업 종사자가 직접 투자자의 거래 당사자가 되는 것 혹은 이해관계인의 대리인이 되는 것.

핵심탐구 이해상충 방지의무

(4) 이해상충의 방지체계
　① 금융투자업의 인가·등록시부터 필요
　② 금융투자업자의 이해상충발생 가능성 파악 등 관리의무
　③ 이해상충이 발생할 가능성이 있다고 인정되면 그 사실을 미리 해당 투자자에게 알리고 투자자보호에 문제가 없는 수준으로 낮춘 후 거래할 의무
　④ 그럼에도 불구하고 그 이해상충이 발생할 가능성을 낮추는 것이 곤란하다고 판단되는 경우에는 매매 등을 하여서는 안된다.
(5) 정보교류의 차단(Chinese Wall)의무
　금융투자업자는 미공개중요정보 등에 대한 회사 내부의 정보교류차단 뿐만이 아니라 계열회사를 포함한 제3자에게 정보를 제공하는 경우 등에 대해 내부통제기준을 마련하여 이해상충이 발생할 수 있는 정보를 적절히 차단해야 한다.
(6) 조사분석자료 작성 대상 및 제공 제한
　금융투자업자 자신이 발행하였거나 관련된 대상에 대한 조사분석자료의 공표와 제공을 원천적으로 금지
(7) 자기거래 금지

개념	1. 투자매매업자 또는 투자중개업자가 금융투자상품에 관한 같은 매매에 있어서 자신이 본인이 됨과 동시에 상대방의 투자중개업자가 되어서는 안된다. 2. 이해관계인의 대리인이 되는 것도 금지된다.
예외	1. 고객의 동의가 있는 경우 2. 상대방이 우연히 결정되는 등 투자자의 이익을 해칠 우려가 없는 경우 　① 투자중개업자가 투자자로부터 증권시장 등에서의 매매의 위탁을 받아 증권시장 등을 통하여 매매가 이루어지도록 한 경우 　② 투자매매업자 또는 투자중개업자가 자기가 판매하는 집합투자증권을 매수하는 경우 등

정답 ❷

금융투자업종사자의 금융소비자보호에 대한 설명으로 바르지 못한 것은?

① 금융투자업 종사자는 전문가로서의 주의를 기울여 그 업무를 수행하여야 한다.
② 금융투자업 종사자는 위임계약이 무상이어도 최선을 다할 의무가 있다.
③ 금융소비자 보호는 금융시장에서의 불균형을 시정하고 금융소비자의 신뢰제고를 통하여 자본시장을 발전시키는 것을 목표로 한다.
④ 금융소비자는 금융회사와 거래하고 있는 당사자만을 의미한다.

출제 POINT

금융투자업종사자는 금융회사와 거래하고 있는 당사자뿐만 아니라 금융회사의 상품이나 서비스를 이용하고자 하는 자를 포괄하는 개념이다.

금융소비자보호법의 기본취지를 묻는 문제는 간혹 출제되기는 하지만 쉬운 부분이다.

핵심탐구 금융소비자보호의무

(1) 금융소비자보호법에서의 금융소비자 정의
   예금자, 투자자, 보험계약자, 신용카드 이용자 등 금융회사와 거래하고 있는 당사자뿐만 아니라 금융회사의 상품이나 서비스를 이용하고자 하는 자를 포괄하는 개념이다
(2) 전문가로서의 주의의무
   ① 일반인보다는 높은 주의 요구 : 신중한 투자자의 원칙이 기준이 될 수 있음
      (포트폴리오 이론에 따라서 자산을 운용하면 적법한 것으로 인정되는 원칙)
   ② 위임계약은 무상이어도 최선을 다할 의무가 있음
   ③ 회사가 상품개발하는 단계부터 매수이후 단계까지 전 단계에서 적용
   ④ 금융투자업자는 금융기관의 공공성으로 인하여 일반주식회사에 비하여 더욱 높은 수준의 주의의무를 요한다.
(3) 금융소비자법 제정
   ① G20 정상회의에서 채택한 금융소비자 보호 10대 원칙의 내용 포함
   ② 기존의 금융소비자보호 모범규준에서 정한 사항들이 법적 의무 사항으로 강화됨
   ③ 자본시장법에서 제한적으로 적용되던 금융소비자 보호에 관한 사항이 금융상품 전체로 확대

정답 ④

09

[금융소비자보호 표준내부통제기준] 상 금융소비자보호 총괄책임자가 수행하는 직무에 대한 설명으로 가장 거리가 먼 것은?

① 민원발생부서 평가 기준의 수립 및 운영업무
② 민원접수 및 처리에 관한 관리·감독
③ 위험관리체계에 관한 관리·감독업무
④ 금융상품 각 단계별 소비자보호 체계에 관한 관리·감독업무

출제 POINT

위험관리체계에 관한 관리·감독업무는 CCO의 직무가 아니다.
※ CCO의 직무는 의외타문제로 간혹 출제된다. 위험관리체계에 대한 업무는 CCO의 업무가 아니라고 외워두는 것이 좋다.

핵심탐구 금융소비자보호법상 내부통제체계

금융소비자보호법상 내부통제체계
(1) 개요
  ① 가지로 내부통제업무로 본다.
  ② 기존의 금융소비자보호 모범규준과는 달리 금융소비자보호에 관한 내부통제업무의 승인 권한을 회사의 최고의사결정기구인 이사회까지 확대시킴
(2) 조직별 권한과 의무
  ① 이사회 : 최고 의사결정기구로서 금융소비자보호에 관한 내부통제체계의 구축 및 운영에 관한 기본방침을 정한다.
  ② 대표이사 : 일정한 업무를 금융소비자보호 총괄책임자에게 위임할 수 있음 (없음 X)
  ③ 금융소비자보호 내부통제위원회
    ㉠ 대표이사를 의장으로 하는 금융소비자보호 내부통제위원회를 설치하도록 의무화하고 있다.
    ㉡ 매 반기마다 1회 이상 의무적으로 개최해야 하며, 개최결과를 이사회에 보고하는 것은 물론 최소 5년 이상 관련 기록을 유지해야 한다.
  ④ 금융소비자보호 총괄책임자(CCO)
    대표이사(상근감사 X) 직속으로 준법감시인에 준하는 독립적 지위를 보장받는다.
    ㉠ 민원접수 및 처리에 관한 관리·감독
    ㉡ 민원발생부서 평가 기준의 수립 및 운영업무
    ㉢ 금융상품 각 단계별 소비자보호 체계에 관한 관리·감독업무 등

정답 ③

10

상품개발 및 판매 이전 단계에서의 금융소비자보호의 내용으로 바르지 않은 것은?

① 신상품개발시 상품개발부서와 해당상품 마케팅부서 및 금융소비자보호 총괄기관은 사전 협의를 거쳐야 한다.
② 금융회사는 판매임직원 등의 판매자격 관리절차를 마련한다.
③ 금융회사는 판매임직원 등 대상 교육체계를 마련한다.
④ 금융회사는 해당 상품에 대한 미스터리쇼핑을 자체적으로 실시한다.

출제 POINT

미스터리쇼핑은 상품판매 이후 단계에서 실행하는 절차이다.
※ 주의: 각 회사는 판매임직원 등을 대상으로 금융소비자에게 제공되는 상품별 교육을 포괄적으로 실시할 수 있다.(X) 개별적 교육을 실시하여야 한다.

핵심탐구 — 상품개발단계의 금융소비자보호

1. 상품개발단계의 금융소비자보호
(1) 사전협의절차
   ① 상품개발부서와 해당상품 마케팅부서 및 금융소비자보호 총괄기관 간의 협의
   ② 금융소비자보호 총괄기관은 사전협의절차 이행 여부를 정기적으로 모니터링
(2) 금융상품 개발 관련 점검
   금융소비자보호 총괄기관은 금융상품을 개발하는 경우 금융소비자에게 불리한 점은 없는지 등을 진단하기 위한 점검항목을 마련해야 하며, 상품개발부서에게 이를 제공해야 한다.
(3) 외부 의견 청취
   금융상품개발 초기 단계부터 금융소비자의 불만 예방 및 피해의 신속한 구제를 위해 이전에 발생된 민원, 소비자만족도 등 금융소비자 의견이 적극 반영될 수 있도록 업무절차를 마련해 운영하여야 한다.
2. 상품 판매 이전 단계의 금융소비자보호
(1) 교육체계의 마련
   ① 금융소비자보호법은 각 회사가 판매임직원 등을 대상으로 금융소비자에게 제공되는 '개별상품'별 교육을 실시하도록 규정하고 있다.
   ② 회사가 판매임직원 등을 대상으로 해당 회사의 금융소비자보호 내부통제기준 및 금융소비자보호관련 법령 등의 준수에 관한 교육을 의무적으로 실시하여야 한다.
   ③ 이 교육을 받지 않은 임직원은 금융상품을 판매할 수 없도록 하는 등 금융상품의 판매 전 교육을 통해 불완전판매가 발생하지 않도록 하고 있다.
(2) 판매자격의 관리
   회사는 회사의 임직원 등이 금융상품을 판매할 수 있는 자격증을 보유하고 있는지, 자격유지를 위한 보수 교육은 이수하고 있는지 관리하여야 한다.

정답 ④

11

투자권유 실행순서로 올바른 것은?

ⓐ 투자목적, 재산상황, 투자경험 등의 정보파악
ⓑ 일반투자자 여부 확인
ⓒ 투자자금의 성향 파악
ⓓ 파악된 정보를 바탕으로 투자성향 분석결과 설명 및 확인서 제공
ⓔ 투자권유를 원하는지 확인

① ⓐ – ⓑ – ⓒ – ⓓ – ⓔ
② ⓑ – ⓔ – ⓐ – ⓓ – ⓒ
③ ⓐ – ⓔ – ⓒ – ⓓ – ⓑ
④ ⓔ – ⓑ – ⓐ – ⓓ – ⓒ

출제 POINT

투자권유의 실행절차는 기본적인 문제이다. 답 4로 변경

핵심탐구 상품판매단계의 금융소비자보호(1)

1. 적합성의 원칙
   ① 투자권유 전의 실행절차
      ㉠ 해당 고객이 투자권유를 원하는지 여부 확인 : 투자권유를 희망하지 않는 경우 판매자의 투자권유 불가 사실 안내
      ㉡ 해당 고객이 일반투자자인지 전문금융소비자인지 확인 : 전문 금융소비자인 경우 별도의 등록 절차 진행
      ㉢ 일반 금융소비자인 경우 금소법에 정해진 바에 따라 계약체결을 권유하는 금융상품별 항목에 대하여 면담·질문 등을 통하여 정보 파악
      ㉣ 파악된 정보를 바탕으로 고객의 투자성향 분석결과 설명 및 확인서 제공
         투자성향 분석결과 및 확인서의 제공은 1회성에 그치는 것이 아니라 금융소비자가 금융상품을 가입할 때마다 실행
      ㉤ 투자자금의 성향 파악 : 원금보존을 원하는지 확인하고 원금보존을 원하는 경우에는 가입에 제한이 있음을 안내
   ② 예금성 상품은 제외
   ③ 고객이 투자권유를 원하지 않고 본인의 정보를 제공하지 않는 경우 판매임직원은 해당 고객에게 적합성의 원칙 및 설명의무가 적용되지 않는다는 사실을 안내하여야 한다.

정답 ❶

12

금소법상 적정성의 원칙에 대한 설명으로 바르지 않은 것은?

① 모든 금융투자상품의 판매에 대하여 적용되는 것은 아니다.
② 전문금융소비자에게는 적용되지 않는다.
③ 금융투자업자가 투자권유를 하는 경우에 적용되는 원칙이다.
④ 금융투자업자는 투자자의 투자목적 등에 비추어 해당 투자성 상품 등이 그 투자자에게 적정하지 않다고 판단되는 경우에는 그 사실을 알려주어야 한다.

> **함정 & 오답 피하기**
> • 적합성의 원칙, 적정성의 원칙은 일반금융소비자에게만 지키면 된다(O).

> **용어 이해하기**
>
> 적정성의 원칙 : 투자성 상품 등을 판매(투자권유 X)할 때 지켜야 하는 원칙.

핵심탐구 상품판매단계의 금융소비자보호(2) : 6대판매원칙(1)

2. 적정성의 원칙
   ① 적합성의 원칙이나 적정성의 원칙 모두 일반 금융소비자를 대상으로 하는 점은 같다.
   ② 이를 위반시 3천만원 이하의 과태료 부과 대상인 점도 같다. 그러나 과징금 부과 대상은 아니다.
   ③ 적합성의 원칙이 계약체결을 권유할 때 적용되는 반면, 적정성의 원칙은 계약체결을 권유하지 않고 계약체결을 원하는 경우에 적용된다.
   ④ 금융상품을 판매하는 금융투자업자는 대통령령으로 정하는 보장성 상품, 투자성 상품, 대출성 상품에 대해서 각 상품별로 해당 고객의 정보를 면담 또는 질문을 통해 파악하여야 한다.
   ⑤ 수집된 정보를 바탕으로 해당 금융상품이 고객에게 적정하지 아니하다고 판단되면 이를 알리고 서명 등의 방법을 통해 고객에게 그 사실을 알렸다는 내용을 확인받아야 한다.

정답 ③

13

금융소비자보호법상 설명의무에 대한 내용으로 바르지 못한 것은?

① 금융회사는 계약체결의 권유가 없더라도 일반금융소비자가 요청하는 경우에는 각 금융상품별 중요사항에 대해 금융소비자에게 고지하고 이해할 수 있도록 설명하여야 한다.
② 설명의무의 대상이 예금성 상품, 대출성 상품, 보장성 상품, 투자성 상품으로 확대되었는데, 각 상품과 연계하거나 제휴 서비스가 있는 경우까지 설명의무가 있는 것은 아니다.
③ 금융회사는 예외적인 경우를 제외하고는 반드시 사전에 서면, 전자우편 등의 방법으로 금융소비자에게 해당 금융상품의 설명서를 제공해야 한다.
④ 금융회사가 설명의무를 위반하면 해당 금융상품의 계약으로 얻는 이익의 최대 50% 이내에서 과징금이 부여될 수 있다.

출제 POINT

설명의무는 전부 중요하다 정확하게 숙지하자.
금소법에서는 각 상품과 연계하거나 제휴 서비스가 있는 경우에도 설명의무가 있는 점을 유의하여야 한다.

핵심탐구 상품판매단계의 금융소비자보호(3) : 6대판매원칙(2)

3. 설명의무
(1) 적용대상의 확대
    ① 금소법에서는 예금성 상품, 대출성 상품, 보장성 상품, 투자성 상품으로 확대. 또한 각 상품과 연계하거나 제휴 서비스가 있는 경우에도 설명의무가 있는 점을 유의.
    ② 금융회사는 각 금융상품별로 금융소비자에게 계약의 체결을 권유하는 경우 및 계약체결의 권유가 없더라도 일반금융소비자가 요청하는 경우 → 각 금융상품별 중요사항에 대해 금융소비자가 이해할 수 있도록 설명하여야 함.
    ③ 투자성 상품 : 상품의 주요 내용, 투자에 따르는 위험, 위험등급, 수수료, 계약의 해지 및 해제에 관한 사항 등
    ④ 민원 및 분쟁조정 절차, 청약철회권, 위법계약해지권, 자료열람요구권 등도 설명의 대상에 포함
(2) 설명서의 제공 및 확인의무
    ① 금융회사는 사전에 서면, 전자우편, 휴대전화 문자메시지 등의 방법으로 설명서를 제공해야 함. 다만 시행령에서 예외 인정.(기존 계약과 동일한 내용으로 계약을 갱신하는 경우, 기본계약을 체결하고 그 계약내용에 따라 계속적·반복적으로 거래를 하는 경우 등)
    ② 금융회사는 일반금융소비자에게 설명의무를 이행한 경우에 설명한 내용을 그가 이해하였음을 서명, 녹취 등의 방법으로 확인을 받고 해당 기록을 유지, 보관할 의무가 있음
(3) 설명의무 위반
    ① 과징금 부과 : 중요사항을 설명하지 않거나 설명서를 사전에 제공하지 않거나 설명하였음을 확인받지 않은 경우에 해당 금융상품의 계약으로 얻는 이익의 최대 50% 이내 부과 가능.
    ② 과태료 : 최대 1억원 이내

정답 ②

14

금융소비자보호법상 청약철회권에 대한 설명으로 바르지 못한 것은?

① 금융회사는 금융상품의 계약체결을 권유할 때 청약철회권을 반드시 설명해야 한다.
② 청약철회권은 금융회사의 고의 또는 과실 등 귀책사유가 있어야 일반금융소비자가 행사할 수 있다.
③ 투자성 상품 중에서는 자본시장법 시행령에 따른 고난도금융투자상품, 고난도투자일임계약, 고난도금전신탁계약 그리고 비금전신탁계약이 그 대상이 된다.
④ 금융회사는 철회가 접수된 날로부터 3영업일 이내에 이미 받은 금전, 재화 등을 반환해야 한다.

출제 POINT

청약철회권은 중요하다. 정확하게 숙지하자.
청약철회권은 금융회사의 고의 또는 과실 사유 여부 등 귀책사유가 없더라도 일반금융소비자가 행사할 수 있는 법적 권리이다.

핵심탐구 상품판매단계의 금융소비자보호(4) : 6대판매원칙(3)

(4) 금융소비자에게 제공하는 정보의 요건
   ① 정확성
   ② 시의성
   ③ 접근성 및 용이성 ← 전문성 × : 그림이나 기호 등의 시각적인 요소를 적극 활용
   ④ 금융소비자의 권익침해 표시금지
(5) 청약철회권
   ① 개념 : 일반금융소비자는 예금성 상품을 제외한 3가지 유형의 금융상품 계약의 청약 이후 각 상품유형별로 금소법에서 정하고 있는 기간 내에 계약 청약의 철회를 금융회사에 요구할 수 있다.
      ㉠ 투자성상품·금융상품자문 : 계약서류를 제공받은 날로부터 7일
      ㉡ 대출성상품 : 계약서류를 제공받은 날로부터 14일
   ② 취지 : 청약철회권은 금융회사의 고의 또는 과실 사유 여부 등 귀책사유가 없더라도 일반금융소비자가 행사할 수 있는 법적 권리로 금융소비자의 권익이 크게 강화된 제도
   ③ 대상 : 투자성 상품 중에서는 고난도금융투자상품(일정기간에만 모집하고 그 기간이 종료된 이후에 집합투자를 실시하는 ELF, DLF 등만 해당), 고난도투자일임계약, 고난도 금전신탁계약 그리고 비금전신탁계약이 그 대상이 된다.
   ④ 금융회사는 철회가 접수된 날로부터 3영업일 이내에 이미 받은 금전, 재화 등을 반환해야 한다. 투자성 상품은 원금을 반환하며, 반환이 지연되면 지연이자를 가산한다.
   ⑤ 금융회사가 금융상품의 계약체결을 권유할 때 청약철회권을 반드시 설명해야 한다.
   ⑥ 청약의 철회는 서면을 발송한 때 효력이 발생한다.
   ⑦ 청약이 철회된 경우 금융상품판매업자등은 소비자에게 위약금 등의 금전지급을 청구할 수 없다.
   ⑧ 법규정에 반하는 특약으로서 일반금융소비자에게 불리한 것은 무효로 한다.

정답 ❷

15

금소법상 불공정영업행위의 금지와 부당권유 금지행위에 대한 설명으로 바르지 못한 것은?

① 금융회사가 자신의 우월적 지위를 이용하여 금융소비자의 권익을 침해하면 과징금과 과태료부과 사유가 된다.
② 금융회사는 계약의 체결을 권유하는 금융상품과 다른 금융상품을 비교할 때 반드시 명확한 비교대상 및 기준을 밝혀야 한다.
③ 금융회사는 권유하는 상품의 우수성 및 금융소비자에 대한 유리 여부에 대한 판단을 할 때 그 근거를 명확히 하여야 한다.
④ 금융상품의 가치에 중대한 영향을 미치는 사항에 대해 금융회사가 알고 있는 경우 해당 사항을 금융소비자에게 설명하지 않으면 설명의무 위반에만 해당되며 부당권유행위는 아니다.

출제 POINT

금융상품의 가치에 중대한 영향을 미치는 사항에 대해 금융회사가 알고 있는 경우 해당 사항을 금융소비자에게 설명하지 않으면 설명의무 위반과 동시에 부당권유행위 금지 위반에 해당한다.

핵심탐구 상품판매단계의 금융소비자보호(5) : 6대판매원칙(4)

4. 불공정영업행위의 금지
   모든 금융소비자를 대상으로 한다.
   ① 금융회사가 자신의 우월적 지위를 이용하여 금융상품의 계약 체결에 있어 금융소비자에게 불리한 행위를 요구하는 것은 금지된다. 주로 대출성 상품에 대한 갑질이 문제된다.
   ② 위반시 과징금과 과태료부과는 설명의무위반과 동일
5. 부당권유 금지
   모든 금융소비자를 대상으로 한다.
(1) 합리적 근거 제공
   ① 금융소비자에 대한 금융상품의 계약 체결 또는 권유는 합리적이고 충분한 근거에 기초하여야 한다.
      ㉠ 금소법에서는 계약의 체결을 권유하는 금융상품과 다른 금융상품을 비교할 때 반드시 명확한 비교대상 및 기준을 밝히도록 의무화하였다
      ㉡ 권유하는 상품의 우수성 및 금융소비자에 대한 유리 여부에 대한 판단을 할 때 그 사유를 명확히 하도록 요구하고 있다.
      ㉢ 따라서 금융소비자의 의사결정에 중대한 영향을 미칠 수 있는 정보를 제공할 때는 당해 사실 또는 정보의 출처를 밝힐 수 있어야 한다.
   ② 금융상품의 가치에 중대한 영향을 미치는 사항에 대해 금융회사가 알고 있는 경우 해당 사항은 반드시 금융소비자에게 설명하여야 한다. 이를 위반하면 동시에 설명의무 위반이기도 하다.
(3) 적정한 표시 의무
   ① 중요사실에 대한 정확한 표시의무 : 표시방법은 구두 등 불문.
   ② 투자성과 보장 등에 관한 표현금지 등
   ③ 허위·과장·부실표시의 금지

정답 ④

16

다음은 부당권유 행위 금지에 대한 설명이다. 바르지 못한 것은?

① 전문투자자에게도 적용된다.
② 일반증권은 투자자의 요청이 없는데도 방문하여 투자권유를 해서는 안된다.
③ 투자성 상품에 관한 계약의 체결을 권유하면서 일반금융소비자가 요청하지 않은 다른 대출성 상품을 안내하거나 관련 정보를 제공하는 행위는 금지된다.
④ 투자권유를 받은 투자자가 거부의사를 표시했더라도 1개월이 지나거나 다른 종류의 금융투자상품에 대하여 투자권유를 하는 행위는 허용된다.

출제 POINT

불초청권유 대상상품과 재권유가 가능한 경우는 단골 문제이다. 1주일이나 15일이 아니라 1개월인 점을 주의. 투자자의 요청이 없는데도 방문하여 일반증권에 대한 투자권유는 할 수 있다.

함정 & 오답 피하기
- 투자자의 요청이 없는데도 전화나 방문하여 증권투자를 권유해서는 안된다(×).

핵심탐구 상품판매단계의 금융소비자보호(6) : 6대판매원칙(5)

(4) 요청하지 않은 투자권유의 금지

불초청 투자권유(전화, 방문 등)	㉠ 일반금융소비자 : 고난도금융투자상품, 고난도투자일임계약, 고난도금전신탁계약, 사모펀드, 장내파생상품, 장외파생상품 투자권유금지 ㉡ 전문금융소비자 : 장외파생상품 투자권유금지
투자권유를 받은 자가 거부했을 때 재권유가 가능한 경우	㉠ 1개월 경과 ← 1주일 × ㉡ 다른 금융투자상품

개정 방문판매에 관한 법률은 소비자를 방문(유선 연락 등 실시간 대화의 방법 포함)하여 금융상품을 판매하는 경우에는 금융소비자에 대한 사전 안내, 자격증명, 판매과정 녹취 등 관련 법령 등에서 정하고 있는 절차를 준수하여야 한다. (2022년 12월부터 시행)

(5) 기타 부당권유행위
금소법에서 금융소비자 보호 또는 건전한 거래질서를 해칠 우려가 있는 행위로서 대통령령으로 정하는 행위를 말한다.
① 내부통제기준에 따른 직무수행 교육을 받지 않은 자로 하여금 계약체결 권유와 관련된 업무를 하게 하는 행위
② 투자성 상품에 관한 계약의 체결을 권유하면서 일반금융소비자가 요청하지 않은 다른 대출성 상품을 안내하거나 관련 정보를 제공하는 행위 등

정답 ❷

17

금융소비자보호법상 계약서류 제공과 관련한 내용으로 올바른 것은?

① 법상 '지체없이'는 회사에서 별도로 정하는 특정한 기간 이내를 말한다.
② 상품설명서는 금융상품에 대한 설명을 한 이후에 고객에게 제공되어야 한다.
③ 전문 금융소비자는 그 대상이 아니다.
④ 계약서류의 제공에 대한 입증책임은 금융상품판매업자가 부담한다.

출제 POINT

계약서류의 제공의무에 대한 입증책임은 금융회사로 전환되었기 때문에 금융투자업종사자들은 그 증빙을 갖추어야 한다.
① '지체없이'는 몇 일과 같이 특정되는 것이 아니라 사업이 허락하는 한 가장 신속하게 처리해야 하는 기한을 의미한다.
② 상품설명서는 설명을 하기 전에 고객에게 제공되어야 한다.
③ 전문 금융소비자도 그 대상이 된다.

핵심탐구 상품판매단계의 금융소비자보호(7) : 6대판매원칙(6)

6. 광고 관련 준수사항
(1) 광고의 주체
  ① 관련 법령 등에 따라 등록된 금융상품판매업자만이 금융상품 또는 업무에 관한 광고가능.
  ② 다만 협회와 금융회사를 자회사나 손자회사로 두고 있는 지주회사 등은 광고가 가능하다.
(2) 광고에 포함되어야 할 내용
  금융상품 계약체결 전 설명서 및 약관을 읽어볼 것을 권유하는 내용, 금융회사의 명칭 및 내용 등
7. 계약서류의 제공 의무
  ① 금융회사가 금융소비자와 금융상품의 계약을 체결하는 경우 금융상품 계약서 및 금융상품의 약관을 포함하여, 투자성 상품인 경우에는 금융상품 설명서를 계약서류로 제공하도록 의무화하고 있다(금소법 23조).
  ② 전문 금융소비자도 그 대상이 된다. 다만 법인 전문투자자 등 예외적으로 법령 등에서 정하고 있는 경우에는 해당 금융소비자가 원하지 않으면 설명서를 제공하지 않을 수 있다.
  ③ 금융소비자보호법의 시행으로 인해 계약서류의 제공의무에 대한 입증책임은 금융회사로 전환되었기 때문에 금융투자업종사자들은 그 증빙을 갖추어야 한다.
  ④ 계약 서류 등은 '지체없이' 제공하여야 하는데, 이는 몇시간 또는 몇 일과 같이 물리적인 시간을 의미한다기 보다는 사정이 허락하는 한 가장 신속하게 처리하여야 하는 것을 말한다(법제처 법령 해석례).

정답 ④

18

금융소비자보호법상 자료열람요구권에 대한 설명으로 바르지 못한 것은?

① 분쟁조정 또는 소송의 수행 등 금융소비자의 권리구제를 위한 목적으로 금소법에서 신설된 권리이다.
② 해당 금융회사는 금융소비자로부터 자료 열람 등을 요구받은 날로부터 6영업일 이내에 해당 자료를 열람할 수 있게 하여야 한다.
③ 금융소비자가 자료열람을 신청하면 금융회사는 이에 반드시 응하여야 한다.
④ 금융소비자가 우편 등을 통해 해당 자료열람을 요청한 경우 금융회사는 우송료 등을 금융소비자에게 청구할 수 있다.

출제 POINT

금융회사는 다른 사람의 생명, 신체를 해칠 우려가 있는 등 일정한 경우에는 열람을 제한하거나 거절할 수 있다

핵심탐구 — 상품판매 이후 금융소비자보호(1)

(1) 보고 및 기록의무
   ① 처리결과 보고의무 : 금융투자업자 종사자는 고객으로부터 위임받은 업무를 처리한 경우 그 결과를 지체없이 고객에게 보고하고 그에 따라 필요한 조치를 하여야 한다.
      * 매매명세 통지(자본시장법 시행령)
         ㉠ 매매가 체결된 후 지체없이 매매유형 등을 통지하고, 매매가 체결된 날의 다음 달 20일까지 월간 매매내역·월말현재 잔액현황 등을 통지할 것
         ㉡ 다만 투자자가 통지를 받기를 원하지 않는 경우에는 지점 등에 비치하거나 인터넷 홈피에 접속하여 수시로 조회가 가능하게 할 것.
         ㉢ 집합투자증권의 매매가 체결된 경우 집합투자기구에서 발생한 모든 비용을 반영한 실질투자수익률, 투자원금, 환매예상금액 등을 매월 마지막 날까지 통지할 것
   ② 기록 및 유지·관리의무
      ㉠ 금융상품판매업자등은 대통령령으로 정하는 자료를 기록하고 10년간 유지·관리하여야 한다.
      ㉡ 내부통제 기준의 제정 및 운영 등에 관한 자료는 5년 이내로 함
   ③ 자료열람요구권 : 금소법에서 신설
      ㉠ 분쟁조정 또는 소송의 수행 등 권리구제를 위한 목적으로 금융소비자는 금융회사가 기록 및 유지 관리하는 자료에 대해 열람, 제공, 청취를 요구할 수 있다.
      ㉡ 열람의 승인 및 연기 : 해당 금융회사는 금융소비자로부터 자료 열람 등을 요구받은 날로부터 6영업일 이내에 해당 자료를 열람할 수 있게 하여야 함. 다만 정당한 사유가 있는 경우에는 열람을 연기할 수 있으며 이는 승인과 달리 반드시 문서로 그 사유와 함께 통지하여야 한다.
      ㉢ 열람의 제한 및 거절 : 다른 사람의 생명, 신체를 해칠 우려가 있는 등 일정한 경우에는 금융회사는 열람을 제한하거나 거절할 수 있다. 이도 반드시 문서로 통지하여야 한다.
      ㉣ 비용의 청구 : 금융소비자가 우편 등을 통해 해당 자료열람을 요청한 경우 금융회사는 우송료 등을 금융소비자에게 청구할 수 있다
(2) 정보의 누설 및 부당이용 금지
   회사는 수집된 개인정보를 관리하는 개인정보책임자를 선임하여야 한다.

정답 ③

19

다음 중 상품판매 이후 금융소비자보호제도가 아닌 것은?

① 청약철회권 ② 위법계약해지권
③ 고객의 소리 ④ 해피콜 서비스

출제 POINT

상품판매 이후 금융소비자보호제도에는 어떤 것이 있는지는 외워야 한다.
청약철회권은 계약의 청약을 진행하는 단계에서 행사하는 것이다.

핵심탐구 | 상품판매 이후 금융소비자보호(2)

(3) 관련제도
1) 판매 후 모니터링 제도(해피콜 서비스)
   금융회사는 금융소비자와 판매계약을 맺은 날로부터 7영업일 이내에 판매직원이 아닌 제3자가 해당 금융소비자와 전화하여 해당 판매직원이 설명의무 등을 적절히 이행하였는지 여부를 확인하여야 한다.
2) 고객의 소리(VOC : Voicee of Consumer)
   고객의 만족도 조사, 고객 패널제도 등 고객의 의견을 청취하는 제도
3) 위법계약해지권
   ① 개요

청약철회권	위법계약해지권
금융회사의 귀책사유 필요없음	금융회사의 귀책사유 필요 (5대 판매원칙을 위반하여 계약체결, 6대 판매원칙중에서 광고위반은 제외)
계약의 청약을 진행하는 단계에서 행사	계약 체결 이후에 행사

   ② 대상 및 절차
      ㉠ 금융소비자와 금융회사 간 계속적 거래가 이루어지고 금융소비자가 해지 시 재산상 불이익이 발생하는 금융상품임(다만, 온라인투자연계 금융투자업자와 체결한 계약 등은 제외)
      ㉡ 금융소비자는 금융상품의 계약 체결일로부터 5년 이내이고, 위법계약 사실을 안 날로부터 1년 이내인 경우에만 위법계약의 해지 요구가 가능.(두 가지 요건을 모두 충족하여야 함)
   ③ 해지요구의 수락 및 거절
      ㉠ 금융회사는 해지 요구일로부터 10일 이내에 수락 여부를 결정하여 금융소비자에게 통지의무.(해지요구를 거절할 때는 사유를 알려야 함)
      ㉡ 금융회사가 정당한 사유없이 거절하는 경우 금융소비자는 해당 계약을 해지할 수 있음
      ㉢ 정당한 사유의 예 : ⓐ 계약체결 당시에는 위반사항이 없었으나 계약 체결 이후에 사정변경이 생긴 경우 ⓑ 고객의 동의를 받아 위반사항을 시정한 경우 ⓒ 금융회사가 해지요구를 받은 날로부터 10일 이내에 법위반 사실이 없었다는 객관적인 근거를 고객에게 제시한 경우 등
      ㉣ 금융회사가 고객의 요구를 수락하여 계약이 해지되는 경우 별도의 수수료 등의 비용을 부과할 수 없다.

정답 ①

20

금융소비자보호법상 금융소비자를 구제하는 제도에 대한 설명으로 바르지 못한 것은?

① 조정이 신청된 사건에 대하여 신청 전 또는 신청 후 소가 제기되어 소송이 진행 중일 때에는 수소법원은 조정이 있을 때까지 소송절차를 중지하여야 한다.
② 일반금융소비자가 분쟁조정을 신청하고 그 가액이 2천만원 미만인 경우에는 조정대상기관은 해당 사건에 대해서 소제기를 할 수 없다.
③ 금융상품판매업자등이 고의 또는 과실로 금소법을 위반하여 금융소비자에게 손해를 발생시킨 경우에는 그 손해를 배상할 책임이 있다.
④ 설명의무를 회사가 위반한 경우에 손해배상에 관한 입증책임은 금융회사에게 있다.

출제 POINT

전부 중요한 내용이다.
수소법원은 조정이 있을 때까지 소송절차를 중지할 수 있다. 중지하여야 하는 의무가 있는 것은 아니다.

핵심탐구 상품판매 이후 금융소비자보호(3)

4) 미스터리 쇼핑
   금융투자회사 자체적으로 혹은 외주전문업체를 통하여 금융소비자임을 가장하여 해당 영업점을 방문하여 불완전판매행위 발생여부를 확인하는 제도
(4) 기타 금융소비자의 사후구제를 위한 법적 제도
   ① 법원의 소송 중지
      ㉠ 조정이 신청된 사건에 대하여 신청 전 또는 신청 후 소가 제기되어 소송이 진행 중일 때에는 수소법원은 조정이 있을 때까지 소송절차를 중지할 수 있다.
      ㉡ 법원이 반드시 소송을 중지해야 하는 의무를 갖는 것은 아니라는 점을 유의
   ② 소액분쟁사건의 분쟁조정 이탈금지
      일반금융소비자가 신청 + 그 가액이 2천만원 미만인 경우 : 해당 사건에 대해서 소제기 금지
   ③ 손해배상책임
      ㉠ 금융상품판매업자등이 고의 또는 과실로 금소법을 위반하여 금융소비자에게 손해를 발생시킨 경우에는 그 손해를 배상할 책임이 있다.
      ㉡ 설명의무를 위반한 경우에는 해당 손해배상에 관한 입증책임은 금융회사에게 있다. 따라서 금융회사가 고의 또는 과실이 없음을 입증하여야 한다.
      (※ 참고 : 설명의무위반과 손해발생 사이의 인과관계 입증도 금융회사에 있음. 이를 회사가 입증못하면 손해배상액이 추정되는데 이는 자본시장법에 규정되어 있음)

정답 ①

21

본인에 대한 직무윤리의 내용과 가장 거리가 먼 것은?

① 회사와 임직원은 업무를 수행함에 있어서 관련 법령 및 제규정을 이해하고 준수해야 하며 법규를 몰라도 구속력이 있다.
② 경영진은 직원대상 교육을 실시하는 등 올바른 윤리문화 정착을 위해 노력해야 한다.
③ 임직원은 회사의 품위나 사회적 신뢰를 훼손할 수 있는 일체의 행위를 해서는 아니된다.
④ 회사와 임직원은 경영환경 변화에 유연하게 적응하기 위해 창의적 사고를 바탕으로 끊임없이 자기혁신에 힘써야 한다.

출제 POINT

본인에 대한 윤리와 회사에 대한 윤리를 구별하는 문제는 의외로 자주 출제된다. 본인에 대한 의무 5가지를 외우는 것이 좋다. 경영진의 책임은 회사에 대한 윤리이다.

함정 & 오답 피하기

- 품위유지는 회사에 대한 의무이다(×).
- 법규준수의무는 사회에 대한 의무이다(×).

핵심탐구 본인에 대한 의무(1)

본인에 대한 윤리	회사에 대한 윤리	사회에 대한 윤리
(1) 법규준수 (2) 자기혁신 (3) 품위유지 (4) 공정성 및 독립성 유지 (5) 사적 이익 추구금지 　① 부당한 금품 수수금지 　② 직무관련 정보의 사적 이용금지 　③ 직위의 사적 이용금지	(1) 상호존중 (2) 공용재산의 사적 사용 및 수익금지 (3) 경영진의 책임 (4) 정보보호 (5) 위반행위의 보고 (6) 대외활동 (7) 고용계약 종료 후의 의무	(1) 시장질서 존중 (2) 주주가치 극대화 (3) 사회적 책임

1. 본인에 대한 윤리
(1) 법규준수
　① 법에 대한 무지는 변명되지 않는다.
　② 법의 범위 : 자본시장법뿐만 아니라 인접분야의 법령 포함
　③ 협회와 같은 자율규제기관이 만든 규정, 회사의 사규 등도 포함
　④ 법조문 뿐만 아니라 법정신도 포함
(2) 자기 혁신(전문지식 배양의무) : 담당 업무에 관한 이론·실무 숙지
(3) 품위유지
(4) 공정성 및 독립성 유지 : 온정주의나 타협주의는 공정성 및 독립성을 해치는 가장 큰 걸림돌

정답 ❷

22

재산상 이익의 제공에 대한 내용으로 바르지 못한 것은?

㉠ 회사 및 그 종사자가 거래상대방에게 제공하거나 수령한 재산상 이익의 가액이 5억원을 초과시에는 즉시 인터넷을 통해 공시하여야 한다.
㉡ 이사회가 정한 금액 이상을 초과하여 동일거래 상대방에게 제공하는 경우에 주주총회의 승인을 받아야 한다.
㉢ 회사 및 그 종사자는 재산상 이익을 제공하는 경우 5년간 기록을 보관하여야 한다.

① ㉠, ㉡   ② ㉠, ㉡, ㉢   ③ ㉡, ㉢   ④ ㉠, ㉢

출제 POINT

㉠ ×. 10억원이 기준이다.
㉡ ×. 주주총회가 아니라 이사회의 승인을 받아야 한다.
㉢ ○

함정 & 오답 피하기

자산운용사 직원이 펀드판매 증권사 직원에게 백화점 상품권을 제공할 수 있다(×).

핵심탐구 본인에 대한 의무(2)

(5) 사적 이익 추구 금지

부당한 금품 등의 제공 및 수령 금지	① 협회의 재산상의 이익 및 수령 등에 관한 한도규제를 폐지하고 내부통제절차 강화 ② 공시의무 신설 : 제공 또는 수령한 재산상 이익의 가액이 **10억원** 초과시 즉시 인터넷을 통해 제공목적 및 금액 등을 공시하도록 의무 ③ 재산상 이익의 제공에 대한 적정성 평가 및 점검 : 매년 이사회에 보고 ④ 이사회의 사전 승인 : 이사가 정한 금액 이상을 초과하여 동일거래 상대방에게 제공하는 경우 주주총회 × ⑤ 관련 기록은 **5년간** 보관 ⑥ 상호 교차점검 : 소속 임직원의 동의를 받은 후 대표이사 명의로 서면 요청 ⑦ 금지행위 : ㉠ 거래상대방만 참석한 여가 및 오락활동에 수반되는 비용을 제공하는 경우 ㉡ 투자매매회사 또는 중개회사가 판매회사의 변경 또는 변경에 따른 이동액을 조건으로 하여 재산상 이익을 제공하는 경우 등
직무관련 정보를 이용한 사적 거래 제한	내부자거래와 시장질서교란행위 금지
직위의 사적 이용 금지	업무 종사자는 사적 이익을 위하여 회사의 명칭이나 직위를 공표, 게시하는 방법으로 자신의 직위를 이용하거나 이용하게 해서는 안된다.

* 문화상품권 제공 가능 대상자(금품, 백화점상품권 등은 금지)
1. 타인의 재산을 일임받아 이를 금융투자회사가 취급하는 금융투자상품에 운용하는 것을 업무로 영위하는 자에게 제공하는 경우
2. 법인 등의 고유재산관리업무를 수행하는 자에게 제공하는 경우
3. 집합투자업자가 자신이 운용하는 집합투자기구의 집합투자증권을 판매하는 투자매매회사, 투자중개회사 및 그 임직원과 투자권유대행인에게 제공하는 경우

정답 ①

23

다음은 회사에 대한 윤리 중에서 정보보호를 설명한 것이다. 바르지 못한 것은?

① 회사의 경영에 중대한 영향을 미칠 수 있는 정보라 하더라도 기록형태가 아니면 비밀정보에서 제외된다.
② 일정한 미공개정보는 기록과 관계없이 비밀정보로 본다.
③ 특정한 정보가 비밀정보인지 불명확한 경우 그 정보를 이용하기 전에 준법감시인의 사전 확인을 받아야 한다.
④ 특정한 정보가 비밀정보인지 불명확한 경우 일단 비밀 정보로 관리하여야 한다.

출제 POINT

①②처럼 비밀정보의 범위가 중요하다. 나머지는 상식선에서 풀 수 있다. 회사의 경영에 중대한 영향을 미칠 수 있는 정보는 기록과 관계없이 비밀정보로 본다.

함정 & 오답 피하기

- 고객의 신상정보에 관한 미공개정보는 기록유무와 관계없이 비밀정보이다(○).
- 회사의 재산은 동산, 부동산, 무체재산권, 영업비밀과 정보, 고객관계와 같은 유·무형이 포함된다(○).

핵심탐구 회사에 대한 윤리(1)

(1) 상호존중
(2) 공용(회사)재산의 사적 사용 및 수익금지
   ➡ ① 회사의 재산은 동산이나 부동산 뿐만 아니라 영업비밀이나 고객관계 등 무형의 것도 포함
      ② 회사의 영업기회를 가로채는 행위는 형사법 처벌의 대상이 될 수 있다.
(3) 경영진의 책임
   회사 및 경영진은 당해 업무종사자에게 필요한 지도와 지원을 하여야 한다. 위반시 사용자책임 발생
(4) 정보보호

비밀정보의 범위	다음의 미공개정보는 기록형태나 기록유무와 관계없이 비밀정보로 본다. ① 회사의 재무건전성이나 경영 등에 중대한 영향을 미칠 수 있는 정보 ② 고객 또는 거래상대방의 신상정보, 매매거래내역, 계좌번호 등에 관한 정보 ③ 회사의 경영전략이나 새로운 상품 및 비즈니스 등에 관한 정보
특정정보가 비밀정보인지 불명확한 경우	① 그 정보를 이용하기 전에 준법감시인의 사전 확인을 받아야 하고 ② 그 이전까지는 일단 비밀 정보로 관리하여야 한다.

   ① 비밀정보의 관리 : ㉠ 금융투자회사는 정보교류차단벽을 마련하여야 한다. 정보차단벽이 설치된 사업부서에서 발생한 정보는 우선적으로 비밀정보로 간주되어야 한다. ㉡ 비밀정보가 포함된 서류는 필요 이상의 복사본을 만들어서는 안된다.
   ② 비밀정보의 제공 : 그 필요성이 인정되는 경우에 한하여 회사가 정하는 사전승인 절차에 따라 이루어져야 한다.
(5) 위반행위의 보고
   * 내부제보
   ➡ ① 제보자는 육하원칙에 따른 정확한 사실만을 제보하여야 한다.
      ② 신분상의 불이익을 당한 제보자는 준법감시인에 대하여 조치를 요구할 수 있다.
      ③ 준법감시인은 제보자에게 포상(인사상 + 금전적 혜택)을 추진할 수 있다.
      ④ 내부제보제도에는 회사에 중대한 영향을 미칠 수 있는 위법·부당한 행위를 인지하고도 회사에 제보하지 않는 미제보자에 대한 불이익 부과 사항 등이 반드시 포함되어야 한다.

정답 ❶

24

다음 중 금융투자업 종사자의 대외활동에 대한 설명 중 옳은 것은?

① 대외활동으로 회사의 주된 업무수행에 영향을 주어서는 아니된다.
② 금전적인 보상은 수고에 대한 대가이므로 반드시 신고할 필요는 없다.
③ 회사의 공식의견이 아닌 사견은 발표할 수 없다.
④ 경쟁회사에 대한 부정적인 언급은 허용된다.

출제 POINT

자주 출제된다. ②③이 중요하다.
② 금전적인 보상을 받게 된 경우 회사에 신고하여야 한다.
③ 대외활동시 사견임을 밝히고 발표할 수 있다.
④ 경쟁회사에 대한 비방은 절대적으로 금지된다.

함정 & 오답 피하기

- 임직원과 고객간의 이메일은 회사에서 보내는 경우에만 표준내부통제기준의 적용을 받는다(×).
- 회사에 대한 선관주의의무는 고용관계 종료 후에는 소멸된다(×).

핵심탐구 회사에 대한 윤리(2)

(6) 대외활동
  * 범위 : 외부강연이나 기고, 언론매체 접촉, 회사가 운영하지 않는 온라인 커뮤니티나 SNS 그리고 웹사이트 등을 이용한 활동
  ① 소속 회사의 직무수행에 영향을 줄 수 있는 지위를 겸하거나 업무수행 : 회사의 사전승인 필요
  ② 소속 회사의 직무수행에 영향을 줄 수 있는 것이면 회사와 경쟁관계에 있거나 이해상충관계에 있는지의 여부를 불문하고 금지. (계속성 여부도 불문)
  ③ 허가 등의 절차 : 대외활동의 성격, 목적 등에 따라 소속 부점장, 준법감시인 또는 대표이사의 사전승인을 받아야 한다.
  ④ 준수사항

준수사항	① 회사의 공식의견이 아닌 경우 사견임을 명백히 표현하여야 한다. ② 대외활동으로 인하여 **금전적인 보상**을 받게 된 경우 회사에 신고하여야 한다. ③ 불확실한 사항을 단정적으로 표현하거나 다른 금융투자회사를 비방하여서는 안된다.
전자통신수단의 사용	① 고객간의 이메일 : **사용장소에 관계없이** 표준내부통제기준 및 관계법령 적용 ② 사외 대화방 참여 : 공중포럼으로 간주되어 언론기관과 접촉할 때와 동일한 윤리기준 준수 ③ 인터넷 게시판이나 웹사이트 등에 특정 상품에 대한 분석이나 권유 게시 : 사전에 준법감시인이 정하는 절차와 방법에 따라야 한다.(다만 출처 명시한 경우는 예외)

  * 대외활동을 하는 임직원에게 회사는 정당한 사유가 있으면 그 중단을 요구할 수 있고 임직원은 즉시 따라야 한다.
  * 언론기관과 접촉할 때는 홍보부 등의 부서와 사전에 충분히 협의하여야 한다.

(7) 고용계약 종료 후의 의무
  ① 회사에 대한 선관주의의무는 고용관계 종료 후에도 **합리적인 기간** 지속된다. 즉 퇴직 후에도 회사와 고객의 이익을 해하는 행위를 하여서는 안된다.
  ② 서면에 의한 권한을 부여받아야 비밀정보를 출간, 공개 등을 할 수 있다.
  ③ 자신의 통제하에 있는 기밀정보를 포함한 모든 자료는 회사에 반납하여야 한다.
  ④ 회사명, 상표, 로고 등을 사용하여서는 아니되고, 고용기간 동안 본인이 생산한 지적재산물은 회사의 재산으로 반환하여야 한다.

정답 ①

25

다음 중 시장질서 교란행위 규제에 대한 설명으로 바르지 못한 것은?

① 미공개 중요정보의 1차 수령자만이 제재대상이다.
② 해킹, 절취, 기망, 협박 및 그 밖의 부정한 방법으로 정보를 알게 된 자도 규제된다.
③ 목적성이 없어도 시세에 부당한 영향을 주는 행위는 규제된다.
④ 금융위는 시장질서 교란행위자에게 5억원 이하의 과징금을 부과할 수 있다.

출제 POINT

자본시장법과 완벽하게 겹친다. 자본시장법의 내용을 복습한다고 생각하자. 미공개 중요정보의 1차 수령자뿐만 아니라 전달한 자도 규제받는다.

함정 & 오답 피하기

시세에 부당한 영향을 주려는 목적이 없는 경우에는 제재하지 않는다(×).

핵심탐구 ▶ 사회 등에 대한 윤리

(1) 시장 질서 존중
회사와 임직원은 공정하고 자유로운 시장경제질서를 존중한다. 다음은 시장질서 교란행위의 내용이다.
① 적용대상 확대
  ㉠ 미공개 중요정보 전달자도 포함
  ㉡ 해킹, 절취, 기망, 협박 및 그 밖의 부정한 방법으로 정보를 알게 된 자, 이들로부터 나온 정보임을 알면서 이를 받거나 전달받은 자들도 포함
② 목적성 불요
프로그램 오류 등으로 대량 매매거래가 체결되어 시세의 급변을 초래한 경우라 할지라도 제재
③ 과징금 부과 : 5억원 이하의 과징금을 부과할 수 있다.
(2) 주주가치 극대화
(3) 사회적 책임
회사와 임직원은 모두 시민사회의 일원임을 인식하고 사회적 책임과 역할을 다하여야 한다.

정답 ①

26

표준내부통제에 따른 준법감시인에 관한 설명 중 바르지 못한 것은?

① 내부통제체제의 구축 및 운영에 관한 기준을 정한다.
② 이사회와 대표이사의 지휘를 받아 회사 전반의 내부통제업무를 수행한다.
③ 준법감시인의 임기는 2년 이상으로 한다.
④ 일정한 요건하에 준법감시업무 중 일부를 준법감시업무를 담당하는 임직원에게 위임할 수 있다.

출제 POINT

내부통제체제의 구축 및 운영에 관한 기준을 정하는 곳은 이사회라는 것은 외워야 한다. 준법감시인의 업무와 구별하여야 하기 때문이다.

함정 & 오답 피하기
- 내부통제기준의 제정과 변경에는 주주총회의 의결이 필요하다(×).
- 준법감시인은 감사의 지휘를 받아서 내부통제업무를 수행한다(×).

핵심탐구 내부통제기준 및 내부통제의 주체별 역할

1. 내부통제
   ① 감사와 달리 사전적, 상시적 예방을 위해 준법감시제도 도입 ← 사후적 ×
   ② 금소법에서는 금융소비자보호 영역을 별도의 내부통제활동으로 명확하게 분리하고 있다.
(1) 내부통제기준
   ① 개념 : 금융투자업자가 법령을 준수하고, 자산을 건전하게 운용하며, 이해상충방지 등 투자자를 보호하기 위하여 금융투자업자의 임직원이 직무를 수행함에 있어서 준수하여야 할 적절한 기준 및 절차를 정한 것
   ② 그 작성은 **법적 의무이다.**
   ③ 내부통제 기준의 제정·변경 : 이사회의 결의 ← 주주총회 ×
(2) 주체별 역할
   ① 준법감시인 : 이사회 및 대표이사의 지휘를 받아 회사 전반의 내부통제업무를 수행한다. ← 감사 ×
     ※ 준법감시인은 임직원의 관계법령 및 내부통제기준의 준수 여부를 점검하기 위하여 회사의 경영 및 영업활동 등 업무전반에 대한 준법감시 프로그램을 구축·운영하여야 한다. ⑦ 임면 : 이사회 결의 필요(해임 : 총 이사 2/3 이상의 찬성 필요)
     ⓒ 사내이사 또는 업무집행책임자 중에서 선임할 것
     ⓒ 임기는 2년 이상
     ⓔ 준법감시인 임면일로부터 7영업일 이내에 금융위에 보고
     ⓜ 업무 중 일부를 준법감시 담당 임직원에게 위임 **가능.**
     ⓗ 회사는 **준법감시인에 대하여 회사의 재무적 경영성과와 연동하지 아니하는 별도의 보수지급 및 평가기준을 마련하여야 한다.**
     ⓢ 금융투자업 종사자는 회사가 정하는 준법서약서를 작성하여 준법감시인에게 제출하여야 한다.
   ② 이사회 : 내부통제체제 구축 및 운영에 관한 **기준**을 정한다.
   ③ 지점장 : 지점장은 소관 영업에 대한 내부통제업무의 적정성을 정기적으로 점검하여 그 결과를 대표이사에게 보고한다.

정답 ❶

27

준법감시인이 영업점에 대한 준법감시업무를 위하여 지명하는 영업점별 영업관리자의 요건 중 옳지 못한 것은?

① 당해 영업점에 상근하고 있을 것
② 영업점장일 것.
③ 영업점에서 1년 이상 근무한 경력이 있을 것
④ 업무를 수행할 충분한 경력과 능력, 윤리성을 갖출 것

출제 POINT

의외타 문제로 출제할 수 있다. 숙지하자.

함정 & 오답 피하기

- 준법감시인은 영업점별 영업관리자에 대하여 연간 2회 이상 법규 및 윤리 관련 교육을 실시하여야 한다(×).
- 고객전용 공간에서 이루어지는 매매거래의 적정성을 모니터링하면 안된다(×).
- 영업점장이 아닌 책임자급일 것.

핵심탐구 | 내부통제기준 및 내부통제의 주체별 역할

④ 내부통제위원회(지배구조법)
  ㉠ 대표이사를 위원장으로 하여 준법감시인등을 위원으로 한다.
  ㉡ 최근 사업연도말 현재 자산총액이 5조원 미만인 금융투자업자는 내부통제위원회를 두지 않을 수 있다. 다만 그 금융투자업자가 운용하는 집합투자재산, 투자일임재산, 신탁재산의 전체 합계액이 20조원 이상일 때에는 두어야 한다.
  ㉢ 매 반기별 1회 이상 회의를 개최하여야 하며 회의 내용을 기재한 의사록을 작성한다.
⑤ 준법감시부서 : 독립성 확보를 위해서 일정한 업무 겸직 금지
⑥ 명령휴가제도 : 회사는 임직원의 위법·부당한 행위를 사전에 방지하기 위하여 명령휴가제도를 운영하여야 한다.
⑦ 직무분리기준 마련 : 회사는 입출금 등 금융사고 발생 우려가 높은 단일거래에 대해 복수인력이 참여토록 하거나 해당 업무를 일선, 후선 통제절차 등으로 분리하여 운영토록 하는 직무분리기준을 마련·운영하여야 한다.
⑧ 영업점에 대한 준법감시 통제
  ㉠ 영업점별 영업관리자 요건
    ⓐ 영업점에서 1년 이상 근무한 경력이 있을 것(혹은 준법감시, 감사업무를 1년 이상 수행하였을 것)
    ⓑ 당해 영업점에 상근하고 있을 것
      (다만 요건을 갖춘 경우 1명의 영업관리자가 2이상의 영업점을 묶어 관리 가능)
    ⓒ 영업점장이 아닌 책임자급일 것.
  ㉡ 내부통제
    ⓐ 준법감시인은 영업점별 영업관리자에 대하여 연간 1회 이상 법규 및 윤리 관련 교육을 실시하여야 한다.
    ⓑ 회사는 영업점별 영업관리자의 임기를 1년 이상으로 하여야 한다.
    ⓒ 영업점별 영업관리자에게 업무수행 결과에 따라 적절한 보상을 지급할 수 있다.
  ㉢ 고객전용공간 제공시 준수사항
    ⓐ 당해 공간은 직원과 분리되어야 한다.
    ⓑ 사이버룸의 경우에는 사이버룸임을 명기하고, 개방형 형태로 설치

정답 ②

28

다음 중 내부통제기준 위반시 회사에 대한 제재의 내용이 다른 것은?

① 준법감시인의 임면사실을 금융위원회에 보고하지 않은 자
② 준법감시인을 두지 아니한 자
③ 사내이사 또는 업무집행책임자 중에서 준법감시인을 선임하지 않은 자
④ 이사회결의를 거치지 아니하고 준법감시인을 임면한 자

출제 POINT

- 역시 의외타 문제로 출제할 수 있다. 과태료부과의 내용을 구별할 줄 알아야 한다.
- 준법감시인의 임면사실을 금융위원회에 보고하지 않는 자는 2천만원 이하의 과태료 대상이다.
- 나머지는 모두 1억원 이하의 과태료 대상이다.

함정 & 오답 피하기

- 다른 사람의 위반사실을 고의로 보고하지 않은 자는 제재대상이 아니다(×).
- 준법감시인의 임면사실을 금융위원회에 보고하지 않는 자는 1억원 이하의 과태료 대상이다(×).

핵심탐구 내부통제기준 위반시 회사의 조치 및 제재

(3) 내부통제기준 위반시 제재
  ① 회사의 개인에 대한 제재
    ㉠ 내부통제기준을 직접 위반한 자
    ㉡ 지시·묵인·은폐 등에 관여한 자
    ㉢ 다른 사람의 위반사실을 고의로 보고하지 않은 자도 포함
  ② 회사에 대한 제재

	내용
1억원 이하의 과태료	① 내부통제기준을 마련하지 아니한 자 ② 준법감시인을 두지 아니한 자 ③ 사내이사 또는 업무집행책임자 중에서 준법감시인을 선임하지 않은 자 ④ 이사회결의를 거치지 아니하고 준법감시인을 임면한 자 ⑤ 금융위가 위법한 행위를 한 회사 또는 임직원에게 내리는 제재조치를 이행하지 않은 자
3천만원 이하의 과태료 부과	① 준법감시인에 대한 별도의 보수지급 및 평가기준을 마련, 운영하지 않은 자 ② 준법감시인이 일정한 업무를 겸직하거나 겸직하게 한 자
2천만원 이하의 과태료 부과	준법감시인의 임면사실을 금융위원회에 보고하지 않은 자 *이것 하나만이라도 외우자*

정답 ①

29

직무윤리 및 내부통제기준을 위반한 행위의 제재에 대한 설명 중 부적절한 것은?

① 협회 등 자율규제기관에 의한 제재를 받지는 않는다.
② 형사책임을 부담할 수도 있는데 양벌규정이 많다.
③ 금융위원회가 일정한 처분이나 조치를 할 때는 청문을 실시하는 것이 원칙이다.
④ 금융위원회의 처분이나 조치에 대해서 불복하는 자는 고지를 받는 날로부터 30일 이내에 이의신청을 할 수 있으며 금융위는 60일 이내에 결정을 하여야 한다.

출제 POINT

③에서 모든 경우에 청문을 하는 것은 아니라는 점을 유의하여야 하고 ④의 숫자는 외워야 한다. 협회(자율규제기관)는 주요직무종사자의 등록 및 관리권과 회원의 제명 등의 제재권이 있다.

함정 & 오답 피하기

협회는 회원의 임직원에 대하여 직접 제재가 가능하다(×).

핵심탐구 › 직무윤리 위반행위에 대한 제재

(1) 자율규제
    협회의 주요직무종사자의 등록 및 관리권과 회원의 제명 등의 제재권(회원의 임직원에 대한 제재의 권고를 포함)
(2) 금융위의 행정제재
    ① 금융위의 금융투자업자에 대한 제재권
        ㉠ 금융위원회의 각종 조치명령권
        ㉡ 금융투자업의 인가 또는 등록의 취소권: 6개월 이내 업무의 전부 또는 일부 정지 등
    ② 금융투자업자의 임직원에 대한 조치권
    ③ 청문 및 이의신청
        ㉠ 금융위원회가 일정한 처분이나 조치를 할 때는 청문을 실시하여야 한다.
        ㉡ 금융위원회의 처분이나 조치에 대해서 불복하는 자는 고지를 받는 날로부터 30일 이내에 이의신청을 할 수 있으며 금융위는 60일 이내에 결정을 하여야 한다.(30일 연장 가능)
(3) 민사책임
    직무윤리 위반이 동시에 법위반이 되면 사법적 제재로서 당해 행위의 실효나 손해배상책임이 발생.
(4) 형사책임
    행위자와 법인 모두를 처벌하는 양벌규정이 많다.
(5) 시장의 통제
    법적 제재를 받지 않더라도 시장에서의 신뢰상실이나 소비자의 외면은 가장 무서운 타격이 됨.

정답 ①

04장 출제예상 문제

01 다음 중 직무윤리에 대한 설명으로 적절하지 않은 것은?

① 기업윤리는 포괄적, 거시적 개념이다.
② 윤리경영은 직무윤리를 기업의 경영방식에 도입하는 것으로 정의될 수 있다.
③ 직무윤리는 구체적, 미시적 개념이다.
④ 기업윤리는 임직원 행동강령 등의 형태로 나타나는 것이 보통이다.

02 자본시장법에서 직무윤리의 역할에 대한 설명이다. 가장 올바르게 설명된 것은?

① 현대 사회에서 직무윤리는 자본이라고 볼 수 없다.
② 직무윤리의 준수는 금융산업종사자를 보호하는 역할을 한다.
③ 금융투자업은 속성상 이해상충의 발생 가능성이 낮다.
④ 자본시장법은 금융소비자 보호와 금융투자업자의 평판리스크 관리를 위해 자체 내부통제 중심의 자발적 윤리의무를 강화하였다.

03 직업윤리의 사상적 배경을 제공한 철학자와 그 사상에 대한 내용 중 잘못된 것은?

① 칼뱅 – 금욕적 생활윤리는 초기 자본주의의 발전의 정신적 토대가 됨
② 칼뱅 – 근검, 정직, 절제를 통하여 부를 얻는 행위는 신앙인의 정당하고 신성한 의무
③ 베버 – 프로테스탄티즘의 윤리와 자본주의 정신
④ 베버 – 모든 신앙인은 노동과 직업이 신성하다는 소명을 가져야 한다.

정답 및 해설

01 ④ 기업윤리는 윤리강령의 형태를 지닌 추상적인 선언문의 형태를 지닌다.
02 ② ① 현대 사회에서 직무윤리는 신용으로서 새로운 무형의 자본이 되고 있다.
　　　 ③ 금융투자업은 속성상 이해상충의 발생 가능성이 높다.
　　　 ④ 자본시장법은 법적 의무를 강화하였다.
03 ④ 소명론을 강조한 이는 칼뱅이다.

04 다음 중 신임의무에서 발생하는 직무윤리의 두가지 핵심원칙은?

① 고객우선의 원칙과 이행상충방지의무
② 이해상충방지의무와 금융소비자보호의무
③ 고객우선의 원칙과 신의성실의 원칙
④ 신의성실의 원칙과 금융소비자보호의무

05 금융투자업자의 직무윤리에 대한 설명으로 〈보기〉에서 맞는 것을 모두 고르면?

> ㉠ 무보수로 일하는 자도 직무윤리를 지켜야 된다.
> ㉡ 계약관계를 맺지 않은 잠재적 고객에 대해서도 직무윤리를 준수하여야 한다.
> ㉢ 전문적 자격을 갖기 이전에 관련 업무에 실질적으로 종사하는 자는 직무윤리를 지켜야 된다.

① ㉠, ㉡   ② ㉠, ㉢
③ ㉡, ㉢   ④ ㉠, ㉡, ㉢

06 자본시장법상 금융투자업자의 이해상충방지에 대한 설명으로 바르지 못한 것은?

① 금융투자업자는 금융투자업의 영위와 관련하여 이해상충이 발생할 가능성을 파악, 평가하여야 한다.
② 금융투자업자는 이해상충이 발생할 가능성이 있다고 인정되는 경우에는 그 사실을 미리 해당 투자자에게 알려야 한다.
③ 금융투자업자는 이해상충이 발생할 가능성을 낮추는 것이 곤란하다고 판단되는 경우에는 고객의 동의를 받아서 거래하여야 한다.
④ 금융투자업자는 지배구조법상 내부통제기준에 따라 이해상충이 발생할 가능성을 관리하여야 한다.

07 금융투자업자의 직무윤리에 대한 설명으로 〈보기〉에서 맞는 것을 모두 고르면?

출제빈도 上

㉠ 무보수로 일하는 자도 직무윤리를 지켜야 된다.
㉡ 계약관계를 맺지 않은 잠재적 고객에 대해서도 직무윤리를 준수하여야 한다.
㉢ 전문적 자격을 갖기 이전에 관련 업무에 실질적으로 종사하는 자는 직무윤리를 지켜야 된다.

① ㉠, ㉡
② ㉠, ㉢
③ ㉡, ㉢
④ ㉠, ㉡, ㉢

8 자본시장법상 금융투자업자의 이해상충방지에 대한 설명으로 바르지 못한 것은?

출제빈도 上

① 금융투자업자는 금융투자업의 영위와 관련하여 이해상충이 발생할 가능성을 파악, 평가하여야 한다.
② 금융투자업자는 이해상충이 발생할 가능성이 있다고 인정되는 경우에는 그 사실을 미리 해당 투자자에게 알려야 한다.
③ 금융투자업자는 이해상충이 발생할 가능성을 낮추는 것이 곤란하다고 판단되는 경우에는 고객의 동의를 받아서 거래하여야 한다.
④ 금융투자업자는 지배구조법상 내부통제기준에 따라 이해상충이 발생할 가능성을 관리하여야 한다.

정답 및 해설

04 ③ 신임의무에서 발생하는 직무윤리의 두가지 핵심원칙은 고객우선의 원칙과 신의성실의 원칙이다. 자본시장법은 2대 원칙에 따라 발생하는 의무를 이해상충 방지의무와 금융소비자 보호의무로 보다 법적으로 구체화하고 있다.
05 ④ 모두 해당한다.
06 ③ 금융투자업자는 이해상충이 발생할 가능성을 낮추는 것이 곤란하다고 판단되는 경우에는 매매 그 밖의 거래를 하여서는 안된다.
07 ④ 모두 해당한다.
08 ③ 금융투자업자는 이해상충이 발생할 가능성을 낮추는 것이 곤란하다고 판단되는 경우에는 매매 그밖의 거래를 하여서는 안된다.

09 다음 중 금융투자업자의 이해상충방지의무와 관련하여 바르지 못한 설명은?

① 금융투자업자는 이해상충이 발생할 가능성을 낮추는 것이 곤란하다고 판단되는 경우에는 내부통제기준에 따라서 매매 등을 하여야 한다.
② 금융투자업자는 미공개중요정보 등에 대한 회사 내부의 정보교류차단에 대해 내부통제기준을 마련하여야 한다.
③ 금융투자업자는 계열회사를 포함한 제3자에게 정보를 제공하는 경우 등에 대해서도 내부통제기준을 마련하여야 한다.
④ 내부통제기준에는 정보교류차단을 위해 필요한 기준 등 이해상충 발생을 방지하기 위하여 대통령령으로 정하는 사항이 포함되어야 한다.

10 금융투자회사의 표준윤리준칙 4조에서는 '회사와 임직원은 (　)과(와) (　)를(을) 가장 중요한 가치관으로 삼고, (　)에 입각하여 맡은 업무를 충실히 수행하여야 한다'라고 규정하고 있다. 빈 칸에 알맞은 말로 짝지어진 것은?

① 정직 – 신뢰 – 신의성실의 원칙
② 수익 – 비용 – 효율성의 원칙
③ 공정 – 공평 – 기회균등의 원칙
④ 합리 – 이성 – 독립성의 원칙

11 특정 거래가 과도한 거래인지를 판단할 때에 고려하여야 할 사항과 가장 거리가 먼 것은?

① 투자자가 부담하는 수수료의 총액
② 투자자의 재산상태 및 투자목적
③ 투자자가 당해 거래로 인하여 실제 투자손실을 입었는지의 여부
④ 투자자가 투자지식이나 경험에 비추어 당해 거래에 수반되는 위험을 잘 이해하고 있는지 여부

12 자본시장법상 이해상충방지에 대한 설명으로 부적절한 것은?

① 금융투자업종사자는 금융소비자가 동의한 경우를 제외하고는 금융소비자의 거래당사자가 되면 안된다.
② 금융투자업자 자신이 발행하거나 관련되어 있는 대상에 대한 조사분석자료의 공표와 제공은 원천적으로 금지된다.
③ 금융투자업종사자는 금융소비자가 동의하지 않더라도 이해관계인의 대리인이 될 수는 있다.
④ 금융투자업자는 인가나 등록시부터 이해상충방지체계를 갖추도록 의무화하고 있다.

13 금융투자업종사자의 충실의무에 대한 설명이다. 해당되지 않는 것은?

① 금융투자업자는 고객의 이익을 최우선으로 하여 업무를 수행하여야 한다.
② 최선의 이익이란 적극적으로 고객의 실현가능한 최대한의 이익을 추구하여야 하는 것까지 포함한다.
③ 이것은 단순히 결과에 있어서 최대의 수익률을 얻어야 한다는 것을 뜻한다.
④ 결과와 과정 모두에서 최선의 결과를 얻도록 노력하여야 한다.

정답 및 해설

09 ① 금융투자업자는 이해상충이 발생할 가능성을 낮추는 것이 곤란하다고 판단되는 경우에는 매매 등을 하여서는 안된다.
10 ①
11 ③ 실제 손실 여부는 고려대상이 아니다. 개별 매매거래시 권유내용의 타당성 여부가 고려되어야 한다.
12 ③ 금융투자업종사자는 금융소비자가 동의한 경우를 제외하고는 이해관계인의 대리인이 되는 것 역시 금지된다.
13 ③ 이것은 결과에 있어서 최대의 수익률을 얻어야 한다는 것을 뜻하는 것이 아니다. 결과와 과정 모두에서 최선의 결과를 얻도록 노력하여야 한다.

14 금융투자업종사자의 주의의무에 대한 설명이다. 해당되지 않는 것은?

① 금융투자업자는 금융기관의 공공성으로 인하여 일반주식회사에 비하여 더욱 높은 수준의 주의의무를 요한다.
② 이는 일반인에게 평균적으로 요구되는 수준의 주의를 말한다.
③ 금융투자업종사자의 주의의무는 '신중한 투자자의 원칙'이 그 기준이 될 수 있다.
④ 신임의무의 존부를 판단함에 있어서 보수의 유무는 문제되지 않는다.

15 금융투자업종사자가 고객에게 투자를 권유하거나 이와 관련된 직무를 수행함에 있어 따라야 할 기준과 가장 거리가 먼 것은?

① 투자권유 전 고객의 재무상황, 투자경험, 투자목적에 관하여 적절한 조사를 하여야 한다.
② 투자권유시 환경 및 사정변화가 발생하더라도 일관성 있는 투자권유를 위해서 당해 정보를 변경하여서는 안된다.
③ 합리적 근거없이 투기적인 증권투자를 권유하는 과잉권유는 적합성의 원칙에 반한다.
④ 파생상품 등과 같이 투자위험성이 큰 경우 일반 금융투자상품에 요구되는 수준 이상의 각별한 주의를 기울여야 한다.

16 금융소비자보호법에 대한 설명으로 바르지 못한 것은?

① 금융소비자란 금융업자와 직접 거래하는 소비자만을 의미한다.
② 금융소비자보호는 상품개발단계에서부터 판매 이후의 단계까지 전 단계에 걸쳐 적용된다.
③ 청약철회권, 위법계약해지권, 자료열람권 등의 권리가 신설되었다.
④ 대표이사는 법령에 규정된 업무를 다른 임원에게 위임할 수 있다.

17 금융투자회사의 금융소비자법 내부통제기준상 일반투자자에게 투자권유를 할 때 합리적 근거 제공과 적정한 표시에 대한 설명으로 가장 거리가 먼 것은?

① 계약체결 권유는 합리적이고 충분한 근거에 기초하여야 한다.
② 중요한 사실을 정확하게 표시하는 방법은 반드시 문서에 의하여야 한다.
③ 계약체결을 권유하는 상품과 다른 금융상품을 비교할 때 반드시 명확한 비교대상 및 기준을 밝혀야 한다.
④ 금융소비자의 의사결정에 중대한 영향을 미칠 수 있는 정보를 제공할 때는 정보의 출처를 밝힐 수 있어야 한다.

18 금융소비자보호법상 부당권유의 내용으로 바르지 못한 것은?

① 금융상품의 내용을 사실과 다르게 알리는 행위는 금지된다.
② 금융상품의 가치에 중대한 영향을 미치는 사항을 미리 알고 있으면서 금융소비자에게 알리지 않는 행위는 금지된다.
③ 금융상품의 내용의 일부에 대하여 비교대상 및 기준을 밝히지 아니하거나 객관적인 근거없이 다른 금융상품과 비교하여 해당 금융상품이 우수하거나 유리하다고 알리는 행위는 금지된다.
④ 투자성 상품의 계약체결 권유를 받은 금융소비자가 이를 거부하는 취지의 의사를 표시하였는데 다른 금융상품에 대해서 계약체결을 권유하는 행위는 금지된다.

정답 및 해설

14 ② 이는 일반인 이상의 해당 전문가집단에 평균적으로 요구되는 수준의 주의를 말한다.
15 ② 투자권유가 환경 및 사정변화를 반영할 수 있도록 당해 정보를 변경하여야 한다.
16 ① 금융소비자는 금융회사와 거래하고 있는 당사자뿐만 아니라 금융회사의 상품이나 서비스를 이용하고자 하는 자를 포괄하는 개념이다
17 ② 중요한 사실을 정확하게 표시하는 방법은 문서, 구두, 이메일 등으로 할 수 있다.
18 ④ 투자성 상품의 계약체결 권유를 받은 금융소비자가 이를 거부할 때 다른 금융상품에 대해서 계약체결을 권유하는 행위는 금지되지 않는다.

19 다음 중 상품판매 이후 금융소비자보호와 관련된 내용으로 바르지 못한 것은?

① 금융투자업 종사자는 금융소비자로부터 위임받은 업무를 처리한 경우 그 결과를 금융소비자에게 지체없이 보고하여야 한다.
② 보고란 단순히 위임받은 사무를 처리하였다는 사실을 통지하는 것만을 의미한다.
③ 금융상품판매업자등은 내부통제 기준의 제정 및 운영 등에 관한 자료는 5년 이내의 범위에서 금융위가 정하여 고시하는 기간 동안 보관하여야 한다.
④ 회사는 수집된 개인정보를 관리하는 개인정보책임자를 선임하여야 한다.

20 다음 중에서 투자성상품의 경우 청약철회권이 적용되지 않는 상품은?

① 부동산신탁계약
② 파생결합증권
③ 고난도 금전신탁계약
④ 고난도 투자일임계약

21 자본시장법상 매매명세의 통지에 대한 설명으로 옳지 않은 것은?

① 투자매매업자 또는 투자중개업자는 금융상품의 매매가 체결된 경우에는 지체없이 매매유형 등의 명세를 투자자에게 통지하여야 한다.
② 집합투자증권의 매매가 체결된 경우 집합투자기구에서 발생한 모든 비용을 반영한 실질 투자수익률 등을 매월 마지막 날까지 통지하여야 한다.
③ 매매가 체결된 날의 다음 달 20일까지 월간 매매내역·손익내역·월말 현재 잔액현황·미결제약정 현황 등을 통지한다.
④ 투자자가 통지받기를 원하지 않아도 통지의 취지를 달성하기 위하여 서면이나 전자우편으로 통지하여야 한다.

22 금융소비자보호법상 위법계약해지권에 대한 설명으로 바르지 못한 것은?

출제빈도 上

① 금융소비자가 위법계약해지권을 행사하기 위해서는 금융회사의 귀책사유가 있어야 하고, 금융소비자는 계약의 청약을 진행하는 단계에서 이를 행사할 수 있다.
② 금융소비자와 금융회사 간 계속적 거래가 이루어지고 금융소비자가 해지 시 재산상 불이익이 발생하는 금융상품이 대상이 되는 것이 원칙이다.
③ 금융소비자는 금융상품의 계약 체결일로부터 5년 이내이고, 위법계약 사실을 안 날로부터 1년 이내인 경우에만 위법계약의 해지 요구가 가능하다.
④ 금융회사는 금융소비자의 위법계약 해지 요구가 있는 경우에 해당일로부터 10일 이내에 계약 해지 요구의 수락 여부를 결정하여 금융소비자에게 통지하여야 한다.

23 상품판매 이후 금융소비자보호와 관련된 내용으로 바르지 못한 것은?

출제빈도 上

① 금융회사는 금융소비자와 판매계약을 맺은 날로부터 7일 이내에 판매직원이 아닌 제3자가 해피콜 서비스를 하여야 한다.
② 고객의 소리는 금융소비자의 주된 불만 사항 등을 파악하여 개선함으로써 금융소비자의 만족도를 제고하기 위한 목적으로 운영된다.
③ 금융투자회사가 자체적으로 금융소비자임을 가장하여 해당 영업점을 방문하여 불완전판매행위 발생 여부를 확인하는 제도를 미스터리 쇼핑이라고 한다.
④ 미스터리 쇼핑은 금융투자회사가 외주전문업체를 통하여도 할 수 있다.

정답 및 해설

19 ② 보고란 단순히 위임받은 사무를 처리하였다는 사실을 통지하는 것만이 아니라 고객이 적절한 지시를 할 수 있도록 필요한 사항도 포함되어야 한다.
20 ② 파생결합증권이 아니라 고난도 금융투자상품(일정기간에만 모집하고 그 기간이 종료된 이후에 집합투자를 실시하는 ELF, DLF 등만 해당)이 그 대상이다.
21 ④ 투자자가 통지받기를 원하지 않으면 서면이나 전자우편으로 통지할 필요가 없다.
22 ① 계약의 청약을 진행하는 단계에서는 청약철회권을 행사할 수 있다. 위법계약해지권은 계약체결 이후에 행사할 수 있다.
23 ① 7일이 아니라 7영업일 이내이다. 정확하게 알아야 한다.

24 다음 중 금융투자협회의 영업규정에서 금품수수에 대한 설명으로 바르지 못한 것은?

① 제조업체의 고유재산관리를 담당하는 직원에게 문화상품권을 제공하는 경우는 부당한 재산상의 제공이 아니다.
② 재산상의 이익 및 수령 등에 관한 한도를 폐지하고 공시의무를 신설하여 내부통제절차를 강화하였다.
③ 집합투자회사가 자신이 운용하는 집합투자기구의 집합투자증권의 판매실적에 연동하여 이를 판매하는 회사에 재산상 이익을 제공할 수 없다.
④ 금융투자회사는 이사회가 정한 금액 이상을 초과하여 동일한 거래상대방에게 재산산 이익을 제공하려면 준법감시인의 사전승인을 받아야 한다.

25 금융투자업종사자의 법규준수의무에 대한 설명으로 바르지 못한 것은?

① 법규는 당사자가 알고 모르고를 묻지 않고 구속력을 가진다.
② 협회와 같은 자율규제기관이 만든 규정, 회사의 사규 등은 법규에 포함하지 않는다.
③ 법규는 자본시장법 뿐만 아니라 은행법 등 직무와 관련하여 적용되는 인접분야의 법령을 포함한다.
④ 법규는 법조문은 물론이고 그 법정신과 취지도 포함한다.

26 금융투자업자가 준수하여야 할 직무윤리로서 그 성격이 다른 항목과 가장 다른 것은?

① 법규준수
② 상호존중
③ 자기혁신
④ 품위유지

27 X금융투자회사의 직원인 A는 업무상 해외출장이 잦은 관계로 유럽 왕복권 2장에 상당하는 마일리지를 적립하게 되었다. A는 이를 이용하여 이번 여름 휴가기간 동안 처와 함께 유럽여행을 다녀왔다. A의 이 같은 행위는 어느 직무윤리기준의 위반인가?

① 자기혁신
② 상호존중
③ 사적 이익 추구
④ 직위의 사적 이용

28 금융투자업종사자의 회사에 대한 윤리에 대한 설명으로 적절하지 않은 것은?

① 회사재산은 오로지 회사 이익을 위해서만 사용되어야 하고, 회사의 이익이 아닌 사적 용도로 이용하는 일체의 행위가 금지된다.
② 임직원은 대외활동을 사전승인 받았더라도 그 활동으로 인하여 고객, 주주 및 회사 등과 이해상충이 확대되는 경우 회사는 그 대외활동의 중단을 요구할 수 있다.
③ 소속업무담당자가 타인에게 손해를 끼친 경우 경영진은 윤리적 책임은 있으나 법적 책임은 없다.
④ 특정한 정보가 비밀정보인지 불명확한 경우 그 정보를 이용하기 전에 준법감시인의 사전확인을 받아야 한다.

29 금융투자협회의 표준내부통제기준 상 금융투자업 종사자의 준수원칙에 대한 설명으로 가장 적절한 것은?

① 회사의 비밀정보는 보호되어야 하므로 일체 타 부서에 제공할 수 없다.
② 고객의 금융정보는 절대적으로 보호되어야 하므로 어떠한 경우라고 하더라도 제3자에게 제공할 수 없다.
③ 투자성과를 보장하는 표현을 하였다면 그것이 원금까지만 보장하는 것인지 수익까지도 포함하는 것인지를 밝혀야 한다
④ 전화, 방문 등 실시간 대화의 방법으로 증권의 투자권유를 하는 행위는 금지되지 않는다.

정답 및 해설

24 ④ 준법감시인이 아니라 이사회 사전승인이 필요하다.
25 ② 법규는 협회와 같은 자율규제기관이 만든 규정, 회사의 사규 등도 포함된다.
26 ② 나머지는 모두 본인에 대한 윤리이며, 상호존중은 회사에 대한 윤리이다.
27 ③ 업무상 해외출장으로 적립된 마일리지는 회사의 재산이다.
28 ③ 소속업무담당자가 타인에게 손해를 끼친 경우 관리·감독에 상당한 주의를 하지 않은 경연진은 법적 책임도 부담해야 한다.
29 ④ ① 회사의 비밀정보는 절차를 준수하면 업무수행을 위하여 타 부서에 제공할 수 있다.
② 고객의 금융정보는 법관의 영장 등 요건을 갖추면 제3자에게 제공할 수 있다.
③ 투자성과를 보장하는 표현 자체를 할 수 없다.

30 임직원의 대외활동에 관한 설명으로 바르지 못한 것은?

① 임직원과 고객간의 이메일은 사용장소에 관계없이 표준내부통제기준 및 관계법령 등의 적용을 받는다.
② 임직원의 사외 대화방 참여는 윤리기준을 준수할 필요가 없다.
③ 인터넷 게시판이나 웹사이트 등에 특정 금융투자상품에 대한 분석이나 권유와 관련된 내용을 게시하고자 하는 경우 사전에 준법감시인이 정하는 절차와 방법에 따라야 한다.
④ 표준내부통제기준에는 금융투자업 종사자가 정보통신수단을 사용함에 있어 직무윤리를 준수하도록 하고 있다.

31 금융투자업종사자의 회사비밀정보에 대한 설명 중 적절하지 않은 것은?

① 비밀정보는 회사에서 정한 기준에 따라 정당한 권한을 보유하고 있거나 권한을 위임받은 자만이 열람할 수 있다.
② 비밀정보의 제공은 필요성이 인정되는 경우에 한하여 회사가 정하는 사전승인 절차를 거쳐야 한다.
③ 기록되지 않은 경영전략에 대한 미공개정보는 비밀정보에 해당하지 않는다.
④ 비밀정보 제공을 받는 자는 비밀유지의무를 준수하고, 제공받은 목적 이외의 목적으로 사용하거나 타인에게 사용하도록 하면 아니된다.

32 금융투자회사의 표준윤리준칙 상 회사재산과 정보의 부당사용·유출금지와 관련하여 가장 거리가 먼 것은?

① 새로운 상품 및 비즈니스에 관한 미공개정보는 비밀정보이다.
② 회사의 재무건전성이나 경영 등에 중대한 영향을 미칠 수 있는 미공개정보는 비밀정보이다.
③ 회사의 경영 전략 중에서 미공개정보라 하더라도 기록이 없으면 비밀정보가 아니다.
④ 특정한 정보가 비밀정보인지 불명확한 경우 그 정보를 이용하기 전에 준법감시인의 사전 확인을 받아야 한다.

33 고용기간이 종료된 이후의 의무에 대한 설명이다. 틀린 것은?

① 고용기간의 종료와 동시에 또는 회사의 요구가 있을 경우에는 보유하고 있는 기밀정보를 포함한 모든 자료를 회사에 반납하여야 한다.
② 고용기간이 종료된 이후에도 회사로부터 명시적으로 서면상 권한을 부여받지 않으면 비밀정보를 출간, 공개 또는 제3자가 이용하도록 하여서는 아니 된다.
③ 고용기간이 종료되면 회사명, 상표, 로고를 사용하여서는 아니 된다.
④ 회사에 대한 선관주의의무는 고용관계 종료 후에는 즉시 소멸된다.

34 자본시장법상 시장질서교란행위에 대한 설명으로 타당하지 않은 것은?

① 타인을 거래에 끌어들이는 거래의 목적성이 있어야 한다.
② 정보의 1차 수령자뿐만 아니라 모든 수령자가 적용대상이 된다.
③ 타인의 해킹 등을 통해 취득한 정보뿐만 아니라 이를 단순히 전달하는 것도 위반행위가 된다.
④ 단순 프로그램 오류로 시세에 영향을 미치는 경우도 위반행위가 된다.

35 직무윤리의 절차적 규정 중 성격이 다른 것은?

① 내부통제
② 민사책임
③ 행정제재
④ 시장통제

정답 및 해설

30 ② 임직원의 사외 대화방 참여는 공중포럼으로 간주되어 언론기관과 접촉할 때와 동일한 윤리기준을 준수하여야 한다.
31 ③ 회사의 경영전략 등 일정한 미공개정보는 기록형태나 기록유무와 관계없이 비밀정보로 본다.
32 ③ 회사의 경영 전략같은 미공개정보는 기록과 관계없이 비밀정보이다.
33 ④ 회사에 대한 선관주의의무는 고용관계 종료 후에도 일정기간 지속된다.
34 ① 시장질서교란행위는 시세조종행위와 달리 목적성이 필요없다. 따라서, 단순 프로그램 오류로 시세에 영향을 미치는 경우도 위반행위가 된다.
35 ① 나머지는 모두 외부통제이다.

36 직무윤리 및 법규위반 시 제재에 대한 내용으로 바르지 못한 것은?

① 협회는 회원사의 임직원에 대한 제재권고를 할 수 있다.
② 금융위는 금융투자업자가 인가조건을 위반하면 6개월 이내 영업의 전부를 정지시킬 수 있다.
③ 금융위의 조치에 대하여 불복하는 자는 조치를 받은 날로부터 30일 이내에 금융위에 이의신청할 수 있다.
④ 금융위는 금융투자업자의 임원에 대하여는 제재를 할 수 있으나 직원에 대하여는 할 수 없다.

37 다음 중 내부통제기준에 대한 설명으로 바르지 못한 것은?

① 회사는 준법감시인에 대하여 회사의 재무적 경영성과와 연동하지 아니하는 별도의 보수지급 및 평가기준을 마련하여야 한다.
② 금융투자업자는 내부통제기준을 설치하여 운영하는 것이 법적 의무이며, 이를 제정하지 않으면 과태료부과 대상이 된다.
③ 금융투자업자는 내부통제 기준을 제정하거나 변경하려는 경우에는 주주총회의 결의를 거쳐야 한다.
④ 감사의 사후적 감독만으로는 한계가 있으므로 사전적, 상시적 감독하는 준법감시제도가 필요하다.

38 준법감시인에 대한 설명으로 바르지 못한 것은?

① 준법감시인은 감사의 지휘를 받아 업무를 수행한다.
② 사내이사 또는 업무집행책임자 중에서 선임하여야 한다.
③ 준법감시인 임면시 이사회 결의가 필요하며, 임기는 2년 이상이어야 한다.
④ 준법감시인을 임면한 날로부터 7영업일 이내에 금융위에 보고하여야 하며 이를 위반하면 회사는 2천만원 이하의 과태료 부과대상이 된다.

39 내부통제에 대한 설명으로 옳지 않은 것은?

① 금융투자업 종사자는 회사가 정하는 준법서약서를 작성하여 준법감시인에게 제출하여야 한다.
② 회사는 임직원의 위법한 행위를 방지하기 위하여 명령휴가제도를 운영하여야 한다.
③ 내부고발자 중에서 우수자에 대해서 회사는 금전적 혜택을 부여할 수 있으나 인사상 혜택은 부여할 수 없다.
④ 회사는 임직원이 금융투자업무를 수행하는데 필요한 직무윤리와 관련된 윤리강령을 제정·운영하여야 한다.

40 직무윤리 및 내부통제 위반에 대한 제재로서 옳지 않은 것은?

① 협회는 회원을 제명할 수 있다.
② 금융위는 위법행위의 시정명령이나 중지명령을 할 수 있다.
③ 행정제재나 회사 내부의 제재는 할 수 있으나 형사처벌은 할 수 없다.
④ 협회는 회원의 직원에 대한 제재 권고뿐만 아니라 임원에 대한 제재권고도 할 수 있다.

정답 및 해설

36 ① 정답 ④ 금융위는 금융투자업자의 직원에 대하여도 할 수 있다.
37 ③ 금융투자업자는 내부통제 기준을 제정하거나 변경하려는 경우에는 이사회의 결의를 거쳐야 한다.
38 ① 준법감시인은 이사회 및 대표이사의 지휘를 받아 업무를 수행한다.
39 ③ 내부고발자 중에서 우수자에 대해서 회사는 인사상 혜택도 부여할 수 있다.
40 ③ 행정제재나 회사 내부의 제재 이외에 형사처벌도 할 수 있다.

41 금융투자회사의 내부통제기준 상 영업점에 대한 내부통제에 대한 설명으로 가장 거리가 먼 것은?

① 영업관리자는 영업점에서 1년 이상 근무한 경력이 있어야 한다.
② 영업관리자는 영업점장이 아닌 책임자급이어야 한다.
③ 준법감시인은 영업점별 영업관리자에 대하여 연간 1회 이상 법규 및 윤리교육을 실시하여야 한다.
④ 금융투자회사는 영업점별 영업관리자에게 업무수행 결과에 따른 적절한 보상을 지급할 수 없다.

42 지배구조법상 내부통제위원회에 대한 설명으로 가장 거리가 먼 것은?

① 내부통제위원회는 반기별 1회 이상 회의를 개최하여야 한다.
② 내부통제위원회는 논의안건 및 회의결과 등 회의 내용을 기재한 의사록을 작성·보관하여야 한다.
③ 준법감시인을 위원장으로 하여 위험관리책임자 및 내부통제 업무 담당을 위원으로 하는 임원을 두어야 한다.
④ 최근 사업년도말 현재 자산총액이 5조원 미만이더라도 집합투자재산·투자일임재산·신탁재산의 전체 합계액이 20조원 이상인 경우에는 두어야 한다.

43 다음 위반행위 중 지배구조법에 따른 제재조치가 가장 큰 것은?

① 이사회 결의없이 준법감시인을 임면한 경우
② 준법감시인이 자산운용업무를 겸직한 경우
③ 준법감시인에 대한 별도의 보수지급 및 평가기준을 마련하지 않은 경우
④ 준법감시인의 임면사실을 금융위원회에 보고하지 않은 경우

44 다음의 〈보기〉에서 금융위가 금융투자회사에게 1억원 이하의 과태료를 부과할 수 있는 개수는?

ㄱ. 준법감시인이 자산운용에 관한 업무를 겸직한 경우
ㄴ. 준법감시인에 대한 보수지급 및 평가기준을 마련하지 않은 경우
ㄷ. 금융위원회가 위법한 행위를 한 임직원에게 내리는 제재조치를 이행하지 않은 경우

① 0개　　② 1개
③ 2개　　④ 3개

45 금융투자업자가 내부통제기준을 위반하였을 경우에 금융위가 내릴 수 있는 행정제재의 내용이 아닌 것은?

① 영업소 폐쇄
② 계약의 인계명령
③ 업무방법의 개선 요구
④ 금융투자협회의 회원자격의 정지

정답 및 해설

41 ④ 금융투자회사는 영업점별 영업관리자에게 업무수행 결과에 따라 적절한 보상을 지급할 수 있다.
42 ③ 대표이사를 위원장으로 한다.
43 ① 1억원 이하의 과태료 대상이다.
　②③ 3천만원 이하의 과태료 대상이다.
　④ 2천만원 이하의 과태료 대상이다.
44 ② 1개이다.
　ㄱ, ㄴ은 3천만원이하의 과태료 대상이고 ㄷ이 정답이다.
45 ④ 이는 협회가 제재하는 내용이다.

핵심개념 이해도 체크

| 적절한 개념에 체크 ☑ 하세요.! |

제1장 직무윤리 일반

01 직무윤리는 (☐ 거시적 / ☐ 미시적) 개념이다.

02 현대사회에서는 위험비용을 (☐ 제외 / ☐ 포함)한 거래비용의 최소화를 요구한다.

03 김영란법은 공직자 등이 직무관련성이나 대가성이 (☐ 있는 / ☐ 없더라도) 금품수수 시 제재한다.

04 국제투명성기구(TI)는 (☐ 각 국가의 부패인식지수 / ☐ 기업의 사회적 책임지수)를 발표한다.

05 금욕적 생활윤리와 소명론을 강조한 이는 (☐ 칼뱅 / ☐ 베버)이다.

제2장 금융투자업 직무윤리

01 직무윤리의 핵심 2대원칙은 (☐ 고객우선의 원칙과 신의성실의 원칙 / ☐ 이해상충방지의무와 금융소비자보호의무)이다.

02 신의성실의 원칙은 (☐ 법적 의무 & 윤리적 의무 / ☐ 윤리적 의무)이다.

03 금융투자업종사자는 (☐ 본인의 동의 / ☐ 금융위의 승인)을(를) 제외하고는 금융소비자와의 거래당사자가 되거나 자기 이해관계인의 대리인이 되어서는 아니된다.

04 이해상충이 발생할 가능성이 있으면 그 사실을 (☐ 사전에 / ☐ 사후에) 투자자에게 알린다.

05 투자권유의 첫순서는 (☐ 일반금융소비자인지 / ☐ 당해 고객이 투자권유를 원하는지) 여부를 확인하는 것이다.

06 변동성이 높은 파생상품을 판매할 때는 (☐ 적합성의 원칙 / ☐ 적정성의 원칙)이 적용된다.

제1장 01 미시적 / 02 포함 / 03 없더라도 / 04 부패인식지수 / 05 칼뱅
제2장 01 고객우선의 원칙과 신의성실의 원칙 / 02 법적 의무 & 윤리적 의무 / 03 본인의 동의 / 04 사전에 / 05 당해 고객이 투자권유를 원하는지 / 06 적정성의 원칙

07 금융투자업자는 중요한 사항을 (☐ 일반금융소비자/ ☐ 전문금융소비자)가 이해할 수 있도록 설명하여야 한다.

08 투자권유를 받은 투자자가 거부하는 취지의 의사를 표시하였다면 (☐ 1주일 / ☐ 1개월)이 지나야 다시 투자권유를 할 수 있다.

09 투자자의 요청이 없는데도 전화나 방문을 하여 (☐ 증권과 장내파생상품 / ☐ 장외파생상품)투자를 권유해서는 안된다.

10 기록 및 증거유지의무는 (☐ 상품 판매 시 / ☐ 상품판매 후) 준수하여야 할 의무이다.

11 청약철회권은 금융회사의 고의 또는 과실 등의 귀책사유가 (☐ 있어야/☐ 없어도) 일반금융소비자가 행사할 수 있다.

12 금융소비자는 금융상품의 계약 체결일로부터 (☐ 3년/☐ 5년) 이내에 위법계약해지권을 행사할 수 있다.

13 품위유지의무는 (☐ 본인 / ☐ 회사 / ☐ 사회)에 대한 의무이다.

14 회사의 재산은 동산이나 부동산뿐만 아니라 영업비밀이나 고객관계 등 무형의 것을 (☐ 포함한다 / ☐ 포함하지 않는다)

15 일정한 미공개정보는 (☐ 기록과 관계없이 / ☐ 기록이 있어야) 비밀정보로 본다.

16 회사 및 그 종사자가 거래상대방에게 제공하거나 수령한 재산상 이익의 가액이 (☐ 5억원 / ☐ 10억원)을 초과할 때에는 즉시 인터넷을 통해 공시하여야 한다.

17 이사회가 정한 금액 이상을 초과하여 동일거래 상대방에게 제공하는 경우에 (☐ 주주총회 / ☐ 이사회)의 승인을 받아야 한다.

18 재산상 이익의 제공과 관련된 기록은 (☐ 5년간 / ☐ 10년간) 보관하여야 한다.

19 금융투자업 종사자는 고용계약이 종료하면 (☐ 즉시 / ☐ 합리적인 기간 이후) 선관주의의무가 종료된다.

07 일반투자자 / 08 1개월 / 09 장외파생상품 / 10 상품판매 후 / 11 없어도 / 12 5년 / 13 본인 / 14 포함한다 / 15 기록과 관계없이 / 16 10억원 / 17 이사회 / 18 5년간 / 19 합리적인 기간 이후

제3장 직무윤리의 준수절차 및 위반시 제재

01 내부통제 작성은 (□ 법적 / □ 윤리적) 의무이다.

02 준법감시인의 임면은 (□ 이사회 / □ 주주총회)의 결의를 거쳐야 한다.

03 준법감시인은 (□ 이사회 및 대표이사 / □ 감사)의 지휘를 받아 회사 전반의 내부통제업무를 수행한다.

04 내부통제체제 구축 및 운영에 관한 기준을 정하는 곳은 (□ 이사회 / □ 대표이사)이다.

05 내부통제위원회는 (□ 대표이사 / □ 준법감시인)을(를) 위원장으로 한다.

06 금융위원회의 처분이나 조치에 대해서 불복하는 자는 고지를 받는 날로부터 (30일 / 60일) 이내에 이의신청을 할 수 있으며 금융위는 (□ 30일 / □ 60일) 이내에 결정을 하여야 한다.

07 회사가 준법감시인의 임면사실을 금융위원회에 보고하지 않으면 (□ 1억원 / □ 3천만원 / □ 2천만원) 이하의 과태료를 부과받는다.

08 직무윤리 위반행위에 대해서 금융투자업자에 대한 제재권을 갖는 곳은 (□ 협회 / □ 금융위원회)이다.

09 다른 사람의 위반사실을 고의로 보고하지 않은 자는 내부통제 위반자에 (□ 해당한다 / □ 해당하지 않는다)

제2장 01 법적 / 02 이사회 / 03 이사회 및 대표이사 / 04 이사회 / 05 대표이사 / 06 30일, 60일 / 07 2천만원 / 08 금융위원회 / 09 해당한다

이패스코리아 증권투자권유대행인

제2과목

제5장

투자자분쟁예방

투자자분쟁예방

학습포인트

직무윤리와 투자자분쟁예방파트에서 총 15문항이 출제됩니다.
투자자분쟁예방은 모두 맞출 수 있는 분야입니다. 양도 적고 외울 것이 많지 않지요.

학습전략

핵심 내용	개념이해 난이도		
	상	중	하
제1장 분쟁예방 시스템			
1. 일반체계			○
2. 금융투자상품 권유 및 판매관련 의무		○	
3. 금융투자상품 판매관련 일반기준		○	
4. 개인정보보호법	○		
5. 자금세탁방지제도	○		
제2장 준수절차 및 위반 시 제재			
1. 내부통제기준	○		
2. 위반에 대한 제재	○		
3. 분쟁조정제도	○		
제3장 주요 분쟁사례 분석			
1. 금융투자상품 관련 분쟁		○	
2. 증권투자 관련 분쟁사례	○		

05장 핵심정리 문제

01

이익이 상충하는 경우 우선순위에 대한 설명으로 바르지 못한 것은?
① 고객의 이익은 회사의 이익에 우선한다.
② 고객의 이익은 주주 및 임직원의 이익에 우선한다.
③ 임직원의 이익은 회사의 이익에 우선한다.
④ 모든 고객의 이익은 동등하게 다루어진다.

출제 POINT
쉬운 부분이지만 자주 출제된다. 회사의 이익은 임직원의 이익에 우선한다.

함정 & 오답 피하기
금융기관이 금융기관을 상대로 제기하는 분쟁은 금융분쟁에 포함되지 않는다(×).

핵심탐구 ▶ 분쟁예방을 위한 시스템

(1) 분쟁의 개념
   금융관련기관, 예금자 등의 금융수요자 → 금융관련기관을 상대로 제기하는 분쟁.
(2) 금소법상의 분쟁예방
   ① 금융상품판매회사는 분쟁발생예방 시스템을 구축의무, 분쟁처리시스템을 갖추어야 한다.
   ② 금융상품판매회사는 분쟁의 예방 및 조정을 위한 내부적인 기준을 제정하여야 한다.
2. 분쟁 예방을 위한 방법
(1) 직무윤리의 준수
   ① 고객우선의 원칙과 신의성실의 원칙을 준수하여야 한다.
   ② 고객과 이익 상충이 발생할 경우
      ㉠ 고객의 이익은 회사와 회사의 주주 및 임직원의 이익에 우선한다.
      ㉡ 회사의 이익은 임직원의 이익에 우선한다.
      ㉢ 모든 고객의 이익은 동등하게 다루어진다.
(2) 6대 판매원칙의 준수
(3) 분쟁 예방 요령
   ① 일임매매의 취지에 맞게 업무를 수행. 거래결과를 고객에게 안내, 증빙자료를 남겨야 한다.
   ② 임직원은 고객의 조력자이므로 반드시 고객의 진정한 의사를 확인하여야 한다.
   ③ 손실보전·이익보장 약정 금지

원칙	사전약속, 사후보전 모두 금지
예외적 허용 ← 3가지 외울 것 강조	(사전에 준법감시인에게 보고 필요) ⓐ 회사의 위법행위 여부가 불명확한 경우 사적 화해 ⓑ 회사의 위법행위로 손해배상 ⓒ 분쟁조정이나 재판상 화해

* 업무종사자의 위법한 투자권유가 있었지만 투자자가 응하지 않아도 법위반이다.
(4) 고객의 금융거래 정보는 법관이 발부한 영장 등 일정한 경우 외에는 타인에게 제공하거나 누설할 수 없다.

정답 ❸

02

개인정보보호법 관련 고객정보처리에 대한 설명으로 적절하지 않은 것은?

① 개인정보보호법은 개인정보처리원칙을 마련하여 개인정보침해를 방지하고 사생활의 비밀을 보호하도록 하는 특별법이다.
② 민감정보 및 고유식별정보는 정보주체의 동의를 얻거나 법령에서 구체적으로 허용된 경우에 한하여 처리가 가능하다.
③ 주민등록번호는 정보주체의 동의를 받았더라도 법령에 근거가 없는 경우에는 원칙적으로 처리가 금지된다.
④ 해당 정보만으로는 특정 개인을 알아볼 수 없다 하더라도 다른 정보와 쉽게 결합하여 식별가능하다면 개인정보에 해당한다.

출제 POINT

개인정보보호법은 중요하다. 개인정보보호법은 개인정보에 대한 일반법이다. 금융실명법이나 신용정보법, 전자금융거래법 등이 특별법이다.

핵심탐구 개인정보보호법(1)

1. 개인정보보호법은 공공부문과 민간부문 구별없이 개인정보에 대한 일반법(특별법 : 신용정보법, 금융실명법, 전자금융거래법)
2. 개인정보 개념
(1) 종류
해당 정보만으로는 특정 개인을 알아볼 수 없더라도 다른 정보와 쉽게 결합하여 알아볼 수 있는 것을 포함한다.

고유식별정보	주민등록번호, 여권번호 등
민감정보	건강상태, 진료기록, 병력, 정당의 가입 등
금융정보	신용카드번호, 통장계좌번호 등

(2) 민감정보 및 고유식별정보의 엄격한 처리
  ① 정보주체에게 별도의 동의를 얻거나 법령에서 구체적으로 허용된 경우에 한하여 처리 가능
  ② 특히 주민등록번호
    ㉠ 내부망에 저장할 때는 암호화하고
    ㉡ 정보주체의 동의를 받았더라도 법령에 근거가 없는 경우에는 원칙적으로 처리 금지
3. 개인정보처리자의 개인정보 보호 원칙
  ① 수집 : 목적에 필요한 최소한의 개인정보만을 적법하고 정당하게 수집 ← 최대한 ✕
  ② 활용 : 그 목적 외의 용도로 활용 불가
  ③ 익명처리 : 개인정보의 익명처리가 가능한 경우에는 익명으로 처리
  ④ 공개 : 개인정보 처리방침 등 개인정보의 처리에 관한 사항은 공개 ← 비공개 ✕

정답 ①

03

개인정보의 수집·처리와 관련한 내용으로 바르지 못한 것은?

① 최소한의 개인정보 수집이라는 입증책임은 개인정보처리자가 부담한다.
② 정보주체가 필요한 최소한의 정보 이외의 개인정보 수집에는 동의하지 아니할 때 개인정보처리자는 재화 또는 서비스 제공을 거부할 수 없다.
③ 개인정보 유출시 피해자가 피해액을 입증하지 못해도 법원의 판결을 통해 300만원 이내 보상이 가능하다.
④ 개인이 부정한 방법으로 개인정보를 취득하여 타인에게 제공하여도 형사처벌 규정이 없다.

출제 POINT

개인이 부정한 방법으로 개인정보를 취득하여 타인에게 제공하면 징역 5년 이하 또는 벌금 5천만원 이하의 벌금규정이 있다.

핵심탐구 개인정보보호법(2)

1. 개인정보 수집제한
   ① 최소한의 개인정보 수집이라는 입증책임은 개인정보처리자가 부담 ← 정보주체 ✕
   ② 정보주체에게 필요한 최소한의 정보 이외의 개인정보 수집에는 동의하지 아니할 수 있다는 사실을 알려야 한다.
   ③ 정보주체가 필요한 최소한의 정보 이외의 개인정보 수집에는 동의하지 아니할 때 개인정보처리자는 재화 또는 서비스 제공을 거부하여서는 아니된다.
2. 개인정보처리자의 개인정보 제공시 고지사항
   ① 개인정보를 제공받는 자
   ② 개인정보를 제공받는 자의 이용목적
   ③ 제공하는 개인정보 항목
   ④ 개인정보를 제공받는 자의 개인정보 보유 및 이용기간
   ⑤ 동의를 거부할 권리가 있다는 사실 및 동의 거부에 따른 불이익이 있으면 그 내용
3. 개인정보유출에 대한 처벌 강화

법정 손해배상제 도입	피해액을 입증하지 못해도 법원의 판결을 통해 **300만원** 이내 보상 가능
징벌적 손해배상제	고의나 **중과실**로 개인정보를 유출한 기관에 대해 피해액의 **최대 5배까지** 배상액 중과
개인에 대한 형사책임	징역 5년 이하 또는 벌금 5천만원 이하

정답 ❹

협회의 분쟁조정에 대한 설명으로 바르지 못한 것은?

① 대리인에 의한 신청도 가능하다.
② 조정위원회 위원장은 분쟁의 원만한 해결을 위하여 당사자가 합의하도록 함이 상당하다고 인정되는 경우 구두 또는 서면으로 합의를 권고할 수 있다.
③ 당사자가 법원에 제소하면 조정위원회에 회부할 필요가 없다.
④ 위원회는 회부된 날로부터 60일 이내에 조정 또는 각하의 결정을 하여야 한다.

출제 POINT

협회의 분쟁조정은 상대적으로 중요하지 않다. 참고삼아 알아두자.
④ 이는 금감원의 경우이다. 협회는 30일임을 유의

핵심탐구 분쟁 조정

1. 금감원의 분쟁조정제도
   조정위원회는 35명 이내의 위원으로 금감원에 둔다. 위원장은 금감원장이 소속 부원장 중에서 지명.
   (1) 분쟁조정의 효력

기관	효력
금감원의 조정위원회의 조정안 수락	재판상 화해와 동일한 효력
그 밖의 기관(거래소 시장감시위원회, 협회)에 의한 조정	민법상 화해계약의 효력

   (2) 절차
   ① 신청일로부터 30일 이내에 합의 불성립 → 위원회에 회부하여야 하고 위원회는 60일 이내 조정안 작성
   ② 조정신청인과 관계 당사자가 조정안을 제시받은 날로부터 20일 이내에 수락않으면 조정 불성립.

   (3) 조정의 장단점

장점	단점
① 소송수행으로 인한 추가비용 없이 분쟁처리 ② 회사 보유자료를 조정기관을 통해 확인 가능	① 합의가 도출되지 않으면 처리지연. ② 판단기관에 따른 결과의 차이가능성.

2. 협회의 분쟁조정

신청 접수	본인이 신청하거나 대리인도 신청 가능. 우편신청도 가능.
합의권고	위원장은 서면 또는 구두로 합의권고 가능
위원회 회부 전 처리	신청인이 법원에 제소하는 등 일정한 경우에는 위원회에 회부않고 종결처리
조정위원회 회부	접수일로부터 30일 이내에 위원회 회부 → 위원회는 회부된 날로부터 30일 이내 조정(15일 이내 연장 가능)
조정안 성립 및 재조정	① 조정결정수락서를 통지받은 날로부터 20일 이내에 협회에 제출 : 민법상 화해계약의 효력 ② 회원은 조정이 성립한 날로부터 20일 이내에 후속조치를 취하고 결과를 협회에 제출 ③ 당사자는 조정의 결과에 중대한 영향을 미치는 새로운 사실이 나타나면 조정결정을 받은 날로부터 30일 이내에 재조정신청 가능.

정답 ④

05

금융회사 직원이 고객에게 투자권유를 하면서 금융투자상품에 대한 설명의무를 충실히 이행하지 않아 위험성에 대한 투자자의 인식형성을 방해하여 발생한 분쟁유형으로 적절한 것은?

① 임의매매 ② 일임매매
③ 부당권유 ④ 주문관련

출제 POINT

설명의무 위반 등 불완전판매는 부당권유에 해당한다.

핵심탐구 — 분쟁의 원인 및 유형

1. 금융투자상품 관련 분쟁의 특징
   ① 투자대상의 높은 가격변동에 따른 고투자위험
   ② 증권회사 직원에 대한 높은 의존성
   ③ 계좌개설부터 거래종료까지의 과정 중에 예기치 못한 분쟁이 발생할 개연성
2. 금융투자상품의 내재적 특성
   ① 원금손실가능성
   ② 투자결과에 대한 본인 책임
   ③ 투자상품에 대한 지속적인 관리요구
3. 금융투자상품의 관련 분쟁의 유형

임의매매	고객의 위임이 없는 거래
일임매매	당초의 일임계약 취지를 위반하여 매매함
부당권유	설명의무 위반이 주종
불완전판매 (부당권유의 한 유형)	적합성의 원칙, 적정성의 원칙, 설명의무, 손실보전약정 위반 등 종합적으로 고려
주문관련	착오주문, 권한이 없는 자의 주문

정답 ④

05장 출제예상 문제

01 다음 ( )에 들어갈 숫자는?

> 금감원은 분쟁조정의 신청을 받은 날로부터 ( )일 이내에 합의가 성립하지 않으면 조정위원회에 회부하여야 하고, 조정위원회는 회부일로부터 ( )일 이내에 심의하여 조정 또는 각하를 결정하여야 한다.

① 30, 60
② 60, 60
③ 30, 30
④ 60, 30

02 금융 분쟁에 관한 설명으로 가장 거리가 먼 것은?

① 금융투자 관련 금융 분쟁은 주로 자본시장법령 등에서 부여하는 금융투자업자에게 부여하는 의무 이행 여부가 쟁점이 된다.
② 금융투자업 영위과정에서 거래관계가 수반되는 권리의무에 대한 상반된 주장이 분쟁이라는 형태로 도출된다.
③ 비록 금융업무 관련이라도 금융관련기관이 금융관련기관을 상대로 제기하는 분쟁은 금융분쟁에 해당하지 않는다.
④ 금융수요자 등이 금융업무 등과 관련하여 이해관계 등이 발생함에 따라 금융관련기관을 상대로 제기하는 분쟁이 금융분쟁이다.

정답 및 해설

01 ① 30일, 60일이다.
02 ③ 금융관련기관이 금융관련기관을 상대로 제기하는 분쟁은 금융분쟁에 해당한다.

03 분쟁조정제도에 대한 설명으로 바르지 못한 것은?

① 신청인 본인이 직접 신청함이 원칙이나 대리인에 의한 신청도 가능하다.
② 조정은 당사자의 수락 여부와 관계없이 법적 효력을 가진다.
③ 당사자가 법원에 제소하면 협회는 분쟁조정위원회에 회부하지 않고 종결처리할 수 있다.
④ 조정결과에 중대한 영향을 미치는 새로운 사실이 나타나면 조정결정을 받은 날로부터 30일 이내에 재조정 신청할 수 있다.

04 금융투자협회가 조정위원회에 회부하지 않고 종결처리할 수 있는 경우가 아닌 것은?

① 법원에의 제소
② 수사기관의 수사
③ 분쟁조정 취하
④ 조정의 결과에 중대한 영향을 미칠 새로운 사실이 나타난 경우

05 다음 (   )에 들어갈 숫자는?

협회의 위원회는 회부된 날로부터 (   ) 이내에 심의하여 조정 또는 각하결정을 원칙으로 한다. 그러나 부득이한 경우 (   ) 이내에서 기한을 연장할 수 있다.

① 30일, 10일
② 30일, 15일
③ 10일, 15일
④ 10일, 10일

06 금융투자상품 분쟁의 내재적 특징으로 가장 거리가 먼 것은?

① 원금손실 가능성
② 투자결과에 대한 회사책임 원칙
③ 투자상품에 대한 지속적인 관리요구
④ 금융투자회사 직원에 대한 높은 의존성

07 다음 중 금융분쟁의 유형이 아닌 것은?

① 임의매매　　　　　　　　② 위탁매매
③ 일임매매　　　　　　　　④ 부당권유

08 금융소비자보호법상 분쟁과 관련한 내용으로 바르지 못한 것은?

① 금융상품판매회사는 분쟁발생예방 시스템을 구축하고 분쟁처리시스템을 갖추어야 한다.
② 금융상품판매회사는 분쟁의 예방 및 조정을 위한 내부적인 기준을 제정하여야 한다.
③ 금융상품판매회사가 내부통제기준을 마련하지 않으면 3천만원 이하의 과태료 부과가 가능하다.
④ 과징금은 금액의 상한이 있는 과태료보다 더욱 강화된 제재의 형태이다.

09 금융소비자보호법 위반에 대한 제재 조치 중에서 가장 가벼운 것은?

① 금융소비자에게 투자대상의 상품설명서를 제공하지 않았다.
② 금융소비자의 투자요청 상품이 투자자성향에 맞지 않다는 사실을 알리지 않았다.
③ 금융소비자에게 계약관련서류를 제공하지 않았다.
④ 회사가 금융상품 판매관련 업무자료를 기록, 관리하지 않았다.

정답 및 해설

03 ② 조정은 당사자가 수락하여야 법적 효력을 가진다.
04 ④ 조정의 결과에 중대한 영향을 미칠 새로운 사실이 나타나면 재조정 신청 대상이다.
05 ② 30일, 15일이다.
06 ② 투자결과에 대한 본인책임 원칙이다.
07 ② 위탁매매는 분쟁의 유형이 아니다.
08 ③ 내부통제기준을 마련하지 않으면 1억원 이하의 과태료부과가 가능하다.
09 ② 적합성의 원칙과 적정성의 원칙 위반의 경우에는 과태료가 3천만원 이하이다.
①③④ 설명의무 위반, 계약서류제공위반, 자료유지의무 위반의 경우에는 과태료가 1억원 이하이다. 기타 불공정영업행위, 부당권유, 광고규정 위반의 경우에도 마찬가지이다.

| 10 출제빈도 上 | 고객이 증권회사 직원에게 주식매매를 포괄적으로 일임하고 직원이 고객의 특정종목 매수금지 지시에 불응하여 동 종목을 매수한 경우 법원의 판단으로 적절한 것은?

① 자기매매에 해당함 ② 임의매매에 해당함
③ 일임매매에 해당함 ④ 주문실수에 해당함

핵심개념 이해도 체크

| 적절한 개념에 체크 ☑ 하세요.!|

[투자자 분쟁예방]

01 금소법상 적합성의 원칙이나 적정성의 원칙을 위반하면 과징금 부과대상이 된다. (O, ×)

02 개인정보보호법은 개인정보에 대한 (☐ 일반법 / ☐ 특별법)이다.

03 건강상태, 진료기록, 병력, 정당의 가입 등은 (☐ 민감정보 / ☐ 고유식별정보)이다.

04 개인정보처리자는 목적에 필요한 (☐ 최대한 / ☐ 최소한)의 개인정보만을 적법하고 정당하게 수집하여야 한다.

05 최소한의 개인정보 수집이라는 입증책임은 (☐ 정보주체 / ☐ 개인정보처리자)가 부담한다.

06 개인정보 유출로 인한 피해액을 입증하지 못해도 법원의 판결을 통해 (☐ 300만원 / ☐ 500만원) 이내 보상이 가능하다.

07 고의나 중과실로 개인정보를 유출한 기관에 대해 피해액의 최대 (☐ 3배 / ☐ 5배)까지 배상액을 중과할 수 있다.

08 금융감독원에 설치된 금융분쟁조정위원회의 조정안을 당사자가 수락하면 당해 조정안은 (☐ 재판상 / ☐ 민사상) 화해와 동일한 효력을 갖는다.

09 협회의 분쟁조정위원회는 회부날로부터 30일 이내에 심의하여 조정 또는 각하 결정함을 원칙으로 하나 부득이한 경우 (☐ 30일 이내에서 / ☐ 15일 이내에서) 기한을 연장할 수 있다.

10 금감원의 분쟁조정위원회는 조정신청서가 위원회에 회부일로부터 (☐ 30일 / ☐ 60일) 이내에 결정을 하여야 한다.

11 협회의 분쟁조정위원회는 조정신청서가 위원회에 회부일로부터 (☐ 30일 / ☐ 60일) 이내에 결정을 하여야 한다.

[투자자 분쟁예방] 01 × / 02 일반법 / 03 민감정보 / 04 최소한 / 05 개인정보처리자 / 06 300만원 / 07 3배 / 08 재판상 / 09 15일 이내에서 / 10 60일 / 11 30일 /

이패스코리아 증권투자권유대행인

제3과목

법규 및 규정

제1장 증권 관련 법규(금융소비자보호법 포함)

memo

이패스코리아 증권투자권유대행인

제3과목

제1장

법규 및 규정

증권 관련 법규

학습포인트 01

학습포인트

본 과목에서는 총 20문제가 출제됩니다. 양이 많아서 정말 공부하기 까다롭습니다. 앞 부분에 중요한 것이 많지요. 금융투자상품, 금융투자업, 투자자, 인가 등도 중요하고 순자본 비율도 중요합니다. 영업행위 규칙은 중요한 내용이 많지요. 두어문제는 출제됩니다. 발행시장 공시도 신경쓰서 봐야 하고 뒷 부분에서는 내부자거래나 단기매매차익반환제도, 시세조종행위도 중요합니다. 핵심사항 위주로 공부합시다.

학습전략

내 용	개념이해 난이도		
	상	중	하
제1장 총설 및 금융투자상품			
1. 자본시장법 내용 및 기대효과			○
2. 금융투자상품의 정의 및 분류(종류)	○		
제2장 기능별 규제의 기본개념			
1. 금융투자업 진입규제	○		
2. 경영실태평가 및 적기시정조치	○		
3. 건전성 규제	○		
4. 투자권유 규제	○		
제3장 투자매매업자 및 투자중개업자의 영업행위규제			
1. 매매 또는 중개관련 규제	○		
2. 불건전 영업행위 규제	○		
3. 신용공여에 관한 규제			○
4. 투자자 재산 보호를 위한 규제		○	
제4장 공시			
1. 증권 신고서 작성	○		
2. 발행시장 공시	○		
3. 유통시장 공시	○		
4. 기업의 인수, 합병(M&A)관련 제도	○		
제5장 기타			
1. 장외거래			○
2. 불공정거래 규제			○
제6장 금융소비자보호법			

01장 핵심정리 문제

01

자본시장법의 주요 내용이 아닌 것은?

① 금융투자상품의 정의를 열거주의에서 포괄주의로 전환
② 기능별 규제체계에서 기관별 규제체계로 전환
③ 투자권유대행인 제도 도입 등 업무범위 확장
④ 투자자 보호 강화

출제 POINT

과거보다는 출제빈도가 낮아졌지만 출제된다면 ①아니면 ②에서 출제된다. 정확하게 알 것.

함정 & 오답 피하기

- 자본시장법은 금융투자상품의 정의를 열거주의로 전환하였다(×).
- 자본시장법은 기관별 규제체계에서 기능별 규제체계로 전환하였다(○).

핵심탐구 — 자본시장법의 주요내용 및 감독기관

1. 자본시장법 내용 및 기대효과

	주요내용	기대효과
금융투자상품의 개념	열거주의 → 포괄주의	자본시장의 효율성 제고
금융투자업 규제방식	기관별 규제 → **기능별** 규제	금융투자업자의 규제차익 유인 최소화
업무 영역	업무범위 확장	종합적인 서비스 제공 가능
투자자보호	강화	자본시장의 지속가능성 제고

2. 금융투자업 감독기관

[금융위원회 VS 증권선물위원회]

	금융위원회	증권선물위원회
소속	국무총리 소속의 합의제 중앙행정기구	금융위 내의 위원회
위원 수	9인	5인
소관업무	① 금융정책 ② 외국환업무 취급기관의 건전성 감독 ③ 금융기관 감독 등 주요정책	① 자본시장의 **불공정거래** 조사 ② 기업**회계**의 기준 및 감리에 관한 업무
기타	비상임위원 중 4인의 당연직 : 기획재정부 차관, 금융감독원 원장, 예금보험공사 사장, 한국은행 부총재	금융위 부위원장이 증선위 위원장을 겸임

*금융감독원 : 금융위 및 증선위의 지도, 감독을 받아 금융기관의 검사 및 감독 업무를 수행하는 무자본 특수법인

정답 ②

02

자본시장법상 금융투자상품을 분류하는 기준으로 바르지 못한 것은?

① 원금손실 가능성(투자성) 여부로 금융투자상품과 비금융투자상품을 구분한다.
② 금융투자상품 중 취득 이후에 추가적인 지급의무를 부담하는 것은 파생상품으로 분류한다.
③ 금융투자상품 중 원본을 손실한도액으로 하는 것은 증권으로 분류한다.
④ 장내파생상품이란 한국거래소에서 거래되는 파생상품만을 말한다.

출제 POINT

- 금융투자상품은 매번 시험에 출제되므로 전부 중요한 사항이다. 그 중에서 본 문제는 금융투자상품을 분류하는 개별기준을 물어본 것이다.
- 장내파생상품이란 한국거래소 또는 해외 정형화된 파생상품거래소에서 거래되는 파생상품을 말한다.

핵심탐구 금융투자상품의 정의 및 분류

1. **금융투자상품의 정의**
(1) 개념 요소
   ① 이익을 얻거나 손실을 회피할 목적으로 지급 ← 소비목적 ×
   ② 취득하는 것 : 권리이어야 한다. ← 실물 ×
   ③ 원금손실 가능성(=투자성)이 있어야 한다.
(2) 투자성 판단

제외항목	판매수수료, 보험계약에 따르는 사업비와 위험보험료 등
포함항목	환매수수료, 해지수수료, 세금, 거래상대방의 채무불이행으로 인한 미지급금 등

← 제외와 포함을 혼동하지 말 것

(3) 금융투자상품에서 제외되는 것 ← 3가지 모두 외울 것
   ① 원화로 표시된 양도성 예금증서(CD) ← 외화표시 ×
   ② 관리형신탁의 수익권 ← 처분형 신탁 ×
   ③ 주식매수선택권

2. **금융투자상품의 분류**

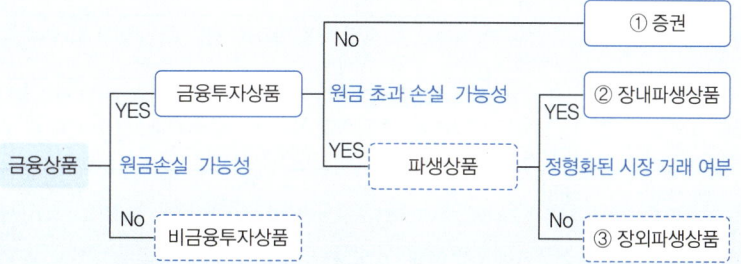

[주의 1] 장내파생상품 : 한국거래소의 파생상품시장 또는 해외 정형화된 파생상품거래소에서 거래되는 파생상품
[주의 2] ELS, ELW, DLS 등은 파생상품이 아니라 파생결합증권이다. 그러나 ETF는 수익증권의 일종

정답 ④

03

자본시장법상 인정되는 증권에 대한 설명으로 바르지 못한 것은?

① 특수채는 법률에 의해 설립된 법인이 직접 발행하는 채무증권이다.
② 자연적 현상에 속하는 위험으로서 합리적인 방법에 따라 가격, 이자율 등의 산출이 가능한 것도 파생결합증권의 기초자산이 될 수 있다.
③ 외국인이 발행한 증권도 포함된다.
④ ELS, ELW는 파생상품이다.

출제 POINT

각종 증권의 특성을 알아야 한다. ELS, ELW는 파생결합증권이다.

> **함정 & 오답 피하기**
>
> 합리적이고 적정한 방법으로는 평가가 어려운 경제적 현상에 속하는 위험은 파생결합증권의 기초자산이 될 수 없다(○).

핵심탐구 ▶ 증권의 분류

1. 채무증권 (국채, 지방채 등 지급청구권이 표시된 것)	① 특수채 : 법률에 의해 설립된 법인이 직접 발행하는 채권 ② 기업어음 : 기업이 자금조달을 위해 발행한 약속어음 ③ 사적인 금전채권은 제외
2. 지분증권 (주권, 신주인수권 등 출자지분이 표시된 것)	① 상법상의 회사 조합의 출자지분도 포함 ② 합명회사나 합자회사의 무한책임사원의 지분(×)
3. 수익증권	금전신탁이나 투자신탁의 수익권 등
4. 투자계약증권	투자자가 타인이 수행하는 공동사업에 금전 등을 투자하고 그 결과에 따른 손익을 귀속받는 권리가 표시된 것
5. 파생결합증권	증권의 수익이 외생적 지표(가격, 이자율, 지수 등)에 따라 결정되는 모든 증권을 포괄하는 개념 예 ELW, ELS, DLS 등
6. 증권예탁증권(DR)	① 위의 5가지 증권을 예탁받은 자가 그 증권이 발행된 국가 외의 국가에서 발행한 것으로서 그 예탁받은 증권에 관련된 권리가 표시된 것 ② 국내 증권예탁증권, 외국 증권예탁증권이 해당

주의1. 외국인이 발행한 증권도 포함된다.
주의2. 파생결합증권의 기초자산의 범위
① 통화(외국통화 포함) ② 금융투자상품 ③ 일반상품 ④ 신용위험에 제한되지 않고
⑤ 자연적, 환경적, 경제적 현상에 속하는 위험으로서 합리적인 방법에 따라 가격, 이자율 등의 산출이 가능한 것도 될 수 있다(**포괄주의**).

정답 ❹

04

자본시장법상 금융투자업에 대한 설명으로 바르지 못한 것은?

① 투자중개업이란 누구의 명의로 하든지 자기의 계산으로 금융투자상품의 매매, 증권의 발행·인수 또는 그 청약의 권유, 청약, 청약의 승낙을 영업으로 하는 것을 말한다.
② 불특정다수인을 대상으로 발행 또는 송신되고 불특정다수인이 수시로 구입·수신할 수 있는 간행물, 방송 등을 통하여 조언을 하는 경우에는 투자자문업의 적용이 배제된다.
③ 투자권유대행인이 투자권유를 대행할 때는 투자중개업이 적용되지 않는다.
④ 자기가 투자신탁의 수익증권을 발행하는 것은 투자매매업에 해당한다.

출제 POINT

개별 금융투자업의 정의와 적용이 배제되는 경우를 알아야 한다. 또한 투자매매업과 투자중개업의 차이를 정확하게 알아야 한다.

핵심탐구 — 금융투자업의 종류와 적용배제

1. 금융투자업의 분류와 적용배제

(1) 투자매매업

정의	누구의 명의로 하든지 자기의 계산으로 금융투자상품의 매매, 증권발행·인수 또는 그 청약의 권유 청약, 청약의 승낙을 영업으로 하는 것
적용배제	① 자기가 증권을 발행하는 경우 　(단, 투자신탁의 수익증권, 특정 파생결합증권을 발행하는 경우는 투자매매업 적용) ② 투자매매업자를 상대방으로 하거나 투자중개업자를 통하여 금융투자상품을 매매하는 경우 ③ 국가, 한국은행 등이 공익을 위하여 관련 법령에 따라 금융투자상품을 매매하는 경우 등

(2) 투자중개업

정의	누구의 명의로 하든지 **타인의 계산**으로 금융투자상품의 매매, 그 청약의 권유, 청약, 청약의 승낙 또는 증권의 발행·인수에 대한 청약의 권유, 청약, 청약의 승낙을 영업으로 하는 것
적용배제	① 투자권유대행인 ② 거래소 ③ 협회 등

(3) 집합투자업 : 종합금융회사의 어음관리계좌(CMA)등은 적용배제

(4) 투자자문업

정의	금융투자상품의 가치 또는 투자판단(상품의 종류, 종목, 취득이나 처분의 방법 및 시기나 수량 등에 대한 판단)에 관하여 자문에 응하는 것을 영업으로 하는 것
적용배제	① 유사투자자문업 : 불특정다수인을 대상으로 발행 또는 송신되고 불특정다수인이 수시로 구입 또는 수신할 수 있는 간행물, 방송 등을 통하여 조언을 하는 경우 등 ② 따로 대가없이 다른 영업에 부수하여 금융투자상품의 가치나 금융투자상품에 대한 투자판단에 관한 자문에 응하는 경우 등

(5) 투자일임업

정의	투자자로부터 금융투자상품에 대한 투자판단의 전부 또는 일부를 일임받아 투자자별로 구분하여 운용하는 것을 영업으로 하는 것
적용배제	① 주식 매도주문을 받으면서 하루를 정하여 총매매수량과 총매매금액을 지정한 경우로서, 수량, 가격, 시기에 대한 투자판단을 일임받은 경우 ② 투자자가 여행·질병 등으로 일시적으로 부재하는 경우에 주가가 폭락하면 약관 등에 따라 주식을 매도하도록 일임받은 경우 등

(6) 신탁업
　적용배제 : 저작권법에 따른 저작권신탁 관리업 등

정답 ①

05

다음 중 온라인소액투자중개업에 대한 설명으로 바르지 못한 것은?

① 온라인상에서 누구의 명의로 하든지 타인의 계산으로 채무증권, 지분증권, 투자계약증권의 모집 또는 사모에 관한 중개를 영업으로 하는 투자중개업자를 지칭한다.
② 금융위에 등록하면 인가받은 것으로 간주된다.
③ 온라인소액투자중개업을 하기 위해서는 3억원 이상의 자기자본이 있어야 한다.
④ 지점 또는 영업소를 설치한 외국 온라인소액투자중개업도 가능하다.

출제 POINT

- 온라인소액투자중개업의 등록요건 중 자기자본 요건을 정확하게 알아야 한다.
- 5억원 이상의 자기자본이 있어야 한다.

핵심탐구 금융투자업의 종류와 적용배제

2. 기타
(1) 전담중개업무(프라임 브로커)
   일반사모펀드의 신용공여와 담보관리를 위한 종합금융투자사업자의 업무
(2) 온라인소액투자중개업
   ① 정의 : 온라인상에서 타인의 계산으로 채무증권, 지분증권, 투자계약증권의 모집 또는 사모에 관한 중개를 영업으로 하는 투자중개업자(증권형 크라우드 펀딩)
   ② 등록요건 : 금융위에 **등록**하면 인가받은 것으로 간주
      ㉠ 주식회사 혹은 지점이나 영업소를 설치한 외국 온라인소액투자중개업자
      ㉡ **5억원** 이상의 자기자본을 갖출 것 등
   ③ 투자광고의 특례 : 온라인소액투자중개업자가 개설한 인터넷 홈페이지 이외의 수단을 통해서 투자광고 하는 행위를 금지한다.
   ④ 1년간 투자한도

	소득 등 요건을 갖춘 자	요건을 갖추지 못한 자
동일 발행인에 대한 투자	1천만원 이하	5백만원 이하
누적 투자한도	2천만원 이하	1천만원 이하

정답 ③

06

자본시장법상 투자자에 대한 설명으로 바르지 못한 것은?

① 금융투자상품에 관한 전문성 및 소유자산 규모 등에 비추어 투자에 따른 위험감수능력이 있는 투자자는 전문투자자이다.
② 일정한 요건을 갖춘 개인과 법인은 금융위 확인 후 2년간 전문투자자 대우를 받을 수 있다.
③ 지방자치단체는 일반투자자 대우를 받겠다는 의사를 금융투자업자에게 서면으로 통지한 경우 일반투자자로 간주될 수 있다.
④ 주권상장법인은 장내파생상품을 거래하는 경우에 별도의 표시를 하지 않으면 일반투자자로 간주된다.

출제 POINT

- 자발적 전문투자자의 요건과 주권상장법인의 특성을 알아야 한다.
- 주권상장법인은 장외파생상품을 거래하는 경우에 별도의 표시를 하지 않으면 일반투자자로 간주된다.

핵심탐구 | 전문투자자의 종류

1. 절대적 전문투자자

개념	일반투자자 대우를 받을 수 없는 전문투자자
종류	국가 등 대부분의 전문투자자

2. 상대적 전문투자자

개념	① 일반투자자 대우를 받겠다는 의사를 금융투자업자에게 서면으로 통지한 경우 일반투자자로 간주되는 자 ② 금융투자업자는 정당한 사유가 없는 한 이에 동의하여야 한다.
종류	주권상장법인, 기금관리 및 운용법인, 공제사업 영위법인, 지방자치단체 등 → 주권상장법인과 지자체 는 외우자
주권상장법인 등이 **장외파생상품**을 거래할 때	① 별도 의사를 표시하지 아니하면 일반투자자 대우를 받는다. ② 전문투자자 대우를 받기 위해서는 그 내용을 서면으로 금융투자업자에게 통지하여야 한다.

3. 자발적 전문투자자

	요건	효과
법인 및 단체	**100억원**(외부감사대상법인은 50억원)이상의 금융투자상품 잔고 보유	**2년간** 전문투자자
개인 (①+② 또는 ①+③ 또는 ①+④) (이에 준하는 외국인도 포함)	① 투자경험 : 최근 5년 중 1년 이상 금융위가 고시하는 금융투자상품 월말 평균잔고가 5천만원 이상 보유한 경험이 있을 것 ② 소득기준 : 직전년도 소득액이 본인이 1억원 이상이거나 본인과 배우자 합산액이 1억 5천만원 이상일 것 ③ 자산기준 : 총자산에서 거주부동산·임차보증금 및 총부채를 차감한 금액이 5억원 이상일 것 ④ 전문성 : 해당 분야에서 1년 이상 종사한 ㉠ 회계사·변호사·세무사 등 ㉡ 투자운용인력, 재무위험관리사 등 시험합격자 ㉢ 금융투자업 주요직 무종사자(1년 이상 등록 이력이 있는 투자자산운용사, 금융투자분석사)	**2년간** 전문투자자

정답 ❹

07

자본시장법상 금융투자업의 인가에 대한 설명으로 바르지 못한 것은?

① 금융투자업, 금융투자상품, 투자자의 유형에 따라서 인가요건이 달라진다.
② 예비인가를 반드시 거쳐야 하는 것은 아니다.
③ 인가요건은 인가받은 이후에도 계속 유지하여야 하나, 자기자본은 70%로 완화되어 적용된다.
④ 투자자문업과 투자일임업을 하기 위해서는 금융위원회부터 인가를 받아야 한다.

출제 POINT

금융투자업의 인가대상과 등록대상의 구별은 가장 기초적인 문제이지만 계속 출제되고 있다. 인가요건에 대한 암기도 필요하다. 투자자문업과 투자일임업을 하기 위해서는 금융위원회부터 등록을 받아야 한다.

핵심탐구 금융투자업 진입규제(인가를 중심으로)

1. **진입규제 원칙**
(1) 금융투자업 + 금융투자상품 + 투자자를 고려하여 인가나 등록을 승인 ← 이 3가지를 암기하자
   (예) 투자매매업＋증권＋모든 투자자＝자기자본 500억원 필요)
(2) **인가 대상 금융투자업자** : 투자매매업, 투자중개업, 집합투자업, 신탁업
(3) **등록 대상 금융투자업자** : **투자자문업, 투자일임업**, 온라인소액투자중개업, 일반사모집합투자업

2. **금융투자업 인가 심사**
(1) 예비인가

신청사실의 공고 및 의견수렴 단계	공청회 실시
예비인가 심사 단계	실지조사, 평가위원회 구성
심사기간	2개월

(2) 인가요건

	내용	비고
법인격	주식회사이거나 대통령령이 정하는 금융기관.	(외국업자는 지점 또는 영업소 설치) 개인은 인가(×)
자기자본	인가업무 단위별 5억원과 대통령령에서 정하는 금액 중 큰 금액 이상	유지의무의 완화 : 최저자기자본의 **70%** 이상만 유지하면 됨
인력	집합투자증권의 투자매매업자·투자중개업자 : 투자권유자문인력을 5인 이상 갖추어야 함	임원결격사유 : 제한능력자, 형집행 종료 후 5년이 경과되지 아니한 자, 파산선고받은 후 복권되지 않은 자 등
물적시설	전산설비 등	
사업계획서	타당하고 건전할 것	등록요건은 아님 ← 등록요건이 아님을 강조
대주주	최대주주의 특수관계인인 주주 등도 포함. 출자능력 등을 갖추어야 함	유지의무의 완화 : 출자능력, 재무건전성, 부채비율요건은 배제
건전한 재무상태와 사회적 신용	대통령령으로 정함	
이해상충 방지체계		

* 자기자본과 대주주요건은 인가받은 후에 그 유지의무는 완화됨.
* 등록 : 임원의 자격은 인가와 동일. 투자자문업은 전문인력이 1인, 투자일임업은 2인 이상 필요

(3) 심사기간 : 3개월 이내(예비인가를 받은 경우에는 1개월)

정답 ④

08

다음 중 금융투자업자의 자산건전성 분류에 대한 설명으로 바르지 못한 것은?

① 금융투자업자는 매분기마다 자산 및 부채에 대한 건전성을 3단계로 분류하여야 한다.
② 금융투자업자는 매분기말 현재 고정 이하로 분류된 채권에 대하여 적정한 회수예상가액을 산정하여야 한다.
③ 금융투자업자는 회수의문 및 추정손실로 분류되는 자산은 조기에 상각하여 자산의 건전성을 확보하여야 한다.
④ 정상으로 분류된 자산도 대손충당금을 적립하는 것이 원칙이다.

출제 POINT

최근에 자주 출제되고 있다. 금융투자업자는 매분기마다 자산 및 부채에 대한 건전성을 5단계로 분류하여야 한다는 것은 알아야 한다.

핵심탐구 ▶ 자산건전성 분류

(1) 자산건전성 분류
① 매분기마다 자산 및 부채에 대한 건전성을 정상, 요주의, 고정, 회수의문, 추정손실의 5단계로 분류
② 매분기말 현재 고정 이하로 분류된 채권에 대하여 적정한 회수예상가액을 산정
③ 회수의문 및 추정손실로 분류되는 자산은 조기에 상각하여 자산의 건전성을 확보

(2) 충당금의 적립기준

	대손충당금	비고
정상	0.5%	콜론 등은 대손충당금을 적립하지 아니할 수 있음
요주의	2%	
고정	20%	
회수의문	75%	
추정손실	100%	

(3) 금융투자업자는 자산건전성 분류 결과 및 대손충당금 적립결과를 감독원장에게 보고하여야 함.

정답 ①

09

금융투자업 규정상 순자본비율의 산정원칙에 대한 설명으로 바르지 못한 것은?

① 금융투자업자의 자산, 부채, 자본은 연결재무제표에 계상된 장부가액을 기준으로 한다.
② 시장위험과 신용위험을 동시에 내포하는 자산에 대해서는 큰 위험액을 기준으로 한다.
③ 영업용순자본 차감항목에 대해서는 원칙적으로 위험액을 산정하지 않는다.
④ 부외자산과 부외부채에 대해서도 위험액을 산정한다.

출제 POINT

- (영업용)순자본 규제는 산정원칙이 제일 중요하다.
- 정확히 암기하여야 한다. 시장위험과 신용위험을 동시에 내포하는 자산에 대해서는 시장위험액과 신용위험액을 모두 산정하여야 한다.

핵심탐구 순자본비율 규제

(1) 의의
   ① 금융투자업자의 파산을 사전에 예방하고 파산시에는 고객 등에게 안전한 변제가 되도록 유도.
   ② 위험손실을 감안한 현금화 가능 자산 규모가 상환의무 있는 부채보다 항상 커야 된다.
   ③ 금융투자업자는 순자본비율 100% 이상 유지의무 → 미달이 되면 지체없이 금감원장에게 보고.
   ④ 금융투자업자는 최소한 일별로 순자본비율을 산정해야 함.

(2) 순자본비율의 산정원칙 *(4가지 원칙은 무조건 외우자)*
   ➡ ① 금융투자업자의 자산, 부채, 자본은 연결재무제표에 계상된 장부가액을 기준으로 함
   ② 시장위험과 신용위험을 동시에 내포하는 자산은 시장위험액과 신용위험액을 모두 산정
   ③ 차감항목에 대해서는 원칙적으로 위험액을 산정하지 않는다.
   ④ 부외자산과 부외부채에 대해서도 위험액 산정

(3) 산정방법
   ① 영업용순자본 = 순자산가치(자산총액 − 부채총액) − 차감항목 + 가산항목
      ㉠ 차감항목 : 자산 중에서 즉시 현금화하기 곤란한 자산
      ㉡ 가산항목 : 부채로 계상되었으나 실질적인 채무이행 의무가 없거나 실질적으로는 자본의 보완적 기능을 하는 항목(예 − 후순위차입금 등)
   ② 총위험액 = 시장위험액 + 신용위험액 + 운영위험액(시장위험액 : 주식위험액, 금리위험액, 외환위험액, 일반상품위험액 등) *(시장위험액의 종류를 가끔 물어본다)*
   ③ 필요유지자기자본 : 금융투자업자가 영위하는 인가 또는 등록 업무 단위별로 요구되는 자기자본을 합계한 금액
   ④ 순자본비율 = (영업용순자본 − 총위험액) / 필요유지자기자본

정답 ❷

10

다음은 적기시정조치의 순자본비율 요건을 나타낸 것이다. ( )에 들어갈 말이 순서대로 올바른 것은?

적기시정조치	순자본비율
경영개선권고	( ) 미만
경영개선요구	( ) 미만
경영개선명령	0% 미만

① 150%, 100%
② 150%, 120%
③ 100%, 70%
④ 100%, 50%

출제 POINT

- 적기시정조치의 기준이 되는 순자본비율과 경영실태평가 요건을 알아야 한다.
- 경영개선권고는 100% 미만, 경영개선요구는 50% 미만이다.
- 적기시정조치를 받은 금융투자업자는 당해 조치일로부터 2개월의 범위 내에서 경영개선계획을 감독원장(금융위 X)에게 제출하여야 하다.
- 다만 자본의 확충 또는 자산의 매각 등으로 단기간 내에 적기시정조치의 요건에 해당되지 아니하게 될 수 있다고 판단되는 경우에는 일정기간 조치를 유예할 수 있다(O).

핵심탐구 경영실태평가 및 적기시정조치

(1) 경영실태평가
  ① 금융투자업자의 경영 및 재무건전성을 평가
  ② 금감원장이 공통부분(수익성, 자본적정성, 내부통제)과 업종부분(유동성, 안전성)으로 구분하여 평가
  ③ 전업 투자자문·일임업자 제외

(2) 적기시정조치 ← 시험의 보고이다. 표를 외우자

구분	경영개선권고	경영개선요구	경영개선명령
순자본비율	100% 미만 (금감원장에게 보고의무)	50% 미만	0% 미만
경영실태평가 결과	종합평가 3등급 이상 & 자본의 적정성 4등급 이하	종합평가 4등급 이하	부실금융기관
적기시정 조치	부실자산처분, 인력 및 조직운용의 개선, 신규업무 진출의 제한, 자본금의 증액 또는 감액, 점포관리의 효율화 등	점포의 폐쇄 및 통폐합, 조직의 축소, 자회사의 정리, 영업의 일부 정지, 임원진 교체요구 등	6개월 이내의 영업정지, 영업의 전부 또는 일부의 양도 등
경영개선계획 이행기간	6개월	1년	금융위가 정한 기간

(3) 긴급조치
  ① 휴업 또는 영업의 중지 등으로 돌발사태가 발생하여 정상적인 영업이 불가능한 경우
  ② 발행한 어음 또는 수표가 부도 되거나 은행과의 거래가 정지 또는 금지되는 경우
  ③ 유동성이 일시적으로 급격히 악화되어 투자자예탁금 등의 지급불능 사태에 이른 경우 등
    → 금융투자회사에게 투자자예탁금 반환명령 등 가능

정답 ④

11

금융투자업 규정상 금융투자업자의 위험관리에 대한 설명으로 가장 거리가 먼 것은?

① 금융투자업자는 각종 거래에서 발생하는 제반 위험을 적시에 인식·평가·감시·통제하는 위험관리체제를 갖추어야 한다.
② 장외파생상품 투자매매업자는 경영상 발생할 수 있는 위험을 종합관리하는 전담조직을 두어야 한다.
③ 금융투자업자의 이사회는 위험관리지침의 제정 및 개정에 관한 사항을 심의·의결한다.
④ 금융투자업자는 주요 위험변동 상황을 자회사와 분리하여 인식하고 감시하여야 한다.

출제 POINT

출제된다면 ③ 혹은 ④에서 출제된다. 분리가 아니라 연결이다.
금융투자업자의 감사위원회는 경영전략에 부합하는 위험관리 기본방침을 수립하여야 한다 (X)

핵심탐구) 기타 건전성규제

(1) 위험관리
금융투자업자는 리스크 중심의 감독체제를 구축하여야 한다.
① 금융투자업자는 주요 위험변동상황을 자회사와 연결하여 종합적으로 인식하고 감시하여야 한다.
  → 분리 X
② 금융투자업자는 위험관리에 관한 사항 등을 규정한 위험관리지침을 마련하여야 한다.
③ 금융투자업자의 **이사회**는 위험관리지침의 제정에 관한 사항 등을 심의·의결한다.
④ 위험을 효율적으로 관리하기 위하여 부서별, 거래별 또는 상품별 위험부담한도·거래한도 등을 적절히 설정·운영하여야 한다.

(2) 경영공시 요건
금융투자업자는 다음의 경우에 금융위에 보고하고 인터넷 홈페이지 등을 이용하여 공시하여야 함
① 부실채권의 발생 : 직전 분기말 자기자본의 100분의 10의 금액 초과할 때
② 금융사고 : 직전 분기말 자기자본의 100분의 2의 금액을 초과하는 손실이 예상되는 경우
③ 민사소송 패소 : 직전 분기말 자기자본의 100분의 1의 금액을 초과하는 손실이 발생한 경우

(3) 대주주와의 거래제한

	원칙	예외
대주주 발행 증권	소유 금지	담보권 실행 등의 경우 등
계열회사 발행의 주식, 채권, 약속어음	자기자본의 **8%** 초과 소유 금지	담보권 실행 등의 경우 등
대주주 신용공여	제공 및 받는 것 모두 금지 (대주주의 특수관계인 포함)	담보권 실행 등의 경우 등

* 신용공여는 보증 등도 포함하는 개념
* 대주주와 예외적으로 신용공여할 때 : 이사 전원의 찬성에 의한 이사회 결의가 필요한 것이 원칙. 다만 단일거래금액이 자기자본의 10/10,000과 10억원 중 적은 금액의 범위인 경우에는 이사회 결의 불필요.
  → 2/3 혹은 과반수 X
* 금융위는 금융투자업자 또는 대주주에게 자료제출을 명할 수 있음.

정답 ④

12

금융투자업자의 공통 영업행위규칙의 내용으로 바르지 못한 것은?

① 금융투자업자는 자기의 명의를 대여하여 타인에게 금융투자업을 영위하게 하여서는 안 된다.
② 금융투자업자는 다른 금융업무를 겸영하고자 하는 경우에 그 업무를 영위하기 시작한 날로부터 2주 이내에 금융위에 보고하여야 한다
③ 금융투자업자는 금융투자업에 부수하는 업무를 영위하고자 하는 경우에 금융위에 사전보고하여야 한다.
④ 금융투자업자는 제3자에게 업무를 위탁하는 경우에 실제업무 수행일의 7일 전까지 금융위에 보고하여야 한다.

출제 POINT

업무겸영과 부수업무는 영위하기 시작한 날로부터 2주 이내에 사후보고하는 것으로 바뀌었다.

핵심탐구 : 겸영업무, 업무위탁 등

(1) 신의성실의 원칙
(2) 명의대여 금지
(3) 겸영업무
　① 그 업무를 영위하기 시작한 날로부터 2주 이내에 금융위에 보고하여야 한다
　② 겸영대상 업무
　　㉠ 국가·공공단체 업무 대리 및 투자자예탁금 자금이체업무(투자매매업자 및 투자중개업자)
　　㉡ 지급보증업무(증권 및 장외파생상품 투자매매업자)
(4) 부수업무 영위
　그 업무를 영위하기 시작한 날로부터 2주 이내에 금융위에 보고하여야 한다.
(5) 업무위탁
　① 금융투자업자는 제3자와 위탁계약을 체결하여야 하며, 실제 업무 수행일의 7일 전까지 금융위에 보고하여야 함
　② 금융투자업의 본질적 업무(인가·등록과 직접 관련되는 필수업무)를 위탁하는 경우에는 위탁받는 자가 당해 업무수행에 필요한 인가·등록한 자이어야 함
　③ 준법감시인 및 위험관리책임자의 업무 등 내부통제업무는 위탁이 금지됨
　④ 원칙적으로 재위탁은 금지되나, 단순업무 및 외화자산 운용·보관업무는 위탁자의 동의를 받아 재위탁할 수 있음
(6) 정보교류 차단장치
　① 미공개 중요정보, 투자자의 금융투자상품 매매 또는 소유현황에 관한 정보로서 불특정다수인이 알 수 있도록 공개되기 전의 정보 등의 교류는 원칙적으로 금지된다.
　② 금융투자업자는 정보교류차단을 위한 기준, 예외적 교류를 위한 요건 등을 포함한 내부통제기준을 수립하여야 한다.

정답 ❸

13

자본시장법상 투자권유의 규제에 대한 설명으로 올바르지 않은 것은?

① 적정성의 원칙은 투자권유 없이 일반금융소비자에 대하여 파생상품 등을 판매하는 경우에 적용된다.
② 금융투자업자는 정보를 제공하지 않는 일반금융소비자에게 파생상품 등을 판매할 수 없다.
③ 금융투자업자는 전문금융소비자의 투자목적 등에 비추어 해당 파생상품 등이 투자자에게 적정하지 아니하다고 판단되면 이를 알리고 서명 등의 확인을 받아야 한다.
④ 금융투자업자는 설명의무 위반으로 인해 발생한 투자자의 손해를 배상할 책임이 있는데, 일반금융소비자 손실액 전부가 손해액으로 추정된다.

출제 POINT

금융투자업자가 투자권유를 할 때 일반투자자 보호장치는 아주 중요하다. 이는 직무윤리에서 상세히 공부한다. 적정성의 원칙은 일반금융소비자에게만 적용된다.

핵심탐구 ▶ 투자권유 규제(1)

1. **투자권유의 의의**
   특정인을 상대로 ① 금융투자상품의 매매, ② 투자자문계약, ③ 투자일임계약, ④ 신탁계약 체결을 권유하는 것

2. **적합성의 원칙**
   ① 금융투자업자는 금융소비자가 일반금융소비자인지 전문금융소비자인지를 확인하여야 함
   ② 고객파악의무 : 금융투자업자는 일반금융소비자에게 투자권유를 하기 전에 면담 등을 통하여 투자자의 투자목적·재산상황·투자경험 등의 정보 파악 + 서명 등으로 확인 + 투자자에게 제공
   ③ 적합성의 원칙 : 금융투자업자는 일반금융소비자에게 투자권유를 하는 경우 투자목적 등에 비추어 적합하지 아니하다고 인정되는 투자권유를 하여서는 아니 된다.

3. **적정성의 원칙**
   ① 금융투자업자는 일반금융소비자에게 투자권유를 하지 아니하고
   ② 자본시장법에 따른 파생상품 및 파생결합증권, 사채 중 일정한 사유가 발생하는 경우 주식으로 전환되거나 원리금을 상환하여야 할 의무가 감면될 수 있는 사채, 자본시장법 시행령에 따른 고난도금융투자상품, 고난도투자일임계약 및 고난도금전신탁계약 등을 판매하려는 경우에는
   ③ 반드시 정보 파악 의무 : 면담 등을 통하여 연령, 금융상품에 대한 이해도, 기대이익 및 기대손실 등을 고려한 위험에 대한 태도 등의 정보를 파악하여야 한다.
   ④ 금융투자업자는 일반금융소비자의 투자목적 등에 비추어 해당 파생상품 등이 투자자에게 적정하지 아니하다고 판단되면 이를 알리고 서명 등의 확인받음

4. **설명의무**
   ① 금융투자업자는 일반금융소비자에게 투자권유를 하는 경우에는 금융투자상품 등의 내용(수수료, 계약의 해제·해지에 관한 사항 등) 등을 투자자가 이해할 수 있도록 설명 + 확인
   ② 위반시 손실액 전부를 손해액으로 추정(손해액 산정의 입증책임의 전환)

정답 ④

14

다음 중에서 투자권유대행인의 금지행위가 아닌 것은?

① 금융투자상품의 거래에 관한 정보를 금융투자업자가 관리하고 있다는 사실을 알리는 행위
② 위탁한 금융투자업자를 대리하여 계약을 체결하는 행위
③ 투자자로부터 금전·증권, 그 밖의 재산을 수취하는 행위
④ 위탁계약을 체결한 금융투자업자가 이미 발행한 주식의 매수 또는 매도를 권유하는 행위

출제 POINT

- 투자권유대행인은 금융투자상품의 매매 등의 정보를 금융투자업자가 관리하고 있다는 사실을 알려야 한다.

핵심탐구 ▸ 투자권유 규제(2) – 부당권유 금지 등

1. **투자권유준칙**
   ① 금융투자업자는 투자권유를 함에 있어 임직원이 준수하여야 할 구체적인 기준 및 절차를 정하여야 하고, 파생상품 등에 대하여는 일반투자자의 투자목적 등을 고려하여 투자자 등급별로 차등화된 투자권유준칙을 마련하여야 한다. ← 증권 ✕
   ② 협회(금융위 ✕)는 금융투자업자가 공통으로 사용할 수 있는 표준투자권유준칙을 정할 수 있다.

2. **투자권유대행인**
   (1) **자격** : 투자권유자문인력·투자운용인력 시험에 합격한 자 등
   (2) **금융위에 등록** : 금융위는 협회에 등록업무를 위탁.
   (3) **투자권유대행인의 금지행위** ← 중요하니까 외우자
   ➡ ① 둘 이상의 금융투자업자와 투자권유 위탁계약을 체결하는 행위(1사 전속)
   ② 위탁한 금융투자업자를 대리하여 계약을 체결하는 행위
   ③ 보험설계사가 소속 보험회사가 아닌 보험회사와 투자권유 위탁계약을 체결하는 행위
   ④ 투자자로부터 금전, 증권, 그 밖의 재산을 수취하는 행위
   ⑤ 투자권유대행업무를 제3자에게 재위탁하는 행위
   ⑥ 위탁계약을 체결한 금융투자업자가 이미 발행한 주식의 매수 또는 매도를 권유하는 행위 등

   (4) **기타**
   ① 투자권유대행인이 투자권유를 대행하면서 투자자에게 손해를 끼치면 민법상의 **사용자책임** 준용
   ② 투자자로부터 금전 등을 수취할 수 없다는 사실 등의 금지행위, 금융투자상품의 매매·기타 거래에 관한 정보는 금융투자업자가 관리한다는 사실 등의 사전고지의무
   ③ 투자권유대행인은 투자권유대행과 관련하여 업무 및 재산상황에 대하여 금감원장의 검사를 받는다.

3. **임직원의 금융투자상품 매매**
   ① 자기의 계산으로 특정 금융투자상품(상장 지분증권, 장내파생상품 등. 다만, 집합투자증권은 제외)을 매매하는 경우에는
   ② 자기의 명의로 하나의 투자중개업자(투자중개업자의 임직원은 그가 소속된 투자중개업자에 한함)를 통하여 하나의 계좌로 매매하여야 한다
   ③ 매매명세를 분기별(주요 직무종사자는 월별)로 소속 회사에 통지하여야 한다.

정답 ①

15

자본시장법상 투자매매업자 또는 투자중개업자의 영업행위 규제에 대한 설명으로 가장 거리가 먼 것은?

① 투자자로부터 금융투자상품의 매매에 관한 주문을 받는 경우에는 거래가 체결된 후에 자기가 투자매매업자인지 중개업자인지를 알려야 한다.
② 투자자로부터 금융투자상품의 매매에 관한 주문을 받는 경우에 자기가 투자매매업자인지 중개업자인지를 알리는 방법상의 제한은 없다.
③ 금융투자상품의 매매를 위탁받은 투자중개업자는 고객의 대리인이 될 수 없는 것이 원칙이다.
④ 임의매매를 한 투자매매업자 또는 투자중개업자는 형사처벌의 대상이 된다.

출제 POINT

- 투자매매업자 또는 투자중개업자의 영업행위 규제의 일반적인 내용을 알아야 한다.
- 투자자에게 금융투자상품의 매매에 관한 주문을 받는 경우에는 사전에 투자자에게 자기가 투자매매업자인지 중개업자인지를 알려야 한다.

핵심탐구 투자매매업자 및 투자중개업자의 매매 또는 중개업무 관련 규제

1. 매매형태의 명시
   금융투자상품의 매매에 관한 주문을 받는 경우 투자자에게 투자매매업자인지 중개업자인지를 사전에 밝혀야 하며, 이를 알리는 방법상의 제한은 없다.
2. 자기계약의 금지직무윤리 참조
3. 최선집행의무
   ① 대상상품 : **상장주권**
   ② 투자자의 청약 또는 주문을 처리하기 위하여 최선의 거래조건으로 집행하기 위한 조건을 마련하고 공표.
4. 자기주식의 예외적 취득
   투자매매업자는 투자자로부터 자신이 발행한 자기주식으로서 증권시장의 매매수량 단위 미만의 주식에 대하여 매도의 청약을 받은 경우에는 이를 증권시장 밖에서 취득할 수 있다.(단 취득일로부터 3개월 이내 처분의무).
5. 임의매매의 금지
   ① 투자매매업자나 투자중개업자는 투자자나 대리인으로부터 금융투자상품의 매매의 청약이나 주문을 받지 않고는 투자자로부터 예탁받은 재산으로 금융투자상품을 매매할 수 없다.
   ② 임의매매를 한 투자매매업자 또는 투자중개업자는 징역이나 벌금 등의 형사처벌 받음

정답 ❶

16

자본시장법상 투자매매업자 또는 투자중개업자의 영업행위 규제에 대한 설명으로 가장 거리가 먼 것은?

① 선행매매는 원칙적으로 금지된다.
② 조사분석자료 내용이 사실상 확정된 때부터 공표 후 24시간 이내에는 투자자 보호를 위하여 금융투자상품을 절대로 거래할 수 없다.
③ 일반적으로 투자매매업자 또는 투자중개업자는 일임매매를 할 수 없지만, 투자일임업의 형태로 하는 것은 가능하다.
④ 투자매매업자는 조사분석자료의 작성을 담당하는 자에 대해서는 일정한 기업금융업무와 연동된 성과보수를 지급할 수 없다.

출제 POINT

조사분석자료 내용이 사실상 확정된 때부터 공표 후 24시간 이내라도 거래할 수 있는 예외가 있다(핵심탐구 참조)

핵심탐구 | 불건전영업행위의 금지(1)

위반자는 행정조치 뿐만 아니라 형사벌칙의 대상이 되는 경우도 있음

1. **선행매매의 금지**
    ① 투자중개업자 또는 투자매매업자는 투자자로부터 금융투자상품의 가격에 중대한 영향을 미칠 수 있는 매수 또는 매도의 청약이나 주문을 받거나 받게 될 가능성이 큰 경우 고객 주문을 체결하기 전에 자기계산으로 매수 또는 매도하거나 제3자에게 매수 또는 매도를 권유하는 행위(front-running)를 할 수 없다.
    ② 예외 : ㉠ 투자자의 매매주문에 관한 정보를 이용하지 않았음을 입증하는 경우
              ㉡ 증권시장과 파생상품시장 간의 가격차이를 이용한 차익거래 등
2. **조사분석자료 공표 후 매매금지(스캘핑금지)**
    ① 투자중개업자 또는 투자매매업자는 조사분석자료를 투자자에게 공표함에 있어 조사분석자료의 내용이 사실상 확정된 때부터 공표 후 24시간이 경과 전에 그 조사분석자료의 대상이 된 금융투자상품을 자기계산으로 매매(scalping)하는 행위는 금지된다.
    ② 예외
        ㉠ 조사분석자료의 내용이 직접 또는 간접으로 특정 금융투자상품의 매매를 유도하는 것이 아닌 경우
        ㉡ 해당 조사분석자료가 이미 공표한 조사분석자료와 비교하여 새로운 내용을 담고 있지 아니한 경우 등
3. 조사분석자료 작성자에게 일정한 기업금융 업무와 연동된 성과보수 지급 금지(기업금융업무 : 인수 및 합병의 중개, 모집·사모·매출의 주선업무 등)
4. 투자중개업자 또는 투자매매업자는 주권 등 일정한 증권의 모집 또는 매출과 관련된 계약을 체결한 날로부터 그 증권이 최초로 증권시장에 상장된 후 40일 이내에 그 증권에 대한 조사분석자료 공표·제공 금지
5. 일임매매의 원칙적 금지, 예외적 허용

정답 ②

17

다음은 일반투자자 중 65세 이상인 사람을 대상으로 일정한 금융투자상품을 판매할 때의 유의사항이다. 바르지 못한 것은?

① 판매과정을 녹취하지 않아도 된다.
② 청약을 철회할 수 있는 기간에 대해 안내하여야 한다.
③ 투자권유를 받고 금융투자상품의 청약 등을 한 투자자에게 2영업일 이상의 숙려기간을 부여하여야 한다.
④ 숙려기간 동안 투자자에게 투자에 따르는 위험, 투자원금의 손실가능성 등을 고지하여야 한다.

출제 POINT

판매과정을 녹취하지 않거나 투자자의 요청에도 불구하고 녹취된 파일을 제공하지 않는 행위는 금지된다.

핵심탐구 | 불건전영업행위의 금지(1)

6. 기타 불건전영업행위 금지
   ① 투자매매업자 또는 투자중개업자에게 서면으로 일반투자자와 같은 대우를 받는다고 통지한 (상대적) 전문투자자의 요구에 정당한 사유없이 동의하지 않는 행위
   ② 투자자에게 해당 투자매매업자, 투자중개업자가 발행한 자기주식의 매매를 권유하는 행위
   ③ 일반투자자 중 정보를 파악한 결과 판매상품이 적합하지 않거나 65세 이상인 사람을 대상으로 일정한 금융투자상품을 판매할 때 다음의 행위
      ㉠ 판매과정을 녹취하지 않거나 투자자의 요청에도 불구하고 녹취된 파일을 제공하지 않는 행위
      ㉡ 청약을 철회할 수 있는 기간에 대해 안내하지 않는 행위
      ㉢ 투자권유를 받고 금융투자상품의 청약 등을 한 투자자에게 2영업일 이상의 숙려기간을 부여하지 않는 행위
      ㉣ 숙려기간 동안 투자자에게 투자에 따르는 위험, 투자원금의 손실가능성 등을 고지하지 않거나 청약 등을 집행하는 행위 등
   ④ 채권자로서 그 권리를 담보하기 위하여 백지수표나 백지어음을 받는 행위
   ⑤ 투자자가 시세조종행위 금지규정 등을 위반하여 거래하려는 것을 알고 거래를 위탁받는 행위 등

정답 ①

18

금융투자업규정상 투자매매업자 또는 투자중개업자의 신용공여에 대한 설명으로 바르지 못한 것은?

① 투자매매업자 또는 투자중개업자에게 증권매매거래계좌를 개설하고 있는 자에 대하여 증권의 매매를 위한 매수자금을 융자할 수 있다.
② 총 신용공여규모는 원칙적으로 자기자본의 범위 이내로 한다.
③ 담보로 제공된 집합투자증권은 전일에 고시된 기준가격으로 평가한다.
④ 가치산정이 곤란하거나 대출금회수가 곤란한 증권은 담보로 징구할 수 없다.

출제 POINT

담보로 제공된 집합투자증권은 당일에 고시된 기준가격으로 평가한다.

핵심탐구) 신용공여에 관한 규제

1. **개념** : **증권**과 관련하여 금전의 융자 또는 증권대여의 방법으로 투자자에게 신용을 공여하는 것
2. **방법과 한도**
   ① 신용공여 약정 + 신용거래계좌 설정.
   ② 회사별 한도 : **자기자본**의 범위 내
   ③ 이는 투자매매업자 또는 투자중개업자의 고유업무는 아니지만 증권에 대해서 예외적으로 허용.
3. **담보**

	담보	담보평가
청약자금 대출	청약하여 배정받은 증권	① 청약주식 – 취득가액
신용거래 융자	매수한 주권 또는 ETF	② 상장주권 또는 상장지수집합투자기구의 집합투자증권 – 당일 종가 (전일 ×)
신용거래 대주	매도대금	③ 상장채권 또는 공모로 발행된 파생결합증권 – 2 이상의 채권평가회사가 제공하는 가격정보를 기초로 투자매매업자 또는 투자중개업자가 정한 가격 (평균가격 ×)
예탁증권 담보융자	예탁증권 (가치산정이 곤란하거나 대출금회수가 곤란한 증권은 불가)	④ 집합투자증권 – 당일에 고시된 기준가격

   * 담보비율 : 신용공여금액의 **100분의 140** 이상
4. **임의상환**
   ① 사유 : 채무미상환, 추가담보 미납, 수수료미납
   ② 조치 : 그 다음 영업일에 투자자 계좌에 예탁된 현금충당. 담보증권, 그 밖의 증권의 순서로 임의처분하여 처분제비용, 연체이자, 이자, 채무원금의 순서로 충당
   ③ 상장된 증권을 처분할 때는 증권시장에서 시가결정에 참여하는 호가에 따라 처분하여야
5. **신용거래제한**
   ① 투자경고종목 등은 신용거래 불가
   ② 인수증권에 대한 신용공여의 제한 : 투자매매업자는 증권의 인수일로부터 3개월 이내에 투자자에게 그 증권을 매수하게 하기 위하여 그 투자자에게 신용공여를 할 수 없다.
6. 위반시 제재 투자매매업자·중개업자에게 형사상의 제재는 없고 회사 및 임직원은 금융위의 행정조치 대상이 됨

정답 ③

19

자본시장법상 투자매매업자 또는 투자중개업자의 투자자 재산보호에 대한 설명으로 바르지 못한 것은?

① 투자매매업자 또는 투자중개업자는 투자자예탁금을 고유재산과 구분하여 한국예탁결제원에 예탁하여야 한다.
② 예치기관은 투자자예탁금을 국채에 운용할 수 있다.
③ 누구든지 예치기관에 예치 또는 신탁된 투자자예탁금을 상계·압류하지 못한다.
④ 금융투자업자가 인가취소, 파산선고 등을 받은 경우에는 예치기관에 예치 또는 신탁한 투자자예탁금을 인출하여 투자자에게 우선하여 지급하여야 한다.

출제 POINT

- 투자자예탁금에 대한 기본적인 이해를 요한다.
- 투자매매업자 또는 투자중개업자는 투자자예탁금을 증권금융회사에 예치 또는 신탁하여야 한다.

핵심탐구 ▸ 투자자 재산 보호를 위한 규제

1. **투자자예탁금**
   투자자로부터 금융투자상품의 매매 그밖의 거래와 관련하여 예탁받은 금전을 의미

별도예치의무	① 투자매매업자 또는 투자중개업자는 투자자예탁금을 고유재산과 구분하여 증권금융회사에 예치하거나 신탁업자에게 신탁하여야 한다. ← 예탁결제원 ✕ ② 겸영금융투자업자 중 신탁업을 하는 은행이나 보험회사는 투자자예탁금을 자기계약할 수 있다. ③ 투자매매업자 또는 투자중개업자는 증권금융회사 또는 신탁업자에게 투자자예탁금을 예치 또는 신탁하는 경우에는 그 투자자예탁금이 투자자의 재산이라는 점을 명시하여야 한다.
상계 또는 압류 금지	① 누구든지 예치 또는 신탁한 투자자예탁금을 상계·압류하지 못함. ② 예치 금융투자업자는 이를 양도하거나 담보제공 불가(예외있음)
투자자예탁금의 우선지급	① 예치 금융투자업자의 인가 취소, 해산결의, 파산선고 ② 투자매매업 또는 중개업의 전부양도·전부폐지 승인, 전부 정지명령 등
투자자예탁금의 운용	예치기관은 국채, 지방채나 특수채증권의 매수 등 안정적 운용을 하여야 한다.

2. **투자자예탁증권**
   예탁결제원에 의무 예탁

정답 ❶

20

다음 중 증권의 모집, 매출과 관련하여 바르지 못한 설명은?

① 매출이라 함은 50인 이상의 투자자에게 새로 발행되는 증권의 취득의 청약을 권유하는 것을 말한다.
② 매출의 경우에도 증권신고서 제출의무자는 발행인이다.
③ 청약의 권유를 받는 자의 수가 50인 미만인 경우에도 해당 증권이 발행일로부터 1년 이내에 50인 이상의 자에게 양도될 수 있는 일정한 경우에는 모집으로 간주된다.
④ 국채, 지방채, 국가 또는 지방자치단체가 원리금의 지급을 보증한 채무증권 등에는 증권신고서 제도가 적용되지 않는다.

출제 POINT

발행시장 공시는 출제할 부분이 많으므로 자세히 알아야 한다. 본 문제는 모집과 매출의 차이점을 묻는 것이다. 50인 이상의 투자자에게 새로 발행되는 증권의 취득의 청약을 권유하는 것은 모집이다.

핵심탐구 증권신고서 제도(1)

1. 증권신고서

취지	불특정다수인을 상대로 증권시장밖에서 증권을 모집·매출할 때 해당 증권 및 발행인에 대한 사항을 투자자에게 공시
대상행위	① 모집 : 50인 이상의 투자자에게 새로 발행되는 증권취득의 청약권유 ② 매출 : 50인 이상의 투자자에게 이미 발행된 증권매도의 청약을 하거나 매수의 청약을 권유하는 것 * 50인 산정방법 : 일정한 전문가와 연고자(발행인의 임원 및 우리사주조합원 등)는 제외
적용면제증권	국채, 지방채, 국가가 원리금의 지급을 보증한 채무증권 등 무위험증권
신고대상금액	증권의 모집이나 매출가액 1년 총액이 **10억원** 이상인 경우
소액공모공시제도	발행인은 투자자보호를 위하여 재무상태 등 일정한 사항 공시의무 있음
신고의무자	언제나 발행인(매출의 경우에도 발행인임을 유의)
효력발생	① 금융위가 증권별로 정해진 효력발생기간 동안 별도의 조치를 하지 않으면 효력발생 ② 효력 발생의 의미 : 증권의 가치를 정부가 보증하는 것은 아니다.
거래의 제한	증권신고서의 효력이 발생하지 아니한 증권의 취득 또는 매수의 청약이 있는 경우에 증권의 발행인·매출인은 그 청약의 승낙을 할 수 없다.

2. 특수한 신고서
(1) 일괄신고서
  ① 개념 : 같은 종류의 증권을 지속적으로 발행할 때 그 증권을 일괄신고하고 추가발행시는 추가서류만 제출
  ② 대상증권 : 주권, 사채권(주권관련 사채권 포함), 파생결합증권, 개방형펀드
(2) **정정신고서** : 정정요구를 받은 후 3개월 이내에 발행인이 미제출 → 해당 증권신고서를 철회한 것으로 봄.
(3) **철회신고서** : 청약일 전일까지는 제출하여야 한다.

정답 ❶

21

아래 내용은 금융위원회 규정상 주권비상장법인의 지분증권을 직접 공모할 때, 증권분석기관이 그 증권의 가치를 평가할 수 없는 경우에 대한 설명이다. (   ) 안에 들어갈 숫자를 순서대로 묶은 것은?

> ㉠ 해당 법인의 임원이 증권분석기관에 그 자본금의 100분의 (   ) 이상을 출자하고 있는 경우
> ㉡ 증권분석기관이 해당 법인에 그 자본금의 100분의 (   ) 이상을 출자하고 있는 경우

	㉠	㉡		㉠	㉡		㉠	㉡		㉠	㉡
①	1	3	②	1	5	③	3	1	④	3	3

출제 POINT

- 증권분석기관이 그 증권의 가치를 평가할 수 없는 경우 3가지를 정확히 알아야 한다.
- 임원은 1%를 기준으로 하고, 상호 출자는 3%를 기준으로 한다.

핵심탐구 증권신고서제도(2)

1. **간주모집**
(1) 개념 : 청약의 권유를 받은 자가 50인 미만 + 해당 증권의 발행일로부터 1년 이내에 50인 이상에게 전매 가능성
(2) 전매가능성 판단기준 ← 없는 경우가 더 쉬우니까 없는 경우를 이해하자

없는 경우	① 예탁결제원에 증권예탁 후 1년간 인출하지 않기로 계약체결 후 이행 ② 전환권의 권리행사금지기간을 발행 후 1년 이상으로 정하는 경우 ③ 50매 미만으로 발행 : 증권의 권면에 발행 후 1년 이내 분할금지특약 기재
있는 경우	① 같은 종류의 지분증권이 모집·매출된 실적이 있는 경우 ② 같은 종류의 지분증권이 증권시장에 상장된 경우 ③ 지분증권이 아닌 경우에 50매 이상으로 발행된 경우 ④ 지분증권이 아닌 경우에 50매 미만으로 발행 : 50매 이상으로 권면분할 가능

(3) 보호예수된 증권의 인출사유
① 액면분할 또는 병합에 따라 새로운 증권으로 교환하기 위한 경우
② 회사의 합병에 따라 다른 증권으로 교환하기 위한 경우 등

2. **증권분석기관**
(1) 증권분석기관이 될 수 있는 곳
① 인수업무, 모집·매출·사모의 주선업무를 인가받은 자
② 신용평가업자
③ 공인회계사법에 따른 회계법인
④ 채권평가회사 ← 감정평가업자 ✕
(다만 증권분석기관이 금융위로부터 관련 업무 정지조치를 받은 경우 그 정지기간 중에는 증권분석업무를 할 수 없다)

(2) 증권분석기관의 평가제한

증권분석기관 **임원**이 해당 법인에 출자 혹은 해당 법인의 임원이 증권분석기관에 출자	그 자본금의 **100분의 1** 이상 출자
증권분석기관이 해당법인에 출자(그 반대도 포함)	그 자본금의 100분의 3 이상 출자
동일인이 양쪽에 출자	그 자본금의 100분의 5 이상 출자

정답 ①

22

투자설명서에 대한 설명으로 바르지 못한 것은?

① 투자설명서는 법정 투자권유문서이다.
② 집합투자증권은 간이투자설명서만을 가지고 사용할 수 있다.
③ 예비투자설명서는 신고서 수리 후 기간의 제한없이 사용할 수 있다.
④ 일정한 요건 하에 전자문서의 방법으로도 교부할 수 있다.

출제 POINT

투자설명서를 시간에 흐름에 따라 다르게 사용하는 것을 알아야 한다. 신고서 수리 후 기간의 제한없이 사용할 수 있는 것은 간이투자설명서이다.

핵심탐구 — 투자설명서 제도

1. 개요
   ① 증권의 모집·매출을 위해 투자자에게 실제로 교부되는 투자권유문서
   ② 증권신고서에 기재된 내용과 다른 내용을 표시하거나 그 기재사항을 누락할 수 없다.(단, 기업비밀사항 등은 기재생략 가능)
   ③ 증권신고의 효력이 발생하는 날에 투자설명서를 금융위원회에 제출하여야 한다
   ④ 증권 발행인의 본점, 금융위, 거래소 등에 비치
2. 개방형 집합투자증권에 대한 특례
   발행인은 투자설명서 및 간이투자설명서를 제출한 후 **1년**마다 1회 이상 다시 고친 투자설명서 및 간이투자설명서를 제출
3. 투자설명서 교부의무
(1) 교부의무
   ① 누구든지 증권신고의 효력이 발생한 증권을 취득하고자 하는 자에게 투자설명서를 미리 교부하지 아니하면 그 증권을 취득하게 하거나 매도할 수 없다. (집합투자증권의 경우 투자자가 투자설명서의 교부를 별도로 요청하지 아니하는 경우에는 간이투자설명서를 말함)
   ② 전자문서 방법의 교부는 일정한 요건하에 인정된다.
(2) 교부 면제자
   ➡ ① 전문투자자 등 일정한 전문가
   ② 투자설명서 받기를 거부한다는 의사를 서면·전화 등으로 표시한 자
   ③ 이미 취득한 것과 같은 집합투자증권을 계속하여 추가로 취득하려는 자
   (다만 해당 집합투자증권의 투자설명서의 내용이 직전에 교부한 투자설명서의 내용과 같은 경우만 해당)
(3) 사용방법 — 시간적 한계를 정확히 알 것

투자설명서	증권신고서 효력 발생 후 사용
예비투자설명서	신고서 수리 후 효력 발생 전에 사용(신고서 제출시 효력 발생 전이라고 기재하고 모집·매출시 사용 가능)
간이투자설명서	신고서 수리 후 신문·방송·잡지 등을 이용한 광고, 안내문, 홍보전단 또는 전자전달매체 등을 통하여 사용(투자설명서 중 중요한 내용만 발췌)

* 집합투자증권은 간이투자설명서만을 가지고 사용할 수 있다.

정답 ③

23

다음 중 유통시장에서의 기업공시와 관련하여 바르지 못한 설명은?

① 사업보고서는 사업연도 경과 후 45일 이내에, 반기보고서와 분기보고서는 반기 및 분기 종료 후 60일 이내에 금융위와 거래소에 제출하여야 한다.
② 주요사항보고서 제출대상 법인과 사업보고서 제출대상 법인은 동일하다.
③ 증권의 소유자 수가 500인 이상인 발행인은 사업보고서를 제출하여야 한다.
④ 당해 기업이 발행한 어음이 부도났는데도 주요사항보고서를 제출하지 않으면 법적인 제재를 받는다.

출제 POINT

유통시장 정기공시에서 사업보고서와 분기(반기)보고서 제출날짜는 정확하게 알아야 한다. 사업보고서는 90일 이내에, 반기보고서와 분기보고서는 45일 이내에 금융위와 거래소에 제출하여야 한다.

핵심탐구 : 유통시장 정기공시 및 주요사항보고서제도

1. 정기공시

제출대상법인	① 주권상장법인 및 일정한 증권(주권 외의 지분증권, 전환사채권, 신주인수권, 파생결합증권 등)을 상장한 발행인 (다만 집합투자증권 X) ② 증권을 모집 또는 매출한 발행인 ③ 증권의 소유자 수가 **500인** 이상인 외부감사대상법인
제출면제	① 파산으로 사업보고서 제출이 사실상 불가능한 경우 등 ② 주주 수가 500인 이상이었다가 300인 미만이 된 경우
제출기한	① 사업보고서 : 사업연도 경과 후 **90일** 이내 ② 반기(분기)보고서 : 반기 및 분기 종료 후 **45일** 이내(최초로 사업보고서 제출법인 : 제출법인에 해당하게 된 날로부터 5일 이내 직전 사업연도 사업보고서 제출)

2. 주요사항보고서 제도
   ① 상장법인은 회사존립, 조직재편성, 자본증감 등 주요경영사항 정보를 기업 스스로 공시하여 정보의 지속성과 정확성을 담보
   ② 이를 금융위가 관리. 따라서 수시공시는 주요사항보고서 제도와 거래소가 관리하는 수시공시로 이원화됨.

제출대상	사업보고서 대상과 동일
제출사유	① 발행한 어음 또는 수표의 부도 등 ② 영업활동의 전부 또는 **중요한** 일부 정지 ← 중요한이 빠지면 틀린다. ③ 회생절차개시의 신청이 있을 때 등
제출기한	그 사실이 발생한 다음날까지 금융위에 제출 (미제출시 법적 제재 가능) ← 이 점이 수시공시와 다르다

정답 ①

24

다음 중 유통시장에서의 수시공시와 관련하여 바르지 못한 설명은?

① 당해 기업이 발행한 주권 가격에 현저한 변동이 있어서 거래소가 답변을 요구하면 당해 기업은 그 날로부터 1일 이내에 답변하여야 한다.
② 공정공시의무를 이행하였다고 해서 다른 수시공시의무가 면제되는 것은 아니다.
③ 상장법인은 거래소 공시규정이 정하는 주요경영사항에 해당하는 사실 또는 결정이 있는 경우에는 그 사유발생 다음날까지 거래소에 신고하여야 한다.
④ 상장법인은 주요경영사항 이외의 사유가 발생하는 경우 이를 지체 없이 거래소에 신고하여야 하며, 이를 위반하면 법적 제재를 받는다.

출제 POINT

수시공시 사항을 위반하여도 법적인 제재는 불가능하다는 점이 중요하다.

핵심탐구 수시공시 제도

취지	투자자들의 정확한 투자판단을 위해서 기업에 중요한 변화가 발생하는 경우 이를 지체 없이 거래소에 신고하는 제도
특색	위반시에도 법적인 제재는 불가 ← 제일 중요
주요경영사항 공시 (의무공시)	① 거래소 공시규정이 정하는 주요경영사항에 해당하는 사실 또는 결정이 있는 경우 ② 그 사유발생 다음날까지 거래소에 신고
자율공시	① 주요경영사항 이외의 정보를 투자자에게 알릴 필요가 있을 때 ② 그 사유발생 다음날까지 거래소에 신고
조회공시	① 기업의 주요 경영사항에 대한 풍문·보도 : 거래소의 답변요구시점이 오전이면 당일 오후까지, 오후이면 다음날 오전까지 답변의무 ② 시황급변 : 거래소의 답변요구를 받은 날로부터 1일 이내에 답변의무
공정공시	중요정보를 특정인(애널리스트 등)에게 선별적으로 제공할 때 모든 시장참가자가 정보를 알 수 있도록 그 특정인에게 제공하기 전에 증권시장을 통해 공시

* 공정공시의무를 이행하였다고 해서 다른 수시공시의무가 무조건적으로 면제되는 것은 아님

정답 ④

25

다음 중 공개매수와 관련하여 바르지 못한 설명은?

① 공개매수 기간은 20일 이상 60일 이내이다.
② 공개매수자는 공개매수할 주식 등을 매도하고자 하는 자에게 공개매수설명서를 미리 교부하지 않으면 그 주식 등을 매수할 수 없다.
③ 공개매수가 공고된 이후에는 철회가 금지되지만, 대항공개매수 등 일정한 경우에는 철회가 가능하다.
④ 응모주주는 공개매수 기간 중에는 언제든지 응모를 취소할 수 있지만 위약금을 지급하여야 한다.

출제 POINT

- 공개매수의 요건과 절차를 암기하여야 한다.
- 응모주주는 공개매수 기간 중에는 언제든지 응모를 취소할 수 있으며 위약금을 지급할 필요가 없다.

핵심탐구 기업의 인수, 합병(M&A) 관련 제도(1)

1. 공개매수

요건	① 주식등을 6개월간 **증권시장 밖에서** 10인 이상으로부터 매수 + 본인과 그 특별관계자(특수관계인과 공동보유자)의 주식 등의 총수가 **100분의 5** 이상일 것 ② 특수관계인이 보유하는 주식등의 수가 1,000주 미만이면 특수관계인에서 제외
적용대상 증권	① 주권상장법인이 발행한 의결권 있는 주권, 신주인수권, 신주인수권부사채권, 전환사채권 혹은 이를 기초자산으로 하는 파생결합증권 ② 주권상장법인외의 자가 발행하는 교환사채권 등
적용면제	① 소각을 목적으로 하는 주식등의 매수 ② 주식매수청구에 응한 주식의 매수 등

절차	1) 공개매수의 공고 : 전국을 보급지역으로 하는 둘 이상의 신문에 공개매수에 관한 사항을 공고
	2) 공개매수신고서 제출 : 공개매수기간, 가격, 결제일 등 공개매수 조건 기재
	3) 발행인의 의견표명
	4) 공개매수의 실시
	  ① 기간 : 20일 이상 60일 이내
	  ② 공개매수설명서의 교부 : 공개매수자는 공개매수설명서를 공개매수공고일에 금융위와 거래소에 제출하여야 하며, 공개매수할 주식 등을 매도하고자 하는 자에게 공개매수설명서를 미리 교부하지 않으면 그 주식 등을 매수할 수 없다.
	  ③ 공개매수의 철회금지(**대항공개매수** 등 일정한 경우에는 철회가능)
	  ④ 응모주주의 철회자유(위약금 없음)
	  ⑤ 공개매수 기간 중에 별도매수 금지
	  ⑥ 전부매수의무 ; 단, 조건을 기재하면 주식의 전부나 일부를 매수하지 않을 수 있음
	5) 공개매수결과보고서 제출

정답 ④

26

다음 중 주식대량보유상황 공시제도(5% Rule)에 대한 설명으로 바르지 못한 것은?

① 보고대상 증권은 공개매수와 동일하다.
② 상장증권을 5% 이상 보유한 자가 보유비율이 5% 이상 변동되는 경우에는 금융위와 거래소에 5일 이내에 보고하여야 한다.
③ 보유목적이 경영에 영향을 주기 위한 것이 아닌 경우에는 약식보고서에 의할 수 있고 사유발생일로부터 5일 이내에 보고할 필요가 없다.
④ 보유목적이 발행인의 경영권에 영향을 주기 위한 것으로 보고한 자는 그 보고하여야 할 사유가 발생한 날로부터 보고한 날 이후 5일까지 발행인의 주식 등을 추가로 취득할 수 없다.

출제 POINT

5% Rule의 요건에 대해서 정확히 알아야 한다. 변동은 1%를 기준으로 한다.

핵심탐구 기업의 인수, 합병(M&A) 관련 제도(2)

2. 주식등의 대량보유상황 보고제도

취지	시장 투명성 제고 및 적대적 M&A 시도 공시
적용대상증권	공개매수와 동일(의결권 있는 주식이 대상)
보고사유 (금융위와 거래소에 보고)	① 신규보고 : 새로 5% 이상 보유(특별관계자 소유분 합산) ② 변동보고 : 5% 이상 보유자의 보유비율이 1% 이상 변동 ← 변동은 5% 아니다 ③ 변경보고 : 신규보고 및 변동보고자의 보유목적(단순 투자목적과 경영참가목적 간)의 변경 등
보고면제	주식수에 따라 신주를 배정받은 경우 등
보고내용 및 보고기한	① 보유목적이 발행의 경영권에 영향을 주기 위한 경우 : 보유상황 변동일로부터 5일까지 보고 ② 보유목적이 발행인의 경영권에 영향을 주기 위한 것이 아닌 경우 : 5일 아님 ＊보고기준일 : 증권시장에서 주식을 매수한 경우에는 <u>계약체결일</u>
냉각기간	① 발행인의 경영권에 영향을 주기 위한 것으로 보고 : 그 보고하여야 할 사유가 발생한 날로부터 보고한 날 이후 5일까지 발행인의 주식 등을 추가로 취득하거나 보유주식 등에 대하여 의결권을 행사할 수 없다. ② 이를 위반하여 추가로 취득한 주식에 대하여는 의결권 행사 금지

정답 ②

27

자본시장법상 장외파생상품을 거래하는 투자매매업자 또는 투자중개업자가 준수하여야 할 기준으로 바르지 못한 것은?

① 거래상대방이 일반투자자인 경우에는 위험회피 목적의 거래를 하는 경우로 제한된다.
② 월별 장외파생상품의 매매 혹은 중개 등의 거래 내역을 다음 달 10일까지 금융위에 보고하여야 한다.
③ 장외파생상품의 매매에 따른 위험액이 금융위가 정하는 한도를 초과하면 안 된다.
④ 장외파생상품의 매매를 할 때마다 준법감시인의 승인을 받아야 한다.

출제 POINT

- 장외거래에서는 장외파생상품을 거래할 때 준수하여야 하는 사항이 중요하다.
- 준법감시인이 아니라 파생상품업무책임자의 승인을 받아야 한다.

핵심탐구   장외거래(1)

3. 의결권 대리행사 권유제도

취지	피권유자의 합리적인 의사결정 지원하여 공정한 기업지배권 경쟁 유도
적용대상	① 자기 또는 제3자에게 의결권 행사를 대리시키도록 권유하는 행위 ② 의결권의 행사 또는 불행사를 요구하거나 의결권 위임의 철회를 요구하는 행위 ③ 의결권의 확보 또는 그 취소 등을 목적으로 주주에게 위임장 용지를 송부하거나 의견을 제시하는 행위
적용제외 및 특례	① 해당 상장주권의 발행인과 임원 외의 자가 10명 미만의 상대방에게 그 주식의 의결권 대리행사를 권유를 하는 경우 등은 제외 ② 공공적 법인 : 당해 공공적 법인만이 그 주식의 의결권 대리행사 권유가능
권유방법	상장주권 의결권 권유자는 피권유자에게 위임장용지와 참고서류를 교부하여야 한다.

[장외거래]
1. 장외거래 개요
    ① 장외거래는 일정한 경우를 제외하고는 단일의 매도자와 매수자 간에 매매하여야 한다.
    ② 기업어음증권 : **둘 이상**의 신용평가업자로부터 신용평가를 받은 기업어음증권 거래 가능
    ③ 해외시장 거래
       일반투자자는 해외 증권시장이나 파생상품시장에서 외화증권 및 장내파생상품을 매매할 때 투자중개업자를 통하여 매매하여야 한다.
2. 장외파생상품 매매
    ➡ ① 매매 등의 상대방이 일반투자자인 경우에는 그 일반투자자가 **위험회피** 목적의 거래를 하는 경우로 한정할 것
      ② 매매에 따르는 위험액이 금융위가 정하는 한도를 초과하지 않을 것
      ③ (영업용순자본 − 총위험액) / 업무 단위별 자기자본이 150% 미달 : 그 미달상태가 해소될 때까지는 신규 거래 중지 (모든 거래 중지 ✗)
         (미종결거래의 정리나 위험회피에 관련된 업무만을 수행할 것)
      ④ 원칙적으로 거래할 때마다 파생상품업무책임자의 승인을 받을 것 (준법감시인 ✗)
      ⑤ 월별 거래내역 등을 다음달 10일까지 금융위에 보고할 것

정답 ④

28

공공적 법인의 주식에 대한 설명 중 바르지 못한 것은?

① 누구든지 공공적 법인이 발행한 주식을 누구의 명의로 하든지 자기의 계산으로 법에서 정한 기준을 초과하여 소유할 수 없다.
② 누구든지 공공적 법인의 주식에 대한 의결권 대리행사 권유가 가능하다.
③ 그 주식이 상장된 당시에 발행주식총수의 100분의 10 이상을 소유한 주주는 그 소유비율을 초과하여 소유할 수 없다.
④ 공공적 법인이 발행한 지분증권에 대해서 종목별 외국인 1인의 취득한도는 해당 공공적 법인이 정관에서 정한 한도이다.

출제 POINT

공공적 법인에 대한 종합문제이다. 출제가능성은 낮지만 정리해두자. 공공적 법인은 당해 공공적 법인만이 그 주식의 의결권 대리행사 권유가 가능하다.

핵심탐구 장외거래(2)

1. 공공적 법인의 주식 소유 제한

공공적 법인의 요건	① 경영기반이 정착되고 계속적인 발전가능성이 있는 법인 ② 재무구조가 건실하고 높은 수익이 예상되는 법인 ③ 주식분산이 광범위할 수 있도록 자본금 규모가 큰 법인
주식 소유제한	① 그 주식이 상장된 당시에 발행주식총수의 100분의 10 이상을 소유한 주주는 그 소유비율 초과소유 금지 ② ①에 따른 주주 외의 자는 발행주식총수의 100분의 3 이내에서 정관이 정하는 비율 초과소유 금지 ③ 기준을 초과하여 주식을 소유하면 초과분에 대해서는 의결권을 행사할 수 없고, 금융위는 기준을 초과하여 주식을 소유하는 자에게 6개월 이내 기간을 정하여 기준을 준수할 것을 명할 수 있음

2. 외국인의 증권 소유 제한

개념	외국인 : 국내에 6개월 이상 주소 또는 거소를 두지 않은 개인 외국법인 : 외국정부, 외국 지자체, 외국기업 등
공공적 법인이 발행한 지분증권 취득한도 제한	① 종목별 외국인 1인 취득한도 : 해당 공공적 법인의 정관에서 정한 한도 ② 종목별 외국인 전체 취득한도 : 해당 종목 지분증권 총수의 100분의 40 ③ 위반시 조치는 공공적 법인과 동일
거래기준	① 상장증권 매매 : 증권시장을 통하여 매매하고 계좌개설 등에 관하여 금융위 고시기준을 충족할 것 ② 장내파생상품 매매시 계좌개설 등에 관하여 금융위 고시기준을 충족할 것 ③ 상장증권을 매매 외의 방식으로 거래하는 경우에는 거래내역의 신고 등에 관하여 금융위가 정한 기준을 충족할 것

정답 ❷

29

자본시장법상 미공개 중요정보의 이용이 금지되지 않는 자는?

① 직무와 관련하여 미공개 중요정보를 알게 된 해당 법인의 임직원 또는 대리인
② 권리행사 과정에서 미공개 중요정보를 알게 된 해당법인 주주
③ 당해 상장법인과 계약 체결을 교섭하고 있는 자로서 계약체결과정에서 미공개 중요정보를 알게 된 자
④ 당해 상장법인의 내부자로부터 미공개 중요정보를 수령한 자

출제 POINT

- 미공개 중요정보의 이용이 금지되는 3부류를 정확히 알아야 한다.
- 당해 상장법인 및 계열회사의 주요 주주가 규제대상이다.

핵심탐구 내부자거래 규제(1)

1. 미공개중요정보 이용행위 금지

적용대상법인	상장법인(6개월 내에 상장이 예정된 법인도 포함)
대상증권	① 상장법인이 발행한 증권(단 채무증권, 수익증권, 파생결합증권은 제외) ② 상장법인 외의 자가 발행한 것으로서 위의 증권과 교환을 청구할 수 있는 교환사채권 ③ 위의 증권만을 기초자산으로 하는 금융투자상품

규제대상자(직무관련성 필요)	① 내부자
	  ㉠ 당해 상장법인 및 계열회사, 그 법인의 임직원, 대리인
	  ㉡ 그 법인의 주요 주주
	② 준내부자
	  ㉠ 그 법인에 대한 법령상 감독 등의 권한을 가지는 자
	  ㉡ 그 법인과 계약 체결을 하고 있거나 **교섭하고 있는 자**
	③ (1차)정보수령자 : 내부자 및 준내부자로부터 그 정보를 받은 자

규제행위	미공개 + 중요정보의 이용행위가 금지되는 것임.(시행령이 정하는 방법에 따라 공개한 후 주지기간이 지나면 공개정보로 된다)

2. 공개매수 관련 정보의 이용행위 금지
3. 대량취득 및 처분 관련정보 이용행위 금지

정답 ❷

30

자본시장법상 내부자의 단기매매차익반환 제도와 관련한 설명으로 올바른 것은?

① 단기매매차익 산정기간은 3개월이다.
② 주요주주는 매도·매수한 시기 중 어느 한 시기에 있어서 주요주주가 아닌 경우에는 적용하지 않는다.
③ 내부자가 미공개중요정보를 이용하여야 적용된다.
④ 상장법인의 주요주주 및 모든 임직원이 그 대상이 된다.

출제 POINT

단기매매차익반환 제도는 그 대상, 미공개중요정보 이용여부 등이 자주 출제된다.
① 단기매매차익 산정기간은 6개월이다.
③ 단기매매차익반환의무는 내부정보의 이용과 무관하게 인정된다.
④ 상장법인의 내부자 중에서 주요주주 및 모든 임원(업무집행지시자 포함)은 적용이 되지만, 직원은 증선위가 미공개중요정보를 알 수 있는 자로 인정되는 자에 한한다.

핵심탐구 내부자거래 규제(2)

1. 내부자의 단기매매차익 반환제도

취지	① 내부자의 미공개 중요정보 이용행위 예방 ② 미공개 중요정보 이용 여부와 **관계없이** 반환
반환대상자	내부자 ← 준내부자 X 단, 직원의 범위는 축소(예) 생산업무 종사자는 제외) ← 중요
반환대상	특정증권 등(내부자거래 대상과 동일)을 매수한 후 **6개월** 이내에 매도 혹은 특정증권 등을 매도한 후 **6개월** 이내에 매수하여 얻은 이익
반환의 예외	① 주요주주는 매도·매수한 시기 중 어느 한 시기에 있어서 주요주주가 아닌 경우에는 제외 ② 법령에 따라 불가피하게 매수 또는 매도한 경우 ③ 정부의 문서에 의한 지도에 따라 매수 또는 매도한 경우 ④ 국민연금법에 따른 국민연금기금의 운용을 위한 매매가 일정한 요건을 갖춘 경우 등
공시	증선위는 이를 알게 된 경우 해당 법인에 통보, 법인은 이를 공시

* 주권상장법인이 모집·매출하는 특정증권 등을 인수한 투자매매업자에 대하여 당해 투자매매업자가 인수 계약을 체결한 날부터 3개월 이내에 매수 또는 매도하여 그날부터 6개월 이내에 매도 또는 매수하는 경우에 준용함

2. 주권상장법인 임원 및 주요주주의 특정증권 소유상황 보고제도

요건	① 임원 또는 주요 주주가 된 날로부터 5영업일 이내에 누구의 명의로 하든지 자기의 계산으로 소유하고 있는 특정 증권 등의 소유상황 보고의무 ② 그 증권에 변동이 있는 경우에는 누적변동수량이 1,000주 이상이거나 누적취득금액이 1,000만원 이상인 경우 변동이 있는 날로부터 5영업일까지 증선위와 거래소에 보고의무

정답 ②

31

다음 중 시세조종행위 규제에 대한 설명으로 바르지 않은 것은?

① 시세조종행위는 내부자만을 규제한다.
② 장내파생상품 매매에서 부당한 이익을 얻거나 제3자에게 부당한 이익을 얻게 할 목적으로 그 장내파생상품의 기초자산의 시세를 변동 또는 고정시키는 행위는 금지된다.
③ 장내파생상품의 기초자산의 매매에서 부당한 이익을 얻거나 제3자에게 부당한 이익을 얻게 할 목적으로 그 장내파생상품의 시세를 변동 또는 고정시키는 행위는 금지된다.
④ 증권의 매매에서 부당한 이익을 얻거나 제3자에게 부당한 이익을 얻게 할 목적으로 그 증권과 연계된 증권의 시세를 변동 또는 고정시키는 행위는 금지된다.

출제 POINT

시세조종행위는 누구든지 할 수 있다. 현·선 연계시세조종행위는 모두 금지된다.

핵심탐구 시세조종행위

1. 시세조종행위

개요	① 목적범(예 타인을 유인할 목적 등) ② 누구든지 규제 대상 ③ 대상상품 : 상장증권, 장내파생상품
위장거래	① 통정매매 : 사전에 짠 후 매도(매수)하는 행위 등 ② 가장매매 : 그 권리의 이전을 목적으로 하지 않는 시세조종행위
현실거래	
허위표시	
가격고정 또는 안정조작행위	다른 시세조종행위와 달리 **예외 있음**(예 투자매매업자가 시장조성을 수탁하는 경우 등)
현·선연계 시세조종행위	① 현·선연계 시세조종(장내파생상품-기초자산) 　㉠ 장내파생상품 매매에서 부당한 이익을 얻을 목적 : 삼성전자 주식 옵션거래에서 부당한 이익을 목적으로 삼성전자 주식의 시세를 변동시키는 것 　㉡ 장내파생상품의 기초자산 매매에서 부당한 이익을 얻을 목적 : 삼성전자 주식 매매에서 부당한 이익을 목적으로 삼성전자 주식 옵션의 시세를 변동시키는 것 ② 현·현연계 시세조종(증권-연계증권) 　증권의 매매에서 부당한 이익을 목적으로 그 증권과 연계된 증권의 시세를 변동시키는 것

2. 시장질서교란행위

정보이용 교란행위	① **2차 이상의 다차 정보수령자**의 미공개정보 이용 ② 해킹, 절취, 기망, 협박 등 부정한 방법으로 정보를 알게 되거나 이런 정보임을 알면서 전득한 자
시세관여 교란행위	① 매매유인이나 부당이득 **목적이 없더라도** 시세에 부당한 영향을 줄 우려가 있는 행위 규제 ② 따라서, 거래 성립이 희박한 호가를 대량으로 제출하거나 호가를 제출한 후 해당 호가를 반복적으로 정정·취소하는 행위도 규제된다.

* 위반시 5억원 이하 과징금 부과

정답 ①

32

다음 중 자본시장조사 업무규정상 상장법인의 조사대상에 포함되지 않는 행위는?

① 미공개중요정보 이용행위
② 시세조종 등 불공정거래행위
③ 공시의무 위반행위
④ 임직원의 횡령행위

출제 POINT

임직원의 횡령행위는 자본시장 조사업무의 대상이 아니다.

핵심탐구 | 금융기관 검사 및 제재에 관한 규정 등

1. 금융기관 검사 및 제재에 관한 규정
(1) 개요
 ① 금감원장은 금융기관 업무 및 재산상황 또는 특정부문에 대한 검사 실시
 ② 종합검사는 대부분 현장조사로 한다.
 ③ 검사결과 조치 : 금융위의 심의 · 의결을 거쳐 조치
(2) 제재절차
 ① 금감원장은 제재심의원회를 설치(위원회 심의생략 가능한 경우 있음)
 ② 사전통지 및 의견진술 기회 부여(사전통지 생략가능한 경우 있음).
 ③ 금감원장은 제재를 하는 경우 제재대상자에게 불복할 수 있는 권리에 대하여 알려주어야 함.
 ④ 이의신청
  ㉠ 금감원장은 금융위의 제재사항에 대하여 당해 처분의 취소 또는 기각을 금융위에 건의. 다만, 이의신청이 이유없다고 인정할 명백한 사유가 있을 때는 금감원장이 이의신청을 기각할 수 있음
  ㉡ 이의신청 처리결과에 대해서는 다시 이의신청할 수 없음
  ㉢ 금감원장은 증거서류의 누락, 법원의 무죄판결 등으로 그 제재가 위법 또는 부당함을 발견한 때는 직권으로 재심하여 조치를 취할 수 있음
 ⑤ 금융기관의 장은 제재조치를 받은 경우 금감원장이 정하는 바에 따라 이사회에 보고하는 절차를 취하여야 한다.
(3) 금융기관의 주요정보 보고사항
 ① 민사소송에서 패소 확정
 ② 소송물 가액이 최직근 분기말 현재 자기자본의 100분의 1 또는 100억원을 초과하는 민사소송에 피소
2. 자본시장 조사업무 규정
(1) 조사대상
 ① 미공개중요정보 이용행위 ② 시세조종 등 불공정거래행위 ③ 상장법인의 공시의무 위반행위
 ④ 내부자의 단기매매차익 취득 ⑤ 5% Rule ⑥ 임원 등의 특정증권 보고의무 위반 등
(2) 조사결과 조치
 ① 고발 또는 수사기관 통보, 시정명령 또는 처분명령, 과태료, 과징금 부과
 ② 1년 이내의 범위에서 증권의 발행 제한, 임원에 대한 해임 권고, 인가나 등록의 취소 등

정답 ④

금융소비자보호법 핵심정리

1. 개요
(1) 내용상 주요 체계
 1) 금융상품
    ① 예금성 상품
    ② 투자성 상품 : 자본시장법에 따른 금융투자상품, 투자일임계약, 신탁계약 등
    ③ 보장성 상품
    ④ 대출성 상품 : 신용거래융자·신용대주, 증권담보대출, 청약자금대출
 2) 금융상품판매업자 구분

구분	개념	예시
직접판매업자	자신이 직접 계약의 상대방으로 계약체결을 영업으로 하는 자	금융투자업자, 은행, 보험회사 등
판매대리·중개업자		투자권유대행인, 보험중개인, 카드·대출모집인
자문업자		투자자문업자(자본시장법)

(2) 금융소비자법의 위치
금융소비자 보호에 관한 일반법적 효력을 가진다.

(3) 전문금융소비자의 분류
 ① 투자성 상품 중 장외파생상품 거래의 경우 주권상장법인도 일반금융소비자로 취급받다가 자신이 전문금융소비자와 같은 대우를 받겠다는 의사를 서면으로 표시한 주권상장법인에 한하여 전문금융소비자로 취급할 수 있다.(자본시장법과 동일)
 ② 대출성 상품의 경우 상시근로자 5인 이상의 법인 등도 전문금융소비자에 포함된다.
 ③ 판매대리·중개업자, 대부업자의 경우에는 예금성 상품을 제외하고 모두 전문금융소비자에 포함된다.

2. 금융소비자 권익강화제도
 1) 분쟁조정위원회 객관성 확보 : 분쟁조정위원회 회의시 구성위원은 위원장이 회의마다 지명하는데, 이때 분쟁조정위원회의 객관성 공정성 확보를 위해 소비자단체와 금융업권 추천 위원은 동수로 지명
 2) 금융위원회는 금융상품으로 인하여 금융소비자의 재산상 현저한 피해가 발생할 우려가 있다고 명백히 인정되는 경우로서 대통령령으로 정하는 경우에는 그 금융상품을 판매하는 금융상품판매업자에 대하여 해당 금융상품 계약 체결의 권유 금지 또는 계약 체결의 제한 금지를 명할 수 있다.

3) 징벌적 과징금과 과태료

	과징금	과태료
부과대상	금융상품직접판매업자 또는 금융상품자문업자	금융상품 대리·중개업자도 해당
부과사유	① 설명의무위반, 불공정영업행위, 부당권유행위, 광고규제 위반 ② 적합성의 원칙과 적정성의 원칙은 대상이 아님	① 6대판매원칙 위반, ② 내부통제기준 미수립 ③ 계약서류 제공의무 위반 ④ 자료를 기록, 관리하지 않은 경우 등

내용	위반행위로 인한 수입액 등의 50%까지 가능	① 1억원 이하
		   ㉠ 설명의무위반, 불공정영업행위, 부당권유행위, 광고규제 위반
		   ㉡ 내부통제기준 미수립, 계약서류 제공의무 위반 등
		② 3천만원 이하 : 적합성의 원칙과 적정성의 원칙 위반 등
		③ 1천만원 이하 : 변경된 등록요건을 보고하지 않은 경우

01장 출제예상 문제

01 증권선물위원회에 대한 설명으로 바르지 못한 것은?

① 9인으로 구성된 합의제 행정기관이다.
② 자본시장의 불공정거래 조사업무를 담당한다.
③ 기업회계의 기준 및 회계감리를 담당한다.
④ 위원장은 금융위 부위원장이 겸임한다.

02 금융위원회와 금융감독원에 대한 설명으로 바르지 못한 것은?

① 금융위원회는 국무총리 소속의 합의제 행정기관이다.
② 금융위원회 비상임위원 중 4인의 당연직은 기획재정부 차관, 금융감독원 원장, 예금보험공사 사장, 한국은행 부총재이다.
③ 금융위는 업무·운영·관리에 대해서 금감원의 지도와 감독을 받는다.
④ 금감원은 무자본 특수법인으로 금융기관에 대한 검사·감독업무를 수행한다.

03 자본시장법상 증권의 분류에 따른 증권의 종류와 이에 해당하는 증권으로 가장 적절하게 연결된 것은?

① 지분증권 - 주가연계증권
② 채무증권 - 기업어음증권
③ 수익증권 - 신주인수권증서
④ 파생결합증권 - 증권예탁증권

04 자본시장법상 금융투자상품에 대한 설명으로 가장 거리가 먼 것은?

① 수익증권은 신탁의 수익권이 표시된 증권이다.
② 파생결합증권은 기초자산을 기초로 하는 지수 등의 변동과 연계하여 미리 정하여진 방법에 따라 지급금액 또는 회수금액이 결정되는 권리가 표시된 증권을 말한다.
③ 증권과 파생상품은 원금초과손실가능성 여부로 구별된다.
④ 채무증권은 특정 투자자가 그 투자자와 타인간의 공동사업에 금전 등을 투자하고 주로 타인이 수행한 공동사업의 결과에 따른 손익을 귀속받는 계약상의 권리가 표시된 증권이다.

05 자본시장법상 금융투자상품에 관한 설명으로 올바른 것은?

① 투자성은 투자할 때 원본 손실에 대한 위험을 말한다.
② 투자성 없는 은행예금은 은행이 파산할 경우 원본의 손실이 발생할 수 있으므로 금융투자상품에 해당한다.
③ 판매수수료, 보험계약에 따르는 사업비, 위험보험료 등은 투자금액에 포함된다.
④ 중도해지에 따라 지급하는 환매·해지수수료와 각종 세금 등은 회수금액에 포함되지 않는다.

06 자본시장법상 파생상품에 속하지 않는 것은?

① 파생연계증권(DLS)   ② 코스피 200 선물거래
③ 옵션거래   ④ 스왑거래

정답 및 해설

01 ① 증권선물위원회는 5인으로 구성된다. 9인의 위원은 금융위원회이다.
02 ③ 금감원이 금융위 및 증선위의 지도와 감독을 받는다.
03 ② ① 주가연계증권은 파생결합증권의 일종
　　　③ 신주인수권증서는 지분증권의 일종
　　　④ 파생결합증권과 증권예탁증권은 아무런 관련이 없다.
04 ④ 이는 투자계약증권의 정의이다.
05 ① ② 은행예금은 투자성이 없으므로 금융투자상품이 아니다. 파산은 함정지문이다.
　　　③ 판매수수료, 보험계약에 따르는 사업비 등은 투자 금액에 포함되지 않는다.
　　　④ 환매수수료, 해지수수료, 세금 등은 회수금액에 포함된다.
06 ① 파생연계증권(DLS)은 파생상품이 아니라 증권에 속한다. ELW, ELS 등도 마찬가지이다.

07 자본시장법상 금융투자상품인 것은?

① 원화로 표시된 CD
② 관리신탁의 수익권
③ 주식매수선택권
④ 기업어음

08 자본시장법상 금융투자상품에 대한 설명으로 바르지 못한 것은?

① 투자계약증권이란 투자자가 타인이 수행하는 공동사업에 금전 등을 투자하고 그 결과에 따른 손익을 귀속받는 권리가 표시된 것을 말한다.
② 이자연계 파생결합채권은 채무증권의 일종이다.
③ 증권의 발행주체에 외국인을 포함함으로써 역외적용을 실행하고 있다.
④ 외국증권예탁증권은 자본시장법상의 증권에 해당하지 않는다.

09 다음 중 투자매매업에 대한 설명으로 바르지 못한 것은?

① 자기가 투자신탁의 수익증권을 발행하는 경우에는 투자매매업에 해당하지 않는다.
② 투자매매업자를 상대방으로 하거나 투자중개업자를 통하여 금융투자상품을 매매하는 경우에는 투자매매업의 적용이 배제된다.
③ 한국은행이 공개시장조작을 하는 경우에는 투자매매업의 적용이 배제된다.
④ 누구의 명의로 하든지 자기의 계산으로 증권의 발행·인수를 영업으로 하는 것은 투자매매업에 해당한다.

10 다음 중 금융투자업에 대한 설명으로 바르지 못한 것은?

① 따로 대가없이 다른 영업에 부수하여 금융투자상품의 가치나 금융투자상품에 대한 투자판단에 관한 자문에 응하는 경우는 투자자문업의 적용이 배제된다.
② 타인의 계산으로 증권의 인수에 대한 청약의 권유를 영업으로 하는 것은 투자중개업이다.
③ 투자매매업은 누구의 명의로 하든지 자기의 계산으로 매매가 이루어진다는 점에서 투자중개업과 구별된다.
④ 협회가 장외 주식중개시장을 개설·운영하는 경우에는 투자중개업이 적용된다.

11 다음 중 투자일임업이 적용되는 경우는?

① 주식 매도 주문을 받으면서 수량, 가격, 시기에 대한 투자판단을 일임받은 경우
② 투자자가 여행·질병 등으로 일시적으로 부재하는 경우에 주가가 폭락하면 약관 등에 따라 주식을 매도하도록 일임받은 경우
③ 투자자가 신용공여에 따른 상환의무나 담보비율 유지의무를 이행하지 못하면 약관 등에 따라 매도하도록 일임받은 경우
④ 투자중개업자가 투자자의 매매주문을 받아 이를 처리하는 과정에서 투자판단의 전부 또는 일부를 위임받을 필요가 있는 경우

12 자본시장법상 어떠한 경우에도 일반투자자 대우를 받을 수 없는 전문투자자만으로 올바르게 묶은 것은?

① 국가, 금융투자협회
② 지방자치단체, 주권상장법인
③ 기금운용법인, 한국은행
④ 국가, 공제사업 영위법인

정답 및 해설

07 ④ 기업어음은 기업이 자금조달을 위하여 발행하는 약속어음으로서 채무증권이다.
①,②,③은 금융투자상품에서 제외된다.
08 ④ 증권예탁증권(DR)에는 국내, 외국 모두 포함된다.
09 ① 자기가 증권을 발행하는 것은 투자매매업에서 제외되나, 투자신탁의 수익증권이나 특정 파생결합증권을 발행하는 것은 투자매매업으로 본다.
②, ③은 투자매매업의 적용이 배제되는 경우이다.
10 ④ 협회가 장외 주식중개시장을 개설·운영하는 경우에는 투자중개업의 적용이 배제된다.
11 ① 매매거래일(하루에 한정)과 총매매수량이나 총매매금액을 지정한 경우로서 그 범위에서 수량, 가격 및 시기에 대한 투자판단 일임을 받아야 투자일임업의 적용이 배제된다. ②③④는 투자일임업의 적용이 배제되는 경우이다.
12 ① 국가, 금융투자협회, 한국은행 등 대부분의 전문투자자는 일반투자자 대우를 받을 수 없는 절대적 전문투자자이다. 그러나, 지방자치단체, 주권상장법인, 기금관리·운용법인, 공제사업 영위법인 등은 일반투자자 대우를 받겠다는 의사를 금융투자업자에게 서면으로 통지하면 일반투자자로 간주되는 상대적 전문투자자이다.

13
다음은 개인이 전문투자자가 되기 위한 요건이다. 순서대로 올바른 것은?

- 최근 5년 중 1년 이상 금융위가 고시하는 금융투자상품의 월말 평균 잔고 기준으로 (　　) 이상 보유한 경험이 있을 것
- 본인의 직전년도 소득액이 (　　) 이상이거나 본인과 배우자의 직전년도 소득액의 합계 금액이 (　　) 이상일 것

① 5천만원, 1억원, 1억5천만원
② 5천만원, 1억5천만원, 2억원
③ 1억원, 1억원, 2억원
④ 1억원, 1억원, 1억5천만원

14
다음 중 자본시장법상 인가 또는 등록의 유형이 다른 금융투자업자는?

① 투자매매업
② 투자자문업
③ 신탁업
④ 집합투자업

15
자본시장법상 금융투자업의 인가요건에 대한 설명으로 바르지 못한 것은?

① 일정 기간 관련업무를 영위하면 개인도 인가받을 수 있다.
② 이해상충방지체계를 진입시부터 구비하여야 한다.
③ 사업계획이 건전하고 타당하여야 한다.
④ 대주주의 요건은 최대주주의 특수관계인인 주주에게도 적용된다.

16
자본시장법상 금융투자업의 인가에 대한 설명으로 가장 거리가 먼 것은?

① 온라인소액투자중개업을 하기 위해서는 금융투자업 인가를 받아야 한다.
② 금융관계법령을 위반하여 해임된 임원은 5년을 경과하지 않으면 다시 임원이 될 수 없다.
③ 매 회계연도말 기준 자기자본이 인가업무 단위별 최저 자기자본의 70% 이상을 유지하여야 한다.
④ 자기 자본을 산정하는 경우에는 최근 사업연도말 이후 인가신청일까지의 자본금의 증감분을 포함하여 계산한다.

17 자본시장법상 금융투자업의 예비인가에 대한 설명으로 바르지 못한 것은?

① 신청 공고 및 의견수렴 단계에서 필요하다면 공청회를 열 수 있다.
② 예비인가 심사 단계에서 필요하다면 실지조사나 평가위원회를 구성할 수 있다.
③ 금융위는 예비인가 신청을 받은 경우에 2개월 이내에 인가여부를 결정하여야 한다.
④ 예비인가를 받았다면 (본)인가 심사기간은 3개월이다.

18 금융투자업규정상 금융위원회가 금융투자회사에게 투자자예탁금 반환명령 등 긴급조치를 취할 수 있는 사유로 가장 거리가 먼 것은?

① 순자본비율이 100% 미만인 경우
② 발행한 어음 또는 수표가 부도로 되거나 은행과의 거래가 정지 또는 금지되는 경우
③ 유동성이 일시적으로 급격히 악화되어 투자자예탁금 등의 지급불능 사태에 이른 경우
④ 휴업 또는 영업의 중지 등으로 돌발사태가 발생하여 정상적인 영업이 불가능한 경우

정답 및 해설

13 ① 5천만원, 1억원, 1억5천만원이다.
14 ② 투자자문업과 투자일임업은 등록을 요하고 나머지는 인가를 요한다.
15 ① 주식회사이거나 대통령령이 정하는 금융기관만이 인가받을 수 있으므로, 개인은 인가(혹은 등록)를 받을 수 없다.
16 ① 온라인소액투자중개업을 하기 위해서는 금융투자업 등록을 받아야 한다.
17 ④ 예비인가를 받지 않았다면 인가 심사기간은 3개월이지만 예비인가를 받은 경우에는 1개월이다.
18 ④ ① 이는 적기시정조치 대상이다.

19. 금융투자업 규정상 순자본비율에 대한 설명으로 가장 거리가 먼 것은?

① 순자본은 순재산에서 현금화하기 어려운 자산을 차감하고 보완자본을 가산하여 계산한다.
② 순자본비율은 총위험액에 대해서 영업용순자본을 %수치로 표시한 비율이다.
③ 순자본비율의 기초가 되는 금융투자업자의 자산, 부채, 자본은 연결재무제표에 계상된 장부가액을 기준으로 한다.
④ 필요유지자기자본은 금융투자업자가 영위하는 인가 또는 등록여부 단위별로 요구되는 자기자본을 합계한 금액이다.

20. 금융투자업규정상 금융투자업자의 총위험액 산정시 시장위험액에 해당되지 않는 것은?

① 주식위험액
② 외환위험액
③ 신용위험액
④ 일반상품위험액

21. 다음 중 순자본비율과 경영실태평가와 관련한 내용으로 바르지 않는 것은?

① 순자본비율 = (영업용순자본 − 총위험액) / 필요유지자기자본 이다.
② 금융투자업자는 순자본비율이 100% 미만이 된 경우에는 경영개선권고의 대상이 된다.
③ 부실금융기관에 해당하면 금융위는 6개월 이내의 영업정지 조치를 할 수 있다.
④ 경영실태평가결과 종합등급이 4등급 이하이면 경영개선권고의 대상이 된다.

22. 금융투자업 규정상 금융위원회가 경영개선권고할 수 있는 조치로서 가장 거리가 먼 것은?

① 신규업무 진출의 제한
② 인력 및 조직운용의 개선
③ 자본금의 증액 또는 감액
④ 영업의 전부 또는 일부의 양도

23 금융투자업규정상 적기시정조치에 대한 설명으로 바르지 못한 것은?

① 투자매매업자의 순바본비율이 0% 미만인 경우에 금융위는 경영개선명령을 내릴 수 있다.
② 주식의 소각, 임원의 직무정지는 경영개선명령의 내용이다.
③ 경영실태평가결과 종합평가등급을 4등급 이하로 판정받으면 경영개선명령의 대상이 된다.
④ 자본의 확충으로 단기간 내에 적기시정조치의 요건에 해당되지 아니하게 될 수 있다고 판단되는 경우에는 일정기간 적기시정조치를 유예할 수 있다.

24 금융투자업규정상 자산건전성 분류와 대손충당금에 대한 설명으로 가장 거리가 먼 것은?

① 금감원장은 금융투자업자의 자산건전성 분류 및 대손충당금 등 적립의 적정성을 점검하여야 한다.
② 금융투자업자는 고정 이하로 분류된 채권에 대하여 적정한 회수예상가액을 산정하여야 한다.
③ 금융투자업자는 정상으로 분류된 자산 외의 모든 자산에 대해서 대손충당금을 적립하여야 한다.
④ 금융투자업자는 매분기마다 자산 및 부채에 대한 건전성을 정상, 요주의, 고정, 회수의문, 추정손실의 5단계로 분류하여야 한다.

정답 및 해설

19 ② 이는 영업용순자본비율을 말한 것이다.
20 ③ 신용위험액은 시장가격의 변동과 관련이 없는 위험이다.
21 ④ 경영실태평가결과 종합등급이 4등급 이하이면 경영개선요구의 대상이 된다.
22 ④ 영업의 전부 또는 일부의 양도는 경영개선명령의 대상이다.
23 ③ 경영실태평가결과 종합평가등금을 4등급 이하로 판정받으면 경영개선요구의 대상이 된다.
24 ③ 정상으로 분류된 자산도 대손충당금을 적립하여야 한다.

25 다음 중 경영공시의 요건으로 바르지 못한 것은?

① 공정거래법상 동일 기업집단별로 금융투자업자의 직전 분기말 자기자본이 100분의 5에 상당하는 금액을 초과하는 부실채권이 발생한 경우
② 금융사고 등으로 금융투자업자의 직전 분기말 자기자본의 100분의 2에 상당하는 금액을 초과하는 손실이 예상되는 경우
③ 민사소송 패소 등의 사유로 금융투자업자의 직전 분기말 자기자본의 100분의 1에 상당하는 금액을 초과하는 손실이 발생한 경우
④ 적기시정조치나 인가취소를 받은 경우

26 금융투자업자와 대주주와의 거래제한에 대한 내용으로 바르지 못한 것은?

① 금융투자업자는 대주주가 발행한 증권을 소유할 수 없는 것이 원칙이지만, 인수 등 일정한 경우에는 금융위가 정하는 기간까지 소유할 수 있다.
② 금융투자업자는 그 계열회사가 발행한 주식, 채권, 약속어음을 자기자본의 8%를 초과하여 소유할 수 없는 것이 원칙이다.
③ 금융투자업자는 대주주 및 대주주의 특수관계인에 대하여 신용공여를 하여서는 아니 되지만, 해외현지법인을 위한 채무보증 등 일정한 경우에는 가능하다.
④ 금융투자업자가 대주주와 예외적으로 신용공여를 할 경우에는 재적이사 2/3 이상의 찬성에 의한 이사회 결의를 거쳐야 하는 것이 원칙이다.

27 다음 중에서 지급보증업무를 겸영할 수 있는 금융투자업자는?

① 증권 및 장외파생상품을 취급하는 투자매매업자
② 투자매매업자 및 투자중개업자
③ 모든 금융투자업자
④ 투자중개업자

28 금융투자업자의 업무 위탁과 관련한 내용으로 바르지 못한 것은?

① 금융투자업의 본질적 업무를 위탁하는 경우에 위탁받는 자는 그 업무 수행에 필요한 인가를 받거나 등록을 한 자이어야 한다.
② 준법감시인 및 위험관리책임자의 업무 등 내부통제업무는 위탁이 금지된다.
③ 외화자산의 운용 등의 업무는 위탁자의 동의를 받아서 재위탁 할 수 있다.
④ 금융투자업자는 실제업무 수행 후 7일 내에 금융위에 보고하여야 한다.

29 금융투자업자의 이해상충관리와 관련한 서술 중 옳지 않은 것은?

① 금융투자업자는 금융투자업의 영위와 관련하여 이해상충이 발생할 가능성을 미리 파악하고, 내부통제기준이 정하는 방법에 따라 이를 적절히 관리하여야 한다.
② 금융투자업자는 금융투자업의 영위와 관련하여 이해 상충이 발생할 가능성이 있다고 판단되면 그 사실을 미리 해당 투자자에게 알려야 한다.
③ 금융투자업자는 이해상충이 발생할 가능성을 내부통제기준이 정하는 절차에 따라 투자자 보호에 문제가 없는 수준으로 낮춘 후 매매 등의 거래를 하여야 한다.
④ 이해상충이 발생할 가능성을 낮추는 것이 곤란하다고 판단되는 경우에는 준법감시인의 승인을 받은 후에 거래를 하여야 한다.

30 자본시장법상의 정보교류 차단장치와 관련한 내용으로 바르지 못한 것은?

① 교류차단 대상 정보는 법령에서 정하지만 회사가 이해상충 우려가 없다고 판단하는 경우 스스로 차단대상 정보에서 제외할 수 있다.
② 집합투자재산, 투자일임재산 및 신탁재산의 구성내역과 운용에 관한 정보로서 불특정다수인이 알 수 있도록 공개되기 전의 정보 등의 교류는 원칙적으로 금지된다.
③ 내부통제기준에는 정보교류차단업무를 독립적으로 총괄하는 임원 등 일정한 사항을 반드시 포함하여야 한다.
④ 금융투자업자는 정보교류 차단을 위한 내부통제기준을 전부 자율적으로 정할 수 있다.

정답 및 해설

25 ① 100분의 5가 아니라 100분의 10에 상당하는 금액을 초과하는 부실채권이 발생하면 공시하여야 한다.
26 ④ 2/3가 틀렸다. 재적이사 전원의 찬성에 의한 이사회 결의를 거쳐야 하는 것이 원칙이다.
27 ① 증권 및 장외파생상품을 취급하는 투자매매업자만이 지급보증업무를 겸영할 수 있다.
28 ④ 금융투자업자는 실제업무 수행일의 7일 전까지 금융위에 보고하여야 한다.
29 ④ 이해상충이 발생할 가능성을 낮추는 것이 곤란하다고 판단되는 경우에는 거래를 하여서는 안 된다.
30 ④ 금융투자업자는 내부통제기준의 적정성에 대한 정기적 점검 등 일정한 사항을 준수하도록 법에서 규정하고 있다.

31 자본시장법상 투자권유의 규제에 대한 설명으로 바르지 못한 것은?

① 금융투자업자는 일반금융소비자에게 투자권유를 하는 경우 그 투자자의 투자목적 등에 비추어 적합하지 아니하다고 인정되는 투자권유를 해서는 안된다.
② 금융투자업자는 일반금융소비자에게 투자권유를 하지 아니하고 파생상품 등을 판매하려는 경우에는 면담 등을 통하여 투자목적 등의 정보를 파악하여야 한다.
③ 금융투자업자는 해당 파생상품 등이 그 일반금융소비자에게 적정하지 아니하다고 판단되는 경우에는 그 사실을 알리고 서명 등의 확인을 받아야 한다.
④ 금융투자업자가 전문금융소비자에게 투자권유를 하지 않고 자본시장법 시행령에 따른 고난도금융투자상품 등을 판매하려는 경우에는 적정성의 원칙이 적용된다.

32 자본시장법상 전문투자자에게 적용되는 투자권유원칙은?

① 고객파악의무 및 적합성의 원칙
② 적정성의 원칙
③ 설명의무
④ 부당권유 금지

33 다음은 부당권유의 금지와 관련된 내용이다. 바르지 못한 것은?

① 금융상품의 가치에 중대한 영향을 미치는 사항을 미리 알고 있으면서 금융소비자에게 알리지 않는 행위는 금지된다.
② 투자권유를 거부하는 투자자에게 1개월이 지난 후에 투자권유를 하는 행위는 가능하다.
③ 투자권유를 거부하는 투자자에게 다른 종류의 금융투자상품에 대한 투자권유는 가능하다.
④ 투자자에게 투자권유의 요청을 받지 않고 방문이나 전화의 실시간 대화의 방법으로 증권의 투자권유를 하는 것은 금지된다.

34 다음 중 투자권유대행인에 대한 설명으로 바르지 못한 것은?

① 둘 이상의 금융투자업자와 파생상품 투자권유 위탁계약을 체결할 수 있다.
② 투자자로부터 금전 등을 수취할 수 없다는 사실 등의 금지행위를 사전에 투자자에게 알려야 한다.
③ 투자권유대행인이 투자권유를 대행함에 있어 투자자에게 손해를 끼치면 민법상의 사용자책임이 준용된다.
④ 금융투자업자는 투자권유대행인을 금융위에 등록하여야 하는데, 금융위는 등록업무를 협회에 위탁하였다.

35 다음 중 금융투자업자의 영업행위 규제에 대한 설명으로 바르지 못한 것은?

① 금융투자업자는 증권에 대하여는 일반투자자의 투자목적 등을 고려하여 투자자 등급별로 차등화된 투자권유준칙을 마련하여야 한다.
② 금융투자업자는 금융투자업 영위와 관련하여 약관을 제정·변경하려는 경우에는 미리 금융위에 신고하여야 하는 것이 원칙이다.
③ 금융투자업자는 수수료부과 기준 및 절차를 협회에 통보하여야 하며, 협회는 금융투자업자별로 비교·공시하여야 한다.
④ 금융투자업자는 고유재산으로 소유하는 증권 및 원화 CD를 예탁결제원에 예탁하여야 하지만, 외화증권은 외국 보관기관에 예탁할 수 있다.

정답 및 해설

31 ④ 적정성의 원칙은 일반금융소비자에게만 적용된다.
32 ④ 부당권유 금지는 일반투자자, 전문투자자 모두에게 적용된다. 하지만, ①, ②, ③은 일반투자자에게만 적용된다.
33 ④ 일반금융소비자이건 전문금융소비자이건 증권에 대한 불초청권유는 할 수 있다.
34 ① 둘 이상의 금융투자업자와 투자권유 위탁계약을 체결할 수 없다. 또한 투자권유대행인은 파생상품을 취급할 수 없다.
35 ① 금융투자업자는 파생상품 등에 대하여는 일반투자자의 투자목적 등을 고려하여 투자자 등급별로 차등화된 투자권유준칙을 마련하여야 한다.

36 자본시장법상 금융투자업자 임직원의 금융투자상품 매매에 관한 설명으로 바르지 못한 것은?

① 자기의 계산으로 특정 금융투자상품을 매매하는 경우에는 일정한 요건을 갖추어야 한다.
② 특정 금융투자상품은 상장된 지분증권이나 장내파생상품 등을 말한다.
③ 자기의 명의로 하나의 투자중개업자를 통하여 매매하여야 하는 것이 원칙이다.
④ 주요 직무종사자는 매매명세를 분기별로 소속 회사에 통지하여야 한다.

37 투자매매업자 또는 투자중개업자는 금융투자상품의 매매주문을 처리하기 위하여 최선집행기준을 마련하고 공표하여야 한다. 이에 대한 설명으로 바르지 못한 것은?

① 투자매매업자 또는 투자중개업자는 상장된 주권의 매매에 관한 투자자의 청약 또는 주문을 처리하기 위하여 대통령령으로 정하는 바에 따라 최선의 거래조건으로 집행하기 위한 조건을 마련하고 이를 공표하여야 한다.
② 최선집행기준에는 상품의 가격, 수수료 등을 고려하여 최선의 거래조건으로 집행하기 위한 방법 및 이유 등이 포함되어야 한다.
③ 투자자가 청약 또는 주문의 처리에 관하여 별도의 지시를 하였을 때에는 그에 따라 최선집행기준과 달리 처리할 수 있다.
④ 투자매매업자 또는 투자중개업자는 6개월마다 최선집행기준의 내용을 점검하여야 한다.

38 투자매매업자 또는 투자중개업자는 투자자로부터 금융투자상품의 가격에 중대한 영향을 미칠 수 있는 매수 또는 매도의 청약이나 주문을 받거나 받게 될 가능성이 큰 경우에 고객의 주문을 체결하기 전에 자기의 계산으로 매수 또는 매도하거나 제3자에게 매수 또는 매도를 권유하는 행위를 할 수 없다. 이를 무엇이라고 하는가?

① 임의매매의 금지
② 일임매매의 금지
③ 선행매매의 금지
④ 스캘핑 금지

39 자본시장법상 투자매매업자 또는 투자중개업자의 불건전영업행위의 내용으로 바르지 못한 것은?

① 65세 이상의 일반투자자에게 일정한 금융투자상품을 판매하는 경우 판매과정을 녹취할 필요가 없다.
② 해당 조사분석자료가 이미 공표한 조사분석자료와 비교하여 새로운 내용을 담고 있지 아니한 경우에는 공표 후 24시간 이내라도 대상 금융투자상품을 매매할 수 있다.
③ 선행매매는 원칙적으로 금지되나 차익거래와 같이 투자자정보를 의도적으로 이용했다고 볼 수 없는 경우에는 예외적으로 인정된다.
④ 투자자에게 해당 투자매매업자 또는 투자중개업자가 발행한 자기주식의 매매를 권유하는 행위는 금지된다.

40 자본시장법상 투자매매업자 및 투자중개업자의 영업행위규칙에 대한 설명으로 가장 거리가 먼 것은?

① 공개시장을 통하여 매매하는 경우에는 자기계약을 할 수 있다.
② 증권시장과 파생상품시장 간의 가격차이를 이용한 차익거래는 선행매매를 할 수 있다.
③ 투자매매업자 또는 투자중개업자는 투자권유대행인 또는 투자권유자문인력이 아닌 자에게 투자권유를 하도록 할 수 없다.
④ 투자자에게 해당 투자매매업자가 발행한 자기주식의 매매를 권유할 수 있다.

정답 및 해설

36 ④ 임직원은 매매명세를 분기별로 소속 회사에 통지하여야 하지만, 주요 직무종사자는 월별로 통지하여야 한다.
37 ④ 투자매매업자 또는 투자중개업자는 3개월마다 최선집행기준의 내용을 점검하여야 한다.
38 ③ 지문은 선행매매의 금지를 말한다.
39 ① 65세 이상의 일반투자자에게 일정한 상품을 판매할 때는 판매과정을 녹취하여야 한다.
40 ④ 투자자에게 해당 투자매매업자가 발행한 자기주식의 매매를 권유하는 행위는 불건전영업행위이다.

41 금융투자업규정상 신용공여에 대한 설명으로 가장 거리가 먼 것은?

① 신용거래대주를 할 때는 매도대금을 담보로 받아야 한다.
② 거래소가 투자경고종목으로 지정한 증권은 신규의 신용거래를 할 수 없다.
③ 투자자매매업자 또는 투자중개업자는 투자자의 신용상태 및 종목별 거래상황 등을 고려하여 신용공여금액의 100분의 120 이상에 상당하는 담보를 징구하여야 한다.
④ 투자매매업자 또는 투자중개업자는 청약자금대출을 할 수 있다.

42 금융투자업규정상 투자매매업자 또는 투자중개업자의 신용공여에서 담보의 징구에 대한 설명으로 바르지 못한 것은?

① 청약자금을 대출할 때에는 청약하여 배정받은 증권을 담보로 징구한다.
② 신용거래융자를 할 때에는 매수한 주권 또는 ETF의 집합투자증권을 담보로 징구한다.
③ 투자중개업자의 총신용공여의 규모는 자기자본 범위 이내이다.
④ 투자중개업자는 신용공여를 하고자 하는 경우에는 투자자와 신용공여 약정을 체결할 필요가 없다.

43 금융투자업규정상 신용공여에서 담보 및 보증금으로 제공되는 증권의 평가에 대한 설명으로 바르지 못한 것은?

① 청약주식 – 취득가액
② 상장주권 또는 ETF의 집합투자증권 – 전일 종가
③ 상장채권 또는 공모로 발행된 파생결합증권 – 2 이상의 채권평가회사가 제공하는 가격정보를 기초로 투자매매업자 또는 투자중개업자가 산정한 가격
④ 집합투자증권 – 당일에 고시된 기준가격

44 자본시장법상 투자매매업자 또는 투자중개업자의 투자자 재산보호에 대한 설명으로 바르지 못한 것은?

① 예치기관은 투자자예탁금을 장내파생상품에 운용할 수 있다.
② 투자매매업자 또는 투자중개업자는 투자자예탁금을 양도하거나 담보로 제공할 수 없는 것이 원칙이다.
③ 투자자예탁금을 신탁업자에 신탁할 수 있는 금융투자업자는 은행, 보험회사 등이며 자기계약이 가능하다.
④ 투자자예탁금은 투자자로부터 금융투자상품의 매매 그밖의 거래와 관련하여 예탁받은 금전을 의미한다.

45 자본시장법상 투자자예탁금에 대한 설명으로 가장 거리가 먼 것은?

① 투자매매업자는 예치기관에 예치한 투자자예탁금을 원칙적으로 양도 또는 담보로 제공할 수 없다.
② 투자매매업자는 예치한 투자자예탁금이 투자매매업자의 재산이라는 점을 명시하여야 한다.
③ 예치금융투자업자는 예치기관의 해산결의시 투자자예탁금을 인출하여 투자자에게 우선적으로 지급하여야 한다.
④ 예치금융투자업자가 다른회사에 합병되거나 다른 회사와 신설합병되면 그 합병에 의하여 존속하거나 신설되는 회사에 투자자예탁금을 양도할 수 있다.

정답 및 해설

41 ③ 투자자매매업자 또는 투자중개업자는 투자자의 신용상태 및 종목별 거래상황 등을 고려하여 신용공여금액의 100분의 140 이상에 상당하는 담보를 징구하여야 한다.
42 ④ 투자중개업자는 신용공여를 하고자 하는 경우에는 투자자와 신용공여 약정을 체결하여야 한다.
43 ② 상장주권 또는 ETF의 집합투자증권 - 당일 종가이다.
44 ① 예치기관은 투자자예탁금을 장내파생상품과 같은 위험한 상품에 운용할 수 없다.
45 ② 투자매매업자는 예치한 투자자예탁금이 투자매매업자의 재산이라는 점을 명시하여야 한다.

46. 다음 중 증권신고서에 관한 설명으로 바르지 못한 것은?

① 모집 또는 매출하려는 금액이 각각 10억원 이상인 경우에는 발행인이 모집 또는 매출에 관한 신고서를 금융위에 제출하여 수리되지 않으면 이를 할 수 없다.
② 증권신고서의 효력이 발생하지 아니한 증권의 취득 또는 매수의 청약이 있는 경우에 증권의 발행인은 그 청약의 승낙을 할 수 없다.
③ 매출의 경우에도 증권신고서는 발행인이 제출하여야 한다.
④ 증권신고서가 효력을 발생한다는 의미는 증권의 가치를 정부가 보증하거나 승인하는 것이다.

47. 증권을 공모발행함에 있어서 전매기준에 해당되지 않는 경우는?

① 같은 종류의 지분증권이 모집·매출된 실적이 있거나 증권시장에 상장된 경우
② 전환권이 부여된 전환사채권에 부여된 권리의 목적이 되는 증권이 증권시장에 상장된 경우
③ 지분증권이 아닌 경우에 50매 이상으로 발행된 경우
④ 지분증권이 아닌 경우에 50매 미만으로 발행된 후 증권의 권면에 발행 후 1년 이내 분할금지특약을 기재하는 경우

48. 다음 중 증권분석기관이 될 수 없는 곳은?

① 인수업무, 모집·매출·사모의 주선업무를 인가받은 자
② 신용평가업자
③ 공인회계사법에 따른 회계법인
④ 감정평가업자

49. 다음 중 투자설명서에 대한 설명으로 바르지 못한 것은?

① 투자설명서는 증권신고의 효력이 발생하는 날에 금융위원회에 제출하여야 한다.
② 증권신고서가 수리된 후 신고의 효력이 발생하기 전에 간이투자설명서를 사용할 수 있다.
③ 개방형 집합투자증권의 경우 투자설명서를 제출한 후 1년마다 1회 이상 다시 고친 투자설명서를 제출하여야 한다.
④ 전자문서의 방법에 의한 투자설명서 교부도 인정된다.

50. 자본시장법상 투자설명서에 대한 설명으로 가장 거리가 먼 것은?

① 발행인은 투자설명서를 해당 증권의 발행인의 본점, 금융위, 거래소, 청약사무 취급장소에 비치하여야 한다.
② 발행인의 기업비밀에 해당되는 것으로서 금융위의 확인을 받은 사항에 대하여는 그 기재를 생략할 수 있다.
③ 투자설명서를 받기를 거부하는 의사를 서면이나 전화로 표시한 투자자에 대해서도 투자자 보호를 위하여 투자설명서를 반드시 교부하여야 한다.
④ 이미 취득한 것과 같은 집합투자증권을 계속하여 추가로 취득하려는 자에게는 투자설명서 교부가 면제된다.

51. 다음 중 사업보고서 제출 대상 법인이 아닌 것은?

① 주권 이외의 지분증권을 상장한 발행인
② 주권을 모집 또는 매출한 발행인
③ 주식회사의 외부감사법에 따라 증권의 소유자가 500인 이상이었다가 현재는 400인이 된 경우의 발행인
④ 파산으로 인하여 사업보고서 제출이 사실상 불가능한 경우

정답 및 해설

46 ④ 증권신고서가 효력을 발생한다는 의미는 증권의 가치를 정부가 보증하거나 승인하는 것이 아니다.
47 ④ 지분증권이 아닌 경우에 50매 미만으로 발행된 후 증권의 권면에 발행 후 1년 이내 분할금지특약을 기재하는 경우에는 전매가능성이 없다. 반면에, 50매 이상으로 권면분할되어 거래될 수 있는 경우라면 전매가능성이 있다.
48 ④ 감정평가업자는 증권분석기관이 될 수 없다. 그러나 채권평가회사는 증권분석기관이 될 수 있다.
49 ② 증권신고서가 수리된 후 신고의 효력이 발생하기 전에 예비투자설명서를 사용할 수 있다. 간이투자설명서는 증권신고서가 수리된 후 시간의 제약이 없이 사용할 수 있다.
50 ③ 투자설명서를 받기를 거부하는 의사를 서면이나 전화로 표시한 투자자에 대해서는 투자설명서를 교부할 필요가 없다.
51 ④ 파산으로 인하여 사업보고서 제출이 사실상 불가능한 경우에는 사업보고서 제출이 면제된다.
　　[참고] 주식회사의 외부감사법에 따라 증권의 소유자가 500인 이상이었다가 현재는 300인 미만이 된 경우에는 사업보고서 제출대상 법인이 아니다. 따라서, 지문의 경우는 현재 증권의 소유자가 400인이므로 사업보고서를 제출하여야 한다.

52 다음 중 사업보고서 제출대상이 아닌 것은?

① 전환사채권을 상장한 발행인
② 집합투자증권을 상장한 발행인
③ 파생결합증권을 상장한 발행인
④ 신주인수권부사채권을 상장한 발행인

53 다음 ( ) 속에 들어갈 올바른 숫자는?

> 주식 등을 ( )개월간 증권시장 밖에서 ( )인 이상의 자로부터 매수 등을 하고자 하는 자는 그 매수 등을 한 후에 본인과 그 특별관계자가 보유하게 되는 주식 등의 수의 합계가 그 주식 등의 총수의 100분의 ( ) 이상이 되는 경우에는 공개매수를 하여야 한다.

① 6, 10, 5　　　　　② 12, 50, 5
③ 6, 50, 5　　　　　④ 12, 10, 10

54 다음 중 주식등의 대량보유상황 보고제도에 대한 설명으로 바르지 못한 것은?

① 보고대상 증권은 공개매수와 동일하며, 보고의무자는 본인과 특별관계자를 합하여 주권상장법인의 주식 등을 5% 이상 보유하게 된 자 또는 보유하고 있는 자이다.
② 적용대상 증권을 5% 이상 보유한 자가 보유비율이 5% 이상 변동되는 경우에는 보고할 의무가 있다.
③ 보고사유 발생일로부터 5일 이내에 보고하여야 하는데, 근로자의 날, 공휴일, 토요일은 기간 계산시 산입하지 않는다.
④ 보유목적이 발행인의 경영권에 영향을 주기 위한 것으로 보고한 자는 그 보고하여야 할 사유가 발생한 날로부터 보고한 날 이후 5일까지 발행인의 주식 등을 추가로 취득할 수 없다.

55 다음 중 의결권 대리행사권유 제도에 대하여 설명한 것으로 거리가 먼 것은?

① 누구든지 법에 정하는 바에 의하지 아니하고 상장주권 의결권행사를 자기 또는 타인에게 대리하게 할 것을 권유하지 못한다.
② 누구든지 상장주권 의결권대리행사를 권유하는 자는 피권유자에게 위임장용지와 참고서류를 교부하여야 한다.
③ 위임장용지와 참고서류를 인터넷 홈페이지를 이용하여 고지할 수 없다.
④ 공공적 법인의 경우 당해 공공적 법인만이 주식의 의결권대리행사를 권유할 수 있다.

56 자본시장법상 내부자거래규제의 적용대상에 대한 설명으로 바르지 못한 것은?

① 상장법인 또는 6개월 내 상장이 예정된 법인이 규제대상이다.
② 미공개중요정보를 매매에 이용한 경우만 처벌되고 타인으로 하여금 이를 이용하게 한 경우까지 처벌하는 것은 아니다.
③ 상장법인외의 자가 발행한 것으로서 당해법인의 증권과 교환을 청구할 수 있는 교환사채권도 규제대상이 된다.
④ 공개매수 관련 정보의 이용행위도 금지된다.

정답 및 해설

52 ② 집합투자증권은 대상이 아니다.
53 ① 6, 10, 5
54 ② 적용대상 증권을 5% 이상 보유한 자가 보유비율이 1% 이상 변동되는 경우에는 보고할 의무가 있다.
55 ③ 위임장용지와 참고서류는 직접교부, 우편, 전자우편의 방법, 주주총회 소집통지와 함께 보내는 방법, 인터넷 홈페이지를 이용하는 방법 모두 가능하다.
56 ② 타인으로 하여금 이를 이용하게 한 경우에도 동일하게 처벌된다.

57 자본시장법상 미공개중요정보를 알게 된 자 중에서 미공개 중요정보 이용행위 규제자들을 〈보기〉에서 모두 고르면?

㉠ 해당 법인의 계열회사의 임직원
㉡ 해당 법인의 임원으로부터 정보를 들은 자
㉢ 해당 법인에 대하여 법령상 허가를 받은 자

① ㉠, ㉡
② ㉠, ㉢
③ ㉡, ㉢
④ ㉠, ㉡, ㉢

58 상장법인의 직원 중 증선위가 미공개 중요정보를 알 수 있는 자로 인정하지 않는 자는?
① 그 법인에서 주요사항보고서 사항을 수립·변경·공시 등의 업무를 하는 직원
② 그 법인의 재무·회계에 관련된 업무에 종사하고 있는 직원
③ 그 법인의 기획·연구개발에 관련된 업무에 종사하고 있는 직원
④ 그 법인의 생산에 관련된 업무에 종사하고 있는 직원

59 다음 (   )에 들어갈 올바른 숫자는?

임원, 주요주주의 특정증권 소유상황보고가 면제되는 경미한 변동의 기준은 변동수량은 (   ) 미만, 그 취득 및 처분금액은 (   ) 미만이다.

① 1,000주, 1천만원
② 1,000주, 1억원
③ 3,000주, 1천만원
④ 3,000주, 1억원

60 다음 중 시세조종행위 규제에 대한 설명으로 바르지 않은 것은?
① 통정매매는 자기가 매도(매수)하는 시기와 같은 시기에 그와 같은 가격 또는 약정수치로 타인이 그 증권 또는 장내파생상품을 매수(매도)할 것을 사전에 그 자와 짠 후 매도(매수)하는 행위를 말한다.
② 가장매매는 증권 또는 장내파생상품의 매매를 함에 있어서 그 권리의 이전을 목적으로 하지 않는 거짓으로 꾸민 매매를 하는 행위를 말한다.
③ 가격고정 또는 안정조작행위는 절대적으로 금지된다.
④ 시세조종행위는 일정한 목적이 있어야 성립된다.

61 금융기관 검사 및 제재에 관한 규정상 금융기관 검사에 대한 설명으로 바르지 못한 것은?

① 검사결과 조치는 금융위의 심의·의결을 거쳐 조치한다.
② 금감원장은 제재에 관한 사항을 심의하기 위하여 제재심의위원회를 설치·운영하지만 필요하다고 인정하는 때에는 심의회의 심의를 생략할 수 있다.
③ 이의신청이 이유없다고 인정할 명백한 사유가 있는 경우에는 금감원장이 직권으로 이의신청을 기각할 수 있다.
④ 이의신청 결과에 대해서는 1회에 한해서 이의신청할 수 있다.

62 금융기관검사 및 제재에 관한 규정상 금융기관의 검사 및 제재에 관한 설명으로 가장 거리가 먼 것은?

① 금융위의 이의신청 처리결과에 대해서는 다시 이의신청할 수 있다.
② 검사의 종류는 종합검사와 부문검사로 구분하고 검사의 실시는 현장검사 또는 서면검사의 방법으로 행한다.
③ 금융기관의 장은 제재조치를 받은 경우 금감원장이 정하는 바에 따라 이사회에 보고하는 절차를 취하여야 한다.
④ 금감원장은 제재에 관한 사항을 심의하기 위하여 제재심의위원회를 설치한다.

정답 및 해설

57 ④ ㉠은 내부자, ㉡은 정보수령자, ㉢은 준내부자로서 규제받는다.
58 ④ 생산관련 업무는 미공개 중요정보를 알 수 있는 자로 인정되지 않는다.
59 ① 1,000주, 1천만원
60 ③ 가격고정 또는 안정조작행위는 금지되지만, 일정한 경우에는 예외가 인정된다.
61 ④ 이의신청 결과에 대해서는 다시 이의신청할 수 없다.
62 ① 금융위의 이의신청 처리결과에 대해서는 다시 이의신청할 수 없다.

63 [금융기관 검사 및 제재에 관한 규정] 상 금융기관 검사에 대한 설명으로 가장 적절하지 않은 것은?

① 금감원장은 금융기관의 업무 및 재산상황 또는 특정부분에 대한 검사를 실시한다.
② 금감원장은 무죄 판결 등으로 그 제재가 위법 또는 부당함을 발견하였을 때는 직권으로 재심하여 조치를 취할 수 있다.
③ 금감원장이 제재를 하는 때에 제재예정 내용을 제재대상자에게 사전 통지하면 안된다.
④ 금감원장이 금융기관에 대한 검사결과를 당해 금융기관에 통보하고 필요한 조치를 취할 수 있다.

정답 및 해설

63 ③ 금감원장이 제재를 하는 때에 제재예정 내용을 제재대상자에게 구체적으로 사전 통지하여야 한다.

01장 출제예상 문제(금융소비자보호법)

01 금융소비자보호법의 내용으로 바르지 못한 것은?

① 금융상품은 예금성 상품, 투자성 상품, 보장성 상품, 대출성 상품으로 구분된다.
② 금융상품판매업자는 직접판매업자, 판매대리·중개업자, 자문업자, 일임업자로 구분된다.
③ 자본시장법상 집합투자업자는 직접판매업을 영위하는 직접판매업자에 해당한다.
④ 투자성 상품의 경우 자본시장법에 따른 투자중개업자는 직접판매업자에 해당한다.

02 금융소비자보호에 관한 법률에서 규정하고 있는 소비자보호장치가 아닌 것은?

① 위법계약해지권
② 자료열람권
③ 판매제한 명령권
④ 손해배상금액 추정

03 금융소비자보호법에 따른 전문금융소비자의 내용과 다른 것은?

① 판매대리 중개업자의 경우 예금성 상품을 제외하고 각각 상품별로 전문금융소비자에 포함된다.
② 투자권유대행인은 투자성 상품과 관련하여 일반금융소비자이다.
③ 대출성 상품의 경우 상시근로자 5인 이상 법인도 전문금융소비자이다.
④ 대부업자의 경우에는 예금성 상품을 제외하고 모두 전문금융소비자에 포함된다.

04 금융소비자보호법상 설명의무에 대한 설명으로 바르지 못한 것은?

① 기본계약을 체결하고 그 계약내용에 따라 계속적·반복적으로 거래를 하는 경우에는 설명서를 교부하지 않아도 된다.
② 기존 계약과 동일한 내용으로 계약을 갱신하는 경우에는 설명서를 교부하지 않아도 된다.
③ 설명의무를 위반하면 과태료부과 사유는 되지만 과징금 부과사유는 아니다.
④ 금융상품판매업자등은 설명의무를 위반했을 때 자신에게 고의 또는 과실이 없음을 입증하지 못하면 손해배상책임을 면할 수 없다.

05 금융소비자보호법상 광고규제의 내용으로 바르지 못한 것은?

① 금융회사를 자회사나 손자회사로 두고 있는 지주회사는 금융상품에 대한 광고를 할 수 있다.
② 투자성 상품의 경우에 금융상품판매대리·중개업자는 금융상품에 관한 광고를 할 수 있다.
③ 투자성 상품의 경우 과거 운용실적을 포함하여 광고하는 경우에는 그 운용실적이 미래의 수익률을 보장하는 것이 아니라는 사항을 광고에 포함시켜야 한다.
④ 투자성 상품의 경우 수익률이나 운용실적을 표시하는 경우 수익률이나 운용실적이 좋은 기간의 수익률이나 운용실적만을 표시하는 행위는 금지된다.

정답 및 해설

01 ② 금소법에서 금융상품일임업자는 인정되지 않는다.
02 ④ 손해배상금액 추정은 자본시장법의 내용이다. 설명의무 위반시 귀책사유에 대한 입증책임의 전환과는 구별하여야 한다.
03 ② 투자권유대행인은 투자성 상품과 관련하여 전문금융소비자이다.
04 ③ 6대판매원칙 중에서 설명의무·불공정영업행위·부당권유행위·광고규제 위반행위는 과징금과 과태료 모두 부과 대상이다. 이에 반해서 적합성의 원칙과 적정성의 원칙 위반은 과징금 부과대상은 아니고 과태료부과 대상에만 해당됨을 유의
05 ② 투자성 상품의 경우에 금융상품판매대리·중개업자는 금융상품뿐 아니라 금융상품판매업자등의 업무에 관한 광고도 수행할 수 없다.

06 금융소비자보호법상 금융소비자 권익강화 제도에 대한 내용으로 바르지 못한 것은?

① 금융상품판매업자등은 내부통제기준의 제정 및 운영 등에 관한 자료는 5년간 보관하여야 한다.
② 금융회사는 금융소비자로부터 자료 열람 등을 요구받은 날로부터 6영업일 이내에 해당 자료를 열람할 수 있게 하여야 한다.
③ 일반금융소비자는 금융상품 등 계약의 청약 이후 청약과정에 하자가 있어야 청약의 철회를 금융회사에 요구할 수 있다.
④ 회사는 청약이 철회된 경우 투자자에 대하여 청약의 철회에 따른 손해배상 또는 위약금 등 금전 지급을 청구할 수 없다.

07 금융소비자보호법에서 정하고 있는 내용과 상이한 것은?

① 청약철회에 대한 특약으로 투자자에게 불리한 것은 무효이다.
② 위법계약해지의 효력은 소급하여 무효이다.
③ 금융소비자의 자료열람요구에도 법령이 정한 경우 또는 다른 사람의 생명 신체를 해칠 우려가 있는 등의 사유가 있을 때는 제한할 수 있다.
④ 금융감독원 분쟁조정위원회 회의 시 구성위원은 소비자 단체와 금융업권 추천 위원을 각각 동수로 지명된다.

08 금융소비자보호법에서 정하고 있는 내용과 상이한 것은?

① 일반금융소비자가 청약철회의 의사가 서면, 휴대전화 문자메시지 등의 방법으로 도달된 때 청약 철회의 효력이 발생한다.
② 분쟁조정 신청 전·후에 소가 제기되면, 법원은 조정이 있을 때까지 소송절차를 중지할 수 있다.
③ 위법계약해지권은 계약체결일로부터 5년 이내 범위의 기간 내에 행사할 수 있다.
④ 금융위원회는 판매과정에서 금융상품으로 인하여 금융소비자의 재산상 현저한 피해가 발생할 우려가 있다고 명백히 인정되는 일정한 경우에는 해당상품의 판매금지도 명령할 수 있다.

정답 및 해설

06 ③ 일반금융소비자는 금융상품 등 계약의 청약 이후 청약과정에 하자가 없음에도 청약의 철회를 금융회사에 요구할 수 있다.
07 ② 위법계약해지의 효력은 장래에 대하여만 효력이 있다.
08 ① 일반금융소비자가 청약철회의 의사를 서면, 휴대전화 문자메시지 등의 방법으로 발송한 때에 청약 철회의 효력이 발생한다.

핵심개념 이해도 체크

| 적절한 개념에 체크 ☑ 하세요.! |

[총설]

01 자본시장법은 금융투자상품의 정의를 (☐ 열거주의 / ☐ 포괄주의)로 전환하였다.

02 자본시장법은 (☐ 기관별 / ☐ 기능별) 규제체계로 전환하였다.

03 금융위원회 위원은 (☐ 9인 / ☐ 5인)이다.

04 자본시장의 불공정거래를 조사하는 곳은 (☐ 금융위원회 / ☐ 증권선물위원회)이다.

[금융투자상품 및 금융투자업]

01 (☐ 원금손실 가능성 / ☐ 원금초과손실가능성) 여부로 증권과 파생상품을 구분한다.

02 (☐ 원화 / ☐ 외화)로 표시된 양도성 예금증서는 금융투자상품에서 제외된다.

03 투자자가 타인이 수행하는 공동사업에 금전 등을 투자하고 그 결과에 따른 손익을 귀속받는 권리가 표시된 것은 (☐ 투자계약증권 / ☐ 증권예탁증권)이다.

04 누구의 명의로 하든지 자기의 계산으로 금융투자상품의 매매, 증권발행·인수 또는 그 청약의 권유 청약, 청약의 승낙을 영업으로 하는 금융투자업은 (☐ 투자매매업 / ☐ 투자중개업)이다.

05 (☐ 특정 / ☐ 불특정)다수인을 대상으로 발행 또는 송신되고 (☐ 특정 / ☐ 불특정)다수인이 수시로 구입 또는 수신할 수 있는 간행물, 방송 등을 통하여 조언을 하는 경우에는 투자자문업의 적용이 배제된다.

06 온라인소액투자중개업을 (☐ 인가 / ☐ 등록)받기 위해서는 (☐ 3억원 / ☐ 5억원) 이상의 자기자본이 필요하다.

07 주권상장법인 등이 (☐ 장내파생상품 / ☐ 장외파생상품)을 거래할 때는 일반투자자가 된다.

08 (☐ 70억원 / ☐ 100억원)이상의 금융투자상품 잔고를 보유한 법인은 (☐ 1년 / ☐ 2년)간 전문투자자가 될 수 있다.

[총설] 01 포괄주의 / 02 기능별 / 03 9인 / 04 증권선물위원회 [금융투자상품 및 금융투자업] 01 원금초과손실 가능성 / 02 원화 / 03 투자계약증권 / 04 투자매매업 / 05 불특정, 불특정 / 06 등록, 5억원 / 07 장외파생상품 08 100억원, 2년

[금융투자업자에 대한 규제·감독]

01 투자자문업이나 투자일임업을 하기 위해서는 금융위원회로부터 (☐ 인가 / ☐ 등록)을(를) 받아야 한다.

02 예비인가 심사단계에서 필요하면 (☐ 공청회 / ☐ 실지조사)를 할 수 있다.

03 개인은 인가받을 수 (☐ 있다 / ☐ 없다).

04 금융투자업자는 매분기마다 자산 및 부채에 대한 건전성을 (☐ 3단계 / ☐ 5단계)로 분류하여야 한다.

05 차감항목에 대해서는 원칙적으로 위험액을 (☐ 산정한다 / ☐ 산정하지 않는다).

06 주식위험액이나 금리위험액은 (☐ 시장위험액 / ☐ 운영위험액)이다.

07 순자본비율이 50% 미만이면 경영개선(☐ 요구 / ☐ 명령)의 대상이 된다.

08 금융투자업자는 주요 위험변동상황을 자회사와 (☐ 연결 / ☐ 분리)하여 종합적으로 인식하고 감시하여야 한다.

09 대주주와 예외적으로 신용공여할 때는 이사 (☐ 과반수 / ☐ 전원)의 찬성에 의한 이사회 결의가 필요한 것이 원칙이다.

10 일반투자자의 투자목적 등에 비추어 적합하지 아니하다고 인정되는 투자권유를 하여서는 아니되는 원칙을 (☐ 적합성의 원칙 / ☐ 적정성의 원칙)이라고 한다.

11 투자자의 투자권유 요청이 없는데도 방문·전화 등을 이용하여 (☐ 증권과 장내파생상품 / ☐ 장외파생상품)을 투자권유하는 것은 금지된다.

12 금융투자업자는 (☐ 증권 / ☐ 파생상품등)에 대하여는 일반투자자의 투자목적 등을 고려하여 투자자 등급별로 차등화된 투자권유준칙을 마련하여야 한다.

13 임직원이 상장된 지분증권을 매매할 때 주요 직무종사자는 매매명세를 (☐ 월별 / ☐ 분기별)로 회사에 통지하여야 한다.

[금융투자업자에 대한 규제·감독] 01 등록 / 02 실지조사 / 03 없다 / 04 5단계 / 05 산정하지 않는다 / 06 시장위험액 / 07 요구 / 08 연결 / 09 전원 / 10 적합성의 원칙 / 11 장외파생상품 / 12 파생상품등 / 13 월별

[투자매매업자 및 투자중개업자에 대한 영업행위 규제]

01 금융투자상품의 매매에 관한 주문을 받는 경우 투자자에게 투자매매업자인지 중개업자인지를 (□ 사전에 / □ 사후에) 밝혀야 한다.

02 금융투자상품의 가격에 중대한 영향을 미칠 수 있는 매수 또는 매도주문을 받고서 고객 주문을 체결하기 전에 자기 계산으로 매수 또는 매도하는 행위는 (□ 선행매매 / □ 스캘핑)이며 이는 금지되는 것이 원칙이다.

03 조사분석자료의 내용이 사실상 확정된 때부터 공표 후 (□ 24시간 / □ 48시간)이 경과하기 전에는 그 대상이 된 금융투자상품을 자신의 계산으로 매매할 수 없다.

04 투자매매업자는 조사분석자료의 작성을 담당하는 자에 대해서는 일정한 기업금융업무와 연동된 성과보수를 지급할 수 (□ 있다 / □ 없다).

05 증권이 최초로 증권시장에 상장된 후 (□ 25일 / □ 40일) 이내에 그 증권에 대한 조사분석자료를 공표·제공하는 것은 금지된다.

06 신용공여 담보비율은 원칙적으로 신용공여금액의 (□ 100분의 100 / □ 100분의 140) 이상이다.

07 투자매매업자 또는 투자중개업자는 투자자예탁금을 고유재산과 구분하여 (□ 예탁결제원 / □ 증권금융회사)에 예치 또는 신탁하여야 한다.

[증권발행시장 공시제도]

01 50인 이상의 투자자에게 새로 발행되는 증권의 취득을 청약권유하는 것은 (□ 모집 / □ 매출)이다.

02 증권의 발행인은 과거 1년간 모집·매출 합계액이 각각 (□ 5억원 / □ 10억원) 이상인 경우에는 금융위원회에 증권신고서를 제출하여야 한다.

03 같은 종류의 지분증권이 모집·매출된 실적이 있는 경우에는 전매가능성이 (□ 있는 / □ 없는) 경우이다.

04 증권분석기관의 임원이 해당법인에 (□ 100분의 1 / □ 100분의 5) 이상 출자한 경우에는 증권분석을 할 수 없다.

05 증권신고서 수리 후 기간 제한없이 광고·홍보가 가능한 투자설명서는 (□ 예비투자설명서 / □ 간이투자설명서)이다.

[투자매매업자 및 투자중개업자에 대한 영업행위 규제] 01 사전에 / 02 선행매매 / 03 24시간 / 04 없다 / 05 40일 / 06 100분의 140 / 07 증권금융회사 / [증권발행시장 공시제도] 01 모집 / 02 10억원 / 03 있는 / 04 100분의 1 / 05 간이투자설명서

[증권유통시장 공시제도]

01 증권의 소유자 수가 (□ 200인 / □ 500인) 이상인 발행인은 사업보고서를 금융위와 거래소에 제출하여야 한다.

02 사업보고서는 사업연도 경과 후 (□ 45일 / □ 90일) 이내에 금융위와 거래소에 제출하여야 한다.

03 최초로 사업보고서를 제출하는 법인은 제출법인에 해당하게 된 날로부터 (□ 5일 / □ 15일)이내에 직전 사업보고서를 제출하여야 한다.

04 주요사항보고서 제출사유가 있는데도 제출하지 않으면 법적 제재를 (□ 받는다 / □ 받지 않는다)

05 거래소 공시규정이 정하는 주요경영사항에 해당하는 사실이 있는데도 공시를 하지 않으면 법적 제재를 (□ 받는다 / □ 받지 않는다)

06 기업이 주요경영사항 이외에 투자자에게 알릴 필요가 있을 때 하는 수시공시를 (□ 조회공시 / □ 자율공시)라고 한다.

[기업의 인수합병제도 ~ 11장 자본시장 조사업무규정]

01 증권시장 (□ 안 / □ 밖)에서 (□ 10인 / □ 20인) 이상으로부터 주식을 매수하여 본인과 그 특별관계자의 주식 등의 총수가 (□ 100분의 1 / □ 100분의 5) 이상이면 공개매수를 하여야 한다.

02 주권상장법인 주식 등을 (□ 1% / □ 5%) 이상 보유하게 된 경우이거나 (□ 1% / □ 5%) 이상 변동하는 경우에는 사유발생일로부터 (□ 3일 / □ 5일) 이내에 보고하여야 한다.

03 공공적 법인은 (□ 누구든지 / □ 당해 공공적 법인만이) 그 주식의 의결권대리행사 권유가 가능하다.

04 장외파생상품은 원칙적으로 거래할 때마다 (□ 준법감시인 / □ 파생상품업무책임자)의 승인을 받아야 한다.

05 그 법인과 계약 체결을 교섭하고 있는 자는 내부자거래의 규제대상이 (□ 된다 / □ 안된다)

06 단기매매차익의 산정기간은 (□ 3개월 / □ 6개월)이다.

07 단기매매차익반환의무는 내부정보의 (□ 이용을 하여야 / □ 이용과 무관하게) 인정된다.

[증권유통시장 공시제도] 01 500인 / 02 90일 / 03 5일 / 04 받는다 / 05 받지 않는다. / 06 자율공시 /
[기업의 인수합병제도 ~ 11장 자본시장 조사업무규정] 01 밖, 10인, 100분의 5 / 02 5%, 1%, 5일 /
03 당해 공공적 법인만이 / 04 파생상품업무책임자 / 05 된다 / 06 6개월 / 07 이용과 무관하게

08 권리의 이전을 목적으로 하지 않는 시세조종행위를 (☐ 통정매매 / ☐ 가장매매)라고 한다.

09 시장질서교란행위는 매매유인이나 부당이득 목적이 (☐ 있어서 / ☐ 없더라도) 시세에 부당한 영향을 줄 우려가 있는 행위를 규제하는 것이다.

10 임직원의 횡령행위는 자본시장조사 업무규정상 상장법인의 조사대상에 (☐ 포함된다 / ☐ 포함되지 않는다)

[금융소비자보호법]

01 금융소비자법은 금융소비자를 대상으로 하는 금융상품 판매와 금융소비자 보호에 관한 (☐ 일반법적 / ☐ 특별법적) 효력을 가진다.

02 대출성 상품의 경우 상시근로자 (☐ 5인 / ☐ 10인) 이상의 법인 등도 전문금융소비자에 포함된다.

03 기본계약을 체결하고 그 계약내용에 따라 계속적·반복적으로 거래를 하는 경우에 설명서를 (교부하여야 한다. / ☐ 교부하지 않아도 된다.)

04 투자성 상품에 관한 계약의 체결을 권유하면서 일반금융소비자가 요청하지 않은 다른 대출성 상품을 안내하거나 관련 정보를 제공하는 행위는 부당권유행위에 (☐ 해당한다. / ☐ 해당하지 않는다.)

05 금융상품판매업자등은 내부통제기준의 제정 및 운영 등에 관한 자료를 (☐ 5년간 / ☐ 10년간) 기록 및 유지·관리하여야 한다.

06 금융회사는 금융소비자로부터 자료 열람 등을 요구받은 날로부터 (☐ 5일 / ☐ 8일) 이내에 해당 자료를 열람할 수 있게 하여야 한다.

07 금융회사는 철회가 접수된 날로부터 (☐ 3영업일 / ☐ 5영업일) 이내에 이미 받은 금전, 재화 등을 반환해야 한다.

08 금융회사는 (☐ 일반 / ☐ 전문)금융소비자가 신청한 소액 분쟁 권리가액이 (☐ 1천만원 / ☐ 2천만원) 이내인 사건에 대하여는 조정안 제시 전까지 소 제기를 할 수 없다.

09 적합성의 원칙과 적정성의 원칙을 위반하면 과징금 (☐ 부과대상이다. / ☐ 부과대상이 아니다.)

---

08 가장매매 / 09 없더라도 / 10 포함되지 않는다. / [금융소비자보호법] 01 일반법적 / 02 5인 / 03 교부하지 않아도 된다. / 04 해당한다. / 05 5년간 / 06 8일 / 07 3영업일 / 08 일반 / 2천만원 / 09 부과대상이 아니다.

이패스코리아 증권투자권유대행인

부록

실전모의고사

제1회 실전모의고사
제2회 실전모의고사
제3회 실전모의고사

제1회 실전모의고사

제1과목 증권분석 및 증권시장

01
증권의 간접발행방식 중 인수수수료율이 가장 높은 방식은 무엇인가?

① 모집주선 ② 위탁모집
③ 잔액인수 ④ 총액인수

02
비상장기업이 상장기업에 대한 기업결합(합병, 주식 교환 등)과 경영권 변동을 통해 실질적으로 상장되는 효과가 발생하는 것은?

① 신규상장 ② 우회상장
③ 변경상장 ④ 재상장

03
유가증권시장의 신규상장요건을 설명한 것으로 사실과 다른 것은?

① 주식양도의 제한이 있어야 한다.
② 최근 사업연도 감사의견이 적정이어야 한다.
③ 영업활동기간이 상장예비심사 신청일 현재 3년 이상이어야 한다.
④ 자기자본이 300억 이상이고 상장주식수는 100만주 이상이어야 한다.

04
발행시장의 조직에 대한 설명으로 적절하지 않은 것은?

① 발행시장의 조직은 발행주체, 발행기관, 투자자로 구성된다.
② 발행기관은 주관회사, 인수단, 청약기관으로 그 역할을 달리하고 있다.
③ 인수는 자기책임과 계산으로 증권을 발행주체로부터 직접 매입하는 것이다.
④ 청약기관은 자기책임과 계산으로 투자자를 대신하여 인수단에 직접 청약을 하는 역할을 수행한다.

05
유가증권시장의 공시제도에 대한 설명으로 가장 거리가 먼 것은?

① 한국거래소는 주권상장법인에 대한 풍문·보도내용의 사실 여부에 대해 공시를 요구할 수 있다.
② 자율공시한 내용을 변경 또는 번복하는 경우에는 불성실공시법인으로 지정되지 않는다.
③ 공정공시의무를 위반하는 경우에도 불성실공시법인으로 지정될 수 있다.
④ 불성실공시법인으로 지정되는 경우 공시위반제재금이 부과될 수 있다.

06

다음은 코스닥시장의 프로그램매매호가 효력의 일시정지 제도(sidecar)에 대한 설명이다. ( ) 안에 들어갈 말을 순서대로 올바르게 나열한 것은?

> 코스닥150지수선물가격이 기준가격 대비 ( )% 이상 상승 또는 하락하여 ( ) 분간 지속되는 경우 프로그램매매호가의 효력을 ( )분간 정지한다. 단, 코스닥150지수도 3% 이상 변동한 경우에만 발동

① 5, 1, 5
② 6, 2, 10
③ 5, 2, 10
④ 6, 1, 5

07

유가증권시장의 매매거래제도를 설명한 것으로 사실과 다른 것은?

① 주식은 보통거래로 매매를 체결한다.
② 지정가호가 및 시장가호가만이 가능하다.
③ 가격제한폭은 기준가격에 0.3을 곱하여 산출한다.
④ 정규시장 개시시점의 최초가격은 단일가격에 의한 개별경쟁매매가 적용된다.

08

동시호가에 적용하는 매매체결원칙이 아닌 것은?

① 시간우선원칙
② 위탁자우선의 원칙
③ 접수순
④ 수량우선의 원칙

09

코스닥시장의 circuit breakers에 대한 설명으로 가장 거리가 먼 것은?

① 코스닥시장의 주가지수가 직전 매매거래일의 최종수치보다 8%, 15%, 20% 이상 하락하여 1분간 지속될 때 발동된다.
② 1일 1회에 한하여 발동한다.
③ 거래중단시간은 10분간이다.
④ 코스닥시장의 모든 종목의 호가접수 및 매매체결이 중단된다.

10

한국거래소에서 사용하는 결제방법이 아닌 것은?

① 차금결제
② 실물결제
③ 차감결제
④ 집중결제

11

우리나라 국채에서 시행 중인 제도가 아닌 것은?

① 통합발행제도
② 수요예측제도
③ 전문딜러제도
④ 원금이자분리제도

12

전환가격이 5,000원인 전환사채의 패리티가 120이라면 이 전환사채의 전환 대상 주식가격은?

① 4,000원
② 4,500원
③ 5,000원
④ 6,000원

13

만기일에 상환받는 금액이 가장 작은 채권은? (단, 액면금액은 모두 동일)

① 표면이율 5%, 만기 2년인 3개월 단위 복리채
② 표면이율 6%, 만기 2년인 3개월 단위 이표채
③ 표면이율 5%, 만기 2년인 연단위 복리채
④ 표면이율 6%, 만기 2년인 할인채

14

자산유동화증권(ABS)에 대한 설명으로 가장 거리가 먼 것은?

① 자산유동화증권의 신용수준은 자산보유자의 신용과는 별도로 형성된다.
② 합성CDO는 자산소유권은 이전되지 않고 신용위험만 이전되는 것이다.
③ Secondary CBO는 기존에 발행된 회사채를 기초자산으로 한 ABS이다.
④ 은행 등 신용보증기관에 의한 지급보증은 대표적인 내부적 신용보강방식이다.

15
채권투자전략 중 소극적 투자전략이 아닌 것은?

① 사다리형 만기운용전략
② 만기보유전략
③ 현금흐름 일치전략
④ 나비형 투자전략

16
채권발행 방식 중 직접발행방식이 아닌 것은?

① 매출발행
② 공모입찰발행
③ 총액인수방식 발행
④ 복수가격 경매방식 발행

17
코넥스시장의 특성에 대한 설명으로 가장 거리가 먼 것은?

① 반기와 분기보고서를 제출하지 않아도 된다.
② 지정기관투자자가 기업의 상장적격성을 판단한다.
③ 공모, 사모, 직상장 등 다양한 방법의 상장이 가능하다.
④ 시장참여자의 범위를 일정 수준의 위험감수능력을 갖춘 투자자로 제한하고 있다.

18
다음 중 코넥스시장의 즉시 상장폐지 요건에 해당되지 않는 것은?

① 감사의견 부적정
② 사업보고서 미제출
③ 회생절차개시신청
④ 해산사유 발생

19
K-OTC시장 등록법인의 공시제도에 관한 설명으로 적절하지 않은 것은?

① 등록법인의 공시에는 정기공시, 수시공시, 조회공시, 공정공시 제도가 있다.
② 수시공시는 문서 또는 모사전송(FAX)의 방법으로 협회에 신고하여야 한다.
③ 조회공시는 협회로부터 조회공시 요구를 받은 날로부터 1일 이내에 공시하여야 한다.
④ 정기공시서류는 매 결산기 경과 후 90일 이내와 매 반기 경과 후 45일 이내에 각각 제출하여야 한다.

20
K-OTC시장 신규등록요건에 대한 설명으로 가장 거리가 먼 것은?

① 최근 사업연도의 매출액이 10억원 이상이어야 한다.
② 명의개서대행계약이 체결되어 있어야 한다.
③ 외부감사인의 감사의견이 적정이어야 한다.
④ 원칙적으로 정관 등에 주식양도의 제한이 없어야 한다.

21
경제분석에 대한 내용으로 적절하지 않은 것은?

① 시중금리가 변동하면 증권가격은 이와 반대방향으로 움직이게 된다.
② 장기간에 걸친 주가상승률은 이론적으로 실질GDP성장률에 접근한다.
③ 인플레이션은 시중이자율을 상승시켜 증권가격을 하락시킬 수 있다.
④ 정부가 적자예산을 편성하면 국채발행이 늘고 민간부문의 차입기회는 감소하여 시중이자율이 상승한다.

22

자기자본이익률(ROE)의 산출식으로 가장 거리가 먼 것은?

① 순이익 / 자기자본
② 총자본이익률 × (1 + 타인자본 / 자기자본)
③ 매출액순이익률 × 총자산회전율 × (1 + 타인자본 / 자기자본)
④ 매출액순이익률 × 매출채권회전율 × (1 + 타인자본 / 자기자본)

23

기업의 미래이익예측의 신뢰성을 높이기 위한 방법으로 적절하지 않은 것은?

① 정상적 이익에 근거하여 추정한다.
② 보수적 회계처리방법을 근간으로 예측한다.
③ 미래에 반복될 경상적 항목을 근간으로 예측한다.
④ 기업의 장기 수익력과 밀접한 관계가 있는 강제적 비용지출의 크기와 시기에 주의하여 분석한다.

24

시장가치 비율분석에 대한 설명으로 가장 올바른 것은?

① PBR이 높을수록 성장가능성이 낮다.
② EPS가 클수록 주식가격은 높은 것이 보통이다.
③ 배당수익률은 주식의 액면가치에 대한 배당금액의 비율이다.
④ PSR이 작을수록 현재 주가가 주당매출액에 비해 고평가된 것이다.

25

PER 이용시 유의점으로 가장 거리가 먼 것은?

① 분자의 주가자료는 분석시점의 현재주가를 사용하는 방법이 적절하다.
② 발행주식수에는 전환증권의 발행 등으로 희석되는 주식수를 포함시킬 수도 있다.
③ 상대적으로 경기에 민감하지 않아 기업 간 비교에 유용하다.
④ 분모인 EPS는 회계이익으로서 기업마다 회계처리방법이 상이할 경우 직접비교에 무리가 따른다.

26

증권분석에 대한 설명으로 가장 거리가 먼 것은?

① 기본적 분석은 증권의 내재가치를 찾아내어 저평가된 주식을 매입하고 고평가된 주식을 매도하는 투자전략이다.
② 기술적 분석은 과거 주가의 체계적 패턴을 찾아내어 초과이익을 얻으려는 투자전략이다.
③ 상승장에서는 기본적 분석이 잘 맞고, 하락장에서는 기술적 분석이 잘 맞는 것으로 알려져 있다.
④ 기본적 분석과 기술적 분석은 모두 근본적으로 증권시장의 비효율성을 가정하고 초과이익을 얻으려는 투자전략이다.

27

손익계산서 항목 중 매출총이익 − 판매비와 일반관리비 = (A)에서 A에 해당하는 것은?

① 영업이익
② 당기순이익
③ 경상이익
④ 법인세차감전이익

28
인플레이션과 주가에 대한 설명으로 바르지 않은 것은?

① 인플레이션은 납세 후 실질투자수익률을 낮춘다.
② 인플레이션은 화폐성자산의 가치를 하락시킨다.
③ 명목이자율은 실질이자율과 기대인플레이션의 합이다.
④ 실질인플레이션이 기대인플레이션을 초과하게 되면 채권자는 이익을 보게 되고, 채무자는 손실을 보게 된다.

29
기업경기실사지수(BSI)에서 경기상승국면에 해당하는 것은?

① 지수가 50일 때
② 지수가 100을 초과할 때
③ 지수가 100일 때
④ 지수가 100 미만일 때

30
제품수명주기에서 가격경쟁의 심화로 제품의 단위당 이익이 감소하여 경쟁력이 약한 기업이 탈락하는 시기는?

① 쇠퇴기
② 성숙기
③ 성장기
④ 도입기

제2과목 금융상품 및 윤리

31
다음 중 비은행에 속하지 않는 것은?

① 농협중앙회
② 상호저축은행
③ 새마을금고
④ 상호금융

32
랩어카운트(wrap account)에 대한 설명으로 가장 거리가 먼 것은?

① 금융투자회사와 고객 간에 이익상충가능성이 크다.
② 별도의 증권매매수수료는 징수하지 않는다.
③ 잔액평가금액에 근거하여 수수료를 징수한다.
④ 유형에는 일임형, 자문형, 펀드형 등이 있다.

33
채권형 집합투자기구에 대한 설명으로 옳은 것은?

① 자산총액의 50% 이상을 채권으로 운용한다.
② 자산총액의 50% 이하를 채권으로 운용한다.
③ 자산총액의 60% 이상을 채권에 운용하는데, 주식에는 투자하지 않는다.
④ 자산총액의 60% 이상을 채권에 운용하는데, 주식에도 투자한다.

34
다음 중 예금보험 가입 금융기관이 아닌 것은?

① 보험회사
② 투자매매·중개업자
③ 상호금융
④ 외국은행 국내지점

35
가입 시 확정된 실세금리를 보장받는 상품은?

① CMA
② ELF
③ 표지어음
④ ETF

36
다음 중 콜 주식워런트증권(ELW)의 가격상승 요인이 아닌 것은?

① 기초자산의 가격상승
② 배당의 증가
③ 금리의 상승
④ 가격변동성의 증가

37
환매금지형 집합투자기구에 대한 설명으로 적절하지 않은 것은?

① 존속기간을 정한 집합투자기구에 한해서 환매금지형 집합투자기구를 설정할 수 있다.
② 시장성 없는 자산에 펀드재산의 20%를 초과하여 투자하는 펀드는 환매금지형으로 설정해야 한다.
③ 집합투자증권을 최초 발행한 날로부터 30일 이내에 증권시장에 상장해야 한다.
④ 시장성이 없는 자산에 주로 투자하는 부동산, 특별자산, 혼합자산펀드는 환매금지형으로 설정해야 한다.

38
보험상품에 대한 설명으로 가장 거리가 먼 것은?

① 종신보험, 상해보험 등은 보장성 보험에 해당한다.
② 변액보험은 보장도 받으면서 투자수익도 기대할 수 있는 상품이다.
③ 장기저축성보험은 5년 이상 가입 시 비과세 혜택이 있다.
④ CI보험은 중병상태가 계속될 때 사망보험금의 일부를 미리 지급받을 수 있다.

39
개인종합저축계좌(ISA)에 대한 설명 중 가장 거리가 먼 것은?

① 일반형 ISA의 비과세 한도는 200만 원이다.
② 중개형 ISA는 계좌에 예금을 담아서 투자할 수 있다.
③ 총급여 5,000만원 이하인 근로자는 서민형 ISA의 가입요건이 된다.
④ ISA의 의무가입기간은 3년이다.

40
증권사의 ELS에 대한 설명으로 가장 거리가 먼 것은?

① 자본시장법상 파생결합증권에 해당한다.
② 원금보장형으로 설계된 경우 예금자보호대상이다.
③ 주가지수의 움직임에 따라 사전에 정해진 수익을 지급한다.
④ 원금보장형이라도 중도해지 시에는 원금손실이 발생할 수 있다.

41
자산배분에 대한 설명으로 옳은 것은?

① 학계 연구 등에 따르면 단기적인 증권선택보다 자산배분이 중장기 투자성과에 더 큰 영향력을 미친다고 알려져 있다.
② 먼저 자산배분 전략을 수립하고 이후 증권선택을 실시하는 투자관리 방식을 상향식(bottom-up) 방식이라고 한다.
③ 기대수익과 위험에 대한 측정이 가능하다면 위험이 보다 큰 자산집단의 비중을 확대한다.
④ 자산집단 간 상관관계가 높아야 자산배분의 효과가 커진다.

42
기대수익률 추정 방법에 대한 설명으로 가장 거리가 먼 것은?

① 자산집단의 과거 수익률을 분석하여 미래의 수익률로 사용하는 방법을 추세분석법이라고 한다.
② 여러 가지 경제변수의 상관관계를 고려하여 시뮬레이션을 함으로써 수익률을 추정하는 방법을 시나리오분석법이라고 한다.
③ 시장참여자들 간에 공통적으로 가지고 있는 미래 수익률에 대한 추정치를 사용하는 방법을 펀더멘털분석법이라고 한다.
④ 자산집단의 투자가치는 일반적으로 기대수익과 위험의 두 가지 요인을 고려하여 평가한다.

43

통합적 투자관리 과정의 단계를 순서대로 올바르게 나열한 것은?

> ㉠ 포트폴리오 수정과 투자성과의 사후통제
> ㉡ 투자전략적 관점에서 자산배분 실시
> ㉢ 투자목표를 설정하고 투자전략 수립에 필요한 사전 투자분석 실시
> ㉣ 투자전술적 관점에서 개별종목 선택

① ㉡ → ㉠ → ㉢ → ㉣
② ㉢ → ㉡ → ㉣ → ㉠
③ ㉡ → ㉢ → ㉠ → ㉣
④ ㉢ → ㉣ → ㉡ → ㉠

44

기대수익률과 위험에 대한 설명으로 옳지 않은 것을 모두 고르면?

> ㉠ 위험은 분산 또는 표준편차 등을 이용하여 측정한다.
> ㉡ 이자지급형 자산보다 주식 등 투자자산의 기대수익률 측정이 더 어렵다.
> ㉢ 추세분석법은 미국, 영국 등 자본시장 역사가 긴 경우에 적절한 방법이다.
> ㉣ 투자손실 가능성은 미래 기대수익률의 표준편차 정도가 클수록 작아진다.

① ㉣
② ㉡
③ ㉢, ㉣
④ ㉡, ㉣

45

( ) 안에 들어갈 말로 가장 올바른 것은?

> ( )의 목적은 상황변화가 있을 경우 자산 포트폴리오가 갖는 원래의 특성을 그대로 유지하고자 하는 것으로, 주로 자산집단간의 상대가격 변동에 따른 투자비율의 변화를 원래대로의 비율로 환원시키는 방법을 사용한다.

① 역투자전략
② 기술적 분석
③ 리밸런싱
④ 업그레이딩

46

전술적 자산배분전략에 대한 설명으로 가장 거리가 먼 것은?

① 장기적인 자산구성비율과 중기적으로 개별자산이 취할 수 있는 투자비율의 한계를 결정하는 의사결정이다.
② 저평가된 자산을 매수하고 고평가된 자산을 매도함으로써 투자성과를 높이고자 하는 전략이다.
③ 중단기적인 가격착오를 적극적으로 활용하여 고수익을 지향하는 운용전략이다.
④ 단기적으로 적정가치에서 벗어날 수 있지만 중장기적으로 균형가격으로 복귀한다는 가정을 이용하는 전략이다.

47

주식과 채권으로 구성된 포트폴리오의 기대수익률이 10%, 표준편차가 8%이다. 확률분포가 정규분포를 따를 때 68.27%의 신뢰구간으로 계산한 투자수익률의 범위는?

① 2%~18%
② -3.2%~23.2%
③ -6%~26%
④ -14%~34%

48

전략적 자산배분의 실행방법이 아닌 것은?

① 장부가치접근법
② 위험수익 최적화방법
③ 투자자별 특수상황을 고려하는 방법
④ 다른 유사기관의 자산배분을 모방하는 방법

49

소극적 투자관리 기법의 특징이 아닌 것은?

① 증시가 효율적인 것을 전제로 한다.
② 단기적인 투자관리 방법이다.
③ 전략적 자산배분이라고 한다.
④ 시장 평균 수준의 투자수익을 얻거나 투자위험을 최소화하고자 한다.

50
다기간 투자수익률 계산방식 중 다음의 내용에 해당하는 것은?

> 중도 현금흐름이 재투자되어 증식되는 것을 감안한 평균 수익률의 계산방법으로 중도재투자수익률이 변동하는 경우에도 적용할 수 있다.

① 내부수익률　　② 산술평균수익률
③ 금액가중평균수익률　④ 기하평균수익률

51
다음 중 특수한 형태의 펀드에 해당되지 않는 것은?

① 종류형 펀드　　② 특별자산펀드
③ 환매금지형 펀드　④ 상장지수펀드(ETF)

52
다음에서 설명하는 부동산 신탁은 무엇인가?

> 위탁자가 금융기관으로부터 대출을 받기 위하여 설정하는 신탁으로 위탁자가 자기소유 부동산을 신탁회사에 맡기고 발급받은 수익권증서를 담보로 금융기관이 대출을 실행한다.

① 부동산 토지신탁　② 부동산 담보신탁
③ 부동산 관리신탁　④ 부동산 처분신탁

53
재무목표와 투자목표에 대한 설명으로 적절하지 않은 것은?

① 재무목표를 설정하기 전에 투자목표가 설정되어야 한다.
② 재무목표는 정확하게 표현되지 않기 때문에 반드시 구체화되어야 한다.
③ 은퇴자금, 자녀의 교육자금, 내집마련자금 등은 재무목표에 해당한다.
④ 투자목표는 투자자의 나이, 투자성향, 투자자금의 성격, 세금 등에 의해 결정된다.

54
관계마케팅의 특징으로 거리가 먼 것은?

① 고객획득　　② 장기적 관계형성
③ 고객서비스중심　④ 고객차별화

55
투자자 정보 파악에 대한 설명으로 적절하지 않은 것은?

① 대리인을 통해서 투자자 정보를 파악할 수 있다.
② 온라인으로 펀드에 투자하는 경우에도 투자성향 및 투자하고자 하는 펀드의 위험도를 확인할 수 있는 절차를 온라인에 구축하여야 한다.
③ 고객이 판매직원의 투자권유없이 투자하는 경우에는 금융회사는 투자에 수반되는 주요 유의사항을 알릴 의무가 없다.
④ RP 등 위험이 높지 않는 금융투자상품만을 거래하는 투자자의 경우 간략한 투자자 정보 확인서를 사용할 수 있다.

56
고객 상담활동에서 효율성을 높이는 요령이 적절하지 않은 것은?

① 고객의 최적시간을 활용한다.
② 상담의 진척표를 그룹별로 작성 관리한다.
③ 상담에 필요한 자료 및 안내문을 준비한다.
④ 자신만의 화법 및 테크닉을 발굴하고 개발한다.

57
고객을 설득하는 과정에서 반감처리 단계로 올바른 것은?

① 경청 – 인정 – 응답 – 확인
② 경청 – 응답 – 확인 – 인정
③ 경청 – 완화 – 반전 – 공감
④ 경청 – 공감 – 완화 – 반전

58

오늘날 금융기관이 기존 고객의 관리를 강화해야 하는 이유로 가장 거리가 먼 것은?

① 경제의 성장 둔화
② 고객 구매의사 결정의 정교화
③ 상품 및 서비스 차별화의 어려움
④ 계수중심의 영업전략 채택

59

다음 중 CRM의 내용으로 바르지 못한 것은?

① 시장점유율에서 고객점유율로
② 제품차별화에서 고객차별화로
③ 범위의 경제에서 규모의 경제로
④ 자동화에서 정보화로

60

고객 니즈(Needs)를 파악하기 위한 질문기법 중 확대형 질문의 장점으로 가장 거리가 먼 것은?

① 상담자가 전문적이고 신뢰할 수 있다고 느끼게 한다.
② 고객이 상담자와의 상담이 매우 가치가 있었다고 느끼게 한다.
③ 어떤 문제에 대해 고객이 새로운 시각을 갖게 한다.
④ 고객이 많은 경우, 신속하게 여러 고객을 처리할 수 있다.

61

온라인을 통해 투자자정보 파악하는 경우에 대한 설명으로 바르지 못한 것은?

① 온라인상으로는 적합성·적정성에 따른 투자권유절차를 구현할 필요는 없다.
② 온라인으로 펀드에 투자시 본인의 투자성향 및 투자하고자 하는 펀드의 위험도를 온라인상에서 확인할 수 있어야 한다.
③ 파생상품 펀드의 경우 적정성의 원칙에 따라 투자자 정보를 파악하고 투자자가 적정하지 않은 상품거래를 원할 경우 경고 등을 하여야 한다.
④ 투자권유를 희망하지 않는 경우 투자자가 회사 권유없이 투자한다는 사실을 인지하고 투자할 수 있도록 온라인화면을 구축하여야 한다.

62

다음 설명 중 바르지 못한 것은?

① 투자위험을 낮추거나 회피하는 경우에는 금융투자상품표의 위험도 분류기준보다 강화된 기준을 적용하여 투자권유할 수 있다.
② 65세 이상의 고령투자자를 대상으로 ELS를 투자권유하려는 경우, 추천사유 및 유의사항을 기재한 '적합성보고서'를 계약체결 이전에 제공하여야 한다.
③ RP 등 위험이 높지 않는 금융투자상품만을 거래하는 투자자의 경우 간략한 투자자 정보 확인서를 사용할 수 있다.
④ 고객이 임직원의 투자권유 없이 본인의 투자자성향에 적합하지 않은 상품을 스스로 청약하는 경우에는 '투자성향에 적합하지 않은 투자성 상품 거래확인서'를 받는다.

63

다음 중 자본시장법상 투자권유 대상인 금융투자상품이 아닌 것은?

① 관리신탁 수익권
② 투자계약증권
③ 파생결합증권
④ 수익증권

64
투자권유 시 유의사항을 설명한 내용이 적절하지 않은 것은?

① 투자권유 시 거짓 내용을 알리는 행위를 해서는 아니된다.
② 투자성향이나 상품의 특성을 고려하여 장기투자가 유리하다고 판단되는 경우 장기투자를 권유할 수 있다.
③ 투자권유대행인은 투자자산이 특정 종목에 편중되지 않도록 분산투자를 권유할 수 있다.
④ 투자자로부터 투자권유의 요청을 받지 않고 방문이나 전화 등의 방법으로 증권투자권유를 할 수 없다.

65
투자자 위험도 분류에서 정량적 요소에 해당하는 것은?

① 원금손실가능범위
② 상품구조의 복잡성
③ 거래상대방위험
④ 조기상환가능성

66
직무윤리업종사자의 신임의무에 대한 설명으로 가장 거리가 먼 것은?

① 금융투자업 종사자와 금융소비자 사이에는 기본적으로 신임관계에 있다.
② 신임의무로부터 직무윤리의 2대 핵심원칙인 이해상충방지의무와 금융소비자보호의무가 도출된다.
③ 유상이든 무상이든 수임자는 선관주의 의무를 진다.
④ 행위 당시에 고객 등의 이익을 위하여 최선의 노력을 다하였다면, 실행결과에 있어서 고객에게 이익이 생기지 않더라도 무방하다.

67
직무윤리 및 내부통제 위반에 대한 제재로서 옳지 않은 것은?

① 협회는 회원을 제명할 수 있다.
② 금융위는 위법행위의 시정명령이나 중지명령을 할 수 있다.
③ 행정제재나 회사 내부의 제재는 할 수 있으나 형사처벌은 할 수 없다.
④ 협회는 회원의 직원에 대한 제재 권고뿐만 아니라 임원에 대한 제재권고도 할 수 있다.

68
( ) 안에 들어갈 말을 순서대로 올바르게 나열한 것은?

> 자본시장법상 금융투자업자가 준법감시인을 임면하고자 하는 경우에는 ( ) 결의를 거쳐야 한다. 금융투자업자는 준법감시인을 임면한 때에는 그 사실을 ( )에 통보 하여야 한다.

① 이사회, 금융위원회
② 이사회, 한국금융투자협회
③ 주주총회, 금융감독원
④ 주주총회, 한국금융투자협회

69
일반투자자에게 투자권유할 때 과당매매 판단기준이 아닌 것은?

① 투자자의 이익이나 손실 규모
② 일반투자자가 부담하는 수수료의 총액
③ 일반투자자의 재산상태 및 투자목적에 적합한지 여부
④ 개별 매매거래시 투자권유의 타당성 여부

70

[금융투자회사의 지배구조법 시행령] 상 내부통제위원회에 대한 설명으로 가장 거리가 먼 것은?

① 내부통제위원회는 반기별 1회 이상 회의를 개최하여야 한다.
② 내부통제 취약부분에 대한 점검 및 대응방안을 마련하여야 한다.
③ 준법감시인을 위원장으로 하여 위험관리책임자 및 내부통제 업무 담당을 위원으로 하는 임원을 두어야 한다.
④ 최근 사업년도말 현재 자산총액이 5조원 미만인 금융투자업자는 내부통제위원회를 두지 않아도 되지만 집합투자재산·투자일임재산·신탁재산의 전체 합계액이 20조원 이상인 경우에는 두어야 한다.

71

다음 중 내부통제기준에 대한 설명으로 바르지 못한 것은?

① 이사회는 내부통제기준의 근간 및 운영에 관한 기준을 정한다.
② 금융투자업자는 자율적으로 내부통제기준을 설치하여 운영할 수 있다.
③ 금융투자업자는 내부통제 기준을 제정하거나 변경하려는 경우에는 이사회의 결의를 거쳐야 한다.
④ 감사의 사후적 감독만으로는 한계가 있으므로 사전적, 상시적 감독하는 준법감시제도가 필요하다.

72

[금융투자회사의 표준윤리준칙] 상 금융투자업 종사자가 대외활동을 하는 경우 준수원칙으로 가장 거리가 먼 것은?

① 불확실한 사항을 단정적으로 표현하면 안된다.
② 회사의 공식적인 의견이 아닌 사견을 표현할 수 없다.
③ 대외활동으로 회사의 주된 업무 수행에 지장을 주어서는 아니된다.
④ 대외활동으로 인하여 금전적인 보상을 받게 되는 경우 회사에 신고를 하여야 한다.

73

[금융투자회사의 영업 및 업무에 관한 규정] 상 재산상 이익의 제공 및 수령에 대한 설명으로 가장 거리가 먼 것은?

① 금융투자회사는 법인의 고유재산관리업무를 수행하는 자에게 공연관람의 상품권을 제공할 수 없다.
② 투자매매업자 또는 투자중개업자가 판매회사의 변경을 조건으로 하여 재산상 이익을 제공하는 것은 금지된다.
③ 금융투자회사는 이사회가 정한 금액 이상을 초과하여 동일거래 상대방에게 제공하는 경우에는 이사회의 사전 승인을 받아야 한다.
④ 금융투자회사는 재산상 이익을 제공하는 경우 해당 사항을 기록하고 5년 이상 관리, 유지하여야 한다.

74

다음 위반행위 중 지배구조법에 따른 제재조치가 가장 큰 것은?

① 이사회 결의없이 준법감시인을 임면한 경우
② 준법감시인이 자산운용업무를 겸직한 경우
③ 준법감시인에 대한 별도의 보수지급 및 평가기준을 마련하지 않은 경우
④ 준법감시인의 임면사실을 금융위원회에 보고하지 않은 경우

75

투자권유의 실행순서로 올바른 것은?

ⓐ 투자목적, 재산상황, 투자경험확인
ⓑ 일반투자자 여부 확인
ⓒ 확인받은 내용을 지체없이 투자자에게 제공
ⓓ 파악된 정보를 서명 기타의 방법으로 확인
ⓔ 투자권유를 원하는지 확인

① ⓐ - ⓑ - ⓒ - ⓓ - ⓔ
② ⓔ - ⓐ - ⓑ - ⓓ - ⓒ
③ ⓑ - ⓔ - ⓐ - ⓓ - ⓒ
④ ⓔ - ⓑ - ⓐ - ⓓ - ⓒ

76

투자권유대행인이 투자권유를 하는 경우 설명해야 할 내용과 가장 거리가 먼 것은?

① 조기상환조건이 있는 경우에 그에 관한 사항
② 계약의 해제 · 해지에 관한 사항
③ 설명의무 위반에 따른 손해배상방법
④ 투자자가 부담하는 수수료에 관한 사항

77

개인정보 처리원칙을 마련하여 개인정보 침해를 방지하고 사생활의 비밀을 보호하도록 하는 내용의 일반법으로 적절한 것은?

① 신용정보의 이용 및 보호에 관한 법률
② 개인정보보호법
③ 전자금융거래법
④ 금융실명거래 및 비밀보장에 관한 법률

78

개인정보처리자의 개인정보 보호 원칙이 적절하지 않은 것은?

① 개인정보처리자는 목적에 필요한 한도에서 최소한의 개인정보만을 적법하고 정당하게 수집하여야 한다.
② 정보주체의 동의가 있거나 법률에 규정이 있으면 정보주체의 개인정보를 제3자에게 제공할 수 있다.
③ 개인정보 처리방침 등 개인정보의 처리에 관한 사항은 공개하여야 한다.
④ 개인정보의 익명처리가 가능한 경우에도 익명처리를 하면 안된다.

79

금융투자상품 관련 분쟁의 유형으로 고객이 금융투자회사 또는 직원에게 금융투자상품의 관리를 맡기지 않고 직원이 매매주문을 받지 않았음에도 고객의 예탁자산으로 매매한 분쟁유형은?

① 일임매매
② 임의매매
③ 부당권유
④ 불완전판매

80

금융시장에서 금융소비자 보호의 필요성으로 바르지 못한 것은?

① 금융상품은 일반적인 상품보다 선택할 수 있는 상품이 다양하다.
② 소비자가 금융회사와 가격을 흥정할 수 있는 상황이 제한적이다.
③ 거래가 체결된 이후에는 상품을 교체하기가 어렵다.
④ 실물상품보다 정보의 비대칭성이 크다.

제3과목 법규 및 규정

81
법규자본시장법상 인정되는 증권에 대한 설명으로 바르지 못한 것은?

① 금융투자상품 중 원본을 손실한도액으로 하는 것은 파생상품으로 분류한다.
② 신주인수권이 표시된 증서는 지분증권이다.
③ 특정 투자자가 그 투자자와 타인간의 공동사업에 금전 등을 투자하고 주로 타인이 수행한 공동사업의 결과에 따른 손익을 귀속받는 계약상의 권리가 표시된 증권을 투자계약증권이라고 한다.
④ ELS, ELW는 파생결합증권이다.

82
금융투자업규정상 (영업용)순자본비율에 대한 설명으로 가장 거리가 먼 것은?

① 필요유지자기자본은 금융투자업자가 영위하는 인가 또는 등록여부 단위별로 요구되는 자기자본을 합계한 금액이다.
② 영업용순자본 산정 시 차감항목에 대해서는 위험액을 산정한다.
③ 자산 등은 장부가액을 기준으로 산정한다.
④ 부외자산과 부외부채에 대해서도 위험액을 산정하는 것을 원칙으로 한다.

83
금융투자업규정상 자산건전성 분류에 대한 설명으로 가장 거리가 먼 것은?

① 금융투자업자는 매분기말 고정 이하로 분류된 채권에 대하여 적정한 회수예상가액을 산정하여야 한다.
② 금융투자업자는 회수의문 또는 추정손실로 분류된 자산을 조기에 상각하여 자산의 건전성을 확보하여야 한다.
③ 금융투자업자는 자산건전성 분류 기준의 결과 및 대손충당금 적립결과를 감독원장에게 보고하여야 한다.
④ 금융투자업자는 매분기마다 자산 및 부채에 대한 건전성을 정상, 고정, 회수의문, 추정손실의 4단계로 분류하여야 한다.

84
다음 중 금융투자업자의 건전성 규제에 대한 내용으로 바르지 못한 것은?

① 금융투자업자는 주요 위험변동 상황을 자회사와 분리하여 인식하고 감시하여야 한다.
② 금융사고 등으로 금융투자업자의 직전 분기말 자기자본의 100분의 2에 상당하는 금액을 초과하는 손실이 예상되는 경우에는 경영공시의 대상이 된다.
③ 금융투자업자가 대주주와 예외적으로 신용공여를 할 경우에는 재적이사 전원의 찬성에 의한 이사회 결의를 거쳐야 하는 것이 원칙이다.
④ 금융투자업자는 그 계열회사가 발행한 주식, 채권, 약속어음을 자기자본의 8%를 초과하여 소유할 수 없는 것이 원칙이다.

85

금융투자업규정상 투자매매업자 또는 투자중개업자의 신용공여에 대한 설명으로 올바르지 않은 것은?

① 신용거래란 증권과 관련하여 금전의 융자 또는 증권대여의 방법으로 투자자에게 신용을 공여하는 것을 말한다.
② 신용공여와 관련하여 담보로 제공된 집합투자증권은 그 다음 영업일에 고시된 기준가격으로 평가한다.
③ 투자매매업자 또는 투자중개업자는 투자자의 신용상태 및 종목별 거래상황 등을 고려하여 신용공여금액의 100분의 140 이상에 상당하는 담보를 징구하여야 한다.
④ 총 신용공여 규모는 원칙적으로 자기자본의 범위 이내로 한다.

86

자본시장법상 투자설명서에 대한 설명으로 가장 거리가 먼 것은?

① 발행인은 투자설명서를 증권신고의 효력이 발생하는 날에 금융위에 제출하여야 한다.
② 발행인의 기업비밀에 해당되는 것으로서 금융위의 확인을 받은 사항에 대하여는 그 기재를 생략할 수 있다.
③ 투자설명서를 받기를 거부한다는 의사를 서면이나 전화로 표시한 자에 대하여도 투자자 보호를 위하여 투자설명서를 반드시 교부하여야 한다.
④ 해당 집합투자증권의 투자설명서 내용이 직전에 교부한 것과 다른 경우에는 이미 취득한 것과 같은 집합투자증권을 계속하여 추가로 취득하려는 자에게도 투자설명서를 교부하여야 한다.

87

금융투자업규정상 금융위원회가 금융투자업자에게 경영개선권고할 수 있는 것으로 가장 거리가 먼 것은?

① 특별대손충당금의 설정
② 인력 및 조직운용의 개선
③ 자본금의 증액 또는 감액
④ 영업의 전부 또는 일부의 양도

88

금융기관 검사 및 제재에 관한 규정상 금융기관 검사에 대한 설명으로 바르지 못한 것은?

① 이의신청 결과에 대해서는 다시 이의신청할 수 있다.
② 금융기관의 장은 제재조치를 받은 경우 금감원장이 정하는 바에 따라 이사회에 보고하는 절차를 취하여야 한다.
③ 이의신청이 이유없다고 인정할 명백한 사유가 있는 경우에는 금감원장이 이의신청을 기각할 수 있다.
④ 검사결과 조치는 금융위의 심의·의결을 거쳐 조치한다.

89

금융투자업자의 공통 영업행위규칙의 내용으로 바르지 못한 것은?

① 지급보증업무는 증권 및 장외파생상품 투자매매업자가 겸영할 수 있다.
② 금융투자업자는 다른 금융업무를 겸영하고자 하는 경우에 그 업무를 영위하기 시작한 날로부터 2주 이내에 금융위에 보고하여야 한다
③ 금융투자업자는 제3자에게 업무를 위탁하는 경우에 실제업무 수행일의 7일 전까지 금융위에 보고하여야 한다.
④ 금융투자업자는 금융투자업에 부수하는 업무를 영위하고자 하는 경우에 금융위에 사전보고하여야 한다.

90

다음 중 단기매매차익반환과 관련하여 틀린 설명은?

① 내부정보를 이용하여야 규제대상이 된다.
② 그 법인이 발행한 일정한 증권뿐만 아니라 그 법인 이외의 자가 발행한 교환사채권 등도 규제대상이 된다.
③ 주요주주는 매도 매수한 시기 중 어느 한 시기에 있어서 주요주주가 아닌 경우에는 적용되지 않는다.
④ 직원은 미공개중요정보에 접근가능성이 있는 자만 적용된다.

91

자본시장법상 금융투자상품에 대한 설명으로 가장 거리가 먼 것은?

① 주식매수선택권은 금융투자상품이다.
② 원화로 표시된 양도성예금증서는 금융투자상품이다.
③ 정형화된 시장에서 거래되는지 여부에 따라 장내파생상품과 장외파생상품으로 구분된다.
④ 금융투자상품은 취득과 동시에 추가적인 지급의무를 부담하는지 여부에 따라 증권과 파생상품으로 구분된다.

92

자본시장법상 투자매매업자와 중개업자가 매매 또는 중개업무를 할 때 지켜야 할 사항과 거리가 먼 것은?

① 투자매매업자 또는 중개업자는 최선집행기준의 내용을 변경할 때는 그 사실을 공표하여야 한다.
② 투자매매업자 또는 중개업자는 투자자의 청약을 처리하기 위하여 최선의 거래조건으로 집행하기 위한 기준을 마련하여야 한다.
③ 투자매매업자 또는 중개업자는 금융투자상품의 매매에 관한 주문을 받는 경우에 사전에 그 투자자에게 자기가 투자매매업자인지 투자중개업자인지를 밝혀야 한다.
④ 금융투자상품 매매의 위임을 받지 않은 경우에 투자자에게 유리한 경우에는 매매의 주문이 없더라도 예탁재산으로 매매할 수 있다.

93

자본시장법상 투자자예탁금에 대한 설명으로 가장 거리가 먼 것은?

① 누구든지 예치 또는 신탁한 투자자예탁금을 상계 또는 압류하지 못한다.
② 투자자예탁금을 예치 또는 신탁받은 예치기관은 투자자예탁금을 양도할 수 없다.
③ 투자매매업자는 예치 또는 신탁한 투자자예탁금이 투자매매업자의 재산이라는 점을 명시하여야 한다.
④ 금융투자업자는 예치기관이 파산당하면 투자자예탁금을 인출하여 투자자에게 우선하여 지급하여야 한다.

94

자본시장법상 조사분석자료와 관련하여 보기의 ( )에 들어갈 내용으로 가장 적절한 것은?

> 조사분석자료의 내용이 확정된 때부터 공표 후 ( )이 경과하기 전에 그 조사분석자료의 대상이 된 금융투자상품을 자기 계산으로 매매하는 행위는 원칙적으로 금지된다.

① 12시간 ② 24시간
③ 48시간 ④ 72시간

95

자본시장법상 사업보고서 제출대상인 아닌 경우는?

① 전환사채권을 상장한 발행인
② 집합투자증권을 상장한 발행인
③ 파생결합증권을 상장한 발행인
④ 신주인수권부사채권을 상장한 발행인

96
금융투자업규정상 순자본비율에 대한 설명으로 가장 거리가 먼 것은?

① 시장위험액은 주식위험액과 금리위험액 등을 합산하여 산정한다.
② 영업용순자본 차감항목에 대해서는 위험액을 산정하지 않는다.
③ 부외자산과 부외부채에 대해서는 위험액을 산정하는 것을 원칙으로 한다.
④ 총위험액은 운영위험액을 제외한 시장위험액과 신용위험액을 합산하는 것이다.

97
금융투자업규정상 신용공여에 대한 설명으로 가장 거리가 먼 것은?

① 신용거래대주를 하는 경우에는 매도대금을 담보로 징구하여야 한다.
② 투자매매업자는 신용공여금액의 100분의100 이상에 상당하는 담보를 징구하여야 한다.
③ 투자매매업자는 신용공여를 하고자 하는 경우에는 투자자와 신용공여약정을 체결하여야 한다.
④ 금융위는 투자자보호를 위하여 투자매매업자의 총신용공여 한도를 변경할 수 있다.

98
자본시장법상 종합금융투자사업자의 지정요건이 아닌 것은?

① 상법에 따른 주식회사일 것
② 증권에 관한 인수업을 할 것
③ 이해상충방지체계를 갖출 것
④ 1조원 이상의 자기자본을 갖출 것

99
자본시장법상 인가에 대한 설명으로 가장 거리가 먼 것은?

① 인가에는 예비인가절차와 인가절차로 구분할 수 있다.
② 신청사실의 공고 및 의견수렴은 예비인가절차이다.
③ 일반사모집합투자업은 인가대상이다.
④ 금융투자업자는 인가를 받은 후에도 그 요건을 계속 유지하여야 한다.

100
금융투자업규정상 증권분석기관에 해당하지 않는 것은?

① 신용평가업자
② 집합투자기구평가회사
③ 공인회계사법에 따른 회계법인
④ 채권평가회사

제2회 실전모의고사

제1과목 증권분석 및 증권시장

01
증권의 모집과 매출 기준인 50인 산출 시 제외되는 자가 아닌 것은?

① 전문투자자
② 공인회계사법에 의한 회계법인
③ 발행인의 계열회사와 그 임원
④ 최대주주 및 발행주식 총수의 1% 이상 소유한 주주

02
한국거래소 상장의 혜택에 대한 설명으로 가장 올바른 것은?

① 주권상장법인이 발행한 주식을 장외에서 양도하는 경우에도 양도소득세가 비과세된다.
② 주권상장법인은 정관이 정하는 바에 따라 이사회 결의로써 불특정다수인을 대상으로 한 일반공모증자 방식으로 신주를 발행할 수 있다.
③ 주권상장법인은 법원의 인가 없이 이사회 결의만으로도 주식의 액면미달 발행이 가능하다.
④ 해당 법인의 우리사주조합원은 모집하는 주식총수의 30%범위 내에서 주식을 배정받을 권리가 있다.

03
기업공개절차 중 상장 추진단계에 대한 설명으로 옳은 것은?

① 거래소시장 상장을 위한 본격적인 기업공개 절차를 추진하기 전 거래소에 주권의 상장예비심사신청서를 제출해야 한다.
② 증권신고서는 법률상 기간과는 상관없이 금융위원회가 이를 수리한 날부터 효력이 발생한다.
③ 공모가격보다 시장가격이 낮은 경우에는 발행회사로부터 신주를 공모가격에 취득한다.
④ 증권을 공모하는 기업은 증권신고서가 수리된 후 그 효력이 발생된 후에 예비투자설명서를 작성하여 당해 증권의 청약을 권유하는 데 사용할 수 있다.

04
한국거래소 시장관리제도에 대한 내용으로 바르지 않은 것은?

① 배당락 또는 권리락 조치일은 기준일 하루 전날이 된다.
② 공매도는 원칙적으로 직전가격 이하의 가격으로 호가할 수 없다.
③ 자기주식을 매매하는 경우 지정가주문 및 조건부지정가주문이 가능하다.
④ 우리나라는 대주거래 또는 대차거래를 통해 차입된 증권의 공매도만을 허용한다.

05

한국거래소의 회원감리제도에 대한 설명으로 가장 거리가 먼 것은?

① 회원감리란 한국거래소의 업무관련 규정의 준수 여부를 확인하기 위하여 회원의 업무나 재산상황 등을 조사하는 것을 말한다.
② 회원감리는 자율규제이므로 회원이 감리에 협조하지 않더라도 한국거래소는 회원의 자격을 정지할 수 없다.
③ 회원감리의 방법에는 서면감리와 실지감리가 있다.
④ 한국거래소는 회원감리의 결과에 따라 회원에 대하여 회원제재금 부과, 경고, 주의 등의 조치를 할 수 있다.

06

유가증권시장의 위탁증거금과 위탁매매수수료에 관한 설명으로 옳은 것은?

① 위탁증거금은 결제의 이행보증을 위한 증거금으로 금융투자협회가 정한다.
② 위탁증거금은 항상 현금으로 납부해야 한다.
③ 위탁매매수수료는 매매가 체결되는 때 징수한다.
④ 위탁증거금률은 변경할 수 있다.

07

주주우선공모 증자방식과 구주주배정 증자방식을 비교한 것으로 잘못된 것은?

① 실권위험은 주주우선공모방식에 비해 주주배정방식이 높다.
② 실권주의 경우 주주배정방식은 이사회의 결의로, 주주우선공모방식은 일반투자자 공모로 처리된다.
③ 인수 및 모집사무는 두 방식 모두 대표주관회사가 부담한다.
④ 소요기간 및 일정에서는 주주우선공모방식이 긴 경향이 있다.

08

기업내용 공시의 4가지 요건에 대한 설명으로 가장 거리가 먼 것은?

① 공시되는 정보는 정확하고 완전해야 한다.
② 공시되는 정보는 최신의 것으로 적시에 제공되어야 한다.
③ 공시되는 정보는 투자자가 용이하게 접근하고 이해할 수 있어야 한다.
④ 일반투자자는 전문투자자보다 우선하여 공시내용을 제공해야 한다.

09

모든 단일가매매에서 가격결정을 위한 호가접수시간을 정규마감시간 이후 30초 이내의 임의시간까지 연장하여 매매체결시점이 체결되도록 하는 제도는?

① 시장경보제도
② 변동성 완화장치
③ 랜덤 엔드(Random End)
④ 단기과열종목 지정제도

10

코스닥시장에서는 적용되지 않고 유가증권시장에만 적용되는 것은?

① 가격제한폭을 적용한다.
② 증권거래세를 부과한다.
③ 농어촌특별세를 부과한다.
④ 신용거래를 허용한다.

11
채권가격과 채권수익률 변동에 대한 설명으로 가장 거리가 먼 것은?

① 채권가격과 채권수익률은 반대방향으로 움직인다.
② 채권의 잔존기간이 길수록 동일한 수익률 변동에 대한 가격변동률은 커진다.
③ 표면이율이 낮을수록 동일한 크기의 수익률 변동에 대한 가격변동률은 작아진다.
④ 동일한 크기의 수익률 변동이 발생하더라도 채권가격의 변동률은 수익률이 상승할 때와 하락할 때가 동일하지 않다.

12
커버드 본드(Covered Bond)의 특징으로 가장 거리가 먼 것은?

① 발행기관에 대한 상환청구권과 함께 우선변제권을 가진 채권이다.
② 은행의 자본력이 약해질 경우 주식에 투자한 것보다 먼저 손실을 입을 수도 있다.
③ 가계신용대출과 중소기업대출은 담보제공 적격자산으로 인정되지 않는다.
④ 금리상승시 은행은 커버드 본드를 발행하여 조달금리를 낮출 수 있다.

13
채권투자전략 중 면역 전략을 설명하고 있는 것은?

① 채권투자에서 발생하는 현금흐름 수입을 부채의 상환흐름과 일치하도록 포트폴리오를 구성하는 전략이다.
② 향후 수익률 곡선이 중기물의 수익률은 하락하고 단기물과 장기물의 수익률은 상대적으로 상승할 것으로 예상될 때 사용하는 전략이다.
③ 투자기간과 채권포트폴리오의 듀레이션을 일치시키는 전략이다.
④ 편입종목수가 작을수록 추적오차가 발생한다.

14
수의상환위험에 대한 설명으로 적절하지 않은 것은?

① 수의상환권은 시장금리가 높아질 경우 행사된다.
② 수의상환 위험은 투자수익에 대한 불확실성이 증대됨을 의미한다.
③ 수의상환권이 부여된 채권은 일반채권보다 표면이율이 높게 형성된다.
④ 채권의 발행자가 만기 전이라도 원금을 상환할 수 있는 권리를 수의상환권이라고 한다.

15
전환주수는 2주, 전환가치는 9,000원, 전환프리미엄이 1,000원인 전환사채를 매입하는 경우 전환 대상 주식을 직접 매입하는 것에 비해 주식 1주당 얼마의 프리미엄을 지불한 것인가?

① 500원 ② 1,000원
③ -500원 ④ -1,000원

16
채권을 이자 및 원금지급방법에 따라 분류한 것으로 가장 거리가 먼 것은?

① 특수채　　② 할인채
③ 복리채　　④ 이표채

17
K-OTC시장의 매매제도에 대한 설명이 틀린 것은?

① 정규시장과 시간외시장으로 구분된다.
② 매매방식은 상대매매 방식이다.
③ 결제방식은 매매체결일부터 3일째 되는 날로 거래소시장과 동일하다.
④ 위탁매매수수료는 거래소시장과 동일하게 금융투자회사가 정한다.

18
코넥스시장 상장요건 중에서 특례상장에는 적용하지 않는 것은?

① 주권의 양도제한이 없을 것
② 최근 사업연도 감사의견이 적정일 것
③ 지정자문인 1사와 선임계약 체결할 것
④ 액면가는 100, 200, 500, 1,000, 2,500, 5,000원 중 하나일 것

19
코넥스시장의 매매거래제도에 대한 설명으로 적절하지 않은 것은?

① 매매수량단위는 1주로 한다.
② 지정가와 시장가, 조건부지정가 주문을 할 수 있다.
③ 가격제한폭은 기준가격 대비 상하 15%로 제한된다.
④ 접속매매방식으로 체결된다.

20
K-OTC시장의 불성실공시 유형이 아닌 것은?

① 공시번복　　② 공시변경
③ 공시불이행　　④ 허위공시

21
잉여현금흐름(FCF)에 대한 설명으로 옳지 않은 것은?

① 총현금흐름 유입액에서 투하자본 증가액을 차감한 값이다.
② 본업활동이 창출해 낸 현금유입액에서 새로운 사업에 투자하고 남은 것이다.
③ 기업가치는 사업수명기간 중 예측 가능한 기간만으로 평가한다.
④ 투하자본에 기여한 자금조달자들이 자신의 몫으로 분배받는 총자금이다.

22
다음 중 환율상승(원화 평가절하)의 원인 및 영향에 관한 설명으로 가장 올바른 것은?

① 그 영향으로 수입은 늘고 수출은 줄어든다.
② 그 영향으로 국내물가가 상승한다.
③ 그 영향으로 해외부채가 많은 기업의 수익성이 개선된다.
④ 달러의 초과공급, 원화의 초과수요가 그 원인이다.

23
총자본이익률(ROI)이 10%, 매출액순이익률이 5%, 매출액이 10억원일 경우 총자본은 얼마인가?

① 1억　　② 5억
③ 10억　　④ 20억

24
시장가치비율분석에 대한 설명으로 가장 거리가 먼 것은?

① 주가수익비율(PER)은 당해 연도에 이익이 (−)인 경우 일반적으로는 사용하지 않는다.
② 주가수익비율(PER)은 이익이 너무 높거나 낮으면 올바른 분석을 할 수가 없다.
③ 주가매출액비율(PSR)은 시장가치 대 장부가치의 비율이다.
④ 주가수익비율(PER)이 높은 경우에도 주가현금흐름비율(PCR)이 낮으면 주가의 과소평가 가능성이 높다.

25
배당과 관련된 비율에 대한 설명으로 가장 거리가 먼 것은?

① 배당성향은 순이익 중에서 배당금이 차지하는 비율이다.
② 우리나라의 경우 '배당률이 10%이다'라는 의미는 주식의 액면가치 대비 10%를 배당으로 지급한다는 의미이다.
③ 통상 지속적으로 성장하는 기업에서는 상대적으로 배당수익률은 높아지게 된다.
④ 배당수익률은 주식의 시장가치에 대한 배당금액의 비율을 나타낸다.

26
재무비율분석의 장·단점에 대한 설명으로 가장 거리가 먼 것은?

① 심도 있는 기업분석이 가능하다.
② 비율분석에 사용되는 재무제표는 과거의 회계정보라는 한계가 있다.
③ 일정기간의 재무제표인 손익계산서와 일정시점의 재무제표인 대차대조표를 동시에 사용하는 한계가 있다.
④ 기업마다 회계처리 방식이 다를 수 있다.

27
EV/EBITDA 비율에 대한 설명으로 가장 거리가 먼 것은?

① 특히 공모기업의 기업가치를 추정할 때 이용한다.
② EBITDA는 영업이익에 감가상각비를 더한 금액으로 계산된다.
③ EV는 주주가치에서 채권자가치를 차감한 금액을 의미한다.
④ 기업 자본구조를 감안한 평가방식이라는 점에 유용성이 있다.

28
기술적 분석의 종류 중에서 과거의 추세성향이 앞으로도 반복할 가능성이 있음을 통계적으로 수치화하여 주가를 예측하는 방법은?

① 추세분석 ② 패턴분석
③ 지표분석 ④ 심리분석

29
어떤 회사의 자기자본의 장부가치는 100만원이고 발행주식수는 100주이며, 주가 대 장부가치비율은 2이다. 이 회사의 1주당 주가는?

① 20,000원 ② 25,000원
③ 30,000원 ④ 10,000원

30
금리변동과 그 영향으로 가장 거리가 먼 것은?

① 금리가 높을수록 소비자는 현재 소비를 줄이고 저축을 늘린다.
② 금리가 낮을수록 투자기업의 자금수요는 증가한다.
③ 국내총생산이 증가할 것으로 예상되면 금리는 상승한다.
④ 기대인플레이션이 증가하면 금리는 하락한다.

제2과목 금융상품 및 윤리

31
다음에서 설명하는 주식워런트증권(ELW)는?

> 일반적인 워런트의 발행조건에 특정한 가격대를 설정하여 주가가 설정된 가격대에 도달하게 되었을 때, 워런트가 즉시 행사된 후 만료되는 구조

① 콜 워런트 ② 배리어 워런트
③ 지수 워런트 ④ 바스켓 워런트

32
다음과 같이 자금이 구성된 주가지수연계증권(ELS)의 유형은?

> 채권매수 + 저 행사가격 call option 매수 + 고 행사가격 call option 매도

① Digital형
② Knock-out형
③ Reverse convertibles형
④ Bull spread형

33
양도성예금증서(CD)에 대한 설명으로 가장 거리가 먼 것은?

① 예치기간은 30일 이상으로 제한이 없다.
② 실세금리 연동형 확정금리 상품이다.
③ 예금자보호제도의 보호대상에서 제외되는 상품이다.
④ 만기지급 시 증서소지인에게 액면금액과 이자를 지급한다.

34
투자신탁의 조직에서 집합투자업자가 담당하는 역할은?

① 판매회사
② 수탁회사
③ 일반사무관리회사
④ 위탁회사

35
모자형 집합투자기구의 요건으로 옳지 않은 것을 모두 고르면?

> ㉠ 자집합투자기구가 모집합투자기구의 집합투자증권 외 다른 집합투자증권을 취득하는 것이 허용되지 않을 것
> ㉡ 자집합투자기구 외의 자가 모집합투자기구의 집합투자증권을 취득하는 것이 허용되지 않을 것
> ㉢ 자집합투자기구와 모집합투자기구의 집합투자업자가 동일하지 않을 것

① ㉠ ② ㉠, ㉡
③ ㉢ ④ ㉡, ㉢

36
다음 중 손해보험회사에서 취급하는 상품이 아닌 것은?

① 화재보험 ② 특종보험
③ 양로보험 ④ 해상보험

37
예금보험제도에 대한 설명으로 가장 올바른 것은?

① 예금의 종류별로 최고 5천만원까지 보호한다.
② 투자매매업자 및 투자중개업자는 보호대상 금융기관이다.
③ 법인예금은 예금자보호제도의 보호대상에 포함되지 않는다.
④ 보호받지 못한 나머지 금액은 파산기관의 선순위채권에 앞서 변제받을 수 있다.

38
예금상품에 대한 설명으로 적절하지 않은 것은?

① 보통예금은 요구불예금이다.
② 상호부금은 일정기간 부금을 납입하면 대출자격이 보장된다.
③ 주택청약종합저축의 계약기간은 1년이므로 1년마다 재계약을 해야 한다.
④ MMDA는 입출금이 자유로운 상품으로 목돈을 초단기로 운용할 때 유리하다.

39
외국법인이 국내에서 외국에 보관된 원주를 근거로 발행하는 것은?

① KDR　　　② ADR
③ GDR　　　④ 해외 DR

40
재산신탁에 대한 설명으로 가장 거리가 먼 것은?

① 금전채권신탁은 재산신탁에 해당한다.
② 유가증권신탁은 유가증권 관리/운용/처분신탁으로 구분된다.
③ 부동산 담보신탁은 대출을 받기 위해 설정하는 신탁이다.
④ 신탁 종료 시에 금전으로 수익자에게 교부해서는 아니 된다.

41
CAPM이론에 의해 지지되지만 소규모의 자금으로 포트폴리오를 구성하는 경우에는 시장균형 포트폴리오 형성이 어렵기 때문에 적용이 부적절한 자산배분 방법은?

① 위험 – 수익 최적화 방법
② 시장가치 접근방법
③ 가치평가모형
④ 포뮬러플랜

42
펀더멘털 분석법에서 주식의 기대수익률을 추정하는 방법이다. 괄호 안에 들어갈 말로 알맞은 것은?

주식의 기대수익률 = (　　　) + 주식시장 위험프리미엄

① 배당수익률
② EPS성장률
③ 3년 만기 국고채 수익률
④ 자기자본이익률

43

전략적 자산배분전략의 특징으로 가장 적절한 것은?

① 내재가치와 시장가격 간의 비교를 통해 실행된다.
② 이미 정해진 자산배분을 운용담당자의 자산가격에 대한 예측 하에 투자비중을 변경하는 행위이다.
③ 포트폴리오 이론에 토대를 두고 있다.
④ 자산집단의 균형가격은 어떠한 모형이나 이론으로도 규명되기 어려우므로 주관적인 가격 판단을 활용하는 경우도 많다.

44

다음 중 벤치마크(benchmark)에 대한 설명으로 옳지 않은 것은?

① 운용성과와 위험을 측정하는 구체적인 포트폴리오이다.
② 벤치마크의 운용성과를 운용자가 추적하는 것이 가능해야 한다.
③ 적용되는 자산의 바람직한 운용상을 표현하고 있어야 한다.
④ 구체적인 내용(자산집단과 가중치)이 운용 후에 명확하게 정해져야 한다.

45

포트폴리오 이론에 대한 설명으로 적절하지 않은 것은?

① 효율적 투자기회선의 도출이 용이하여 자산배분에서 많이 활용되고 있다.
② 효율적 포트폴리오는 정해진 위험 하에서 가장 높은 수익률을 달성한다.
③ 효율적 투자기회선은 여러 개의 효율적 포트폴리오를 연결한 것이다.
④ 최적화는 일정한 위험 하에서 최대의 기대수익률을 달성하도록, 일정한 기대수익률 하에서는 최소의 위험을 부담하는 포트폴리오를 구성하는 것이다.

46

다기간 투자수익률에 대한 설명으로 옳은 것은?

① 내부수익률은 시간가중평균수익률이라고도 한다.
② 내부수익률은 현금유출액의 현재가치와 현금유입액의 현재가치를 일치시켜주는 할인율이다.
③ 산술평균수익률은 금액가중평균수익률이라고도 한다.
④ 기하평균수익률은 복리로 증식되는 것을 감안하지 않는다.

47

자산집단에 대한 설명으로 적절하지 않은 것은?

① 자산집단 내에 분산투자가 가능하도록 충분하게 많은 개별 증권이 존재해야 한다.
② 이자지급형 자산은 금융기관이나 채권 발행자에게 자금을 맡기거나 빌려주고 대가로 수취하는 이자수익을 주목적으로 하는 자산을 말한다.
③ 하나의 자산집단은 다른 자산집단과 상관관계가 높아서 분산투자 시 위험의 감소효과가 발휘될 수 있는 통계적인 속성을 지녀야 한다.
④ 투자자산은 투자수익이 확정되어 있지 않고, 투자성과에 따라 투자수익이 달라지는 자산을 말한다.

48
ESG 요소를 반영한 책임투자에 대한 설명으로 적절하지 않은 것은?

① 글로벌 기관투자자 연합이 결성한 글로벌지속가능투자연합(GSIA)에서는 ESG 투자방식을 7가지로 규정하고 있다.
② 마케팅 목적의 ESG 워싱 논란이 확대되면서 유럽을 중심으로 금융기관의 상품에 대한 ESG 공시 규정이 강화되고 있다.
③ GSIA에 따르면 유럽의 책임투자 펀드규모는 2020년 감소를 기록했는데 이는 책임투자 시장의 축소를 반영한 것이 아니라 금융기관의 지속가능투자와 공시의무를 강화한데 따른 진통으로 이해해야 한다.
④ 국내에서도 자산기준 일정규모 이상의 금융기관은 포트폴리오의 ESG 공시를 의무적으로 공개해야 한다.

49
전략적 자산배분전략의 실행방법으로만 모두 묶은 것은?

㉠ 시장가치 접근방법
㉡ 위험-수익 최적화방법
㉢ 다변량 회귀분석
㉣ 포뮬러플랜

① ㉠, ㉡
② ㉡, ㉢
③ ㉡, ㉢, ㉣
④ ㉠, ㉡, ㉣

50
자산배분과정 중 최적자산배분 및 수정 단계에 포함되지 않는 것은?

① 자산배분을 위한 투자전략의 선택
② 자산배분전략의 수정
③ 고객성향 파악
④ 투자전략을 달성하는데 필요한 모델 선정

51
자산집단의 투자가치에 대한 설명으로 적절하지 않는 것은?

① 투자가치는 기대수익의 크기에만 영향을 받는다.
② 기대수익률은 예상수익률의 기대치로 측정한다.
③ 위험은 미래수익률의 분산 또는 표준편차로 측정한다.
④ 위험이 동일한 자산집단들 중에서는 기대수익이 큰 자산집단을 선택하는 것이 좋다.

52
자산배분 실행과정 중 고객성향파악에 대한 설명으로 적절하지 않은 것은?

① 고객성향파악은 자산배분 후에 고객과 명확히 하여야 한다.
② 자산배분 실행과정은 고객의 성향을 파악하여 투자정책을 수립하는 과정이다.
③ 투자목표 자산운용의 제약조건, 선호도 등의 정보를 통해 고객의 성향을 파악한다.
④ 고객의 성향을 파악하는 방법으로 고객설문서, 대화방법 등을 이용한다.

53
다음 중 중개형 ISA에서만 투자할 수 있는 상품은?

① 예금
② 리츠
③ 국내 상장주식
④ ETN

54
고객서비스의 기본원칙으로 바르지 못한 것은?

① 개별 서비스
② 통합 서비스
③ 정기적 서비스
④ 도움을 주는 서비스

55
전문금융소비자에 대한 설명으로 바르지 못한 것은?

① 한국은행이나 국가는 전문금융소비자이다.
② 투자성 상품의 경우 대부업법에 따른 대부업자는 전문금융소비자이다.
③ 대출성 상품의 경우 상시근로자 3인 이상의 법인은 전문금융소비자이다.
④ 일정한 전문금융소비자는 일반금융소비자와 같은 대우를 받겠다는 의사를 금융상품판매업자에게 서면으로 통지하여 동의를 받으면 일반금융소비자로 될 수 있다.

56
다음 투자자 정보의 유효기간에 대한 설명 중 올바르지 않은 것은?

① 금융소비자가 별도의 변경요청이 없는 한 투자자 정보를 파악한 날로부터 12~24개월 동안 투자자 정보가 변경되지 않은 것으로 간주할 수 있다.
② 이미 투자자 정보를 알고 있는 금융소비자에게 투자권유를 할 때에는 투자자 정보 유효기간 경과여부를 확인하여야 한다.
③ 투자일임계약이 체결된 경우에는 금융회사는 투자자의 재무상태 및 투자목적 등 변경여부를 매 분기 1회 이상 확인하여야 한다.
④ 불특정금전신탁계약이 체결된 경우 금융회사는 금융소비자의 재무상태가 변경되는 경우 회신하여 줄 것을 매 분기 1회 이상 통지하여야 한다.

57
설득 및 해법을 제시하는 단계에서 설득의 타이밍으로 적절한 것은?

① 당신의 상품이나 회사의 평판에 호의적인 발언을 할 때
② 당신의 상품이 갖는 이점으로 고객의 needs를 만족시킬 수 없는 것이 분명할 때
③ 경쟁회사나 그 상품에 만족하고 있는 발언을 할 때
④ 고객이 아직 자신의 needs에 대해 명확히 인지하지 못하고 있을 때

58
매스마케팅과 관계마케팅의 비교 시, 관계마케팅의 특징으로 올바른 것으로만 모두 묶은 것은?

| ㉠ 시장점유율 중시 | ㉡ 사전대비 지향 |
| ㉢ 고객서비스 중심 | ㉣ 제품 차별화 |

① ㉡, ㉢
② ㉡, ㉣
③ ㉠, ㉡
④ ㉠, ㉢

59
효과적인 고객동의 확보기술로 가장 거리가 먼 것은?

① T-방법(대차대조표 방법)
② 결과 탐구법
③ 부메랑법
④ 직설동의요구법

60

다음 중 고객 니즈를 파악하기 위한 질문 중 폐쇄형 질문을 사용하는 타이밍이 아닌 것은?

① 고객이 자기의 Needs에 대해 잘 이야기할 때
② 새로운 화제나 다른 구체적인 화제도 바꾸어 대화의 흐름을 자신이 생각하는 방향으로 리드하고 싶을 때
③ 판매사원 또는 고객의 시간적인 제약으로 빨리 결정을 유도해야 할 때
④ 확대형 및 개방형 질문을 해도 고객의 반응이 없거나 시큰둥할 때

61

금융소비자보호법상 설명의무에 대한 내용으로 바르지 못한 것은?

① 금융회사는 예외적인 경우를 제외하고는 반드시 사전에 서면, 전자우편 등의 방법으로 금융소비자에게 해당 금융상품의 설명서를 제공해야 한다.
② 각 상품과 연계하거나 제휴 서비스가 있는 경우까지 설명의무가 있다.
③ 금융회사는 계약체결의 권유가 없더라도 전문금융소비자가 요청하는 경우에는 각 금융상품별 중요사항에 대해 고지하고 이해할 수 있도록 설명하여야 한다.
④ 금융회사가 설명의무를 위반하면 과태료뿐만 아니라 해당 금융상품의 계약으로 얻는 이익의 최대 50% 이내에서 과징금도 부과될 수 있다.

62

투자권유대행의 순서가 가장 적절한 것은?

① 투자자 정보파악 – 투자자 성향분석 – 투자권유
② 투자권유 – 투자자 정보파악 – 투자자 성향분석
③ 투자자 성향분석 – 투자자 정보파악 – 투자권유
④ 투자권유 – 투자자 성향분석 – 투자자 정보파악

63

다음 중 투자권유대행인이 고지하여야 할 사항이 아닌 것은?

① 고의, 과실로 금융소비자보호법을 위반하여 고객에게 손해를 발생시킨 경우 손해배상책임이 있다는 사실
② 하나의 금융상품직접판매업자를 대리 또는 중개하는지 여부
③ 투자권유로 인한 과거 성과
④ 투자권유대행인과 계약을 체결한 금융상품직접판매업자의 명칭 및 업무

64

투자권유를 하는 경우 투자자에게 설명해야 할 사항으로 적절하지 않은 것은?

① 금융투자상품의 투자성에 관한 구조와 성격
② 투자자가 부담하는 수수료에 관한 사항
③ 조기상환조건이 있는 경우 그에 관한 사항
④ 투자성과에 연동된 성과보수에 관한 사항

65

고령투자자에 대한 금융투자상품 판매 시 보호기준으로 바르지 못한 것은?

① 회사는 고령 투자자판매절차 내규를 제정하고 내규의 내용을 교육시켜야 한다.
② 투자권유 유의상품을 지정하고 이 상품을 권유하는 경우 강화된 판매절차를 적용한다.
③ 고령투자자에게 판매하는 것이 부적절하다고 판매되는 경우에는 그러한 사실을 설명서, 회사판매정책에 반영한다.
④ 본사 내 전담부서 및 전담직원을 지정할 필요는 없다.

66

투자권유대행인의 금지행위와 관련된 내용으로 옳지 않은 것은?

① 투자자를 대리하여 계약을 체결할 수 없으나 회사를 대리하여 계약을 체결할 수는 있다.
② 회사로부터 위탁받은 투자권유대행업무를 제3자에게 재위탁할 수 없다.
③ 둘 이상의 회사와 투자권유 위탁계약을 체결할 수 없다.
④ 투자자로부터 금융투자상품에 대한 매매권한을 위탁받을 수 없다.

67

금융소비자보호법상 설명의무에 대한 내용으로 바르지 못한 것은?

① 금융회사는 예외적인 경우를 제외하고는 반드시 사전에 서면, 전자우편 등의 방법으로 금융소비자에게 해당 금융상품의 설명서를 제공해야 한다.
② 각 상품과 연계하거나 제휴 서비스가 있는 경우까지 설명의무가 있다.
③ 금융회사는 계약체결의 권유가 없더라도 전문금융소비자가 요청하는 경우에는 각 금융상품별 중요사항에 대해 고지하고 이해할 수 있도록 설명하여야 한다.
④ 금융회사가 설명의무를 위반하면 과태료뿐만 아니라 해당 금융상품의 계약으로 얻는 이익의 최대 50% 이내에서 과징금도 부과될 수 있다.

68

다음 중 직무윤리의 환경에 대한 설명으로 옳지 않은 것은?

① OECD의 국제 공통의 기업윤리강령은 강제규정이 아니다.
② 베버는 근검·정직·절제를 통하여 얻는 부는 신앙인의 정당하고 신성한 의무라고 강조하였다.
③ 국제투명성기구에서 발표하는 부패인식지수(CPI)에 의하면 우리나라는 윤리수준이 낮게 평가받고 있다.
④ 직무윤리의 핵심 2대 원칙을 구체화한 것이 이해상충 방지와 금융소비자 보호의무이다.

69

금융소비자보호법상 위법계약해지권에 대한 설명으로 바르지 못한 것은?

① 금융소비자는 계약의 청약을 진행하는 단계에서 이를 행사할 수 있다.
② 금융소비자와 금융회사 간 계속적 거래가 이루어지고 금융소비자가 해지 시 재산상 불이익이 발생하는 금융상품이 대상이 되는 것이 원칙이다.
③ 금융소비자는 금융상품의 계약 체결일로부터 5년 이내이고, 위법계약 사실을 안 날로부터 1년 이내인 경우에만 위법계약의 해지 요구가 가능하다.
④ 금융소비자가 위법계약해지권을 행사하기 위해서는 금융회사의 귀책사유가 있어야 한다.

70

〈금융투자회사의 내부통제기준〉상 준법감시인에 대한 설명으로 가장 거리가 먼 것은?

① 준법감시인의 임기는 2년 이상이어야 한다.
② 준법감시인은 이사회 및 대표이사의 지휘를 받아 금융투자회사 전반의 내부통제업무를 수행한다.
③ 준법감시인을 해임할 경우에는 이사 총수의 3분의 2 이상의 찬성으로 의결한다.
④ 금융투자회사는 준법감시인에 대하여 회사의 재무적 경영성과와 연동하는 별도의 보수지급 및 평가기준을 마련·운영하여야 한다.

71

금융투자업 종사자의 의무에 대한 설명으로 가장 거리가 먼 것은?

① 업무수행에 관하여 고객의 합리적인 지시가 있는 경우에는 그에 따라야 한다.
② 고객으로부터 위임받은 업무에 대하여 고객의 승낙이나 부득이한 사유 없이 재위임을 하는 것은 금지된다.
③ 업무를 처리함에 있어서 필요한 기록 및 증거를 상당기간 유지하여야 한다.
④ 고객으로부터의 요청이 없으면 방문·전화 등의 방법에 의하여 전문금융소비자에게 장내파생상품에 대한 투자권유를 하여서는 아니 된다.

72

다음 ( )안에 들어갈 말이 순서대로 나열된 것은?

- 금융투자업자가 내부통제기준을 제정하거나 변경하려는 경우에는 ( )를(을) 거쳐야 한다.
- 회사는 재산상 이익의 제공에 대한 적정성 평가 및 점검을 한 후에 매년 ( )에(게) 보고하여야 한다.

① 준법감시인의 승인, 감사
② 이사회 결의, 이사회
③ 주주총회의 결의, 대표이사
④ 내부통제위원회의 결의, 준법감시인

73

금융투자업 종사자의 고용계약 종료 후의 의무에 대한 설명으로 적절하지 못한 것은?

① 고용기간이 종료된 후에 회사의 비밀 정보를 출간할 수 없다.
② 자신의 통제하에 있는 기밀정보를 포함한 모든 정보를 회사에 반납하여야 한다.
③ 고용계약 종료 후 1년 동안은 상표, 로고를 사용할 수 있다.
④ 고용기간 동안 본인이 생산한 지적재산물은 회사의 재산이므로 반환하여야 한다.

74

다음 중 임직원의 대외활동 시 주의의무의 내용으로 틀린 것은?

① 회사가 운영하지 않는 온라인 커뮤니티나 SNS, 웹사이트 등을 이용한 대외접촉은 대외활동에 속하지 않는다.
② 회사의 업무와 관련이 없는 업무에 종사하고자 하는 경우에는 회사의 사전 승인을 받아야한다.
③ 임직원이 강연, 연설, 교육, 기고, 방송, 그리고 인터뷰 등을 하고자 하는 경우에는 회사의 사전 승인을 받아야 한다.
④ 대외활동으로 취득한 금전적인 보상은 준법감시인에게 신고하고 그 취득을 허락받은 후에 사용하여야 한다.

75

자본시장법상 투자매매업자와 투자중개업자의 자기계약에 대한 설명으로 가장 적절한 것은?

① 투자매매업자가 자기가 판매하는 집합투자증권을 매수하는 경우에는 자기계약을 할 수 없다.
② 투자중개업자가 투자자로부터 매매의 위탁을 받아 증권시장을 통하여 매매가 이루어지도록 한 경우에는 자기계약이 가능하다.
③ 투자중개업자가 투자자로부터 매매의 위탁을 받아 다자간매매체결회사를 통하여 매매가 이루어지도록 한 경우에는 자기계약을 할 수 없다.
④ 원칙적으로 투자매매업자가 금융투자상품에 관한 같은 매매에 있어 자신이 본인이 됨과 동시에 상대방의 투자중개업자가 되어 거래할 수 있다.

76

다음 중 금융투자협회의 영업규정에서 금품수수에 대한 설명으로 바르지 못한 것은?

① 회사 및 그 종사자는 재산상 이익을 제공하는 경우 3년간 기록을 보관하여야 한다.
② 집합투자회사가 자신이 운용하는 집합투자기구의 집합투자증권의 판매실적에 연동하여 이를 판매하는 회사에 재산상 이익을 제공할 수 없다.
③ 제조업체의 고유재산관리를 담당하는 직원에게 문화상품권을 제공하는 경우는 부당한 재산상의 제공이 아니다.
④ 금융투자회사는 이사회가 정한 금액 이상을 초과하여 동일한 거래상대방에게 재산산 이익을 제공하려면 이사회의 사전승인을 받아야 한다.

77

다음 개인정보 중 민감정보에 해당하는 것은?

① 주민등록번호
② 여권번호
③ 신용카드번호
④ 건강상태

78

다음에서 펀드주체에게 별도의 동의를 얻거나 법령에서 구체적으로 허용된 경우에 한하여 처리할 수 있는 정보는?

① 신용카드번호, 주소정보
② 계좌번호, 대출정보
③ 민감정보, 고유식별정보
④ 예금정보, 펀드내역정보

79

다음 중 분쟁조정에 대한 설명으로 바르지 못한 것은?

① 자본시장법령 등에서 금융투자업자에게 부여하는 의무 이행 여부가 쟁점이 된다.
② 금융감독원에 설치된 금융분쟁조정위원회의 조정안을 당사자가 수락하면 당해 조정안은 민사상 화해와 동일한 효력을 갖는다.
③ 분쟁조정기관은 법조계, 학계, 소비자단체, 업계 전문가로 구성된 분쟁조정 위원회를 구성하고 운영한다.
④ 금감원장은 분쟁조정의 신청을 받은 날로부터 30일 이내에 당사자간 합의가 이루어지지 않으면 조정위원회에 회부하여야 한다.

80

이익충돌 시 우선 순위에 관한 설명 중 맞지 않는 것은?

① 고객의 이익은 회사의 이익에 우선
② 회사의 이익은 임직원의 이익에 우선
③ 모든 고객의 이익은 상호 동등(fair)하게 취급
④ 주주의 이익은 고객의 이익에 우선

제3과목 　법규 및 규정

81

자본시장법상 금융투자상품에 대한 설명으로 올바르지 않은 것은?

① 원화로 표시된 양도성예금증서와 관리신탁의 수익권은 금융투자상품이다.
② 금융투자상품의 투자성을 판단함에 있어 판매수수료는 투자원본 산정에서 제외한다.
③ 외국인이 발행한 증권도 자본시장법상 금융투자상품에 포함된다.
④ 특수채증권이란 법률에 의하여 직접 설립된 법인이 발행한 채권을 말한다.

82

금융투자업 진입규제에 대한 설명으로 바르지 못한 것은?

① 온라인소액투자중개업자가 금융위에 등록하면 인가를 받은 것으로 본다.
② 금융투자업자는 인가받은 후에 매 회계연도말 기준 자기자본이 인가업무 단위별 최저 자기자본의 70% 이상을 유지하여야 한다.
③ 개인이 인가받기 위해서는 관련업무를 일정기간 영위하여야 한다.
④ 예비인가를 반드시 거칠 필요는 없다.

83

자본시장법상 금융투자업에 대한 설명으로 옳지 않은 것은?

① 누구의 명의로 하든지 타인의 계산으로 증권의 발행에 대한 청약의 권유를 영업으로 하는 것은 투자매매업이다.
② 불특정한 사람들을 대상으로 발행되고 불특정다수인이 구입할 수 있는 출판물을 통해 조언하는 것은 투자자문업으로 보지 아니한다.
③ 투자권유대행인이 투자권유를 대행하는 경우에는 투자중개업의 적용이 배제된다.
④ 투자신탁의 수익증권을 발행하는 경우에는 투자매매업이 적용된다.

84

다음은 투자자에 대한 설명이다. 바르지 못한 것은?

① 주권상장법인 및 지방자치단체는 일반투자자 대우를 받을 수 있는 상대적 전문투자자이다.
② 개인은 최근 5년 중 1년 이상 기간 동안 금융위가 정한 금융투자상품을 월말 평균잔고 기준으로 5천만원 이상 보유한 경험이 있고 연소득액이 1억원 이상이면 전문투자자가 될 수 있다.
③ 주권상장법인은 파생상품을 거래할 때 별도의 의사를 표시하지 아니하면 일반투자자 대우를 받는다.
④ 전문투자자 대우를 받는 법인과 개인은 금융위 확인 후 2년간 전문투자자 대우를 받을 수 있다.

85

금융소비자보호법상 청약철회권에 대한 설명으로 바르지 못한 것은?

① 금융회사는 금융상품의 계약체결을 권유할 때 청약철회권을 반드시 설명해야 한다.
② 청약철회권은 금융회사의 고의 또는 과실 등 귀책사유가 없어도 일반금융소비자가 행사할 수 있다.
③ 투자성 상품 중에서는 자본시장법 시행령에 따른 고난도금융투자상품, 고난도투자일임계약, 고난도금전신탁계약 그리고 비금전신탁계약이 그 대상이 된다.
④ 금융회사는 철회가 접수된 날로부터 7영업일 이내에 이미 받은 금전, 재화 등을 반환해야 한다.

86

금융소비자보호법에 따른 전문금융소비자의 내용과 다른 것은?

① 판매대리·중개업자의 경우 예금성 상품을 제외하고 각각 상품별로 전문금융소비자에 포함된다.
② 투자권유대행인은 투자성 상품과 관련하여 전문금융소비자이다.
③ 대출성 상품의 경우 상시근로자 3인 이상 법인은 전문금융소비자이다.
④ 대부업자의 경우에는 예금성 상품을 제외하고 모두 전문금융소비자에 포함된다.

87

다음 중 증권분석기관에 대한 설명으로 가장 거리가 먼 것은?

① 감정평가법인은 증권분석기관이 될 수 없지만, 신용평가업자는 증권분석기관이 될 수 있다.
② 회계법인이 특정회사에 대한 감사업무 제한조치를 받은 경우에는 그 제한기간 동안 해당 특정회사의 증권분석업무를 수행할 수 없다.
③ 해당 법인의 임원이 증권분석기관에 그 자본금의 100분의 1 이상을 출자하고 있는 경우에는 그 증권의 가치를 평가하는 업무를 할 수 없다.
④ 증권분석기관이 해당 법인에 그 자본금의 100분의 2 이상을 출자하고 있는 경우에는 그 증권의 가치를 평가하는 업무를 할 수 없다.

88

자본시장법상 투자매매업자 또는 투자중개업자의 준수사항에 대한 설명으로 가장 거리가 먼 것은?

① 투자자로부터 금융투자상품의 매매에 관한 주문을 받는 경우 사전에 투자자에게 자기가 투자매매업자인지 투자중개업자인지를 밝혀야 한다.
② 조사분석자료 내용이 사실상 확정된 때부터 공표 후 24시간 이내에는 투자자 보호를 위하여 금융투자상품을 거래할 수 없는 것이 원칙이다.
③ 65세 이상의 사람을 대상으로 일정한 금융투자상품을 판매할 때 숙려기간을 부여할 필요가 없다.
④ 조사분석자료 작성 담당자에게 인수업무와 연동하여 성과보수를 지급하여서는 아니 된다.

89

자본시장법상 발행공시제도에 대한 설명으로 가장 거리가 먼 것은?

① 증권신고의 효력이 발생하지 아니한 증권의 취득 또는 매수의 청약이 있는 경우 발행인은 그 청약의 승낙을 할 수 없다.
② 모집 또는 매출하려는 금액이 각각 10억원 이상인 경우에는 발행인이 모집 또는 매출에 관한 신고서를 금융위에 제출하여 수리되지 않으면 이를 할 수 없다.
③ 증권을 공모발행한 경우에 같은 종류의 지분증권이 모집·매출된 실적이 있거나 증권시장에 상장된 경우에는 전매가능성이 있다.
④ 매출의 경우에는 매출인이 증권신고서를 금융위에 제출하여야 한다.

90

자본시장법상 미공개 중요정보의 이용금지 규제대상에 해당되지 않는 자는?

① 직무와 관련하여 미공개 중요정보를 알게 된 당해 법인의 임직원 및 대리인
② 당해 상장법인과 계약 체결을 교섭하고 있는 자로서 계약체결 과정에서 미공개 중요정보를 알게 된 자
③ 권리행사 과정에서 미공개 중요정보를 알게 된 상장법인의 당해 주주
④ 준내부자로부터 미공개 중요정보를 받은 자

91
자본시장법상 증권의 분류에 따른 증권의 종류와 이에 해당하는 증권으로 가장 적절하게 연결된 것은?

① 지분증권-주택저당증권
② 채무증권-기업어음증권
③ 수익증권-신주인수권증서
④ 파생결합증권-증권예탁증권

92
자본시장법상 금융투자업자의 영업행위규칙에 대한 설명으로 가장 거리가 먼 것은?

① 금융투자업자는 신의성실의 원칙에 따라 공정하게 금융투자업을 영위하여야 한다.
② 금융투자업자는 자기의 명의를 대여하여 타인에게 금융투자업을 영위하게 하여서는 아니 된다.
③ 금융투자업자는 금융투자업에 부수하는 업무를 영위하고자 하는 경우에는 영위하기 14일 이전에 금융위에 신고하여야 한다.
④ 금융투자업자는 정당한 사유없이 투자자의 이익을 해하면서 자기 또는 제3자의 이익을 추구하여서는 아니된다.

93
자본시장법상 주식등의 대량보유상황 보고제도에 대한 설명으로 보기의 〈   〉에 들어갈 내용이 순서대로 바르게 나열된 것은?

> 주권상장법인의 주식등을 〈   〉 이상 보유하게 된 자와 그 보유자의 보유비율이 〈   〉 이상이 변동하게 되는 경우에는 금융위와 거래소에 보고하여야 한다.

① 100분의 5 , 100분의 1
② 100분의 5, 100분의 3
③ 100분의 10, 100분의 1
④ 100분의 10, 100분의 3

94
자본시장법상 증권신고서제도에 대한 설명으로 가장 거리가 먼 것은?

① 증권신고서 제출의무자는 모집이나 매출의 주선자이다.
② 증권신고서의 효력이 발생한다는 의미는 정부에서 그 증권의 가치를 보증 또는 승인하는것이 아니다.
③ 한국산업은행법에 의하여 직접설립된 법인이 발행한 채권에 대해서는 증권신고서에 관한 규정이 적용되지 않는다.
④ 증권신고서 제출의무가 없는 모집 또는 매출의 경우에도 발행인은 투자자보호를 위하여 재무상태에 관한 사항 등 일정한 사항을 공시하여야 한다.

95

자본시장법상 미공개중요정보 이용 규제와 관련된 설명으로 가장 거리가 먼 것은?

① 내부자로부터 미공개중요정보를 받은 자는 규제대상에 해당한다.
② 1년 이내에 상장이 예정된 법인은 규제대상에 해당한다.
③ 당해 법인과 관련된 기초자산만을 하는 파생상품의 매매는 규제대상에 해당한다.
④ 업무 등과 관련된 미공개 중요정보를 타인에게 이용하게 하는 행위는 규제대상에 해당한다.

96

금융투자업규정상 자산건전성 분류와 대손충당금에 대한 설명으로 가장 거리가 먼 것은?

① 금감원장은 금융투자업자의 자산건전성 분류 및 대손충당금 등 적립의 적정성을 점검하여야 한다.
② 금융투자업자는 고정 이하로 분류된 채권에 대하여 적정한 회수예상가액을 산정하여야 한다.
③ 금융투자업자는 정상으로 분류된 자산외의 모든 자산에 대해서 대손충당금을 적립하여야 한다.
④ 금융투자업자는 매분기마다 자산 및 부채에 대한 건전성을 정상, 요주의, 고정, 회수의문, 추정손실의 5단계로 분류하여야 한다.

97

자본시장법상 등록대상 금융투자업이 아닌 것은?

① 신탁업
② 투자일임업
③ 온라인소액투자중개
④ 일반사모집합투자업

98

금융투자업규정상 순자본비율규제에 대한 설명으로 가장 거리가 먼 것은?

① 금융투자업자의 순자본비율이 0%미만인 경우에는 경영개선명령의 대상이 된다.
② 주식의 소각, 임원의 직무집행정지 등은 경영개선명령의 내용이다.
③ 금융투자업자가 경영실태평가결과 종합등급을 4등급 이하로 판정받은 경우, 경영개선 명령의 대상이 된다.
④ 금융위는 금융투자업자가 자본의 확충 등으로 단기간에 적기시정조치의 요건에 해당되지 아니하게 될 수 있다고 판단되는 경우에는 일정기간 조치를 유예할 수 있다.

99

금융기관 검사 및 제재에 관한 규정 상 그 내용에 대한 설명으로 가장 거리가 먼 것은?

① 검사의 실시는 현장검사 또는 서면검사의 방법으로 한다.
② 이의신청 처리 결과에 대해서는 다시 이의신청 할 수 없다.
③ 금감원장은 제재에 관한 사항을 심의하기 위하여 증권선물위원회를 설치, 운영한다.
④ 금감원장은 이의신청이 이유없다고 인정할 명백한 사유가 있는 경우에는 이의신청을 기각할 수 있다.

100

자본시장법상 투자매매업자와 투자중개업자는 보기의 밑줄 친 기업금융업무를 할 수 없다. 이에 해당되지 않는 것은?

> 투자매매업자 또는 투자중개업자는 조사분석자료의 작성을 담당하는 자에 대해서는 일정한 기업금융업무와 연동된 성과보수를 지급할 수 없다.

① 인수업무
② 신용공여업무
③ 모집주선업무
④ 기업의 합병에 관한 조언업무

제3회 실전모의고사

제1과목 증권분석 및 증권시장

01

유상증자에 대한 설명으로 적절하지 않은 것은?

① 주주배정방식에서 실권주는 이사회결의로 처리한다.
② 제3자배정방식은 정관에 정하지 않고 이사회 결의로도 가능하다.
③ 주주우선공모방법은 주주배정방식과 일반공모방식을 혼합한 형태다.
④ 일반공모방식은 기존주주의 신주인수권을 배제하고 불특정 다수인에게 청약기회를 부여한다.

02

다음 중 기업의 주식발행과 관련이 없는 것은?

① 무상증자 실시
② 주식배당 실시
③ 교환사채의 권리행사 실시
④ 전환사채의 권리행사 실시

03

한국거래소에 대한 설명으로 적절하지 않은 것은?

① 현재 우리나라의 유일한 거래소로서 역할을 하고 있다.
② 유가증권시장, 코스닥시장, 코넥스시장, 파생상품시장을 운영한다.
③ 성장기업 중심의 코스닥시장은 유가증권시장의 보조적 시장이다.
④ 회원조직으로 운영되는 상법상 주식회사이며, 자율규제기능을 수행한다.

04

상장에 대한 설명으로 적절하지 않은 것은?

① 종류주식의 경우에는 종목별로 상장신청이 가능하다.
② 이미 발행한 주권 중 그 일부만을 상장 신청할 수 있다.
③ 상장은 증권의 발행인으로부터 상장신청이 있어야만 가능하다.
④ 상장폐지된 기업이 재상장하는 경우에도 상장예비심사를 받아야 한다.

05

유·무상증자, 주식배당, 기업합병, 전환사채권 등과 같이 새로이 주권을 발행하여 상장하는 것은?

① 재상장
② 변경상장
③ 추가상장
④ 신규상장

06

관리종목과 상장폐지에 대한 설명으로 적절하지 않은 것은?

① 상장폐지는 신청폐지와 직권폐지로 구분한다.
② 관리종목으로 지정되면 1일간 매매거래가 정지될 수 있다.
③ 관리종목지정은 상장폐지된 종목에 대해 투자자의 주의를 환기시키기 위한 사후조치다.
④ 상장폐지가 결정된 종목은 투자자에게 최종매매기회를 주기 위해 7일 동안 정리매매한 후 폐지한다.

07

불성실공시의 유형 및 조치사항으로 적절하지 않은 것은?

① 공시변경은 기공시한 내용의 중요 사항을 변경하는 경우를 말한다.
② 공시번복은 이미 공시한 내용을 전면취소하거나 부인하는 경우를 말한다.
③ 공시불이행은 공시의무사항을 기한 내에 신고하지 않거나 공시내용이 허위인 경우를 말한다.
④ 상장법인이 예측정보를 공정공시한 경우 사후에 실제치가 공시내용과 다르면 불성실공시법인으로 지정되어 1일간 매매거래가 정지될 수 있다.

08

호가에 대한 설명으로 적절하지 않은 것은?

① 신규상장종목의 호가범위는 평가가격의 60~400% 범위로 한다.
② 매도호가의 경우 가격이 낮은 호가가 가격이 높은 호가에 우선한다.
③ 정규시장에서 접수된 호가는 시간외시장에서도 그 효력이 인정된다.
④ 상한가매수호가와 시장가매수호가 또는 하한가매도호가와 시장가매도호가는 동일한 가격의 호가로 본다.

09

투자자가 배당을 받을 권리를 갖기 위해서는 해당 주식을 언제까지 매수하여야 하는가?

① 배당기준일
② 배당기준일 1일 전
③ 배당기준일 2일 전
④ 배당기준일 3일 후

10

정규시장 종료 시까지 매매거래가 성립되지 아니한 종목 중 당일 기준가격 대비 낮은(높은) 매도(매수)호가가 있는 경우 그 가격을 그날의 종가로 인정하는 제도는?

① 동시호가
② 프로그램매매제도
③ 기세
④ 가격제한폭제도

11

채권의 특성을 설명한 내용으로 적절하지 않은 것은?

① 채권은 CD, CP 등과 달리 장기증권이다.
② 이자의 크기는 발행자의 수익발생 여부에 따라 달라진다.
③ 발행주체의 자격요건 및 발행요건 등이 법으로 정해져 있다.
④ 채권발행에 의한 자금조달은 한시적이며, 원리금의 상환기간이 정해져 있다.

12

우리나라 채권에 대한 일반적 설명으로 적절하지 않은 것은?

① 채권은 주식과 달리 가격제한폭제도가 없다.
② 국채, 지방채, 통안채는 신용등급이 없는 채권이다.
③ 재정증권, 국민주택채권, 외국환평형기금채권, 통화안정증권 등은 국채이다.
④ 국채통합발행제도는 일정기간 내에 발행하는 국채의 만기와 표면금리 등을 동일하게 발행하여 유동성을 제고하는 제도이다.

13

채권투자의 위험에 대한 설명으로 적절하지 않은 것은?

① 수익률변동위험은 가격변동위험과 재투자위험을 포함한다.
② 채무불이행위험이 클수록 채권발행 시에 발행수익률이 높아진다.
③ 인플레이션위험은 채권의 만기가 짧을수록 커지는 경향이 있다.
④ 유동성위험은 유통시장에서 거래량이 많지 않고 거래가격이 불연속적으로 형성되는 경우에 발생한다.

14

조건부자본증권의 특징으로 가장 거리가 먼 것은?

① 투자자 의사와 상관없이 이자지급이 정지될 수 있다.
② 은행의 자본력이 약해져도 주식에 투자한 것보다는 손실이 적다.
③ 상환순위가 낮아 상대적으로 높은 금리를 취할 수 있다.
④ 은행이 경영개선명령을 받으면 상각(전액손실) 또는 전환(주식수령)이 된다.

15

채권의 발행방법에 대한 설명으로 적절하지 않은 것은?

① 국고채는 대부분 총액인수제도로 발행되고 있다.
② 매출발행은 사전에 발행총액을 확정하지 않는다.
③ Dutch 방식은 낙찰된 수익률 중 가장 높은 수익률로 조건이 통일된다.
④ 간접발행 중 위탁발행은 발행회사가 발행위험을 모두 부담한다.

16

전환사채(CB)의 투자지표에 대한 설명으로 적절하지 않은 것은?

① 전환가격은 전환 대상 주식 1주당 지불해야 할 가격을 의미한다.
② 전환가치는 주식의 시장가격에 전환주수를 곱한 것이다.
③ 전환프리미엄은 전환가치에서 전환사채의 시장가격을 차감한 것이다.
④ 패리티가 110이면 전환에 의한 수익률이 10%임을 의미한다.

17

코넥스시장 상장제도에 대한 설명으로 적절하지 않은 것은?

① 기술평가기업 또는 크라우딩펀딩기업은 지정자문인 선임이 반드시 필요하다.
② 외부감사인의 회계감사 및 한국채택국제회계기준(K-IFRS) 도입의무를 면제한다.
③ 사외이사 및 상근감사 선임의무, 보호예수의무(특례상장은 제외) 등을 부과하지 않는다.
④ 상장을 희망하는 일반기업은 금융투자업자와 지정자문인 선임계약을 체결한 이후에 신규상장신청이 가능하다.

18

코넥스시장 상장요건으로 적절하지 않은 것은?

① 감사의견이 적정일 것
② 정관 등에 주권의 양도제한 내용이 없을 것
③ 최근 매출액은 30억원 이상이고 매출액증가율이 10% 이상일 것
④ 액면가는 100원, 200원, 500원, 1,000원, 2,500원, 5,000원 중 하나일 것

19

K-OTC시장의 공시제도에 대한 설명으로 옳은 것은?

① 협회는 K-OTC시장 모든 기업에게 공시의무를 부과한다.
② 정기공시, 수시공시, 조회공시, 공정공시 제도가 있다.
③ 불성실공시에는 공시불이행, 공시번복, 공시변경이 있다.
④ 조회공시는 요구를 받은 날로부터 1일 이내에 하여야 한다.

20

K-OTC시장의 등록·지정 해제사유에 해당하는 것은?

① 최근 사업연도 말 기준 자본잠식 상태
② 최근 2년간 불성실공시법인으로 지정된 횟수가 4회 이상인 등록법인
③ 최근 2개 사업연도 연속하여 매출액이 5억 미만인 경우(일반기업 기준)
④ 법원에 회생절차개시를 신청한 경우

21

증권분석에 대한 설명으로 적절하지 않은 것은?

① 기본적 분석에서는 시장에서 형성된 주식가격이 그 주식을 발행한 기업의 가치에 의하여 결정된다고 본다.
② 기본적 분석은 어느 기업의 내재가치가 1,000원인데 주식의 시장가격이 800원이라면 내재가치가 800원으로 하락할 것이라고 보는 것이다.
③ 기술적 분석에서는 주가가 시장에서의 수요와 공급에 의해서 결정되며, 수요와 공급은 시장에 참여하는 투자자들의 심리상태에 의하여 결정된다고 본다.
④ 기술적 분석은 시장에서 나타나는 거래량이나 가격의 변화 등을 살펴봄으로써 향후 수요와 공급의 변화를 예측하게 된다.

22

이자율 변동과 그 영향으로 사실과 다른 것은?

① 기대 인플레이션이 감소하면 이자율은 상승한다.
② 이자율이 높을수록 투자기업의 자금수요는 감소한다.
③ 국내총생산이 감소할 것으로 예상되면 이자율은 하락한다.
④ 이자율이 낮을수록 소비자는 현재 소비를 늘리고 저축을 줄인다.

23

명목수익률이 8%, 물가상승률이 11%일 때 피셔방정식을 이용하여 구한 실질수익률은?

① 3%   ② −3%
③ 8%   ④ 19%

24

경기예측방법 중 경기종합지수(CI)에 대한 설명으로 적절하지 않은 것은?

① 주가는 경기순환에 선행성을 갖는 것이 특징이다.
② 선행지표, 동행지표, 후행지표로 분류하여 작성된다.
③ 전년 대비 증감률이 (+)면 경기상승, (−)면 경기하강을 의미한다.
④ 그 증감률의 크기에 따라 경기변동의 진폭까지도 예측할 수 있다.

25

산업구조분석에서 말하는 구조적 경쟁요인에 속하지 않는 것은?

① 대체가능성
② 핵심역량평가
③ 구매자의 교섭력
④ 현존업체 간의 경쟁치열도

26
해당산업의 진입장벽이 높아지는 경우로서 적절하지 않은 것은?

① 정부의 규제가 많은 경우
② 기존판매망이 견고한 경우
③ 진출에 소요자본이 막대한 경우
④ 규모의 경제가 잘 나타나지 않는 경우

27
재무비율 산식이 바르지 않은 것은?

① 부채비율 = 타인자본/자기자본
② 유동비율 = 유동자산/유동부채
③ 이자보상비율 = 영업이익/이자비용
④ 총자본이익률(ROI) = 당기순이익/자기자본

28
기업의 재무비율에 대한 설명으로 옳은 것은?

① 총자본이익률(ROI)은 수익성을 평가하기 위한 비율이다.
② 유동비율은 기업의 장기채무능력을 알아보고자 측정한다.
③ 타인자본을 늘릴수록 재무레버리지 효과를 누릴 수 있으므로 기업의 안정성이 향상된다.
④ 이자보상비율이 100% 이상이면 영업활동을 통한 수익으로 이자를 충당하지 못했다고 본다.

29
다음 중 재무비율을 잘못 계산하는 것은?

- 총자산 : 200억
- 이자비용 : 10억
- 영업이익 : 40억
- 부채비율 : 100%
- 매출액 : 400억
- 당기순이익 : 20억

① ROE = (20억/100억) × 100 = 20%
② 매출액순이익률 = (20억/400억) × 100 = 5%
③ 총자산회전율 = 400억/200억 = 2회
④ 이자보상비율 = 20억/10억 = 2(배)

30
A기업의 당기순이익이 10억, 총자본이익률은 20%, 총자본회전율은 2회일 때, A기업의 매출액은?

① 60억원   ② 70억원
③ 100억원   ④ 130억원

제2과목 금융상품 및 윤리

31

우리나라 금융회사에 대한 설명으로 옳은 것은?

① 회사형 집합투자기구인 투자회사는 본점 이외의 영업점을 설치할 수 있다.
② 신용협동조합은 협동조직을 기반으로 한 비영리 금융회사이다.
③ 금융지주회사는 금융업과 관련 없는 회사를 지배하는 것도 가능하다.
④ 우리나라에서는 은행이 일반금융의 일환으로 증권금융을 취급하고 있다.

32

절세 금융상품과 절세 유형의 연결이 바르지 않은 것은?

① 연금저축신탁 : 비과세
② 퇴직연금(IRP/DC형) : 세액공제
③ 농어가목돈마련저축 : 비과세
④ 주택청약종합저축 : 소득공제

33

특정금전신탁에 대한 설명으로 적절하지 않은 것은?

① 실적배당상품으로 원금보전이 불가하다.
② 신탁재산의 운용방법은 금융기관이 특정한다.
③ 수탁자의 신탁재산을 단독으로 운용해야 한다.
④ 계약사항에 대해 별도의 계약서를 발행한다.

34

연금저축에 대한 설명으로 적절하지 않은 것은?

① 적립금은 55세부터 연금으로 수령할 수 있다.
② 연금수령 시 연금소득세, 연금외 수령 시 기타소득세가 부과된다.
③ 적립금에 대해 소득공제 혜택이 주어진다.
④ 연금저축을 다른 금융회사로 이전해도 세제혜택은 유지된다.

35

개인종합저축계좌(ISA)의 가입자격으로 가장 정확한 것은?

① 만 19세 이상의 근로소득자
② 만 19세 이상의 거주자
③ 만 19세 이상의 거주자이면서 직전연도 금융소득종합과세 대상이 아닌 자
④ 만 19세 이상의 거주자이면서 직전 3개년 중 1회 이상 금융소득종합과세 대상이 아닌 자

36

다음 중 예금보호대상 금융상품으로만 짝지어진 것은?

① 외화예금, 양도성예금증서(CD)
② 환매조건부채권(RP), 원금보전금전신탁
③ 발행어음, 표지어음
④ 증권저축, 청약자예수금

37

다음 중 기초자산의 가격변동에 따라 미리 정해진 방법에 의해 수익률이 결정되는 금융상품이 아닌 것은?

① ELS
② ADR
③ ELW
④ DLS

38

집합투자재산을 운용할 때 증권, 부동산, 특별자산 집합투자기구의 규정의 제한을 받지 않는 집합투자기구는 무엇인가?

① 증권 집합투자기구
② 혼합자산 집합투자기구
③ 부동산 집합투자기구
④ 특별자산 집합투자기구

39

투자기간 중 주가가 한번이라도 경계지수 이상으로 상승하면 만기 시 고정수익률로 상환하고, 주가가 한번도 경계지수 이상으로 상승하지 않을 경우 만기 주가상승률에 참여율을 곱한 만큼을 수익으로 지급하는 ELS 유형은 무엇인가?

① Bull spread형
② Knock-out형
③ Digital형
④ 조기상환형

40

주식워런트증권(ELW)의 가격에 대한 설명으로 적절하지 않은 것은?

① 주식워런트증권의 가격은 행사가치와 시간가치의 합이다.
② 콜 워런트의 행사가치는 기초자산의 가격과 권리행사 가격의 차로 구한다.
③ 시간가치는 기대가치이므로 만기일에 근접할수록 감소한다.
④ 행사가격이 높을수록 콜 ELW의 가격은 올라가고, 풋 ELW의 가격은 내려간다.

41

투자전략에서 자산배분의 중요성이 부각되는 이유로 가장 거리가 먼 것은?

① 투자위험에 대한 관리의 필요성이 높아졌다.
② 신상품에 대한 규제완화로 투자대상 자산의 종류가 증가하고 있다.
③ 실증연구결과 자산배분정책이 포트폴리오 성과에 가장 중요한 요인이었다.
④ 투자자금의 국가 간 이동이 자유화됨에 따라 국가별 자산에 대한 변동성이 작아졌다.

42

어떤 투자자가 주식의 기대수익률을 무위험이자율과 주식시장 위험 프리미엄의 합으로 추정하였다. 이와 같이 기대수익률을 추정하는 방법은?

① 추세분석법
② 시나리오 분석법
③ 펀더멘털 분석법
④ 시장공동예측치 사용법

43

다음 자료를 보고 시나리오분석법을 이용하여 자산 A의 기대수익률을 계산하면?

경기상황	예상수익률	확률
호황	40%	0.2
현상유지	30%	0.6
불황	20%	0.2

① 10% ② 15%
③ 25% ④ 30%

44

다음 자료를 보고 두 주식 중 우월한 투자대상을 판단할 수 있는가? 있다면 어느 주식인가?(단, 두 주식의 기대수익률은 15%로 동일하다)

상황	확률	주식A	주식B
호경기	0.3	100%	40%
정상	0.4	15%	15%
불경기	0.3	-70%	-10%

① 주식 A
② 주식 B
③ 서로 동일
④ 판단 불가

45

기후변화 관련 재무정보 공개 협의체(TCFD)에서 제시한 기후변화 관련 정보공개 지침의 4가지 범주가 아닌 것은?

① 사회적 폭력 노출도
② 리스크관리
③ 지표 및 목표
④ 지배구조

46

전략적 자산배분에 이용되는 최적화 방법에 대한 설명으로 적절하지 않은 것은?

① 최적화를 위해 추정한 각종 입력변수에는 오류나 추정 오차가 내재되어 있다.
② 입력 변수에 추정 오차가 있는 경우에는 효율적 투자기회선이 선으로 나타난다.
③ 입력 변수의 추정치의 변화가 크지 않음에도 불구하고 자산구성이 급변하기도 한다.
④ 최적화는 일정한 위험 수준 하에서 최대의 기대수익률을 달성하도록 자산의 포트폴리오를 구성하는 것이다.

47

전술적 자산배분의 특징을 모두 고른 것은?

⊙ 시장변화 방향을 예상한 사전적인 자산구성
ⓒ 중단기 가격착오를 적극적으로 활용하는 역투자전략
ⓒ 증권시장의 과잉반응현상과 평균반전현상 활용
ⓔ 균형가격의 산출에서 출발하는데 항상 객관적인 가격판단이 중요

① ㉠, ㉡
② ㉢, ㉣
③ ㉠, ㉡, ㉢
④ ㉠, ㉡, ㉢, ㉣

48

다음 중 전략적 자산배분의 실행방법에 해당하는 것은?

① 포뮬러 플랜
② 가치평가모형
③ 기술적 분석
④ 위험-수익 최적화법

49

투자의 위험과 수익률에 대한 설명으로 적절하지 않은 것은?

① 기대수익률이란 기대할 수 있는 수익의 최댓값을 말한다.
② 투자자산의 가치는 기대되는 수익이 클수록, 위험이 작을수록 커진다.
③ 위험회피성향이 클수록 동일한 위험증가에 대해 더 큰 보상을 요구한다.
④ 위험이란 수익률이 기대수익률에서 벗어나는 정도, 즉 변동성으로 정의한다.

50
역투자전략에 대한 설명으로 적절하지 않은 것은?

① 전략적 자산배분 전략의 이론적 배경이 된다.
② 내재가치와 시장가격 간의 비교를 통해서 실행된다.
③ 시장가격이 지나치게 올라서 내재가치 대비 고평가되면 매도한다.
④ 내재가치는 중장기적인 변화과정을 보일 뿐만 아니라 변동성이 낮은 반면, 시장가격은 변동성이 높아 역투자전략이 용이하다.

51
예금자보호 대상 금융상품으로만 모두 묶은 것은?

| ㉠ 증권CMA | ㉡ ELS |
| ㉢ MMDA | ㉣ 정기적금 |

① ㉠, ㉡
② ㉢, ㉣
③ ㉠, ㉡, ㉣
④ ㉡, ㉢, ㉣

52
전술적 자산배분 전략에서 가치평가 시 사용하는 방법이 아닌 것은?

① CAPM 등 요인모형방식
② 추세분석 등 기술적 분석
③ 시장가치 접근방법
④ 주식의 현금흐름할인모형 등 기본적 분석

53
ESG 투자방식에 대한 설명 중 적절하지 않은 것은?

① ESG기준에 부합하지 않는 종목을 배제한다.
② 비재무분석을 배제하고 재무분석을 더욱 강화하고 있다.
③ 국제기구 및 주요 NGO의 기준을 준수하지 않은 기업은 투자대상에서 제외한다.
④ 의결권 행사 등을 통해 주주총회에서 의사결정에 개입해 기업이 ESG 요건을 준수하도록 투자한다.

54
다음 중 관계마케팅의 특징이 아닌 것은?

① 고객유지
② 사전대비 지향
③ 자동화
④ 고객 차별화

55
고객 상담 Process에서 다음의 과정은?

- 상품의 특성 및 이점 소개
- 고객의 반감 극복
- 투자 개념 설명

① 고객과의 관계 형성
② Needs 탐구
③ 설득 및 해법제시
④ 동의확보 및 Closing

56
고객의 Needs를 파악하기 위한 질문의 수법이 아닌 것은?

① 폐쇄형질문
② 개방형질문
③ 확대형질문
④ 부메랑법

57
고객의 반감 처리방법으로 적당하지 않은 것은?

① 고객의 말을 끊거나 정면으로 대응하지 않는다.
② 고객의 우려가 타당하다고 인정하면 안된다.
③ 반감이 생겼다고 좌절하지 말고 상품의 특징을 자신감을 갖고 강조한다.
④ 반감처리 후에는 자만하지 말고 고객의 느낌을 확인하여야 한다.

58
다음 중에서 고객의 반감처리 화법이 아닌 것은?

① 맞습니다 맞고요 화법(Yes, But)
② 보상법
③ 질문법
④ 추정승낙법

59
다음은 어떤 상담종결화법을 말하는 것인가?

> 채권형 펀드로 하시겠습니까? CMA로 하시겠습니까?

① 추정승낙법
② 실행촉진법
③ 양자 택일법
④ 가입조건 문의법

60
설명서 교부에 대한 내용으로 바르지 못한 것은?

① 증권신고의 효력이 발생한 증권을 취득하고자 하는 고객이 전화 등으로 설명서의 수령을 거부하는 경우에는 설명서를 교부할 필요가 없다.
② 기본계약을 체결하고 그 계약 내용에 따라 계속적, 반복적으로 거래를 하는 경우에는 설명서를 교부할 필요가 없다.
③ 기본계약을 체결하고 동일한 내용으로 갱신하는 경우에는 설명서를 교부할 필요가 없다.
④ 고객이 이미 취득한 것과 같은 집합투자증권을 계속하여 추가로 취득하려는 때에 해당 집합투자증권의 투자설명서 내용이 직전에 교부한 설명서의 내용과 다른 경우에는 설명서를 교부할 필요가 없다.

61
투자권유를 희망하지 않는 투자자에 대한 설명으로 바르지 않는 것은?

① 투자권유를 희망하지 않아 투자자가 정보제공을 하지 않으면 향후에도 투자권유를 할 수 없음을 알려야 한다.
② 투자자가 투자권유를 받지 않고 투자하고자 하는 경우에도 원금손실가능성, 투자에 따른 손익은 모두 투자자에게 귀속된다는 사실 등 투자에 수반되는 주요 유의사항은 알려야 한다.
③ 투자자가 투자권유를 받지 않고 투자하고자 하는 경우에는 투자설명서를 교부할 필요가 없다.
④ 파생상품의 거래는 제한된다는 사실을 알려야 한다.

62

투자자정보 파악에 대한 설명으로 바르지 못한 것은?

① 투자자정보는 대리인을 통하여 파악할 수 없다.
② 온라인을 통하여 투자자정보를 파악할 수 있다.
③ 자신의 정보를 제공하지 않는 투자자에 대해서는 거부의사가 포함된 확인서를 받아야 한다.
④ 위험이 높지 않은 금융투자상품만을 거래하는 투자자의 경우, 투자목적·재산상황·투자경험만을 파악하는 간략한 투자자 정보 확인서를 사용할 수 있다.

63

투자권유시 유의사항으로 바르지 못한 것은?

① 수익증권에 대한 매매권유와 채무증권에 대한 매매권유는 다른 종류의 상품을 재권유한 것이다.
② 증권에 대한 투자자문계약과 장내파생상품에 대한 투자자문계약은 다른 종류의 상품을 재권유한 것이다.
③ 장내파생상품에 대한 투자일임계약과 장외파생상품에 대한 투자일임계약은 같은 종류의 상품을 재권유한 것이다.
④ 장내파생상품에 대해서는 투자자로부터 투자권유의 요청이 없더라도 실시간 대화의 방법으로 투자권유를 할 수 있다.

64

다음 중에서 투자권유대행인의 금지행위가 아닌 것은?

① 투자자로부터 금전, 증권, 그 밖의 재산을 수취하는 행위
② 위탁계약을 체결한 금융투자업자가 이미 발행한 주식의 매수 또는 매도를 권유하는 행위
③ 투자자 성향 및 상품의 특성을 고려하여 장기투자가 유리하다고 판단되는 경우 장기투자 권유
④ 투자자를 대리하여 계약을 체결하는 행위

65

외화증권 투자를 하는 경우 추가적으로 설명해야 할 사항이 아닌 것은?

① 투자대상국가 또는 지역 경제의 특징
② 투자에 따른 일반적 위험 외에 환율변동위험
③ 투자대상국가의 거래제도 차이
④ 금융투자회사가 환위험 헤지를 하는 경우 시장상황에 따라 손실이 발생할 수 있다는 사실

66

자본시장법에서 직무윤리의 역할에 대한 설명이다. 올바르지 않은 것은?

① 금융투자상품은 투자성을 내포하므로 직무윤리를 준수할 필요성이 커진다.
② 자본시장법의 금융투자상품 적용범위가 확대됨에 따라 직무윤리의 중요성이 강조된다.
③ 자본시장법상 전문투자자가 주된 보호대상에서 제외됨에 따라 직무윤리 책임도 한결 완화된 측면이 있다.
④ 자본시장법은 금융소비자 보호를 위해 예전에는 서비스에 불과하던 것을 법적 의무로 강화한 부분이 많다.

67

다음은 기업윤리와 직무윤리를 설명한 내용이다. 기술 중 가장 잘못된 것은?

① 직무윤리를 기업의 경영방식에 도입한 것이 윤리경영이다.
② 기업윤리는 미시적 개념이며, 직무윤리는 거시적 개념이다.
③ 직무윤리는 조직 구성원 개개인들이 지켜야 하는 윤리적 행동과 태도를 구체화한 것이다.
④ 기업윤리는 윤리강령 등의 형태를 지닌 추상적인 형태를 지닌다.

68
금융투자업 종사자의 신의성실의무에 대한 설명 중 잘못된 것은?

① 신의성실의 원칙은 계약 이전과 이후의 전단계에서 적용되는 일반적인 기본원리이다.
② 신의성실의무는 고객우선의 원칙과 더불어 직무윤리의 2대 핵심원칙이다.
③ 금융투자업 종사자는 이익충돌 상황이 발생할 때 신임의무에 근거하여 회사의 이익보다 금융소비자의 이익을 우선적으로 보호하여야 한다.
④ 의무의 이행이 신의칙에 반한다고 하여 법적 책임까지 부담하는 것은 아니다.

69
금융투자업자가 준수하여야 할 직무윤리로서 그 성격이 다른 항목과 가장 다른 것은?

① 법규준수
② 정보보호
③ 사적 이익 추구 금지
④ 품위유지

70
다음은 투자권유에 대한 설명이다. 옳지 않은 것은?

① 일반금융소비자이건 전문금융소비자이건 전화나 방문을 이용한 장외파생상품 투자권유행위는 금지된다.
② 투자자가 투자권유에 대한 거부의사를 표시하였다면 1주일이 경과한 후에는 투자권유를 할 수 있다.
③ 일반투자자에게 투자권유를 할 때는 적합성의 원칙을 준수하여야 한다.
④ 금융투자업 종사자가 투자자에게 이익보장의 약속을 하면서 투자권유를 하였다면 투자자가 그 권유에 따라 위탁하지 않더라도 법위반으로 본다.

71
다음 중 설명의무에 대한 내용으로 바르지 못한 것은?

① 설명의무 위반이 문제되었을 때 사업자가 설명의무를 다하였음을 입증하여야 한다.
② 자본시장법상 전문투자자 및 일반투자자 모두에게 적용된다.
③ 상품안내장에는 그림이나 기호 등의 시각적인 요소를 적극 활용하여야 한다.
④ 설명의 대상에는 청약철회권, 위법계약해지권, 자료열람요구권이 포함된다.

72
다음 (   )에 들어갈 알맞은 숫자는?

> 해피콜제도는 금융소비자가 상품 가입 후 (   ) 이내에 판매직원이 아닌 제3자가 전화를 통해 불완전판매 여부를 확인하는 제도이다.

① 15일 ② 15영업일
③ 7일 ④ 7영업일

73
금융투자업 종사자의 대외활동에 관한 설명으로 바르지 못한 것은?

① 언론기관에 관련 정보를 제공할 때는 사전에 홍보부와 충분히 협의하여야 한다.
② 외부강연을 할 때는 사견을 말할 수 없다.
③ 임직원과 고객간의 이메일은 사용장소에 관계없이 표준내부통제기준 및 관계법령 등의 적용을 받는다.
④ 인터넷 게시판이나 웹사이트 등에 특정 금융투자상품에 대한 분석이나 권유와 관련된 내용을 게시하고자 하는 경우 사전에 준법감시인이 정하는 절차와 방법에 따라야 한다.

74
금융투자회사의 내부통제기준 상 영업점에 대한 내부통제에 대한 설명으로 가장 거리가 먼 것은?

① 영업관리자는 영업점에서 1년 이상 근무한 경력이 있어야 한다.
② 영업관리자는 영업점장이어야 한다.
③ 금융투자회사는 영업점별 영업관리자에게 업무수행 결과에 따른 적절한 보상을 지급할 수 있다.
④ 준법감시인은 영업점별 영업관리자에 대하여 연간 1회 이상 법규 및 윤리교육을 실시하여야 한다.

75
금융투자협회의 〈금융투자회사의 영업 및 업무에 관한 규정〉 상 부당한 금품 등의 제공 및 수령 금지에 대한 설명으로 옳지 않은 것은?

① 금융투자회사의 업무수행과 관련한 부당한 금품 수수는 업무의 공정성을 해할 우려가 있으므로 금지된다.
② 금융투자회사는 재산상 이익을 제공 및 수령하는 경우 해당 사항을 기록하고 5년 이상 관리·유지하여야 한다.
③ 집합투자회사가 자신이 운용하는 집합투자기구의 집합투자증권의 판매실적에 연동하여 이를 판매하는 회사에 재산상 이익을 제공할 수 있다.
④ 투자매매회사 또는 투자중개회사가 판매회사 변경에 따른 이동을 조건으로 재산상 이익을 제공할 수 없다.

76
투자권유에 대한 설명으로 옳지 않은 것은?

① 고객이 투자권유를 희망하지 않는 경우에는 회사는 투자를 권유할 수 없다.
② 금융소비자가 합리적인 투자판단과 의사결정을 할 수 있도록 위험 및 거래의 특성과 주요 내용을 명확히 설명하여야 한다.
③ 일반 금융소비자에게는 적합성의 원칙과 설명의무를 지켜야 한다.
④ 투자권유를 희망하지 않는 금융소비자도 '투자자 정보 확인서'를 작성하여야 한다.

77
개인정보보호법의 내용으로 바르지 못한 것은?

① 업무를 목적으로 개인정보파일을 운용하기 위하여 스스로 또는 다른 사람을 통하여 개인정보를 처리하는 공공기관이나 법인, 단체 및 개인을 개인정보처리자라고 한다.
② 개인정보처리자는 개인정보를 수집하는 경우에 그 목적에 필요한 최소한의 개인정보를 수집하여야 한다.
③ 최소한의 개인정보 수집이라는 입증책임은 정보주체가 부담한다.
④ 개인정보처리자는 정보주체가 개인정보 수집에 동의하지 아니한다는 이유로 정보주체에게 재화 또는 서비스의 제공을 거부하여서는 안된다.

78

개인정보보호법상 개인정보 유출에 대한 처벌의 내용으로서 옳지 않은 것은?

① 피해자가 구체적 피해액을 입증하지 못해도 법원은 일정금액의 배상판결을 내릴 수 있다.
② 고의나 중과실로 개인정보를 유출한 기관에 대해 피해액의 최대 3배까지 배상액 중과할 수 있다.
③ 징벌적 손해배상제도를 도입하였다.
④ 개인이 부정한 방법으로 개인정보를 취득하여 타인에게 제공하여도 개인정보보호법의 적용대상이 아니다.

79

협회의 분쟁조정제도에 대한 설명으로 바르지 못한 것은?

① 협회는 당사자에게 구두 또는 서면으로 합의권고를 할 수 있다.
② 당사자가 법원에 제소하면 위원회에 회부하지 않고 종결처리할 수 있다.
③ 당사자간에 합의가 성립하지 않으면 협회는 조정신청서 접수일로부터 30일 이내에 조정위원회에 사건을 회부하며 위원회는 회부된 날로부터 30일 이내에 심의하여 조정한다.
④ 당사자가 조정위원회의 조정안을 수락하면 재판상 화해계약의 효력을 갖는다.

80

다음의 분쟁사례 중에서 옳지 않은 것은?

① 직원이 고객으로부터 포괄적인 일임을 받았다고 하더라도 별도의 권한을 위임받지 않고 행한 신용거래는 임의매매이다.
② 고객이 직원의 임의매매사실을 알고도 즉시 임의매매에 대한 배상요구를 하지 않았다면 임의매매를 추인한 것이다.
③ 고객이 증권회사 직원에게 주식매매를 포괄일임하였다고 하더라도 직원이 고객의 특정종목에 대한 매수금지 지시에 불응하여 동 종목을 매수한 행위는 임의매매이다.
④ 직원이 '혼자만 알고 있는 호재인데 소문이 날까봐 이를 밝힐 수 없다. 지금 당장 투자하지 않으면 시기를 놓친다'는 등의 말로 매매를 권유한 것은 부당권유이다.

제3과목 법규 및 규정

81
자본시장법상 금융투자상품에 대한 설명으로 가장 거리가 먼 것은?

① 수익증권은 신탁의 수익권이 표시된 증권이다.
② 원화로 표시된 양도성 예금증서는 금융투자상품에서 제외된다.
③ 증권과 파생상품은 원금초과손실가능성 여부로 구별된다.
④ 채무증권은 특정 투자자가 그 투자자와 타인간의 공동사업에 금전 등을 투자하고 주로 타인이 수행한 공동사업의 결과에 따른 손익을 귀속받는 계약상의 권리가 표시된 증권이다.

82
자본시장법상 금융투자업자가 인가나 등록을 받을 때 고려대상이 아닌 것은?

① 금융투자업
② 대주주
③ 금융투자상품
④ 투자자

83
투자성 상품의 경우 청약철회권이 적용되지 않는 상품은 무엇인가?

① 고난도 금전신탁계약
② 고난도 투자일임계약
③ 파생결합증권
④ 부동산신탁계약

84
자본시장법상 증권신고서제도에 대한 설명으로 가장 거리가 먼 것은?

① 증권신고서 제출의무자는 모집이나 매출의 주선자이다.
② 증권신고서의 효력이 발생한다는 의미는 정부에서 그 증권의 가치를 보증 또는 승인하는 것이 아니다.
③ 한국산업은행법에 의하여 직접설립된 법인이 발행한 채권에 대해서는 증권신고서에 관한 규정이 적용되지 않는다.
④ 증권신고서 제출의무가 없는 모집 또는 매출의 경우에도 발행인은 투자자보호를 위하여 재무상태에 관한 사항 등 일정한 사항을 공시하여야 한다.

85
다음 중 순자본비율과 경영실태평가와 관련한 내용으로 바르지 않은 것은?

① 금융투자업자는 최소한 일별로 순자본비율을 산정하여야 한다.
② 금융투자업자는 순자본비율이 150% 미만이 된 경우에는 지체없이 금감원장에게 보고하여야 한다.
③ 금융투자업자가 부실금융기관에 해당하면 금융위는 6개월 이내의 영업정지 조치를 할 수 있다.
④ 금융투자업자가 영업을 영위함에 있어 직면하게 되는 손실은 시장위험액, 신용위험액, 운영위험액이 있다.

86

자본시장법상 미공개중요정보를 알게 된 자 중에서 미공개 중요정보 이용행위 규제자들을 〈보기〉에서 모두 고르면?

> ㉠ 해당 법인의 계열회사의 임직원
> ㉡ 해당 법인의 임원으로부터 정보를 들은 자
> ㉢ 해당 법인에 대하여 법령상 허가를 받은 자

① ㉠, ㉡
② ㉠, ㉢
③ ㉡, ㉢
④ ㉠, ㉡, ㉢

87

금융소비자보호법상 6대 판매원칙 중에서 과징금 부과사유가 아닌 것은?

① 설명의무 위반
② 적정성의 원칙 위반
③ 광고규제 위반
④ 불공정영업행위 위반

88

자본시장법상 기업의 M&A 관련 사항으로 바르지 못한 것은?

① 주식을 6개월 동안 증권시장 밖에서 10인 이상의 자로부터 매수 등을 하고자 하는 자는 그 매수 등을 한 후에 본인과 특별관계인이 보유하게 되는 주식등의 합계가 그 주식 총수의 100분의 5 이상이 되는 경우에는 공개매수를 하여야 한다.
② 주권상장법인 주식 등을 발행주식 총수의 5% 이상 보유하게 된 경우이거나 5% 이상 보유자가 5% 이상이 변동하는 경우에는 사유발생일로부터 5일 이내에 보고하여야 한다.
③ 상장주권 의결권 권유자는 피권유자에게 위임장 용지와 참고서류를 교부하여야 한다.
④ 자본시장법상 기업의 M&A 관련 제도는 주권상장법인을 대상으로 한다.

89

금융투자업규정상 금융위원회가 금융투자회사에게 투자자예탁금 반환명령 등 긴급조치를 취할 수 있는 사유로 가장 거리가 먼 것은?

① 순자본비율이 100% 미만인 경우
② 발행한 어음 또는 수표가 부도로 되거나 은행과의 거래가 정지 또는 금지되는 경우
③ 유동성이 일시적으로 급격히 악화되어 투자자예탁금 등의 지급불능 사태에 이른 경우
④ 휴업 또는 영업의 중지 등으로 돌발사태가 발생하여 정상적인 영업이 불가능한 경우

90

금융기관 검사 및 제재에 관한 규정 상 이의신청에 대한 설명으로 가장 거리가 먼 것은?

① 이의신청 처리 결과에 대해서는 다시 이의신청할 수 없다.
② 금감원장은 무죄 판결 등으로 그 제재가 위법 또는 부당함을 발견하였을 때는 직권으로 재심하여 조치를 취할 수 있다.
③ 금감원장은 이의신청이 이유없다고 인정할 명백한 사유가 있는 경우에도 기각할 수 없다.
④ 금감원장으로부터 제재를 받은 금융기관은 당해 제재가 위법 또는 부당하다고 인정되는 경우에는 이의신청을 할 수 있다.

91

자본시장법상 금융투자업에 대한 설명으로 가장 거리가 먼 것은?

① 자신이 투자신탁의 수익증권을 발행하는 것은 투자매매업이 아니다.
② 투자권유대행인이 투자권유를 대행하는 경우에는 투자중개업이 적용되지 않는다.
③ 불특정다수인이 수시로 구입할 수 있는 출판물을 통하여 조언을 하는 경우에는 투자자문업이 적용되지 않는다.
④ 지방자치단체가 공익을 위하여 관련 법령에 따라 금융투자상품을 매매하는 경우에는 투자매매업이 적용되지 않는다.

92

자본시장법상 금융투자업의 인가에 대한 설명으로 가장 거리가 먼 것은?

① 온라인소액투자중개업을 하기 위해서는 금융투자업 인가를 받아야 한다.
② 금융관계법령을 위반하여 해임된 임원은 5년을 경과하지 않으면 다시 임원이 될 수 없다.
③ 매 회계연도말 기준 자기자본이 인가업무 단위별 최저 자기자본의 70% 이상을 유지하여야 한다.
④ 자기 자본을 산정하는 경우에는 최근 사업연도말 이후 인가신청일까지의 자본금의 증감분을 포함하여 계산한다.

93

금융투자업규정상 자산건전성 규제와 관련하여 금융투자업자가 준수하여야 할 사항이 아닌 것은?

① 금융투자업자는 회수의문 또는 추정손실로 분류된 자산을 조기에 상각하여 자산의 건전성을 확보하여야 한다.
② 금융투자업자는 매분기말 요주의 이하로 분류된 채권에 대하여 적정한 회수예상가액을 산정하여야 한다.
③ 금융투자업자는 매분기마다 자산 및 부채에 대한 건전성을 정상, 요주의, 고정, 회수의문, 추정손실의 5단계로 분류하여야 한다.
④ 금융투자업자는 자산건전성 분류기준의 설정 및 변경, 동 기준에 따른 자산건전성 분류결과 및 대손충당금 등 적립 결과를 감독원장에게 보고하여야 한다.

94

자본시장법상 조사분석자료와 관련하여 보기의 ( )에 들어갈 내용으로 가장 적절한 것은?

- 조사분석자료의 내용이 확정된 때부터 공표 후 ( )이 경과하기 전에 그 조사분석자료의 대상이 된 금융투자상품을 자기 계산으로 매매하는 행위는 금지된다.
- 투자매매업자 또는 투자중개업자는 그 증권이 최초로 증권시장에 상장된 후 ( ) 이내에 그 증권에 대한 조사분석자료를 공표하거나 제공할 수 없다.

① 24시간, 20일
② 24시간, 40일
③ 48시간, 20일
④ 48시간, 40일

95

자본시장법상 투자매매업자 및 투자중개업자의 영업행위규칙에 대한 설명으로 가장 거리가 먼 것은?

① 공개시장을 통하여 매매하는 경우에는 자기계약을 할 수 있다.
② 증권시장과 파생상품시장 간의 가격차이를 이용한 차익거래는 선행매매를 할 수 있다.
③ 투자매매업자 또는 투자중개업자는 투자권유대행인 또는 투자권유자문인력이 아닌 자에게 투자권유를 하도록 할 수 없다.
④ 투자자에게 해당 투자매매업자가 발행한 자기주식의 매매를 권유할 수 있다.

96

금융투자업규정상 신용공여에 대한 설명으로 가장 거리가 먼 것은?

① 신용거래대주를 할 때는 매도대금을 담보로 받아야 한다.
② 거래소가 투자경고종목으로 지정한 증권은 신규의 신용거래를 할 수 없다.
③ 투자자매매업자 또는 투자중개업자는 투자자의 신용상태 및 종목별 거래상황 등을 고려하여 신용공여금액의 100분의 120 이상에 상당하는 담보를 징구하여야 한다.
④ 투자매매업자 또는 투자중개업자는 청약자금대출을 할 수 있다.

97

자본시장법상 투자자예탁금에 대한 설명으로 가장 거리가 먼 것은?

① 국채증권을 매수하는 방법으로 운용할 수 있다.
② 예치금융투자업자는 원칙적으로 투자자예탁금을 양도하거나 담보로 제공할 수 없다.
③ 예치금융투자업자가 해산결의를 하면 투자자예탁금을 인출하여 투자자에게 우선하여 지급한다.
④ 투자매매업자는 투자자예탁금을 예치할 때는 그 투자자예탁금이 투자매매업자의 재산이라는 점을 명시하여야 한다.

98

자본시장법상 증권신고서제도에 대한 설명으로 가장 적절한 것은?

① 지방채를 발행할 때 증권신고서를 제출하여야 한다.
② 증권신고서의 효력이 발생한다는 것은 정부가 그 증권의 가치를 보증하는 것이다.
③ 모집이란 증권시장 밖에서 50인 이상의 투자자에게 이미 발행된 증권의 매도 또는 매수의 청약을 권유하는 것을 말한다.
④ 금융위의 정정요구를 받은 후 3개월 내에 발행인이 정정신고서를 제출하지 아니한 경우에는 해당 증권신고서를 철회한 것으로 본다.

99

금융투자업규정상 전매제한과 관련하여 보기 ( )에 들어갈 내용으로 가장 적절한 것은?

> 증권을 발행한 후 지체없이 한국예탁결제원에 예탁하고 ( ) 간 인출하거나 매각하지 않기로 예탁결제원과 계약을 체결한 후 그 내용을 이행한 경우에는 전매기준에 해당하지 않는다.

① 1개월 ② 3개월
③ 6개월 ④ 1년

100

자본시장법상 내부자의 단기매매차익반환제도에 관한 설명으로 가장 거리가 먼 것은?

① 주권상장법인의 주요주주와 모든 임직원은 단기매매차익반환의무가 있다.
② 단기매매차익반환의무는 미공개중요정보의 이용여부와 관계없이 특정 증권 등의 단기매매에 따른 이익을 회사에 반환하도록 하는 제도이다.
③ 주요주주는 매도·매수한 시기 중 어느 한 시기에 있어서 주요주주가 아닌 경우에는 제외된다.
④ 교환사채권의 권리행사에 따라 증권을 취득하는 경우에는 제외된다.

제1회 정답 및 해설

정답

01	02	03	04	05	06	07	08	09	10	11	12	13	14	15	16	17	18	19	20
④	②	①	④	②	④	②	①	③	①	②	④	④	④	④	③	②	③	①	①
21	22	23	24	25	26	27	28	29	30	31	32	33	34	35	36	37	38	39	40
②	④	④	②	③	③	①	④	②	②	①	①	③	③	③	③	②	③	②	②
41	42	43	44	45	46	47	48	49	50	51	52	53	54	55	56	57	58	59	60
①	③	②	①	③	①	①	①	②	④	②	②	①	①	③	②	①	④	③	②
61	62	63	64	65	66	67	68	69	70	71	72	73	74	75	76	77	78	79	80
①	①	①	④	①	②	③	①	①	③	②	②	①	①	④	③	②	④	②	①
81	82	83	84	85	86	87	88	89	90	91	92	93	94	95	96	97	98	99	100
①	②	④	①	②	③	④	①	④	①	①	④	③	②	②	④	②	④	③	②

제1과목 증권분석 및 증권시장

01 정답 ④

간접발행의 대부분은 총액인수방식을 사용하며 인수기관의 부담이 큰 만큼 인수수료율도 가장 높다.

02 정답 ②

상장법인 간의 합병은 재상장 대상이지만 비상장법인과 상장법인의 합병은 우회상장(Back-door listing) 대상이다.

03 정답 ①

거래소시장에 상장되기 위해서는 주식의 자유로운 유통이 보장되어야 하므로 주식의 양도에 대한 제한이 없어야 한다.

04 정답 ④

청약기관은 자기책임과 계산없이 투자자를 대신하여 청약을 대행하는 역할을 수행한다. 반면 인수단은 자기책임과 계산으로 증권을 직접 인수하는 가장 중요한 역할을 수행한다.

05 정답 ②

자율공시한 내용을 변경 또는 번복하는 경우에도 불성실공시법인으로 지정된다.

06 정답 ④

코스닥150지수선물가격이 기준가격 대비 6% 이상 변동하여 1분간 지속되는 경우 프로그램매매호가의 효력을 5분간 정지한다.(단, 코스닥150지수도 3% 이상 변동해야 함)
[참고] 유가증권시장에서는 코스피200지수선물가격이 기준가격 대비 5% 이상 변동하여 1분간 지속되는 경우 프로그램매매호가의 효력을 5분간 정지한다.

07 정답 ②

유가증권·코스닥 시장에서는 지정가호가 및 시장가호가 외에도 조건부지정가호가, 최유리지정가호가, 최우선지정가호가, 목표가호가, 경쟁대량매매호가 등이 가능하다.

08 정답 ①

동시호가는 시가가 상·하한가로 결정되는 때에 단일가매매에 참여한 상·한가(시장가 포함) 호가를 동시에 접수된 것으로 간주하여 시간상 우선순위를 배제하는 제도이다. 동시호가의 경우에는 가격 및 시간 우선원칙 대신 위탁자우선 → 수량우선 → 접수순으로 체결된다.

09 정답 ③

거래중단시간은 20분이다.

10 정답 ①

한국거래소는 실물결제(증권과 대금을 수수), 차감결제(매도·매수 차감 후 잔액만 결제), 집중결제(결제기구에서 결제)방식을 채택하고 있다.

11 정답 ②

수요예측제도는 회사채에서 시행 중인 제도이다.

12 정답 ④

패리티 = (주가/전환가격) × 100 = (주가/5,000) × 100 = 120. 따라서 주가는 6,000원

13 정답 ④

만기상환액은 만기에 이자를 지급하지 않는 할인채가 가장 작고, 3개월 단위 복리채가 가장 크다.

14 정답 ④

지급보증은 외부적 신용보강방식이다. 내부 신용보강에는 선·후순위 구조화, 현금흐름차액적립, 초과담보설정 등이 있으며 외부 신용보강에는 지급보증, 신용공급 등이 있다.

15 정답 ④

나비형 투자전략은 적극적 투자전략이다.

16 정답 ③

총액인수방식은 간접발행이다.

17 정답 ②

지정자문인이 기업의 상장적격성을 판단하고 거래소의 심사는 최소화하였다.

18 정답 ③

회생절차개시신청은 위원회 심의 후 상장폐지가 결정되는 사유다.
- 즉시 상장폐지 : 지정자문인 미선임, 감사의견, 분산요건미달, 자본전액잠식, 사업보고서 미제출, 기업설명

회 미개최, 유가증권·코스닥시장으로 이전 상장 등
- 위원회 심의 후 상장폐지 결정 : 불성실공시(최근 1년 누계벌점 15점 이상), 회생절차개시신청 등

19 정답 ①

K-OTC시장에는 공정공시 제도가 없다.

20 정답 ①

최근 사업연도 매출액이 5억 원(크라우드펀딩기업은 3억) 이상이어야 한다.

21 정답 ②

주가상승률은 이론적으로 명목GDP성장률(= 실질GDP성장률 + 물가상승률)에 접근한다.

22 정답 ④

매출채권회전율(매출액/매출채권)은 ROE와 관련이 없다.

$$ROE = \frac{순이익}{자기자본}$$

$$= \frac{순이익}{매출액} \times \frac{매출액}{총자본} \times \frac{총자본}{자기자본}$$

$$cf. \frac{총자본}{자기자본} = 1 + \frac{타인자본}{자기자본}$$

$$= 매출액순이익률 \times 총자산회전율 \times 부채레버리지$$

23 정답 ④

기업의 미래 수익력 증가와 밀접한 관계가 있는 것은 강제적 비용(재료비, 인건비 등)보다 임의적 비용(감가상각비, 연구개발비 등)이므로 임의적 비용지출의 크기와 시기에 주의하여 분석할 필요가 있다.

24 정답 ②

① PBR이 높을수록 성장가능성이 높다.
③ 주식의 액면가치에 대한 배당금액의 비율은 배당률이다. 배당수익률은 주식의 시장가치에 대한 배당금액의 비율이다.
④ PSR이 작을수록 현재 주가가 주당매출액에 비해 저평가된 것이다.

25 (정답) ③
PER는 경기에 매우 민감하게 반응하는 문제점이 있다.

26 (정답) ③
기본적 분석과 기술적 분석은 시장의 상승 또는 하락과는 전혀 관계가 없다.

27 (정답) ①
매출총이익 – 판매비와 일반관리비 = 영업이익

28 (정답) ④
실질인플레이션이 기대인플레이션을 초과하게 되면 화폐성 자산의 가치가 감소하므로 채권자는 손실을 보게 되고, 채무자는 이익을 보게 된다.

29 (정답) ②
기업경기실사지수(BSI)는 기준치 100을 경기전환점으로 보고, 100을 초과할 때 경기상승국면으로, 100 미만일 때 경기하강국면으로 판단한다.

30 (정답) ②
성숙기의 특징이다.

제2과목 금융상품 및 윤리

31 (정답) ①
농협중앙회는 비은행이 아닌 특수은행이다.

32 (정답) ①
랩어카운트는 금융투자회사와 고객 간에 이익상충 가능성이 적은 상품이다.

33 (정답) ③
채권형 집합투자기구는 자산총액의 60% 이상을 채권에 운용하는데, 주식에는 투자하지 않는다.

34 (정답) ③
상호금융은 예금자보호법상 보호대상 금융기관이 아니다.

35 (정답) ③
표지어음은 실세금리 연동형 확정금리 상품이고, 나머지(CMA, ELF, ETF)는 실적배당상품이다.

36 (정답) ②
콜 ELW의 가격과 배당은 반비례관계다. 즉, 배당이 증가하면 배당을 받을 수 없는 콜 ELW가격은 하락한다.
[참고] ELW의 가격변화
- 기초자산가격이 상승할수록 콜 가격은 올라가고, 풋 가격은 내려간다.
- 행사가격이 높을수록 콜 가격은 내려가고, 풋 가격은 올라간다.
- 기초자산가격의 변동성이 증가할수록 콜 가격과 풋 가격은 모두 올라간다.
- 잔존만기가 길수록 콜 가격과 풋 가격은 모두 올라간다.
- 금리가 올라가면 콜 가격은 올라가고, 풋 가격은 내려간다.
- 배당이 증가하면 콜 가격은 내려가고, 풋 가격은 올라간다.

37 (정답) ③
환매금지형 집합투자기구는 개방형이 아니므로 중도환매가 불가하여 현금화를 위한 장치로서 집합투자증권을 최초 발행한 날로부터 90일 이내에 증권시장에 상장해야 한다.

38 (정답) ③
연금보험이나 장기 저축성 보험의 경우 10년 이상 가입해야 보험차익에 대해 비과세 혜택이 주어진다.

39 (정답) ②
중개형 ISA는 계좌에 예금은 담을 수 없지만, 대신 국내상장주식을 담을 수 있다.

40 (정답) ②
주가연계상품 중 ELD는 예금자 보호대상이고, ELS나 ELF는 예금자 보호대상이 아니다.

41 (정답) ①
② 하향식(top-down) 방식이라고 한다.
③ 기대수익이 동일하다면 위험이 작은 자산집단의 비

중을 확대하는 것이 좋다.
④ 자산집단 간 상관관계가 낮아야 자산배분의 효과가 커진다.

42 정답 ③
시장참여자들 간에 공통적으로 가지고 있는 미래 수익률에 대한 추정치를 사용하는 방법을 시장공동예측치 사용법이라고 한다.

43 정답 ②
투자목표를 설정하고 투자전략 수립에 필요한 사전 투자분석 실시 → 투자전략적 관점에서 자산배분 실시 → 투자전술적 관점에서 개별종목 선택 → 포트폴리오 수정과 투자성과의 사후통제

44 정답 ①
㉣에서 투자손실 가능성은 미래 기대수익률의 표준편차가 클수록 커진다.

45 정답 ③
리밸런싱(Rebalancing)이다.

46 정답 ①
장기적인 자산구성비율과 중기적으로 개별자산이 취할 수 있는 투자비율의 한계를 결정하는 의사결정은 전략적 자산배분전략이다.

47 정답 ①
68.27%의 신뢰구간 = $m \pm 1\sigma$ 이므로 2% ~ 18%

48 정답 ①
장부가치접근법이 아니라 시장가치접근법이 있다.

49 정답 ②
소극적 투자관리 기법은 중장기 투자관리 방법이다.

50 정답 ④
기하평균수익률이다.

51 정답 ②
특수한 형태의 펀드는 환매금지형, 종류형, 전환형, 모자형, 상장지수펀드(ETF)의 5가지를 말한다.

52 정답 ②
부동산 담보신탁에 대한 설명이다.

53 정답 ①
재무목표가 먼저 결정되어야 그에 부합하는 투자목표를 설정할 수 있다

54 정답 ①
고객획득이 아닌 고객유지에 초점을 맞춘다.

55 정답 ③
고객이 판매직원의 투자 권유없이 투자하는 경우에도 금융회사는 투자에 수반되는 주요 유의사항을 알려야 한다.

56 정답 ②
상담의 진척표를 고객별로 작성해야 한다.

57 정답 ①
경청 – 공감 – 완화 – 반전은 거절처리 절차에 해당한다.

58 정답 ④
계수 중심이 아닌 수익성 위주의 영업전략 때문이다.

59 정답 ③
규모의 경제에서 범위의 경제로이다.

60 정답 ②
직무윤리의 2대 핵심원칙은 고객우선의 원칙과 신의성실의 원칙이다. 이해상충방지의무와 금융소비자보호의무는 2대 핵심원칙을 구체화한 것이다.

61 정답 ①
적합성·적정성에 따라 투자권유절차를 구현할 수 있는 시스템을 온라인에 구축하여야 한다.

62 정답 ①
투자위험을 낮추거나 회피하는 경우에는 금융투자상품의 위험도 분류기준보다 완화된 기준을 적용하여 투자권유할 수 있다.

63 정답 ①
관리신탁 수익권, 양도성예금증서, 주식매수선택권은 금융투자상품이 아니다.

64 정답 ④
투자자로부터 투자권유의 요청을 받지 않고 방문이나 전화 등의 방법으로 장외파생상품의 투자권유를 할 수 없고 증권이나 장내파생상품은 가능하다.

65 정답 ①
원금손실가능범위는 정량적 요소이고 나머지는 정성적 요소이다.

66 정답 ②
직무윤리의 2대 핵심원칙은 고객우선의 원칙과 신의성실의 원칙이다. 이해상충방지의무와 금융소비자보호의무는 2대 핵심원칙을 구체화한 것이다.

67 정답 ③
행정제재나 회사 내부의 제재 이외에 형사처벌도 할 수 있다.

68 정답 ①
준법감시인은 이사회결의로 임면하고 금융위에 통보한다.

69 정답 ①
투자자의 이익이나 손실 규모는 아니다. 위험에 대한 인식 여부가 중요하다.

70 정답 ③
대표이사를 위원장으로 하여야 한다.

71 정답 ②
금융투자업자는 내부통제기준을 설치하여 운영하는 것이 법적 의무이다.

72 정답 ②
회사의 공식 의견이 아닌 경우 사견임을 명백히 표현하여야 한다.

73 정답 ①
법인의 고유재산관리업무를 수행하는 자에게 공연관람의 상품권을 제공할 수 있다.

74 정답 ①
1억원 이하의 과태료 대상이다.
②③ 3천만원 이하의 과태료 대상이다.
④ 2천만원 이하의 과태료 대상이다.

75 정답 ④
ⓔ가 ⓑ보다 먼저인 것을 유의해야 한다.

76 정답 ③
설명의무 위반에 따른 손해배상방법은 설명할 의무가 없다.

77 정답 ②
개인정보보호법은 일반법이고 나머지는 모두 특별법이다.

78 정답 ④
개인정보의 익명처리가 가능한 경우에는 익명처리를 한다.

79 정답 ②
일임매매는 고객이 맡긴 것을 매매한 것이고 임의매매는 고객이 맡기지 않은 계좌에서 매매가 일어난 것이다.

80 정답 ①
금융상품은 일반적인 상품보다 선택할 수 있는 상품이 다양하지 못하고 그 정도가 매우 제한적이다.

제3과목 법규 및 규정

81 정답 ①
금융투자상품 중 원본을 손실한도액으로 하는 것은 증권으로 분류한다.

82 정답 ②
영입용순자본 산정 시 차감항목에 대해서는 원칙적으

로 위험액을 산정하지 않는다.

83 정답 ④
금융투자업자는 매분기마다 자산 및 부채에 대한 건전성을 정상, 요주의, 고정, 회수의문, 추정손실의 5단계로 분류하여야 한다.

84 정답 ①
금융투자업자는 주요 위험변동 상황을 자회사와 연결하여 인식하고 감시하여야 한다.

85 정답 ②
신용공여와 관련하여 담보로 제공된 집합투자증권은 당일에 고시된 기준가격으로 평가한다.

86 정답 ③
투자설명서를 받기를 거부한다는 의사를 서면이나 전화로 표시한 자에 대하여는 투자설명서를 교부할 필요가 없다.

87 정답 ④
영업의 전부 또는 일부의 양도는 경영개선명령의 내용이다.

88 정답 ①
이의신청 결과에 대해서는 다시 이의신청할 수 없다.

89 정답 ④
업무겸영과 부수업무는 영위하기 시작한 날로부터 2주 이내에 사후보고하는 것으로 바뀌었다.

90 정답 ①
내부정보 이용과 무관하게 규제대상이 된다.

91 정답 ①
주식매수선택권은 금융투자상품이 아니다.

92 정답 ④
금융투자상품 투자자에게 유리한 경우라 하더라도 매매의 주문이 없다면 예탁재산으로 매매할 수 없다.

93 정답 ③
투자매매업자는 예치 또는 신탁한 투자자예탁금이 투자자의 재산이라는 점을 명시하여야 한다.

94 정답 ②
24시간이다.

95 정답 ②
집합투자증권은 대상이 아니다.

96 정답 ④
총위험액은 운영위험액을 포함한 시장위험액과 신용위험액을 합산하는 것이다.

97 정답 ②
투자매매업자는 신용공여금액의 100분의140 이상에 상당하는 담보를 징구하여야 한다.

98 정답 ④
3조원 이상의 자기자본을 갖출 것

99 정답 ③
일반사모집합투자업은 등록대상이다.

100 정답 ②
집합투자기구평가회사는 증권분석기관에 해당하지 않는다.

제2회 정답 및 해설

정답

01	02	03	04	05	06	07	08	09	10	11	12	13	14	15	16	17	18	19	20
④	②	①	③	②	④	③	④	③	③	③	②	③	①	①	①	①	③	②	②

21	22	23	24	25	26	27	28	29	30	31	32	33	34	35	36	37	38	39	40
③	②	②	③	③	①	③	③	①	④	②	④	④	④	③	③	③	③	①	④

41	42	43	44	45	46	47	48	49	50	51	52	53	54	55	56	57	58	59	60
②	③	③	④	①	②	③	④	①	③	①	①	③	②	③	①	③	①	③	①

61	62	63	64	65	66	67	68	69	70	71	72	73	74	75	76	77	78	79	80
③	①	③	④	④	①	③	②	①	④	④	②	③	①	②	①	④	③	②	④

81	82	83	84	85	86	87	88	89	90	91	92	93	94	95	96	97	98	99	100
①	③	①	③	④	③	④	③	④	③	②	③	①	①	②	③	①	③	③	②

제1과목 증권분석 및 증권시장

01 정답 ④

발행주식 총수의 5% 이상 소유한 주주가 제외 대상이다.
[참고] 50인 산출대상에서 제외되는 자
- 전문가 : 전문투자자, 회계법인, 신용평가회사, 공인회계사, 감정인 등 공인자격증 소지자
- 연고자 : 최대주주 및 5%이상을 소유한 주주, 발행인의 임원 및 우리사주조합원, 발행인의 계열회사와 그 임원(직원×)

02 정답 ②

① 비과세 → 과세
③ 이사회 결의 → 주주총회 특별결의
④ 30% → 20%

03 정답 ①

② 법률상 정하는 기간이 경과한 날
③ 시장에서 주식을 공모가격의 90% 이상의 가격으로 매수한다.
④ 예비투자설명서는 증권신고서가 수리된 후 효력발생 전에 사용하는 것인데 비해, 투자설명서는 증권신고서의 효력이 발생한 후 사용하는 투자권유문서이다.

04 정답 ③

자기주식매매에 대해서는 지정가주문만 허용한다.

05 정답 ②

한국거래소는 회원에 대하여 6개월 이내의 자격정지가 가능하다.

06 정답 ④

① 위탁증거금률은 금융투자회사가 정한다.
② 위탁증거금은 대용증권으로도 납부가능하다.
③ 위탁매매수수료는 결제 시 징수한다.

07 정답 ③

인수 및 모집사무는 주주배정방식은 발행회사가, 주주우선공모방식은 대표주관회사가 부담한다.

08 정답 ④

공시는 투자자 간에 정보의 비대칭성이 발생하지 않도록 모든 투자자에게 공평하게 전달될 수 있도록 해야 한다.(공시내용 전달의 공평성)

09 정답 ③

랜덤 엔드(Random End)제도이다.
(1) 단일가매매 임의연장(Random End)

① 단일가매매 시 호가접수시간을 정규 마감시간 이후 30초 이내의 임의시간까지 연장하여, 체결시점이 임의로 결정되도록 하는 제도
② 단일가시간 중 허수성 호가에 의한 가격왜곡 방지가 목적

(2) 변동성 완화장치(VI : volatility interruption)
① 주문 실수 등으로 주가급변 시 냉각기간을 제공하여 주가급변을 완화하는 제도 → 가격제한폭과 달리 주의를 환기시키는 간접규제
② 동적 VI : 특정 호가에 의해 직전 체결가격보다 일정 비율(3%~6%) 이상 변동할 때 발동
③ 정적 VI : 직전 체결가격(참조가격)대비 10% 이상 변동할 때 발동 → 종목구분없이 10% 발동 요건을 적용
④ 발동조치 : 2분간 단일가매매로 전환(단일가매매시 발동하면 2분간 단일가매매 연장)

(3) 단기과열종목 지정제도
① 미확인 정보의 확산으로 인한 불특정 다수 투자자의 추종매매로 특정 종목의 주가가 단기간에 급등락을 반복하는 단기과열 현상을 예방하기 위한 제도 → 불공정거래 세력이 아니라 불특정 다수 투자자의 추종매매가 원인
② 3일간 30분 단위 단일가매매 방식으로 거래

(4) 시장경보제도
① 거래소(시장감시위원회)는 투기적이거나 불공정거래의 개연성이 있는 종목 또는 주가가 단기간에 비정상적으로 급등하는 경우 투자자의 주의를 환기하기 위해 운용
② 3단계 지정 : 투자주의종목 → 투자경고종목 → 투자위험종목
③ 투자경고·위험종목은 신용거래 제한, 위탁증거금 100% 징수, 대용증권으로 사용 불가

10 정답 ③
농어촌특별세는 유가증권시장에서만 부과한다.(양도가액의 0.15%)

11 정답 ③
표면이율이 낮을수록 동일한 크기의 수익률변동에 대한 가격변동률은 커진다.

12 정답 ②
주식에 투자한 것보다 먼저 손실을 입을 수 있는 것은 조건부자본증권의 특징이다. 은행이 커버드 본드에 투자할 경우 고유동성자산으로 인정받는다.

13 정답 ③
면역전략은 투자기간과 채권포트폴리오의 듀레이션을 일치시키는 전략이다. ①은 현금흐름일치전략, ②는 역나비형전략, ④는 인덱스 전략의 특징이다.

14 정답 ①
수의상환권(call option)은 발행자가 보유한 권리로서 채권 발행 시 지급하기로 한 이자율보다 시장금리가 낮아질 경우 행사된다.

15 정답 ①
전환프리미엄(= 전환사채 시장가격 − 전환가치)이 1,000원이고 전환가치는 9,000원이므로 전환사채를 10,000원에 매입한 것이다. 또 전환가치(= 주가 × 전환주수)가 9,000원이고 전환주수가 2주이므로 주식의 시장가격은 4,500원이다. 따라서 10,000원에 전환사채를 매입한 것은 전환 대상 주식을 4,500원에 직접 매입하는 것보다 주당 500원의 프리미엄을 지불한 것이다.

16 정답 ①
특수채는 발행주체에 따른 분류방법이다.

17 정답 ①
K-OTC시장은 시간외시장이 없다.

18 정답 ③
특례상장의 경우 지정자문인 없이 상장이 가능하므로 지정자문인 선임 요건은 제외된다.

19 정답 ②
코넥스시장은 지정가와 시장가주문만 가능하다.

20 정답 ②
K-OTC시장의 불성실공시 유형으로는 공시불이행, 공시번복, 허위공시가 있다.

21
정답 ③

예측 가능기간 이후의 잔여가치도 고려해야 한다. 즉, 기업가치 = 예측기간 잉여현금흐름의 현가 + 예측기간이후 잔여가치의 현가

22
정답 ②

① 환율이 상승하면 수출은 늘고 수입은 줄어든다.
③ 환율이 상승하면 해외부채가 많은 기업은 외채상환 부담이 증가하여 수익성이 악화된다.
④ 원화의 초과공급, 달러의 초과수요 시 환율이 상승한다.

23
정답 ②

총자본이익률 = 매출액순이익률 × 총자본회전율에서 총자본회전율은 2회가 된다. 또한 총자본회전율 = 매출액/총자본이므로 총자본은 5억이 된다.

24
정답 ③

시장가치 대 장부가치의 비율은 주가순자산비율(PBR)이다.

25
정답 ③

통상 지속적으로 성장하는 기업에서는 재투자를 위한 사내유보를 많이 하므로 상대적으로 배당수익률은 낮아지게 된다.

26
정답 ①

재무제표를 심도 있게 분석하기 전에 전반적이고 대략적인 문제점을 파악하는 것이 재무비율분석이다.

27
정답 ③

EV(기업가치)는 주주가치와 채권자가치를 합계한 금액을 의미한다.
- EV(enterprise value) = 주주가치 + 채권자가치 = 주식시가총액 + 순차입금
- EBITDA(earning before interest, tax, depreciation & amortization)는 이자 및 세금, 상각비 차감전 이익을 의미하며 영업이익에 감가상각비를 더한 금액으로 계산된다.

28
정답 ③

지표분석의 특징이다. 지표분석은 데이터를 중심으로 일정 공식을 만들어 사용한다.

29
정답 ①

P = PBR × BPS이고 PBR = 2, BPS = 1,000,000/100 = 10,000원이므로
P = 2 × 10,000 = 20,000원

30
정답 ④

기대인플레이션이 증가하면 물가에 대한 보상요구 때문에 금리는 상승한다.

제2과목 금융상품 및 윤리

31
정답 ②

배리어(Barrier) 워런트를 설명한 것이다.

32
정답 ④

Bull spread형 ELS의 자금구성이다. 다른 ELS의 자금구조는 다음과 같다.
- Knock-out형 : 채권 + Knock-out call option 매수
- Reverse Convertible형 : 구성 : 채권 + put option 매도
- Digital형 : 채권 + Digital call(or put) option 매수

33
정답 ④

CD는 할인식이므로 만기에 액면금액만 지급한다.

34
정답 ④

투자신탁의 조직은 위탁회사(투자신탁재산 운용), 수탁회사(신탁재산 보관), 판매회사(수익증권 판매)로 구성되는데, 집합투자업자는 이 가운데 위탁회사의 역할을 담당한다. 수탁회사는 신탁회사이며 판매회사는 은행, 증권회사 등이다.

35
정답 ③

ⓒ이 틀린 내용이다. '자집합투자기구와 모집합투자기구의 집합투자업자가 동일할 것'이 요건이다.

36
정답 ③

양로보험은 생명보험회사에서 취급한다. 손해보험회사는 화재, 해상, 자동차, 보증, 특종, 연금, 장기저축

성 및 해외원보험 등 8가지를 취급한다.

37 정답 ②
① 금융기관별로 최고 5천만원까지 보호한다.
③ 법인예금도 보호대상이다.
④ 선순위채권을 변제하고 남는 재산이 있는 경우에 돌려받을 수 있다.

38 정답 ③
주택청약종합저축의 계약기간은 입주자로 선정될 때까지(당첨시)이다.

39 정답 ①
KDR이다. 해외 DR은 국내기업이 발행한 주식을 국내 원주보관기관에 맡기고 이를 근거로 해외 예탁기관(Depository)이 발행하여 해외시장에 유통시키는 것을 말한다. 또한 발행되는 시장에 따라 ADR(American DR), EDR(European DR), GDR(Global DR) 등으로 구분된다.

40 정답 ④
재산신탁은 운용현상 그대로 수익자에게 교부하는 것을 원칙으로 하지만, 금전을 교부할 수도 있다. 반면 금전신탁은 금전을 교부하는 것이 원칙이지만, 운용현상 그대로 교부할 수도 있다.

41 정답 ②
시장가치 접근방법이다.

42 정답 ③
주식의 기대수익률 = 무위험이자율 + 주식시장 위험프리미엄으로 측정한다. 무위험이자율은 3년 만기 국고채 수익률을 사용한다.

43 정답 ③
③은 전략적 자산배분의 특징, 나머지는 전술적 자산배분의 특징이다.

44 정답 ④
벤치마크는 구체적인 내용(자산집단과 가중치)이 운용하기 이전에 명확해야 한다.

45 정답 ①
현실적으로 진정한 효율적 투자기회선을 규명하는 것은 어렵다. 기대수익률, 표준편차, 자산 간 상관관계 등의 통계 추정치의 오류와 추정 오차가 발생하여 비효율적인 포트폴리오가 구성되기 때문이다.

46 정답 ②
① 내부수익률은 금액가중평균수익률이라고도 한다.
③ 산술평균수익률은 시간가중평균수익률이라고도 한다.
④ 기하평균수익률은 복리로 증식되는 것을 감안한다.

47 정답 ③
자산집단 간에는 상관관계가 충분히 낮아야 분산투자 효과를 얻을 수 있다.(투자관리 핵심탐구 4번 참조)

48 정답 ④
국내 금융기관의 ESG 투자와 상품 관련 정보공시에 대한 제도화 논의는 아직 미진하다.
[참고] ESG와 책임투자의 이해
(1) ESG의 개념
　① 환경(Environment), 사회(Social), 지배구조(Governance)의 줄임말
　② 기존의 재무정보에는 포함되지 않으나 기업의 중장기 지속가능성에 영향을 미칠 수 있는 요인을 환경, 사회, 지배구조로 나누어 기업을 평가하는 새로운 기준
(2) ESG의 투자방식과 시장 규모
　① ESG 요소를 반영한 투자는 '책임투자' 혹은 '지속가능투자'라고 함
　② 글로벌지속가능투자연합(GSIA, Global Sustainable Investment Association)
　　㉠ 주요국의 기관투자자들이 함께 결성한 연합체
　　㉡ 7가지의 ESG 투자방식을 정의하고 하나 이상의 기준을 적용하면 책임투자로 규정
　　㉢ 매 2년 ESG 투자방식을 적용한 펀드 규모를 통해 책임투자 시장규모를 발표
(3) ESG 공시제도
　① ESG 투자기준이 명확하지 않아 마케팅 목적 중심의 'ESG 워싱'이 확대되고 있어 주의가 필요 → ESG 워싱(washing)이란 ESG 실제 활

동이나 개선은 하지 않으면서 노력하고 있는 것처럼 위장하는 것
② 이에 따라 각국은 ESG에 대한 기준 수립 및 공시제도를 정비하고 있음
③ 국내에서도 기업 및 금융기관의 ESG 정보 공시 확대 예상(현재 법적기준은 없음)

49　　　　　　　　　　　　　　　　정답 ①
ⓒ, ⓔ은 전술적 자산배분 실행도구이다.

50　　　　　　　　　　　　　　　　정답 ③
고객성향 파악은 자산배분 이전에 명확히 하여야 한다.

51　　　　　　　　　　　　　　　　정답 ①
투자가치는 미래의 기대수익에 달려 있는데, 그 기대수익이 실현되지 않을 위험을 지니고 있다. 따라서 자산집단의 투자가치는 기대수익과 위험 두 가지 요인으로 평가해야 한다.

52　　　　　　　　　　　　　　　　정답 ①
고객성향파악은 자산배분 전에 고객과 명확히 하여야 한다

53　　　　　　　　　　　　　　　　정답 ③
국내 상장주식은 중개형 ISA에서만 투자할 수 있다

54　　　　　　　　　　　　　　　　정답 ②
통합 서비스가 아니라 개별서비스이다.

55　　　　　　　　　　　　　　　　정답 ③
대출성 상품의 경우 상시근로자 5인 이상의 법인은 전문금융소비자이다.

56　　　　　　　　　　　　　　　　정답 ③
투자일임계약이 체결된 경우에는 금융회사는 투자자의 재무상태 및 투자목적 등 변경여부를 연 1회 이상 확인하여야 한다.

57　　　　　　　　　　　　　　　　정답 ①
상품의 이점을 만족시킬 수 있는 needs를 고객이 명확히 인지했을 때도 가능

58　　　　　　　　　　　　　　　　정답 ①
시장점유율이 아니라 고객점유율, 제품차별화가 아니라 고객차별화다.

59　　　　　　　　　　　　　　　　정답 ③
부메랑법은 반감처리화법이다. 이 외에 이점요약법도 있다.

60　　　　　　　　　　　　　　　　정답 ①
고객이 자기의 Needs에 대해 잘 이야기할 때는 확대형 질문을 통해 많은 이야기를 고객이 하도록 한다.

61　　　　　　　　　　　　　　　　정답 ③
전문금융소비자는 설명의무의 대상이 아니다.

62　　　　　　　　　　　　　　　　정답 ①
투자자정보파악 – 투자자성향분석 – 투자권유의 순서로 투자권유 대행이 이루어진다.

63　　　　　　　　　　　　　　　　정답 ③
①, ②, ④은 투자권유대행인의 고지의무이다.

64　　　　　　　　　　　　　　　　정답 ④
투자성과에 연동된 성과보수는 받을 수 없다.

65　　　　　　　　　　　　　　　　정답 ④
본사 내 전담부서 및 전담직원을 지정한다.

66　　　　　　　　　　　　　　　　정답 ①
투자자와 회사 모두를 대리하여 계약을 체결할 수 없다.

67　　　　　　　　　　　　　　　　정답 ③
전문금융소비자는 설명의무의 대상이 아니다.

68　　　　　　　　　　　　　　　　정답 ②
신앙인의 정당하고 신성한 의무를 강조한 이는 칼뱅이다.

69　　　　　　　　　　　　　　　　정답 ①
금융소비자는 계약의 청약을 진행하는 단계에서는 이를 행사할 수 없다. 계약의 청약을 진행하는 단계에서는 청약철회권을 행사할 수 있다.

70 정답 ④
금융투자회사는 준법감시인에 대하여 회사의 재무적 경영성과와 연동하지 아니하는 별도의 보수지급 및 평가기준을 마련·운영하여야 한다.

71 정답 ④
일반금융소비자에게는 장내파생상품에 대한 불초청투자권유는 금지된다. 그러나 전문금융소비자에게는 허용된다.

72 정답 ②
이사회 결의, 이사회의 순서이다.

73 정답 ③
고용계약이 종료하면 회사의 상표, 로고를 사용할 수 없다.

74 정답 ①
회사가 운영하지 않는 온라인 커뮤니티나 SNS, 웹사이트 등을 이용하는 행위도 대외활동이다.

75 정답 ②
① 투자매매업자가 자기가 판매하는 집합투자증권을 매수하는 경우에는 자기계약을 할 수 있다.
③ 투자중개업자가 투자자로부터 매매의 위탁을 받아 다자간매매체결회사를 통하여 매매가 이루어지도록 한 경우에는 자기계약을 할 수 있다.
④ 원칙적으로 투자매매업자가 금융투자상품에 관한 같은 매매에 있어 자신이 본인이 됨과 동시에 상대방의 투자중개업자가 되어 거래할 수 없다.

76 정답 ①
회사 및 그 종사자는 재산상 이익을 제공하는 경우 5년간 기록을 보관하여야 한다.

77 정답 ④
주민등록번호와 여권번호는 고유식별정보에 해당하고 신용카드번호는 금융정보에 해당한다.

78 정답 ③
민감정보, 고유식별정보는 펀드주체에게 별도의 동의를 얻거나 법령에서 구체적으로 허용된 경우에 한하여 처리할 수 있는 정보이다.

79 정답 ②
금융감독원에 설치된 금융분쟁조정위원회의 조정안을 당사자가 수락하면 당해 조정안은 재판상 화해와 동일한 효력을 갖는다.

80 정답 ④
어떠한 경우에도 고객의 이익은 회사와 회사의 주주 및 임직원의 이익에 우선한다.(고객이익 최우선 원칙)

제3과목 법규 및 규정

81 정답 ①
원화로 표시된 양도성예금증서와 관리신탁의 수익권은 금융투자상품이 아니다.
[참고] 기업어음증권은 기업이 자금조달을 위하여 발행한 약속어음을 말한다.

82 정답 ③
개인은 금융투자업을 인가받을 수 없다.

83 정답 ①
누구의 명의로 하든지 타인의 계산으로 증권의 발행에 대한 청약의 권유를 영업으로 하는 것은 투자중개업이다.

84 정답 ③
주권상장법인은 장외파생상품을 거래할 때 별도의 의사를 표시하지 아니하면 일반투자자 대우를 받는다.

85 정답 ④
금융회사는 철회가 접수된 날로부터 3영업일 이내에 이미 받은 금전, 재화 등을 반환해야 한다.

86 정답 ③
대출성 상품의 경우 상시근로자 5인 이상 법인은 전문금융소비자이다.

87 정답 ④
증권분석기관이 해당 법인에 그 자본금의 100분의 3 이상을 출자하고 있는 경우에는 그 증권의 가치를 평가하는 업무를 할 수 없다.

88 정답 ③
65세 이상의 사람을 대상으로 일정한 금융투자상품을 판매할 때 2영업일 이상의 숙려기간을 부여하여야 한다.

89 정답 ④
매출의 경우에도 증권신고서는 발행인이 제출하여야 한다.

90 정답 ③
당해 주주가 아니라 주요 주주가 대상이다.

91 정답 ②
① 주택저당증권은 채무증권이 일종(기본서에는 없는 내용임)
③ 신주인수권증서는 지분증권의 일종
④ 파생결합증권과 증권예탁증권은 아무런 관련이 없음

92 정답 ③
사전 신고가 아니라 사후보고이다.

93 정답 ①

94 정답 ①
증권신고서 제출의무자는 항상 발행인이다.

95 정답 ②
1년이 아니라 6개월이다.

96 정답 ③
정상으로 분류된 자산도 대손충당금을 적립하여야 한다.

97 정답 ①
신탁업은 허가 대상이다.

98 정답 ③
금융투자업자가 경영실태평가결과 종합등급을 4등급 이하로 판정받은 경우, 경영개선요구의 대상이 된다.

99 정답 ③
증권선물위원회가 아니라 제재심의위원회를 설치, 운영한다.

100 정답 ②
신용공여업무는 기업금융업무가 아니다.

제3회 정답 및 해설

정답

01	02	03	04	05	06	07	08	09	10	11	12	13	14	15	16	17	18	19	20
②	③	③	②	③	③	④	③	③	③	②	③	③	②	①	③	①	③	④	③

21	22	23	24	25	26	27	28	29	30	31	32	33	34	35	36	37	38	39	40
②	①	②	②	②	④	④	①	④	③	②	①	②	③	④	③	②	②	②	④

41	42	43	44	45	46	47	48	49	50	51	52	53	54	55	56	57	58	59	60
④	③	④	②	①	②	②	④	①	②	②	③	②	③	③	④	②	④	③	④

61	62	63	64	65	66	67	68	69	70	71	72	73	74	75	76	77	78	79	80
③	①	③	④	③	②	④	②	②	④	②	④	②	②	③	④	③	④	④	②

81	82	83	84	85	86	87	88	89	90	91	92	93	94	95	96	97	98	99	100
④	④	③	①	②	④	②	②	①	③	①	①	②	②	③	②	④	④	④	①

제1과목 증권분석 및 증권시장

01 정답 ②

제3자배정방식(또는 연고자배정방식)은 신기술 도입, 재무구조 개선 등의 목적을 달성하기 위하여 특정한 자에게 신주인수의 청약기회를 부여하는 방식이다. 제3자배정방식은 기존 주주의 이해관계 및 회사의 경영권 변동에 중대한 영향을 미치므로 정관에 특별히 정하거나 주주총회 특별결의를 거치도록 엄격히 규제하고 있다.

02 정답 ③

교환사채는 발행회사의 주식으로 교환되는 것이 아니기 때문에 주식발행과 관련이 없다.

[참고] 주식발행 사유
① 증자
② 주식배당
③ 전환사채 및 신주인수권부사채의 권리행사
④ 합병, 주식병합 및 주식분할

03 정답 ③

코스닥시장은 유가증권시장의 보조적 시장이 아니라 독립된 경쟁시장이다. 또한 코스닥시장은 금융투자업자의 역할 및 투자자의 자기책임원칙이 중요한 시장이다.

04 정답 ②

주권의 전부상장이 원칙이기 때문에 이미 발행한 주권 중 그 일부만을 상장 신청할 수는 없다.

05 정답 ③

추가상장에 대한 내용이다. 상장의 종류는 다음과 같다.
- 신규상장 : 처음으로 주권을 상장
- 추가상장 : 증자, 기업합병, 전환권행사, 주식배당, 예탁증권발행으로 신주를 상장
- 변경상장 : 종목(상호), 액면금액, 수량을 변경 후 상장
- 재상장 : 일반재상장, 분할재상장, 합병재상장 cf. 코스닥은 일반 재상장이 없음
- 우회상장 : 비상장법인과 상장법인의 합병으로 비상장법인의 증권이 상장되는 변칙 상장

06 정답 ③

관리종목지정은 상장폐지 우려가 있다고 판단되는 경우 사전예고단계로서 투자자의 주의를 환기시키기 위한 조치이다.

07 정답 ④

공정공시 대상정보 중에서 전망, 예측정보에 대해서는 면책조항을 적용하여 불성실공시법인으로 지정하지 않는다. 공정공시는 공시되지 않은 중요정보를 특정인에게 선별 제공하고자 하는 경우 그 특정인에게 정보를 제공하기 전에 모든 시장참가자들이 이를 알 수 있도록 공시하는 것을 말한다. 거래소는 불성실공시법인으로 지정된 상장기업에 대해 1일간 매매거래정지를 시킬 수 있고 공시위반 제재금 부과도 가능하다.

08 정답 ③

정규시장의 호가는 시간외시장에서 효력을 인정하지 않으므로 시간외매매는 별도의 호가를 제출하여야 한다.

09 정답 ③

증권결제가 매매체결일 이후 2일째 되는 날(T + 2)에 이루어지기 때문에 주주명부에 등록되기 위해서는 기준일 2일 전까지는 해당 주식을 매수하여야 한다.

10 정답 ③

기세라고 한다. 기세는 매도 또는 매수 일방의 호가만 제출되어 매매거래가 체결되지 않을 경우 일방의 호가를 당일의 종가로 인정하는 제도이다.

11 정답 ②

기업수익에 따라 배당의 크기가 달라지는 주식과 달리 채권은 수익과 무관하게 이자가 확정적으로 지급된다.

12 정답 ③

국채에는 재정증권, 국민주택채권, 외국환평형기금채권이 있다. 통화안정증권(통안채)은 한국은행이 통화량을 조절하기 위해 발행하는 특수채(금융채)이다.

13 정답 ③

인플레이션위험은 채권의 만기가 길수록 커지는 경향이 있으며, 이 위험을 피하기 위해서는 확정금리 지급채권보다는 금리연동부 이자지급채권에 대한 투자가 유리하다.

14 정답 ②

상각형 조건부자본증권은 은행의 자본력이 약해질 경우 주식에 투자한 것보다 먼저 손실을 입을 수도 있다.

15 정답 ①

국고채는 공모입찰발행 방법을 이용한다. 반면 대부분의 회사채는 총액인수제도로 발행되고 있다.

16 정답 ③

전환프리미엄은 전환사채의 시장가격에서 전환가치를 차감한 것이다. 전환프리미엄이 음의 값이 나오면 전환사채에 투자한 후 곧바로 전환하여 전환차익을 볼 수 있다.

17 정답 ①

기술평가기업 또는 크라우딩펀딩기업은 특례상장제도에 따라 지정자문인 선임계약 없이도 상장이 가능하다.

18 정답 ③

코넥스시장은 중소기업의 원활한 상장을 위해 매출액·순이익 등 재무요건을 적용하지 않는다. 상장요건은 다음과 같다.
- 중소기업기본법에 따른 중소기업에 해당될 것
- 주식양도의 제한이 없을 것
- 최근 사업연도 감사의견이 적정일 것
- 지정자문인 1사와 선임계약 체결할 것(특례상장은 제외)
- 액면가는 100, 200, 500, 1,000, 2,500, 5000원 중 하나일 것

19 정답 ④

① 지정법인은 유통시장 공시의무가 없다.
② K-OTC시장은 공정공시 제도가 없다.
③ 불성실공시 유형으로는 공시불이행, 공시번복, 허위공시가 있다.
[참고] 조회공시는 요구를 받은 날로부터 1일 이내에 관련사실에 대해 공시내용을 문자로 작성하여 모사전송(FAX) 등의 방법으로 협회에 제출하여 공시하여야 한다.

20 정답 ③

최근 2개 사업연도 연속하여 매출액이 5억 미만이면 등록·지정 해제사유에 해당한다. 나머지는 투자유의

사항 공시사유에 해당한다.

구분	투자유의사항 공시	등록·지정 해제
자본상태	최근 사업연도 말 현재 자본잠식	최근 사업연도 말 현재 자본전액잠식
매출액	최근 사업연도 5억원 미만 (크라우드펀딩기업은 3억 미만)	최근 2개 사업연도 연속 5억원 미만 (크라우드펀딩기업은 3억 미만)
불성실법인지정 횟수	최근 2년간 4회 이상	최근 2년간 6회 이상
회생절차 개시	법원에 신청한 경우	법원이 신청을 기각한 경우

21 정답 ②

내재가치가 1,000원인데 주식의 시장가격이 800원이라면 시장가격이 저평가된 것으로, 시장가격은 1,000원으로 상승할 것이다.

22 정답 ①

기대 인플레이션이 감소하면 물가에 대한 보상요구가 작아져 금리는 하락한다.

23 정답 ②

명목수익률(8%) = 실질수익률+물가상승률(11%). 따라서 실질수익률은 −3%

24 정답 ③

CI는 매월 작성되므로 전월 대비 증감률이 (+)면 경기상승, (−)면 경기하강을 의미한다.

25 정답 ②

핵심역량평가는 기업분석에서 다루는 내용이다.
[참고] 5가지 구조적 경쟁요인 : 진입장벽, 대체가능성, 현존업체 간의 경쟁치열도, 구매자의 교섭력, 공급자의 교섭력

26 정답 ④

규모의 경제란 외형을 키울수록 유리한 산업을 말하는데, 규모의 경제에 해당하는 산업일수록 막대한 소요자본으로 신규기업이 진출하기 어렵다.

27 정답 ④

총자본이익률(ROI) = 당기순이익/총자본

28 정답 ①

② 유동비율은 단기채무능력을 측정한다.
③ 타인자본이 늘면 부채증가로 안정성은 감소한다.
④ 이자보상비율이 100% 미만이면 영업활동을 통한 수익으로 이자를 충당하지 못했다고 본다.

29 정답 ④

이자보상비율 = 영업이익/이자비용 = 40억/10억
= 4(배)
[참고] 부채비율이 100%이므로 자기자본과 타인자본의 크기는 동일하다.

30 정답 ③

총자본이익률 = 매출액순이익률 × 총자본회전율에서 매출액순이익률(순이익/매출액)이 10%가 되어야 하므로 매출액은 100억이다.

제2과목 금융상품 및 윤리

31 정답 ②

① 투자회사는 상법상의 주식회사이나 본점 이외의 영업점을 설치하거나 직원의 고용 또는 상근 임원을 둘 수 없는 서류상 회사이다.
③ 금융지주회사는 비금융회사를 지배할 수 없다.
④ 우리나라는 증권금융만을 취급하는 전담기관(한국증권금융)을 두고 있다.

32 정답 ①

연금저축신탁은 비과세가 아닌 세액공제 상품이다.

33 정답 ②

특정금전신탁은 금전의 운용방법을 투자자(위탁자)가 지시한다. 따라서 금융기관(수탁자)은 투자자가 지시하는 자산에 운용해야 한다.

34 정답 ③

적립금에 대해 세액공제(소득공제 아님) 혜택이 주어진다.

35 정답 ④
개인종합저축계좌(ISA)의 가입자격은 다음 2가지 조건을 모두 충족해야 한다.
첫째, 만 19세 이상(근로소득자는 15세 이상)의 거주자
둘째, 직전 3개년 중 1회 이상 금융소득종합과세 대상이 아닌 자

36 정답 ③
양도성예금증서(CD), 환매조건부채권(RP), 증권저축, 청약자예수금은 예금보호대상에서 제외된다.

37 정답 ②
파생결합증권을 설명하고 있다. ADR, EDR, GDR 등 DR은 증권예탁증권이다.

38 정답 ②
혼합자산 집합투자기구는 집합투자재산을 운용할 때 별다른 제한을 받지 않는다.

39 정답 ②
Knock-out형에 대한 설명이다.

40 정답 ④
콜의 행사가치 = 기초자산가격-행사가격이므로 콜의 가격은 기초자산가격과 비례하고, 행사가격과는 반비례한다. 풋의 행사가치 = 행사가격-기초자산가격이므로 풋의 가격은 기초자산가격과 반비례하고, 행사가격과는 비례한다. 따라서 행사가격이 높을수록 콜의 가격은 내려가고, 풋의 가격은 올라간다.

41 정답 ④
투자자금의 국가 간 이동이 자유화됨에 따라 국가별 자산에 대한 변동성이 높아진 것이 이유이다.

42 정답 ③
펀더멘털 분석법을 이용한 것이다.

43 정답 ④
자산 A의 기대수익률 = (40% × 0.2) + (30% × 0.6) + (20% × 0.2) = 30%

44 정답 ②
두 주식의 기대수익률은 동일하지만 주식 A의 변동성(-70~100%)이 주식 B(-10~40%)보다 큰 것을 알 수 있다. 따라서 주식 B가 우월한 투자대상이 된다.

45 정답 ①
TCFD는 지배구조, 경영전략, 리스크관리, 지표 및 목표의 4가지 구분에 따라 기후변화와 관련된 정보공개를 권고하고 있다.
(1) TCFD(Task force on Climate-related Financial Disclosure)
　① G20의 요청에 따라 2015년 설립한 '기후변화 관련 재무정보 공개 협의체'(TCFD)
　② TCFD 권고안 4개 주요 공개항목
　　㉠ 지배구조 : 기후변화 관련 이사회 및 경영진의 역할
　　㉡ 경영전략 : 기후리스크 및 기회가 경영에 미치는 영향
　　㉢ 리스크관리 : 기후리스크관리체계 통합 방법
　　㉣ 지표 및 목표 : 기후리스크 및 기회의 평가 지표, 성과
　③ 2021년 모든 산업에 적용되는 기후관련 지표를 제시
(2) SFDR(Sustainable Finance Disclosure Regulation)
　① 유럽연합(EU)에서 발표한 '지속가능금융공시규제'(SFDR)
　② 금융기관에 대해 투자자산의 지속가능성 위험 및 해당 투자가 사회와 지구에 미치는 영향에 대한 정보를 공시하도록 의무화
　③ 1단계 시행(2021년) 후 참조기간을 거쳐 2023년 1월부터 2단계 조치로 기술적 세부규칙을 적용
　④ 18개 의무공시 사항(투자대상 기업의 ESG 정보 의무공시 항목 14개, 투자대상 국가와 부동산 투자와 관련된 항목 4개)
　⑤ 주요 공시 지표 : 온실가스 배출량, 에너지 사용량, 화석연료 노출 정도, 인권, 이사회의 성별 다양성 등

46 정답 ②
입력 변수에 추정 오차가 있는 경우에는 효율적 투자기회선을 선이 아닌 일종의 영역으로 추정하여 제약조건을 가진 최적화를 수행한다.

47 정답 ③
자산집단의 균형가격은 모형이나 이론으로도 규명되기 어려우므로 전술적인 자산배분이란 주관적인 가격판단을 활용하는 경우도 많다.

48 정답 ④
위험·수익 최적화법은 전략적 자산배분의 실행방법이다. 나머지는 전술적 자산배분에서 사용하는 실행도구이다.

49 정답 ①
기대수익률이란 가능한 수익률의 평균이지 기대할 수 있는 최댓값은 아니다.

50 정답 ①
역투자전략은 전술적 자산배분전략의 이론적 배경이 된다.

51 정답 ②
증권CMA와 ELS는 비보호 상품, MMDA와 정기적금은 예금자보호 상품이다.
[참고]
- 주요 보호상품 : 예/적/부금, 표지/발행어음, MMDA, ELD, 개인보험, 퇴직보험
- 주요 비보호상품 : CD/RP/CP, 주택청약저축/종합저축, MMF, 증권 CMA, ELS/ELF, 랩어카운트, 변액보험

52 정답 ③
시장가치 접근방법은 전략적 자산배분의 실행방법이다

53 정답 ②
재무분석과 비재무분석을 병행하고 있다.

54 정답 ③
자동화가 아니라 정보화이다.

55 정답 ③
설득 및 해법제시 단계이다.

56 정답 ④
부메랑법은 고객의 반감처리화법이다.

57 정답 ②
고객의 우려가 타당하다고 고객의 반감을 인정한다.

58 정답 ④
추정승낙법은 상담종결 화법이다.

59 정답 ③
양자 택일법을 말한다.

60 정답 ④
고객이 이미 취득한 것과 같은 집합투자증권을 계속하여 추가로 취득하려는 때에 해당 집합투자증권이 투자설명서 내용이 직전에 교부한 투자설명서의 내용과 같은 경우에 설명서 제공이 면제된다.

61 정답 ③
투자자가 투자권유를 받지 않고 투자하고자 하는 경우에도 투자설명서를 투자자에게 교부하여야 한다.

62 정답 ①
투자자정보는 대리인을 통하여 파악할 수도 있다.

63 정답 ③
장내파생상품에 대한 투자일임계약과 장외파생상품에 대한 투자일임계약은 다른 종류의 상품을 재권유한 것이다.

64 정답 ③
이는 당연히 허용된다.

65 정답 ④
투자자가 직접 환위험 헤지를 하는 경우 시장상황에 따라 헤지비율 미조정 시 손실이 발생할 수 있다는 사실을 설명해야 한다.

66 정답 ③
자본시장법상 전문투자자가 주된 보호대상에서 제외되지만 윤리적 책임은 요구된다.

67 정답 ②
기업윤리는 거시적 개념이며, 직무윤리는 미시적 개념이다.

68 정답 ④
신의성실의 의무는 법적 의무이므로 의무의 이행이 신의칙에 반하면 법적 책임을 진다.

69 정답 ②
정보보호는 회사에 대한 윤리이다. 나머지는 본인에 대한 윤리이다.

70 정답 ②
투자자가 투자권유에 대한 거부의사를 표시했더라도 1개월이 경과한 후에는 투자권유를 할 수 있다.

71 정답 ②
자본시장법상 일반투자자에게만 적용된다.

72 정답 ④
7영업일

73 정답 ②
외부강연을 할 때는 사견임을 밝히고 말할 수 있다.

74 정답 ②
영업관리자는 영업점장이 아닌 책임자급이어야 한다.

75 정답 ③
집합투자회사가 자신이 운용하는 집합투자기구의 집합투자증권의 판매실적에 연동하여 이를 판매하는 회사에 재산상 이익을 제공할 수 없다.

76 정답 ④
투자권유를 희망하지 않는 금융소비자는 '투자자 정보 확인서'를 작성할 필요가 없다.

77 정답 ③
최소한의 개인정보 수집이라는 입증책임은 개인정보 처리자가 부담한다.

78 정답 ④
개인이 부정한 방법으로 개인정보를 취득하여 타인에게 제공하면 징역5년 이하 또는 벌금 5천만원 이하에 처해진다.

79 정답 ④
당사자가 조정위원회의 조정안을 수락하면 민법상 화해계약의 효력을 갖는다.

80 정답 ②
고객이 직원의 임의매매사실을 알고도 즉시 임의매매에 대한 배상요구를 하지 않았다는 사실만으로 임의매매를 추인한 것은 아니다.

제3과목 법규 및 규정

81 정답 ④
이는 투자계약증권의 정의이다.

82 정답 ④
자본시장법상 기능별 규제체계에 따라 금융투자업, 대주주, 금융투자상품을 토대로 하여 인가 또는 등록을 한다.

83 정답 ③
청약철회권은 고난도금융상품(일정기간에만 금융소비자를 모집하고 그 기간이 종료된 후에 금융소비자가 지급한 금전등으로 자본시장법에 따른 집합투자를 실시하는 것만 해당. 단위형 펀드 ELF, DLF 등), 고난도 투자일임계약, 고난도 금전신탁계약, 비금전신탁계약이 대상이므로 파생결합증권은 제외된다.

84 정답 ①
증권신고서 제출의무자는 항상 발행인이다.
②④ 증권신고서 제도의 기본내용이다.
③ 이는 무위험증권이므로 타당.

85 정답 ②
금융투자업자는 순자본비율이 100% 미만이 된 경우에는 지체없이 금감원장에게 보고하여야 한다.

86 정답 ④
㉠은 내부자, ㉡은 정보수령자, ㉢은 준내부자로서 규제받는다.

87 정답 ②
적합성의 원칙과 적정성의 원칙을 위반하여도 과태료 부과대상일 뿐 과징금 부과사유는 아니다.

88 정답 ②
주권상장법인 주식 등을 발행주식 총수의 5% 이상 보유한 자가 변동하는 경우에는 1%를 기준으로 한다.

89 정답 ①
이는 적기시정조치 대상이다.

90 정답 ③
금감원장은 이의신청이 이유없다고 인정할 명백한 사유가 있는 경우에는 기각할 수 있다.

91 정답 ①
투자신탁의 수익증권을 발행하는 것은 투자매매업이 적용된다.

92 정답 ①
온라인소액투자중개업을 하기 위해서는 금융투자업 등록을 받아야 한다.

93 정답 ②
금융투자업자는 매분기말 고정 이하로 분류된 채권에 대하여 적정한 회수예상가액을 산정하여야 한다.

94 정답 ②
24시간, 40일

95 정답 ④
투자자에게 해당 투자매매업자가 발행한 자기주식의 매매를 권유하는 행위는 불건전영업행위이다.

96 정답 ③
투자자매매업자 또는 투자중개업자는 투자자의 신용상태 및 종목별 거래상황 등을 고려하여 신용공여금액의 100분의 140 이상에 상당하는 담보를 징구하여야 한다.

97 정답 ④
투자매매업자는 투자자예탁금을 예치할 때는 그 투자자예탁금이 투자자의 재산이라는 점을 명시하여야 한다.

98 정답 ④
① 지방채를 발행할 때는 증권신고서를 제출할 필요가 없다.(무위험증권)
② 증권신고서의 효력이 발생한다는 것은 정부가 그 증권의 가치를 보증하는 것이 아니다.
③ 증권시장 밖에서 50인 이상의 투자자에게 이미 발행된 증권의 매도 또는 매수의 청약을 권유하는 것은 매출이다.

99 정답 ④
1년

100 정답 ①
직원 중에서 일정한 자는 단기매매차익반환의무가 없다.

[저자소개]

김종모강사

현) • 숭실대학교 경영대학원 금융부동산학과 겸임교수
- KB라이프생명 WM기획부 책임매니져
- 경영학박사 (Ph.D.), 국제공인재무설계사 (CFP)

이동건강사

현) • 이패스노무사 공인노무사 민법 전임강사
- 이패스코리아 금융투자과정 전임강사
- 학교, 기업체등 민법 특강 다수

고려대학교 법과대학 법학과 졸업

증권투자권유대행인

개정4판 1쇄 인쇄 / 2025년 04월 14일
개정4판 1쇄 발행 / 2025년 04월 22일

공 편 저 김종모 · 이동건 · 이패스코리아금융연구소
발 행 인 이 재 남
발 행 처 이패스코리아
서울시 영등포구 경인로 775 에이스하이테크시티 2동 1004호
전   화 1600-0522   팩스 02-6345-6701
홈페이지 www.epasskorea.com
이 메 일 edu@epasskorea.com
등 록 번 호 제318-2003-000119호(2003년 10월 15일)

※잘못된 책은 교환해드립니다.